십계명 언약의 10가지 말씀

웨스트민스터 신앙고백서 및 대소요리문답
하이델베르크 요리문답
벨기에 신앙고백서로 보는 십계명

십계명 언약의 10가지 말씀(해설서)

1쇄 찍은날 2016년 10월 31일
3쇄 찍은날 2019년 4월 16일
지 은 이 손재익
펴 낸 이 장상태
펴 낸 곳 디다스코
　　　　　서울시 서초구 서초동 1355-3 서초월드오피스텔 1605호
전　　화 02-6415-6800
팩　　스 02- 523-0640
이 메 일 is6800@naver.com

등　　록 2007년4월19일
신 고 번 호 제2007-000076호

Copyright@디다스코

ISBN 979-11-956561-1-0 (93230)

값은 표지에 있습니다.

십계명 언약의 10가지 말씀

웨스트민스터 신앙고백서 및 대소요리문답
하이델베르크 요리문답
벨기에 신앙고백서로 보는 십계명

손 재 익 목사

디다스코

이광호 목사
(실로암교회 담임목사, 한국개혁장로회신학교장)

십계명은 구약 시대에만 유효했던 말씀이 아니다. 모세를 통해 언약백성에게 주어진 십계명은 오늘날 우리 시대에도 개혁교회 공예배에서 낭독되고 있다. 이는 십계명의 내용이 지금도 문자 그대로 유효함을 의미한다. 어린 성도들 가운데는 구약의 율법을 오늘날 복음 시대에 그대로 적용하는 문제를 두고 의구심을 품는 자들이 없지 않다.

우리는 모세오경을 '하나님의 율법'이라 일컫는다. 십계명은 구약의 율법 가운데 매우 독특한 위치를 차지하고 있다. 다른 모든 율법은 하나님께서 모세를 통해 계시하실 때 그의 손을 빌려 기록하셨다. 반면에 십계명은 하나님께서 모세를 시내 산으로 불러올리신 후 직접 두 돌판에 새겨 주셨다.

십계명이 새겨진 두 돌판은 그 후 법궤 안에 보관되어 구약 시대 언약백성 가운데 상시적으로 존재했다. 모든 이스라엘 자손은 항상 그 법궤를 중심에 두고 있어야 했으며 그것을 향한 삶을 살았다. 역사의 소용돌이 가운데 성막이 해체되거나 예루살렘 성전이 파괴된 상황에 처했을 때도 십계명은 그 의미상 이스라엘 백성을 떠나지 않았다.

우리가 기억해야 할 바는 두 돌판에 새겨진 내용이 하나님과 언약백성 사이에 맺어진 특별한 '계약문서'의 성격을 지니고 있다는 사실이다. 오늘날 우리 시대 교회가 여전히 십계명을 중심에 두고 있는 것은 언약백성이 하나님의 계약문서를 기억하고 그에게 복종하는 삶의 자세를 확인하기 위함이다.

이번에 손재익 목사의 『**십계명** 언약의 10가지 말씀』이 빛을 보게 된 것을 감사하게 생각한다. 현대 교회가 십계명을 구약 시대의 유물 정도로 취급하고 있는 터에, 이 책이 많은 성도들에게 두루 읽히기를 원한다. 그리하여 계시된 말씀과 하나님의 언약을 멀리하는 안타까운 시대에 참된 교회를 세워 가는 소중한 역할을 감당하길 간절히 바란다.

송영목 교수
(고신대학교 신학과 교수)

손재익 목사님의 십계명 해설서 출간을 축하합니다. 이 책은 언약의 10가지 말씀인 십계명을 웨스트민스터 신앙고백서와 대소요리문답, 하이델베르크 요리문답, 벨기에 신앙고백서를 비교하며 쓴 해설서입니다. 이 책은 한국교회 안에 신앙고백에 무지한 성도와 직분자들이 적지 않은 형편에 귀한 지침서가 될 것입니다. 십계명은 예배 중 회개 기도 앞에 낭독되거나 설교 후에 낭독되던, 성도의 정결하고 충성스러운 삶의 지침입니다. 이러한 지침에 담긴 의미를 이 책을 통해 잘 확인할 수 있을 것입니다.

저는 손재익 목사님이 부산 삼일교회에서 주일 오후에 행한 설교를 여러 차례 들었습니다(2009~2010년). 본문에 대한 깊은 이해와 교리적 통찰이 묻어난 인상적인 설교였습니다. 그때로부터 약 6년이 지나 십계명 연속 설교를 기반으로 이 책이 집필되어 결실을 맺게 되었습니다. 달고 쓴 현장을 경험하고 있는 목회자들에게 큰 유익이 되기를 소망합니다.

저 역시 2006-2007년경 담임 목회를 하던 시절, 하이델베르크 요리문답을 주일 오후 시간에 다른 교역자들과 함께 설교한 적이 있습니다. 교리 설교는 성도의 지식에 뼈대를 세우는 작업입니다. 이 책에서 설명하는 십계명은 우리를 옭아매는 율법이 아니라 그리스도께서 성취하신 복음으로 어떻게 들려져야 하는가를 보여줄 것입니다.

마지막으로 이 책을 집필한 저자의 수고에 감사드리며, 이 책을 읽는 분들에게 큰 유익이 있기를 기대합니다.

황원하 목사
(산성교회 담임목사, 고려신학대학원 외래교수)

손재익 목사는 대단히 치밀하고 정확하고 풍성하게 이 책을 썼습니다. 저자는 훌륭한 신학적 통찰과 치열한 공부를 토대로 구약성경과 신약성경 그리고 고대 문헌과 역사적 신앙고백문서에 언급된 십계명에 관한 내용을 제대로 분석하고 정리하여 이 책에 담았습니다. 즉 십계명에 대하여 성경 본문이 무엇이라 하는지를 충실히 연구한 후에 선진들의 해석렌즈를 사용하여 내용을 검토하여 해석의 정당성을 입증함과 동시에 의미의 풍성함을 드러냈습니다.

저자는 십계명에 관련된 상당수의 성경 인용구는 물론이거니와, 신앙고백문서의 관련조항을 수록하였고, 각주를 철저히 표기하여 출처를 정확히 밝혔으며, 십계명 연구에 유용한 참고문헌을 푸짐하게 제시하여 이 분야를 더욱 깊이 공부하려는 분들에게 도움을 주었습니다. 그래서 목회자나 신학생은 물론이거니와, 그리스도인 가운데 십계명을 깊이 있게 공부하기 원하는 분들에게 이 책을 반드시 구비할 것을 권해 드립니다.

저자는 수많은 학자들의 견해를 인용하면서도 자신의 일관되고 선명한 해석 관점을 유지하면서 내용을 전개하는데, 그의 견해는 개혁주의 혹은 복음주의 입장에서 정확하기에 안심하고 받아들일 수 있습니다. 또한 십계명의 의미를 드러내는 데 그치지 않고 십계명이 오늘날 우리에게 주는 실존적인 메시지를 적실하게 제시해 주기 때문에, 이 책을 읽으며 십계명을 교회적으로나 사회적으로 곧바로 적용할 수 있습니다.

십계명을 해설한 책들이 시중에 많이 있지만 여전히 우리나라 저자가 우리나라 실정과 정서에 맞게 쓴 책은 그리 많지 않습니다. 이 책이 그러한 여망을 이루어 주어 감사하게 생각합니다. 저는 이 책을 읽으면서 저자의 논리적인 진술에 고개를 끄덕였고, 내용이 매우 정확하고 적실한데다 풍성하고 알차서 감탄을 연발했습니다. 이 책을 읽는 모든 독자들이 저와 동일한 느낌을 가지실 것이라 확신합니다.

한국교회는 복음보다 윤리를 더욱 강조하는 특성이 있다. "하나님의 존재와 속성"이나 "그리스도의 구속"에 관한 설교보다는 "어떻게 살라"는 설교가 더 많이 선포된다. 그런데 아이러니하게도 한국교회는 윤리적으로 지탄받고 있다. 왜 그럴까? 이유를 찾기란 쉽지 않다. 다만, 성경에 기초한 윤리가 제대로 강조되고 있지 않다는 점만은 분명하다.

찬송가 첫 페이지와 마지막 페이지에는 사도신경, 십계명, 주기도문이 수록되어 있다. 기독교 신앙의 핵심은 사도신경-십계명-주기도문 속에 잘 담겨 있다. 그러나 안타깝게도 이 세 가지가 잘 가르쳐지지 않는다. 그중에서 특히 십계명이 소외당하고 있다. 십계명은 기독교 윤리의 핵심이며 신자가 어떻게 살 것인지를 잘 가르쳐 줌에도 불구하고 거의 설교되지 않고 있으며, 십계명에 관한 해설서조차 부족하다. 몇몇 해설서가 있긴 하지만 설명이 간단하고 내용이 함축적이다.

이 책은 십계명을 자세히 살핀 해설서다. 따라서 십계명을 가르치는 인도자를 위한 책이면서 동시에 설교자들도 참고할 수 있고, 십계명을 제대로 이해하고 싶은 모든 기독교 신자들도 공부할 수 있는 책이다. 이 책은 성경과 개혁주의 고백 문서들(벨기에 신앙고백서, 하이델베르크 요리문답, 웨스트민스터 신앙고백서, 웨스트민스터 대요리문답, 웨스트민스터 소요리문답)을 기초로 십계명을 하나하나 자세히 풀어 설명하였다.

필자는 2009년 한 해 동안 십계명을 자세히 연구했다. 국내외 십계명에 관한 책들을 살폈고, 마침내 2010년 한 해 동안 십계명 강해를 했다. 그러나 51주에 걸쳐 진행된 십계명 강해는 사정상 제6계명 강해에서 마칠 수밖에 없었다. 시간이 흘러 2014년 1월 26일부터 2016년 1월 31일까지 총 94주 동안 필자가 섬기는 한길교회(http://cafe.daum.net/hgpch)에서 오후예배 시간에 십계명 강해를 했다. 강해를 통해 십계명 연구는 보다 더 발전했다. 그리고 다시 강해를 책으로

엮으면서 내용을 훨씬 더 보충하였다. 이 책은 그 결과물이다.

　이 책은 성경을 기초로 한다. 출애굽기 20장과 신명기 5장뿐 아니라 성경 전체
에 흩어져 있는 십계명과 연관된 본문들에 근거한다. 창세기, 출애굽기, 레위기,
민수기, 신명기, 사무엘상, 열왕기하, 역대상, 느헤미야, 욥기, 시편, 잠언, 전도
서, 이사야, 예레미야, 호세아, 미가, 말라기, 마태복음, 마가복음, 누가복음, 요
한복음, 사도행전, 로마서, 고린도전후서, 갈라디아서, 에베소서, 빌립보서, 골로
새서, 데살로니가후서, 디모데전후서, 히브리서, 야고보서, 베드로전후서, 요한
일서, 요한계시록 등 성경 곳곳에 흩어진 십계명에 관한 말씀이 해석의 기초다.
　이와 더불어 벨기에 신앙고백서, 하이델베르크 요리문답, 웨스트민스터 신앙
고백서, 웨스트민스터 대요리문답, 웨스트민스터 소요리문답 등 개혁주의 고백
문서들을 통해 '증명' 했다. 그중에서도 웨스트민스터 대요리문답은 십계명 해설
에 있어서 으뜸이다. 웨스트민스터 신앙고백서에는 비록 '십계명' 이라는 언급은
없지만 십계명이 다루고 있는 많은 내용들이 포함되어 있다. 제1, 2, 4, 6, 7, 9,
19, 21-24, 30, 31장의 곳곳에 십계명이 있다. 벨기에 신앙고백서도 '십계명' 이
라는 언급은 없지만 제1, 7, 10, 24, 25, 30-32, 36조의 곳곳에 십계명이 있다.[1]

　성경과 개혁주의 고백문서 외에 이 책을 쓰는 데 가장 큰 도움이 된 두 권의 책
은 네덜란드 개혁교회의 윤리학자인 다우마(Jochem Douma) 교수가 쓴 *The*

---

1) 여기에 수록된 개혁주의 고백문서들 중 대부분은 필자의 번역이다. 특히 웨스트민스터 대요리문답
　을 꼼꼼히 번역하였다. 하이델베르크 요리문답의 경우 성약출판사의 번역을 사용하였고, 첨가된 영
　어는 Fred H. Klooster, *Our Only Comfort: A Comprehensive Commentary on the
　Heidelberg Catechism*(Grand Rapids: Faith Alive, 2001)에 실린 미국 CRC교단의 것이다.

*Ten Commandments: Manual for the Christian Life*와 미국 웨스트민스터 신학교의 조직신학자였다가 지금은 미국 리폼드 신학교에서 가르치고 있는 존 프레임(John M. Frame) 교수가 쓴 *The Doctrine of the Christian Life*다.

이 책이 세상에 빛을 볼 수 있었던 것은 전적으로 디다스코 장상태 대표 덕분이다. 책을 출판하도록 제안해 주시고 힘을 북돋아 주신 장 대표에게 감사드린다. 장 대표는 필자의 집필에 상당한 힘이 되었다. 출판사 디다스코가 개혁주의 신앙을 '가르치는 데' 큰 역할을 하리라 믿는다.

그리고 94회에 걸친 길고 긴 십계명 강해를 열심히 들어준 첫 청중인 한길교회 교우들과 원고를 마무리하느라 서재에 빼앗긴 남편과 아버지를 이해해 준 아내(박선주)와 아들(세윤)에게 고마움을 전한다.

마지막으로, 우리 주 예수 그리스도께 영광을 돌린다. 십계명은 예수 그리스도라는 거울을 통해 보아야 비로소 제대로 이해할 수 있다. 예수 그리스도는 십계명을 완전히 지킨 유일한 사람이시며, 그분이 우리를 대신하여 십계명을 지키셨으므로 우리는 그분 안에서 비로소 이 계명에 순종할 수 있다. 날마다 십계명을 어기는 나를 위해 십계명을 완전히 지키신 예수 그리스도께 모든 감사와 영광을 돌린다.

2016년 6월 29일
작은 방 서재에서
손 재 익

Ⅰ. 십계명에 대한 기본 내용

Ⅱ. 십계명 각 계명 설명

Ⅲ. 십계명을 지킬 수 있는가?

십계명

머 리 말 나는 너를 애굽 땅, 종 되었던 집에서 인도하여 낸 네 하나님 여호와니라

제1계명 너는 나 외에는 다른 신들을 네게 두지 말라

제2계명 너를 위하여 새긴 우상을 만들지 말고 또 위로 하늘에 있는 것이나 아래로 땅에 있는 것이나 땅 아래 물 속에 있는 것의 어떤 형상도 만들지 말며 그것들에게 절하지 말며 그것들을 섬기지 말라 나 네 하나님 여호와는 질투하는 하나님인즉 나를 미워하는 자의 죄를 갚되 아버지로부터 아들에게로 삼사 대까지 이르게 하거니와 나를 사랑하고 내 계명을 지키는 자에게는 천 대까지 은혜를 베푸느니라

제3계명 너는 네 하나님 여호와의 이름을 망령되게 부르지 말라 여호와는 그의 이름을 망령되게 부르는 자를 죄 없다 하지 아니하리라

제4계명 안식일을 기억하여 거룩하게 지키라 엿새 동안은 힘써 네 모든 일을 행할 것이나 일곱째 날은 네 하나님 여호와의 안식일인즉 너나 네 아들이나 네 딸이나 네 남종이나 네 여종이나 네 가축이나 네 문안에 머무는 객이라도 아무 일도 하지 말라 이는 엿새 동안에 나 여호와가 하늘과 땅과 바다와 그 가운데 모든 것을 만들고 일곱째 날에 쉬었음이라 그러므로 나 여호와가 안식일을 복되게 하여 그 날을 거룩하게 하였느니라

제5계명 네 부모를 공경하라 그리하면 네 하나님 여호와가 네게 준 땅에서 네 생명이 길리라

제6계명 살인하지 말라

제7계명 간음하지 말라

제8계명 도둑질하지 말라

제9계명 네 이웃에 대하여 거짓 증거하지 말라

제10계명 네 이웃의 집을 탐내지 말라 네 이웃의 아내나 그의 남종이나 그의 여종이나 그의 소나 그의 나귀나 무릇 네 이웃의 소유를 탐내지 말라

(출애굽기 20:2-17)

I

십계명에 대한 기본 내용

1장
십계명을 왜 공부해야 하는가?

1. 기독교 신자가 어떻게 살아야 할 것인지를 가르쳐 주기 때문에

성경을 구분하는 방식에는 여러 가지가 있지만 '내용'의 관점에서 구분하면, 성경은 기독교 신자가 '무엇을 믿을 것'(믿음의 법칙)과 그것을 믿는 자들이 '어떻게 살아야 할 것'(삶의 법칙)에 대해 다루고 있다(WCF 제1장 제2절).

이에 대해서는 웨스트민스터 소요리문답(Westminster Shorter Catechism; WSC) 제3문답과 웨스트민스터 대요리문답(Westminster Larger Catechism; WLC) 제5문답이 설명하고 있다.

웨스트민스터 소요리문답

3문 : 성경이 주로principally 가르치는teach 것은 무엇입니까?

답 : 성경이 주로 가르치는 것은 사람이 하나님에 대하여 믿을 것은 무엇인가what man is to believe concerning God와 하나님께서 사람에게 요구하시는 의무는 무엇인가what duty God requires of man입니다.[1]

1) 딤후 1:13; 3:16

성경이 가르치는 두 가지 중, 십계명은 '어떻게 살아야 할 것'(삶의 법칙)을 다룬다. 그래서 웨스트민스터 소요리문답은 제39문답에서 제3문답을 인용하고는 제40문답에서부터 제82문답에서까지 십계명에 대해서 다룬다. 마찬가지로 웨스트민스터 대요리문답은 제91문답에서 제5문답을 인용하고는 제92문답에서부터 제149문답에서까지 십계명에 대해서 다룬다.

기독교 신자는 믿는 자다. 또한 사는 자다. 성경이 가르치는 바를 믿고, 성경에서 명령하는 대로 살아가는 자가 바로 기독교 신자다.

그렇다면 기독교 신자는 어떻게 살 것인가? 어떻게 살아야 하는지에 대한 지침은 어디에서 얻을 수 있는가? 성경 전체에 있지만, 특히 십계명에 잘 나타나 있다. 십계명은 기독교 윤리의 핵심이다. 십계명 속에 담겨 있는 본질을 제대로 이해한다면 하나님께서 우리에게 원하시는 삶의 원리를 확실하게 깨달을 수 있다. 그래서 마틴 루터(Martin Luther, 1483-1546)는 그의 대요리문답(1529) 서문에서 이렇게 말했다.[1] "십계명을 온전히 아는 사람은 성경 전체를 아는 것이다."

———
1) 루터는 자신의 대요리문답(1529)에서 십계명을 사도신경이나 주기도문보다 먼저 배치했다.

2. 성경 곳곳에 기록되어 있기 때문에

십계명은 출애굽기 20:2-17과 신명기 5:6-21에 기록되어 있다. 또한 성경 곳곳에 기록되어 있다(참조. 제네바교회 요리문답 제232문답).

창세기 2:24에 제7계명, 창세기 9:6에 제6계명, 레위기 19:3에 제4계명과 제5계명, 레위기 19:4에 제2계명, 레위기 19:12에 제3계명, 신명기 27:14-26에 제2, 5, 6, 7, 8, 9계명, 호세아 13:4에 제1계명, 마태복음 5:1-37에 제6, 7, 3계명, 로마서 13:1-7에 제5계명, 고린도전서 11:2-12에 제5계명, 에베소서 4:28에 제8계명, 에베소서 6:1-9에 제5계명, 데살로니가후서 3:10-12에 제8계명, 디모데전서 6:6-10에 제10계명, 요한일서 5:21에 제1계명이 기록되어 있다.

그 외에도 십계명은 성경 전체에 흩어져 있다. 창세기, 출애굽기, 레위기, 민수기, 신명기, 사무엘상, 열왕기하, 역대상, 느헤미야, 욥기, 시편, 잠언, 전도서, 이사야, 예레미야, 호세아, 미가, 말라기, 마태복음, 마가복음, 누가복음, 요한복음, 사도행전, 로마서, 고린도전후서, 갈라디아서, 에베소서, 빌립보서, 골로새서, 데살로니가후서, 디모데전후서, 히브리서, 야고보서, 베드로전후서, 요한일서, 요한계시록 등 거의 모든 성경에서 십계명을 볼 수 있다.

기독교인들이 흔히 암송하는 사도신경은 성경에 기록되어 있지 않다. 성경 전체의 교리를 '사람'이 요약한 것으로 그 자체로 영감 받은 것은 아니다. 그럼에도 불구하고 너무나 중요하기에 반드시 암송하고 공부한다. 하물며 성경에 기록되어 있을 뿐 아니라 성경 곳곳에서 다루고 있는 십계명을 공부해야 하는 것은 너무나 당연한 일이다.

십계명을 공부해야 하는 이유

기독교 신자가 하나님께서 요구하시는 대로 살기 위해서, 성경에 기록된 바대로 살아내기 위해서는 십계명을 알아야 한다. 십계명을 공부하는 것은 기독교 신자의 본분이자 의무다. 예수 그리스도로 말미암아 구원받은 신자라면 십계명을 공부해야 하고, 그 공부한 것을 기초로 신자답게 살아야 한다.

2장
기독교 역사 속 십계명

1. 기독교와 십계명

찬송가의 가장 첫 페이지에는 사도신경과 주기도문이 실려 있고, 가장 마지막 페이지에는 십계명이 실려 있다. 이것은 기독교 역사 속에서 '사도신경-십계명-주기도문'이 얼마나 중요했는지를 잘 보여준다. 실제로 기독교 역사에서 이 3가지는 교리교육의 핵심이었다.

교회 역사 초기부터 '사도신경-십계명-주기도문'은 중요하게 여겨졌다. 초대 교회의 경우 십계명은 주기도문이나 사도신경에 비해 그 중요성과 활용도가 상대적으로 낮았지만,[2] 11세기 이후에 서방교회가 요리문답을 강화하면서 가치와 활용도가 높아졌다. 그리고 토마스 아퀴나스(Thomas Aquinas, 1224/25년?-1274년)가 신앙교육을 위한 중요한 가르침으로 십계명을 다루면서 교리교육의 중심 자리를 확고하게 차지하게 되었다.[3] 그래서 중세 시대에 십계명은 사도신경, 주기도문과 함께 교리교육의 중요한 주제였다.[4]

---

2) David Clyde Jones, "The Law and the Spirit of Christ," in *A Theological Guide to Calvin's Institutes*, ed. David Hall and Peter Lillback(Phillipsburg: P&R, 2008), 303.

3) Grimley Kuntz, *The Ten Commandments in History: Mosaic Paradigms for a Well-Ordered Society*(Grand Rapids: Eerdmans, 2004), 62.

‘사도신경-십계명-주기도문’은 기독교 신자가 반드시 알아야 할 3가지 중요
한 내용을 담고 있다. 사도신경은 “우리가 무엇을 믿는가?” 하는 믿음의 문제를
다룬다. 십계명은 “그것을 믿는 우리는 어떻게 살 것인가?” 하는 삶의 문제를 다
룬다. 주기도문은 “그렇게 믿고 그렇게 사는 우리는 어떻게 기도할 것인가?” 하
는 기도의 문제를 다룬다.

2. 개혁주의 고백문서와 십계명

십계명은 특히 종교개혁 이후에 교리교육의 핵심을 이루었다. 개혁교회 전통의
하이델베르크 요리문답(Heidelberg Catechism; HC)은 제92-115문답(총 129
개 문답 중)에서 십계명을 다루고 있고, 장로교회 전통의 웨스트민스터 대요리
문답은 제91-149문답(총 196개 문답 중)에서, 웨스트민스터 소요리문답은 제
39-82문답(총 107개 문답 중)에서 십계명을 다루고 있다.

그 외에 칼뱅(John Calvin, 1509-1564)이 작성한 제네바교회 요리문답
(*Catechismus Ecclesiae Genevensis*, 1542년)[5]은 제131-232문답(총 373개

---

4) 대부분의 요리문답이 취하는 순서는 사도신경-십계명-주기도문인데, 이는 바울이 자주 언급하
는 믿음, 사랑, 소망의 순서를 따른다(살전 1:3; 5:8; 롬 12:6-12; 골 1:4 이하). 보헤미아 형제단
의 요리문답서(1502), 왈도파의 문답서(1524), 개신교 최초로 문답서라는 이름을 붙인 알트하머
(A. Althamer)가 1528년에 작성한 문답서, 그 이후에 나온 독어권 스위스 교회의 문답서들이 이
순서를 채택하였다. 이런 전례에 의거하여 하이델베르크 요리문답도 사도신경-십계명-주기도문
의 순서를 따르면서, 중간마다 연관된 성경의 교훈을 삽입하는 형식을 취한다. 십계명-사도신
경-주기도문의 순서는 루터의 요리문답, 그리고 이를 본받은 칼뱅의 첫 제네바 요리문답(1537)과
라스코의 엠덴 요리문답에 나타난다. 사도신경-주기도문-십계명의 순서는 루터파의 군소 요리
문답이나 로마교의 요리문답이 취한다. 이는 믿음, 소망, 사랑의 순서를 상기시킨다(고전 13:13;
롬 5:1-5). 유해무, “『하이델베르크 요리문답』 서평”, 『하이델베르크 요리문답의 역사와 신학: 개
혁 신앙 강좌 6』(서울: 성약, 2006), 205-206.
5) 칼뱅의 제네바교회 요리문답은 2가지가 있다. 1537년판(*Instruction et confession de foy
dont on use en l'Eglise de Genève*)과 1542년판(*Le Catéchisme de l'Eglise de Geneve,
c'est à dire le Formulaire d'instruire les enfans en la Chrestienté*)이다. 1537년판의 경
우 십계명-사도신경-주기도문-성례의 순서로 되어 있고, 1542년판의 경우 사도신경-십계명-
주기도문-성례의 순서로 되어 있다. 엄밀히 말해 1537년판의 경우 ‘요리문답’이라고 보기는 어
려운 면이 있다. 왜냐하면 ‘문답’의 형태로 되어 있지 않기 때문이다. 그래서 1537년판은 1542년
판과 구분하기 위해 ‘제네바 신앙교육서’라고 부르기도 한다.

문답 중)에서 십계명을 다루고 있고, 사무엘 루터포드(Samuel Rutherford, 1600-1661)의 요리문답은 제461-563문답(총 563개 문답 중)에서 십계명을 다루고 있다.[6]

웨스트민스터 신앙고백서(Westminster Confession of Faith; WCF)에는 비록 '십계명'이라는 언급은 없지만 제1, 2, 4, 6, 7, 19, 21-24, 30, 31장에 십계명이 다루고 있는 내용들이 있다. 벨기에 신앙고백서(Belgic Confession; BC)에도 '십계명'이라는 언급은 없지만 제1, 7, 10, 24, 25, 30-32, 36조에서 십계명의 내용을 다루고 있다.

나아가 칼뱅의 『기독교 강요』(Institutes)를 포함한 대부분의 조직신학 책에서 '기독교 윤리'의 핵심으로서 십계명을 다루고 있다.

3. 예배와 십계명

기독교 역사에서 십계명은 예배와 관련해서도 중요하게 여겨져 왔다. 그래서 공예배 중에 사도신경을 고백하는 것과 마찬가지로 십계명이 낭독된다. 전통적으로 개혁교회와 장로교회는 십계명 낭독을 예배의 한 순서로 여긴다. 오늘날에도 상당수 교회들이 그 전통을 이어가고 있으니 예배를 인도하는 목사가 낭독하든 회중과 함께 낭독하든 이 순서가 존재한다.

교회 역사에서 죄와 은혜에 대한 교리가 약화될 때 십계명 낭독이 예배에서 무시되거나 사라져 버렸다. 그래서 아브라함 카이퍼(Abraham Kuyper, 1837-1920) 같은 사람들은 예배에서 이 부분을 회복하려고 노력했다.[7]

4. 잊혀 가는 십계명

안타깝게도 오늘날, 십계명이 무시되고 있다. 사도신경이나 주기도문은 예배의 한 순서로 사용되고 있고 설교 및 성경공부를 통해서 가르치고 배우지만, 십계명은 전혀 그렇지 않다. 예배 중에 십계명을 낭독하는 좋은 전통이 사라지고 있

---

6) 서창원 역, 『사무엘 루터포드의 생애와 요리문답서』(서울: 진리의 깃발, 2010).

7) G. Van Dooren, *The Beauty of Reformed Liturgy*(Premier Printing, 1980). 안재경 역, 『예배의 아름다움』(서울: SFC, 1994), 41.

다. 아마도 예배 시간이 길어질 것을 염려(?)해서 발생한 일이라고 생각된다. 그러다 보니 많은 사람이 십계명의 내용을 잘 알지 못할 뿐더러 알려고도 하지 않는다.

하지만 십계명은 사도신경, 주기도문과 함께 기독교의 교훈을 잘 요약하고 있고, 하이델베르크 요리문답과 웨스트민스터 대소요리문답에서 직접적으로 다루고 있는 내용이므로 예배의 순서로 포함시키는 것이 좋다. 또한 교회에서 설교되어야 하며, 가르쳐져야 한다. 공예배에서조차 낭독되지 않는다면 대부분의 성도들은 십계명을 잊게 될 것이다.

3장
십계명의 성격

십계명을 이해하기 위해서는 십계명의 성격을 알아야 한다. 십계명의 성격은 크게 3가지 측면에서 생각해 볼 수 있다. 첫째, 언약문서로서의 십계명. 둘째, 도덕법의 요약으로서의 십계명. 셋째, 하나님 나라 헌법으로서의 십계명.

1. 언약문서로서의 십계명

(1) 언약과 십계명

하나님의 말씀인 성경을 '명령'으로만 생각하는 경우가 있다. 혹은 좋은 글들을 모아 놓은 '잠언집'으로만 생각하는 경우도 있다. 그러나 성경은 언약의 책이다. 언약의 하나님께서 언약백성에게 주신 언약 책이다.

십계명 역시 마찬가지다. 십계명은 명령의 형태로 되어 있지만, 하나님과 그 백성이 맺은 언약을 보여준다. 십계명을 제대로 이해하는 방법은 '언약'이다.[8]

언약(言約, covenant)이란 하나님과 그 백성의 관계를 말한다. 하나님과 사람

---

8) 로마가톨릭도 십계명을 언약(계약)의 관점에서 이해한다. *Catechism of the Catholic Church* (Libreria Editrice Vaticana, Citta del Vaticano, 1994, 1997), para. 2060-2062. 이 책에서 *Catechism of the Catholic Church*(가톨릭교회교리서)를 계속 언급하는 이유는 필자가 로마가톨릭에 동의하기 때문이 아니라, 십계명 해석에 있어서 로마가톨릭도 개신교와 유사성이 있음을 보여주기 위한 의도다. *Catechism of the Catholic Church*에 나오는 십계명 해설은 몇몇 부분을 제외하고는 매우 잘 되어 있다.

은 창조주와 피조물의 관계로서, 감히 대등할 수 없는 관계요 서로 연관될 수 없는 관계다. 그럼에도 불구하고 하나님은 친히 낮아지셔서 사람과 관계하기를 기뻐하셨다. 그래서 하나님과 사람 사이에 관계가 생겨났으니, 그것을 가리켜 '언약' 이라고 한다(WCF 제7장 제1절). 그런데 십계명은 이러한 언약관계를 드러낸다.

십계명이 하나님과 그 백성이 맺은 언약의 표라는 사실은 '십계명이 주어진 시기와 배경' 을 통해 알 수 있다. 하나님께서는 애굽에서 노예 생활하던 이스라엘 백성을 출애굽 시켜 주셨는데, 출애굽 직후에 십계명을 주셨다(출 20:1-17).[9] 그런데 출애굽에 앞서 출애굽기 2:24-25 "[24]하나님이 그들의 고통 소리를 들으시고 하나님이 아브라함과 이삭과 야곱에게 세운 그의 **언약**을 기억하사 [25]하나님이 이스라엘 자손을 돌보셨고 하나님이 그들을 기억하셨더라"에서 '언약' 이 언급된다. 또한 십계명을 주시기에 앞서 출애굽기 19:5 "세계가 다 내게 속하였나니 너희가 내 말을 잘 듣고 내 **언약**을 지키면 너희는 모든 민족 중에서 내 소유가 되겠고"에서도 '언약' 이 언급된다.

하나님께서는 이스라엘 백성을 출애굽이라는 방법을 통해 자신의 소유로 삼으셨고(출 19:5), 이로써 그들을 당신의 백성 삼으셨으니 이것은 곧 하나님이 그 백성과 언약을 맺으신 것을 의미한다(출 2:24; 19:5; 20:2; 신 9:26-27).

이렇게 이스라엘과 언약을 맺으신 하나님은 언약의 표로서 출애굽 직후에 십계명을 주셨다. 또한 십계명을 주신 시내 산에서 언약 식사를 행하셨으니(출 24:8-11), 십계명은 곧 하나님과 그 백성이 맺은 언약과 관련됨을 알 수 있다.[10]

십계명이 '언약' 과 관련이 있음은 성경의 직접적인 근거를 통해서도 확인할 수 있다. 출애굽기 34:28은 "모세가 여호와와 함께 사십 일 사십 야를 거기 있으면서 떡도 먹지 아니하였고 물도 마시지 아니하였으며 여호와께서는 **언약의 말씀 곧 십계명**을 그 판들에 기록하셨더라"라고 말하며 십계명을 언약의 말씀이라고 직접 언급한다. 신명기 4:13은 "여호와께서 그 **언약**을 너희에게 반포하시고 너희로 지키라 명하셨으니 곧 **십계명**이며 두 돌판에 친히 쓰신 것이라"라고 말하며

---

9) 십계명을 포함해서 출애굽기 20:1-31:18은 매우 언약적인 구조를 이루고 있다. Douglas K. Stuart, *Exodus*, NAC(Nashville: Broadman & Holman, 2006), 439.

10) Geerhardus Vos, *Biblical Theology: Old and New Testament*(Grand Rapids: Eerdmans, 1948). 이승구 역, 『성경신학』(서울: CLC, 1985, 1999²), 155.

십계명이 곧 하나님께서 이스라엘 백성에게 베푸신 언약임을 직접적으로 언급한다. 십계명이 기록된 신명기 5장은 십계명을 언급하기 전 2-3절에서 "²우리 하나님 여호와께서 호렙 산에서 우리와 **언약**을 세우셨나니 ³이 **언약**은 여호와께서 우리 조상들과 세우신 것이 아니요 오늘 여기 살아 있는 우리 곧 우리와 세우신 것이라"라고 말하며 십계명이 곧 하나님께서 이스라엘 백성과 맺으신 언약이라고 말씀하고 있다. 신명기 4:23은 "너희는 스스로 삼가서 너희 하나님 여호와께서 너희와 세우신 **언약**을 잊어버려서 네 하나님 여호와께서 금하신 아무 형상의 우상이든지 조각하지 말라"며 제2계명을 인용하면서 '언약'을 말씀하고 있다. 신명기 9:9은 "그때에 내가 돌판들 곧 여호와께서 너희와 세우신 **언약의 돌판**들을 받으려고 산에 올라가서 사십 주 사십 야를 산에 머물며 떡도 먹지 아니하고 물도 마시지 아니하였더니"라고 말씀하며, 신명기 9:11은 "사십 주 사십 야를 지난 후에 여호와께서 내게 돌판 곧 **언약의 두 돌판**을 주시고"라고 해서 십계명을 '언약의 돌판들'이라고 표현한다. 역대하 5:10은 "궤 안에는 **두 돌판** 외에 아무것도 없으니 이것은 이스라엘 자손이 애굽에서 나온 후 여호와께서 그들과 **언약**을 세우실 때에 모세가 호렙에서 그 안에 넣은 것이더라"라고 해서 십계명이 곧 '언약'임을 말씀하고 있다. 이외에도 예레미야 31:33은 십계명을 비롯한 율법을 가리켜 '이스라엘 집을 세울 언약'이라고 말하고, 히브리서 8:10; 10:16은 예레미야 31:33을 인용하고 있다.

이처럼 십계명은 하나님과 그 백성이 맺은 언약이요, 언약의 표다.

(2) 십계명과 두 돌판

십계명이 언약문서라는 사실은 '두 돌판'에 기록되었다는 사실을 통해서도 알 수 있다.[11] 두 돌판에 기록된 십계명은 언약문서로서의 의미를 갖고 있다.

칼뱅을 비롯해 과거 상당수의 건전한 그리스도인들은 십계명이 기록된 두 돌판에 각각 다른 내용이 기록되어 있다고 생각했다.[12] 즉, 첫 번째 돌판은 제1-4

---

11) 십계명이 두 돌판에 기록되었다는 사실은, 출애굽기 20장에는 없고 출애굽기 31:18에 처음으로 언급되었다(출 31:18; 32:15; 34:1,4; 신 4:13; 5:22; 9:10-11,15,17; 10:1,3).

12) *Institutes*, Ⅱ. ⅷ. 11, 12; 제네바교회 요리문답 제134-135문답; 웨스트민스터 신앙고백서 제19장 제2절; 웨스트민스터 대요리문답 제98, 102, 122문답; Zacharias Ursinus, *The*

계명을, 두 번째 돌판은 제5-10계명을 기록하고 있다고 생각했다. 그러나 이러한 생각은 추측에 불과할 뿐 성경에 그 사실이 명시적으로 나타나 있지는 않다 (참조. 출 32:15; 마 22:35-40).[13] 오히려 십계명의 두 돌판에 동일한 내용이 각각 기록되어 있다고 보는 것이 합리적이다. 이에 대해서는 1954년 멘덴홀(G.E. Mendenhall)이 고대근동 문헌 분석을 통해 십계명이 언약문서임을 밝혀낸 것을 참고할 필요가 있다.[14]

십계명이 기록되던 당시의 메소포타미아 지역에 '히타이트'(Hittite)라는 제국이 있었다. 이곳에는 다음과 같은 문화가 있었다. 두 나라가 전쟁을 치르고 나면 승리한 나라(종주국, suzerain)가 패배한 나라(봉신국, vassal)에게 복종할 것을 맹세하도록 했다. 이때 어떻게 복종할 것인지를 2개의 문서에 기록해서 하나는 종주국(宗主國)이 갖고 나머지 하나는 봉신국(封臣國)에게 주었다. 그리고 그 문서를 각각 보관했다.[15] 이것을 히타이트 종주권 조약(suzerainty treaty)이라고 하는데 십계명이 이와 매우 비슷하다.[16]

하나님과 이스라엘, 두 당사자가 있다. 두 당사자 중 하나님이 주도권을 가지고 있다. 그리고 두 당사자가 언약을 맺는다. 그 언약의 내용이 돌판에 기록되었다. 그리고 주도권을 가진 분이 언약의 다른 당사자에게 그 문서를 준다. 출애굽기 24:12에 보면 여호와께서 친히 기록하신 돌판을 모세와 그 백성에게 주신다. 이렇게 수여된 문서는 보관된다. 십계명의 두 돌판은 성소의 법궤 안에 보관되

Commentary on the Heidelberg Catechism, trans by G. W. Williard(Phillipsburg: P&R, 1852), 498-499.

13) Brevard S. Childs, *Exodus*, OTL(London: SCM, 1974), 395.

14) G. E. Mendenhall, "Law and Covenant in Israel in the Ancient Near East," *Biblical Archaeologist* 17(1954), 26-46, 49-76에서 처음 밝힌 이후 G. E. Mendenhall, *Law and Covenant in Israel and the Ancient Near East*(Pittsburgh: The Biblical Colloquium, 1955)를 통해 구체화했다.

15) B.C. 14세기 히타이트의 왕, Shuppiluliumas(B.C. 1373-1335)와 메소포타미아 상류의 Mittani의 왕 Mattiwaza는 서로 조약을 맺고 그것을 돌판에 새겨 각각의 신상 앞에 보관하였다는 기록이 있다. 또한 애굽의 Ramses 2세와 히타이트의 Hattusilis가 B.C. 1269에 조약을 맺고 그것을 은판에 기록하고 신상 발치에 놓아두었다고 한다. Nahum Sarna, *Exodus*, JPS Torah Commentary(Philadelphia: JPS, 1991), 108.

16) Jochem Douma, *De Tien Geboden: Handreiking voor het Christelijk leven*(Kampen: Van den Berg, 1992), trans by Nelson D. Kloosterman, *The Ten Commandments: Manual for the Christian Life*(Phillipsburg: P&R, 1996). 2.

었다(출 25:16; 신 10:5; 대하 5:10).[17]

그러므로 십계명은 첫 번째 돌판에 제1계명부터 제4계명이, 두 번째 돌판에 제5계명부터 제10계명이 기록되었다고 보기보다는, 하나님과 그 백성이 맺은 언약문서로서 동일한 내용이 두 돌판에 기록되었다고 보는 것이 더 가능성이 높다.[18]

이러한 언약적 특징에 대해서는 이미 다양한 연구결과가 있다. 고대 근동 히타이트의 종주권 조약이 오경의 언약사상과 흡사하다는 연구는 학계의 정설이다.[19] 그래서 이러한 연구에 대한 언급은 20세기 중반 이후에 나오는 '언약신학'과 관련한 거의 모든 저술에서 발견된다.

(3) 언약문서로서의 십계명

지금까지 살펴본 것에 기초해 볼 때 십계명은 하나님과 그 백성이 맺은 언약의 증거를 두 돌판에 기록한 언약문서로 보는 것이 타당하다.[20] 십계명을 하나의 돌판에 새겨도 충분했을 텐데 굳이 두 돌판에 새겨 주셨다는 점도 또 다른 증거가 된다. 무엇보다도 십계명의 다른 표현으로 '언약의 말씀'(출 34:28; 신 4:13), '증거판'(출 25:16,21; 31:18; 32:15; 40:20; 신 31:26), '언약의 두 돌판'(신 9:9,11) 등이 사용된 것을 볼 때 더욱 그렇다.

---

17) 노희원, 『최근의 십계명 연구』(서울: 은성, 1995), 75.
18) 강영안은 전통적인 견해와 최근의 견해를 모두 소개한 뒤 최근의 견해에 동의하면서, 전통적인 견해에 따라 논의를 전개해 나간다. 강영안, 『강영안 교수의 십계명 강의』(서울: IVP, 2009), 61. 김용규는 전통적인 견해가 가장 일반적인 견해인 것으로 이해한다. 김용규, 『데칼로그: 김용규의 십계명 강의』(서울: 포이에마, 2015), 35. 데렉 키드너는 두 돌판을 함께 법궤에 두면 동일한 두 문서를 작성할 이유가 없다고 하면서 전통적 견해를 따른다. Derek Kidner, "Ten Commandments", in *The Zondervan Pictorial Encyclopedia of the Bible*, ed. Merill C. Tenney, vol 5(Grand Rapids: Zondervan, 1976), 673. 이승구는 두 견해 모두를 소개한 뒤 어느 한쪽을 옳다고 하는 것에 대해서 조심해야 한다고 강조한다. 이승구, 『위로 받은 성도의 삶: 그러면 이제 우리는 어떻게 살 것인가? (하이델베르크 요리문답 강해 시리즈 Ⅲ)』(서울: 나눔과 섬김, 2015), 67.
19) 이러한 견해를 반대하는 이도 있다. J. P. Hytt, *Exodus*, New Century Bible Commentary (London: Morgan & Scott, 1971), 198, 210.
20) Douma, *The Ten Commandments*, 11; John M. Frame, *The Doctrine of the Christian Life*(Phillipsburg: P&R, 2008), 389.

십계명은 하나님과 그 백성이 맺은 언약의 증거다. 십계명은 하나님과 이스라엘이 맺은 언약을 증거해 주는 언약문서다. 하나님은 이스라엘을 구원하신 뒤 그들과 언약을 맺으셨다는 증거로 2개의 돌판에 동일한 내용을 기록하여서 그들로 하여금 둘 다 성막의 성소 안에 보관하게 하셨다. 왜냐하면 하나님은 영이시기에 그 돌판을 가져가실 수 없었기 때문이다.

십계명은 단순한 명령이 아니라 하나님과 그 백성 사이의 언약관계를 나타내는 증거다. 하나님은 이 언약을 통해 하나님께서 이스라엘의 주가 되시며, 이스라엘은 하나님의 백성이라는 사실을 계시하셨다. 또한 이 언약을 통해 이스라엘로 하여금 언약백성의 삶을 살 수 있도록 방향을 제시해 주셨다.[21]

'십계명'이라는 명칭에 대하여

출애굽기 20:1-17을 일반적으로 '십계명'(Ten Commandments)이라고 부른다. 10개의 계명이라는 뜻이다.

그런데 성경에는 '십계명'이라는 말이 없다. 이렇게 말하면 오해가 있을 수 있다. 왜냐하면 출애굽기 34:28;[1] 신명기 4:13; 10:4에 분명히 '십계명'이라는 말이 나오기 때문이다. 하지만 그것은 의역이다. 한글성경과 영어성경 NIV와 KJV에서 '십계명' 혹은 'ten commandments'라고 기록한 것들은 모두 의역한 것이다.

히브리어 원문은 '말씀들'(히. 하 드바림) 혹은 '10가지 말씀들'(히. 에쉐레트 하 드바림)로 표현하고 있다. 출애굽기 20:1과 신명기 5:22에는 '말씀들'(words)이라고 표현하고 있고, 직접 연관된 본문은 아니지만 '십계명'에 관한 언급을 하고 있는 출애굽기 34:28과 신명기 4:13; 10:4에서는 '10가지 말씀들'(ten words)이라고 되어 있다.[2] 그래서 십계명을 *Decalogue*라고도 하는데, *deca*는 헬라어로 '열(십)', *logue*는 헬라어 '말'이라는 뜻으로 *Decalogue*는 10개의 말이라는 뜻이다.

그럼에도 불구하고 '십계명'이라고 부르는 이유는 '말씀들'(히. 하 드바

---

21) 서철원, 『복음과 율법의 관계』(서울: 총신대학교출판부, 2008²), 40.

림)을 가리켜 출애굽기 24:12; 마태복음 19:17-19; 로마서 13:9 등에서 '계명' 이라고 부르고 있기 때문이다. 그래서 '10개' 라는 말과 '계명' 이라는 말을 모아서 '십계명' 이라고 부른다.[3]

개혁교회는 '십계명' 이라는 표현 대신 '언약의 10가지 말씀들'(the ten words of the covenant)이라고 표현한다. '10가지 말씀들' 이라는 성경의 언급(출 34:28; 신 4:13; 10:4)과 '언약의 말씀들' 이라는 성경의 언급(출 34:28; 신 4:13; 참조. 신 29:1,9)을 모아서 '언약의 10가지 말씀들' 이라고 표현하는 것이다.[4]

'십계명' 이든 '언약의 10가지 말씀(들)' 이든 어느 명칭 하나만 옳다고는 할 수 없다. 단, '십계명' 이라는 명칭으로 인해 '명령' 이라는 성격만 부각되기 쉽다는 점을 생각할 때 '언약의 10가지 말씀(들)' 이라는 명칭을 통해 '언약' 의 성격도 있다는 사실을 생각하는 것이 좋겠다.

필자는 '언약의 10가지 말씀(들)' 이라는 명칭을 더 선호한다. 왜냐하면 '명령' 의 의미를 담고 있는 '십계명' 이라는 표현은 지키지 않으면 구원받지 못하는 것으로 오해하기 쉽지만, '언약' 의 의미를 담고 있는 '언약의 10가지 말씀(들)' 이라는 명칭은 하나님의 구원으로 말미암아 언약 안에 있는 백성들이 지켜야 할 언약법이라는 의미를 주기 때문이다.

---

1) 개역한글에는 '십계' 라고 기록되어 있다.

2) Victor P. Hamilton, *Exodus: An Exegetical Commentary*(Grand Rapids: Baker, 2011), 312-313; Stuart, *Exodus*, 440-441; Douma, *The Ten Commandments*, 4.

3) Douma, *The Ten Commandments*, 4.

4) 클라인도 '언약' '언약의 말씀들' 이라는 표현으로 사용하는 것을 선호한다. Meredith G. Kline, "Ten Commandments," in *New Bible Dictionary*(Leicester: IVP, 1982), 1174.

(4) 새 언약의 관점에서 본 십계명

지금까지의 설명은 십계명이 기록되던 당시, 즉 옛 언약에 기초한 것이다. 그렇다면 오늘날 우리가 살고 있는 새 언약 시대에도 여전히 십계명이 언약문서라는 증거가 있는가?[22] 이 문제는 간단하게 대답할 수 있다. 우리는 새 이스라엘 백성이다. 그러므로 우리에게도 십계명은 유효하다.

좀 더 쉽게 이해하기 위해, 구약 절기인 유월절과 오순절의 관계를 신약의 대표적 사건인 십자가 사건과 성령강림 사건의 관계와 비교해 보자.

구약의 이스라엘은 유월절을 통해 출애굽 하였다. 그리고 50일 째 되는 날 시내 산에서 십계명을 받았다.[23] 하나님은 십계명을 두 돌판에 새기셨다. 신약의 교회는 예수 그리스도의 십자가를 통해 구원받았다. 그리고 오순절에 성령님을 받았다. 오순절에 오신 성령님은 성도의 심령에 하나님의 법(생명의 성령의 법)을 새기셨다. 십계명을 받기 전에 모세는 호렙 산에서 40일을 있었다(출 24:18; 34:28; 신 9:11). 예수님도 성령을 부어 주시기 전에 이 땅에서 40일 동안 계시다가 승천하셨다(행 1:3).

구약 시대에는 유월절 이후 오순절에 십계명이 돌판에 새겨지는 일을 통해 하나님과 이스라엘 백성이 언약을 맺었다고 한다면, 신약 시대에는 예수님의 십자가 사건(고전 5:7) 이후 오순절의 성령강림을 통해 십자가 사건이 각 사람에게 효력 있게 되었고, 하나님과 신약교회가 언약을 맺었다.

이에 대해 히브리서 8:10은 다음과 같이 말씀한다. "주께서 이르시되 그 날 후에 내가 이스라엘 집과 맺을 **언약**은 이것이니 내 **법**을 그들의 생각에 두고 그들의 **마음**에 이것을 기록하리라. **나는 그들에게 하나님이 되고 그들은 내게 백성이 되**

---

22) 원칙적으로는 이러한 설명이 필요 없다. 왜냐하면 언약은 하나이며, 구약과 신약은 그 양식만 다를 뿐 본질적으로는 하나이기 때문이다(눅 1:55,73; 행 2:39; 갈 3:7-14,28-29; WCF 제7장 제5-6절).

23) 이스라엘은 아빕(Aviv) 월 15일에 애굽을 떠났고(출 13:4; 12:6), 애굽을 떠난 지 제 셋째 월인 시반(Sivan) 월이 되던 날에 시내 산에 도착했다(출 19:1). 그리고 3일째 되던 날 오순절(맥추절)에 율법이 선포되었다(출 19:16).

개역개정은 출애굽기 19:1에서 "애굽 땅을 떠난 지 삼 개월이 되던 날"이라고 함으로써 잘못된 번역을 하고 있다. 반면 공동번역과 표준새번역, 현대인의 성경에서는 "셋째 달 되는 초하룻날" 혹은 "3월 1일"이라고 함으로써 그나마 바르게 번역하고 있다.

리라.” 고린도후서 3:3은 다음과 같이 말씀한다. “너희는 우리로 말미암아 나타 난 그리스도의 편지니 이는 먹으로 쓴 것이 아니요 **오직 살아 계신 하나님의 영으 로 쓴 것이며 또 돌판에 쓴 것이 아니요 오직 육의 마음 판에 쓴 것이라.**”

하나님께서 이스라엘과 맺은 언약의 표로 주신 십계명은 신약교회에도 여전 히 동일하게 언약문서다. 구약교회인 이스라엘에게 주신 십계명은 새 이스라엘 인 신약교회에도 언약의 표다.

(5) 십계명을 지킬 수 있는 힘

십계명이 새 언약과 관련된다는 사실은 십계명을 지킬 수 있는 힘이 마음에 심겼다는 사실과 연결된다. “…그 날 후에 내가 이스라엘 집과 맺을 언약은 이것 이니 내 법을 그들의 생각에 두고 그들의 마음에 이것을 기록하리라”(히 8:10)는 말씀과 “…그 날 후로는 그들과 맺을 언약이 이것이라 하시고 내 법을 그들의 마 음에 두고 그들의 생각에 기록하리라”(히 10:16)는 말씀처럼 새 언약 시대에 십 계명을 지킬 힘은 마음 판에 새겨진 능력에 근거한다.

자신의 힘만으로 율법을 지킬 수 있는 사람은 아무도 없다(롬 3:10,23; 7:18- 19,21-23; HC 제114문답; WLC 제149문답; WSC 제82문답). 그러나 육신이 연약해서 이루지 못하는 율법의 요구를 지킬 수 있는 것은 오직 그리스도를 통 하여 우리에게 주어지는 성령께서 허락하시는 생명의 법으로 가능하다(롬 8:3- 4). 은혜로 말미암아 율법을 지키는 것이다.

새 언약백성에게 십계명은 돌판에 쓰인 것이 아니라 마음 판에 새겨져 있음을 기억해야 한다(고후 3:3; 히 8:10; 10:16). 그 누구도 지울 수 없는 마음 판에 새 겨진 언약을 기억하면서 십계명을 지켜야 한다. 단순히 명령이기 때문에 지키는 것이 아니다. 신자의 마음에 새겨졌기 때문에 지키는 것이다. 그 누구도 이 법을 지키라고 강제하지 않는다. 다만 신자의 양심 속에 거하시는 성령님(딤후 1:14) 께서 끊임없이 이 계명을 지키도록 명령하신다.

(6) 십계명과 신자의 정체성

십계명은 언약문서로서의 성격을 갖고 있다. 그렇기에 하나님과 이스라엘 백 성의 관계, 하나님과 교회의 관계, 하나님과 신자의 관계를 보여준다.

십계명은 하나님과의 언약관계를 통해 주어진 것으로 언약백성이 지키고 누려야 할 법이다. 십계명은 누구나 지켜야 할 내용을 담고 있지만, 무엇보다도 하나님과의 언약관계에 속한 자가 지켜야 할 내용을 담고 있다.[24] 십계명은 순종의 공로를 통하여 장차 구원받고자 하는 사람들에게 구원의 조건으로 제시된 법이 아니라, 이미 은혜로 구속받은 백성들이 지켜야 할 언약조항이다. 십계명은 하나님과 언약을 맺은 자들이 지키는 법이다.

그러므로 기독교 신자는 십계명을 지킴으로써 자신이 하나님의 백성임을 늘 기억해야 한다. 신자가 십계명을 지킨다는 것은 하나님이 나의 하나님이요, 나는 그분의 백성이라는 사실을 드러내는 방식이다. 또한 십계명은 지키라고 주신 것일 뿐만 아니라 하나님이 누구시며 우리가 누구인지, 나아가 하나님과 우리의 관계가 어떠한지를 깨닫는 방편으로 주셨다는 사실을 기억해야 한다. 하나님은 이 언약의 계명을 통해 우리를 자기 백성 삼으시고, 우리를 하나님의 언약백성답게 살 수 있도록 방향을 제시해 주신다.[25]

2. 도덕법의 요약으로서의 십계명

(1) 도덕법의 요약으로서의 십계명

십계명을 이해하는 전통적인 방식 가운데 하나는 '도덕법의 요약으로서의 십계명'이다.[26] 십계명에는 도덕법이 요약적으로 기록되어 있다. 이에 대해서는 웨스트민스터 신앙고백서(제19장), 웨스트민스터 대요리문답(제92-98문답), 웨스트민스터 소요리문답(제40-41문답)에서 가르치고 있다.

---

24) Michael S. Horton, *The Law of Perfect Freedom*(Illinois: Moody, 1993). 윤석인 역, 『십계명의 렌즈를 통해서 보는 삶의 목적과 의미』(서울: 부흥과 개혁사, 2005), 134.
25) 서철원, 『복음과 율법의 관계』, 40.
26) *Institutes*, Ⅱ. viii.

(2) 구약의 율법을 분류하는 방식

십계명이 도덕법의 요약이라는 사실을 이해하기 위해서는 구약의 율법에 대한 이해가 선행되어야 한다. 구약의 율법은 크게 세 가지로 구분할 수 있다. 의식법(the ceremonial laws), 시민법(the civic laws), 도덕법(the moral laws)이다.

① 의식법(儀式法, the ceremonial laws)

의식법은 구약의 이스라엘 백성에게 주어진 절기, 희생, 제사, 정결법 등의 법을 말한다. 이 법들은 모형적인(typological) 것, 즉 예배의 모형, 그리스도의 모형, 그리스도로부터 부어질 은혜의 모형들이다. 그렇기 때문에 그리스도의 오심으로 말미암아 폐기되었다(엡 2:15; WCF 제19장 제3절).

예컨대, 구약의 제사제도들은 장차 오실 그리스도의 십자가 사역을 예표하는 것이었으니, 그리스도의 인격, 직분, 사역을 통해 폐지되었다(시 40:6-8; 사 53:11; 단 9:25-27; 골 2:17; 히 10:1-8). 이에 대해서는 히브리서가 잘 설명하고 있는데, 대표적으로 히브리서 10:1은 "율법은 장차 올 좋은 일의 그림자일 뿐이요 참 형상이 아니므로 해마다 늘 드리는 같은 제사로는 나아오는 자들을 언제나 온전하게 할 수 없느니라"라고 말씀한다.

이러한 의식법을 주신 이유는 아직 미숙한 교회에 대한 하나님의 배려다(갈 3:24; WCF 제19장 제3절). 의식법은 그리스도께서 오시기 전까지 유효하였다.

의식법이 폐기되었다고 해서 그 본질과 정신까지 사라진 것은 아니다. 그리스도께서 의식법의 의미를 종결지으셨으나, 그것들의 신성함은 손상시키지 않고 오히려 인정하시고 존귀하게 여기셨다.[27] 그래서 의식법의 본질과 정신은 여전히 오늘날 그리스도인들의 예배와 경건생활의 규범으로 남아 있다.

② 시민법(市民法, the civic laws)

시민법은 구약의 이스라엘이라는 특정한 나라를 다스리기 위해 주신 통치법이다. 여러 가지 재판에 관한 율법들이 바로 시민법이다. 이 법은 출애굽기 21-22장에 잘 나타나 있다. 하나님은 이 법을 통해 이스라엘이 구약시대에 확립되고 보존되게 해주셨고, 이스라엘을 다른 민족과 구별되게 하셨다.

시민법은 구약 이스라엘의 보존을 위해 주신 것이므로 예수 그리스도께서 오시기 전까지 유효한 것으로, 이스라엘 왕국의 의미가 완성됨과 동시에 시효가 만료되었다. 그러므로 그것의 일반적인 원리는 적용될 수 있겠으나, 지금은 구속력이 없다(WCF 제19장 제4절; 참조. 고전 9:9-10).

---

27) *Institutes*, II. vii. 16.

③ 도덕법(道德法, the moral laws)

도덕법은 하나님의 거룩한 본성과 뜻을 담아 둔 법으로서, 이 법을 통하여 하나님이 누구신지를 알 수 있다.[28] 도덕법은 하나님의 본성에 근거한 것이기에 영원하다. 그래서 구약시대에도 유효하며, 신약시대에도 유효하며, 교회시대에도 유효하다. 심지어 율법이 주어지기 전부터 이미 유효한 것이었다(참조. 창 4:8-12).[29] 도덕법은 모든 인류에 대한 하나님의 뜻의 선언으로서 거듭난 자뿐만 아니라 거듭나지 않은 사람에게도 요구하는 것으로 온 인류를 향한 하나님의 영원한 법이다(WCF 제19장 제5절; WLC 제92-97문답).

구약의 율법을 위와 같이 나눌 수 있다는 것에 대해서는 웨스트민스터 신앙고백서 제19장에 아주 잘 설명되어 있다.

웨스트민스터 신앙고백서

제19장 하나님의 율법에 관하여
Of the Law of God

1. 하나님께서는 아담에게 행위 언약a covenant of works으로서의 율법을 주셨다. 이 언약은 아담뿐만 아니라 그의 모든 후손에게 인격적이고 personal, 온전하고entire, 엄밀하고exact, 지속적인perpetual 순종obedience을 요구하는 것이었다. 하나님께서는 아담이 이 언약을 준수하면upon the fulfilling 생명life을 주시겠다고 약속하신 반면, 그것을 어기면upon the breach of it 사망death을 주시겠다고 경고하셨다. 또한 하나님께서는 아담에게 그것을 지킬 수 있는 힘power과 능력ability을 부여해 주셨다endued.[1]

---

1) 창 1:26-27; 2:17; 전 7:29; 욥 28:28; 롬 2:14-15; 5:12,19; 10:5; 갈 3:10,12

---

28) Ernest C. Reisinger, *The Law and the Gospel*(Phillipsburg: P&R, 1997), 43; John Murray, *Principles of Conduct: Aspects of Biblical Ethics*(Grand Rapids: Eerdmans, 1957), 184.

29) Reisinger, *The Law and the Gospel*, 24.

2. 이 율법은 아담이 타락한 후에도 계속해서 의에 대한 완전한 법칙a perfect rule of righteousness이 되었고, 하나님께서는 이러한 법칙으로서 시내 산에서 십계명을 주셨으니 두 돌판에 새기셨다.[2] 첫 네 계명은 하나님께 대한 우리의 의무duty를 담고 있으며, 나머지 여섯 계명은 사람에 대한 우리의 의무를 담고 있다.[3]

---

2) 출 34:1; 신 5:32; 10:4; 롬 13:8-9; 약 1:25; 2:5,10-12   3) 마 22:37-40

3. 일반적으로 도덕법moral이라 불리는 이 율법 외에도 하나님께서는 아직 미숙한 교회였던as a Church under age 이스라엘 백성에게 의식법ceremonial laws을 주시기를 기뻐하셨다. 거기에는 몇 가지 예표적인 규례들typical ordinances이 포함되어 있는데, 부분적으로는 예배에 대한 것, 그리스도와 그를 통해서 베풀어질 은혜들his graces, 그가 행하실 일들actions, 그가 받을 고난들sufferings, 그리고 그의 공로로 주어질 유익들benefits을 예표하는prefiguring 것이며,[4] 또한 부분적으로는 도덕적인 의무들에 대한 여러 가지 교훈들이 제시되어 있다.[5] 그런데 이 모든 의식법들은 이제 새 언약 시대에는 폐기되었다are now abrogated under the New Testament.[6]

---

4) 갈 4:1-3; 골 2:17; 히 9:1-29; 10:1   5) 고전 5:7; 고후 6:17; 유 1:23   6) 단 9:27; 엡 2:15-16; 골 2:14,16,17

4. 하나님께서는 정치 조직체로서의as a body politic 이스라엘 백성에게 여러 가지 재판에 관한 율법judicial laws을 주셨다. 그러나 그것들은 이스라엘 왕국의 의미가 완성됨과 동시에 그 시효가 만료되었다expired. 따라서 그것의 일반적인 공정성equity이 요구할 수 있는 것 외에는, 지금은 누구에게도 구속력이 없다.[7]

---

7) 창 49:10; 출 21장; 22:1-29; 마 5:17,38-39; 고전 9:8-10; 벧전 2:13-14

5. 도덕법moral law은 의롭다 함을 받은 사람뿐 아니라 그 밖의 모든 사람에게 영원한 구속력을 가진 것이기에 순종해야 한다.[8] 그 이유는 그 법에

담긴 내용과 관련해서만이 아니라 그 율법을 주신 창조주 하나님의 권위 때문이다.[9] 또한 그리스도께서도 복음 안에서 이 법을 순종해야 할 의무obligation를 어떤 방법으로든지 폐기하지dissolve 않으시고 도리어 더욱 강화하신다but much strengthen.[10]

---

8) 롬 13:8-10; 엡 6:2; 요일 2:3,4,7,8 9) 약 2:10,11 10) 마 5:17-19; 롬 3:31; 약 2:8

6. 참된 성도들true believers은 행위 언약으로서의 율법 아래 속하지 않으므로be not under the law as a covenant of works 그 법으로 말미암아 의롭다 함을 받거나 심판받는 것은 아니라 할지라도,[11] 이 율법은 참된 성도들에게만이 아니라 다른 사람에게도 매우 유용하게 사용된다. 그 이유는 이 법은 삶의 법칙으로서 그들에게 하나님의 뜻the will of God과 그들의 의무를 알려주며informing 그에 따라 그들을 지도하고 강제하며it directs and binds them 행하게to walk 하기 때문이다.[12] 또한 그것은 그들의 본성nature과 마음hearts 및 삶lives이 죄악으로 오염되었음을 발견케 하며[13] 그로 인해 율법에 의하여 자신을 점검케 하여examining 더욱 죄를 깨닫고conviction of, 죄로 인하여 겸손하게 되며humiliation for 죄에 대하여 증오하게hatred against sin 한다.[14] 따라서 그리스도와 그의 완전한 순종the perfection of his obedience이 그들에게 절실히 필요하다는 것을 깨닫게 된다.[15] 마찬가지로, 이 율법은 거듭난 자the regenerate에게도 유용한데, 이는 율법이 죄를 금지함으로 그들의 부패성corruptions을 억제하기restrain 때문이다.[16] 그리고 율법의 경고들은 비록 거듭난 자들이 율법에서 경고하고 있는 저주로부터 자유함을 얻었다 할지라도although freed from the curse 그들이 지은 죄로 인하여 마땅히 받아야 하는 것이 무엇이며, 또한 이 세상에서 어떠한 고통afflictions이 기대되는지를 보여주고 있기 때문이다.[17] 같은 방식으로, 그 법의 약속들은 하나님께서 순종을 기뻐하신다approbation는 사실과 행위 언약으로서의 율법에 의하여 그들의 몫으로 이 복들이 주어지는 것이 아니라 하더라도[18] 순종의 결과로 어떤 복이 주어지는가를 보여준다.[19] 또한 법이 선을 장려하고 악을 억제하는 것이기 때문에 어떤 사람이 선을 행하고 악을 삼간다 하더라도, 그것이 결코 율법 아래 있고 은혜 아래 있지 않다는 증거가 되는 것은 아니다.[20]

11) 행 13:26; 롬 6:14; 8:1; 갈 2:16; 3:13; 4:4-5   12) 고전 7:19; 시 119:4-6; 롬 7:12,22,25; 갈 5:14,16,18-23   13) 롬 3:20; 7:7   14) 롬 7:9,14,24; 약 1:23-25   15) 갈 3:24; 롬 7:24-25; 8:3-4   16) 시 119:101,104,128; 약 2:11   17) 스 9:13-14; 시 89:30-34   18) 눅 17:10; 갈 2:16   19) 레 26:1,10,14; 시 19:1; 37:11; 마 5:5; 고후 6:16; 엡 6:2-3   20) 시 34:12-16; 롬 6:12,14; 히 12:28,29; 벧전 3:8-12

7. 앞서 언급된 율법의 용도는 복음의 은혜와 상충되지 않으며 도리어 서로 간 잘 조화된다do sweetly comply with it.[21] 그리스도의 영the Spirit of Christ께서 율법 안에 계시된 하나님의 뜻이 요구하는 바를 자유롭고도 기꺼이 freely and cheerfully 행할 수 있도록 사람의 의지를 작용하신다subduing and enabling.[22]

21) 갈 3:21   22) 렘 31:33; 겔 39:27; 히 8:10

구약의 율법들 중 도덕법에 대해서는 웨스트민스터 대요리문답 제92-97문답에 잘 설명되어 있다.

웨스트민스터 대요리문답

92문 : 하나님께서 사람에게 순종하도록 제일 먼저 계시하신 법칙은 무엇입니까?

답 : 죄 없는 상태the estate of innocence의 아담과 그에게 속한 모든 인류 mankind에게 주신 순종의 법칙은 선악을 알게 하는 나무의 열매the fruit of the tree of the knowledge of good and evil를 먹지 말라고 하신 특별한 명령과 함께 주신 도덕법the moral law이었습니다.[1]

1) 창 1:26,27; 롬 2:14,15; 10:5; 창 2:17

93문 : 도덕법the moral law은 무엇입니까?

답 : 도덕법은 인류에 대한 하나님의 뜻의 선언declaration이며, 각 개인이 영혼과 육체의 전 인격을 다하여,[1] 완전히 그리고 영원히perpetual 항상 복종conformity하고 순종obedience하도록 지시하시고 체결하신binding

것으로, 하나님과 사람에 대하여 거룩함holiness과 의로움righteousness
의 모든 의무를 이행해야 한다고 가르칩니다.[2] 도덕법은 준수하면upon
the fulfilling 생명life을 주시겠다고 약속하신 반면, 그것을 어기면upon
the breach of it 사망death을 주시겠다고 경고하셨습니다.[3]

1) 신 5:1-3,31,33; 눅 10:26,27; 갈 3:10; 살전 5:23   2) 눅 1:75; 행 24:16   3) 롬 10:5; 갈 3:10,12

94문 : 타락한 후의 사람에게도 도덕법이 유용합니까?

   답 : 타락 이후에는 아무도 도덕법으로는 의righteousness와 생명life을 얻
을 수 없습니다.[1] 그러나 모든 사람, 즉 중생하지 못한 사람이나 중
생한 사람에게 다 크게 유용great use합니다.[2]

1) 롬 8:3; 갈 2:16   2) 딤전 1:8

95문 : 도덕법이 모든 사람에게 어떻게 유용합니까?

   답 : 도덕법은 하나님의 거룩한 본성nature과 뜻will,[1] 또한 그것을 좇아 행
해야 하는 사람의 의무에 관하여 알려주므로inform 모든 사람에게 유
용합니다.[2] 또한 사람들이 그것을 지킬 능력이 없으며disability, 그들
의 본성nature과 마음hearts과 생활lives이 죄로 오염되었음을 깨닫도
록convince 하여[3] 죄sin와 비참misery을 깨닫는 가운데 겸손하게 해줍
니다.[4] 그래서 자신들이 그리스도와[5] 그분의 완전한 순종을 필요로
한다는 사실을 분명히 깨닫도록clearer sight 도와줍니다.[6]

1) 레 11:44,45; 20:7,8; 롬 7:12   2) 미 6:8; 약 2:10,11   3) 시 19:11,12; 롬 3:20; 7:7   4)롬 3:9, 23   5) 갈 3:21,22   6) 롬 10:4

96문 : 도덕법이 중생하지 못한 사람들에게 특별히 유용한 점은 무엇입니까?

   답 : 도덕법은 중생하지 못한 사람이 장차 올 진노wrath를 피하도록flee 그들
의 양심consciences을 일깨워awaken[1] 그리스도에게로 오게 하는 데drive
to 유용합니다.[2] 그리고 그들이 계속 죄의 자리에 머물러 있을 경우 변
명할 여지없이 버림을 당하고,[3] 그 저주curse 아래 있게 하는 것입니다.[4]

1) 딤전 1:9,10   2) 갈 3:24   3) 롬 1:20; 2:15   4) 갈 3:10

97문 : 도덕법이 중생한 사람들에게 특별히 유용한 점은 무엇입니까?

답 : 중생하여 그리스도를 믿는 사람들은 행위 언약a covenant of works으로서의 도덕법에서 해방되었으므로be delivered from[1] 이것으로써 의롭다 함을 받거나[2] 정죄되지 않습니다.[3] 그러나 모든 사람에게 공통적으로 유용한 점 말고도 중생한 사람들에게 특별히 유용한 점은, 이 법을 친히 완성하시고 그들을 대신하여 저주를 받으신 그리스도와 그들이 얼마나 친밀한 관계가 있는지how much they are bound to Christ 보여줌으로써[4] 그들로 하여금 더욱더 감사하게 하며to provoke them to more thankfulness,[5] 이 감사를 표시하려고 그들의 순종의 법칙the rule of their obedience으로서의 도덕법을 더욱더 조심하여 따르게 합니다.[6]

1) 롬 6:14; 7:4,6; 갈 4:4,5   2) 롬 3:20   3) 갈 5:23; 롬 8:1   4) 롬 7:24,25; 갈 3:13,14; 롬 8:3,4
5) 눅 1:68,69,74,75; 골 1:12-14   6) 롬 7:22; 12:2; 딛 2:11-14

(3) 영원히 지켜야 할 도덕법, 그리고 그 요약인 십계명

구약에 기록된 모든 율법이 오늘날에도 유효한 것은 아니다. 의식법이나 시민법과 같이 그리스도께서 오시기 이전에 예표적인 의미로 기록된 것들은 그리스도로 말미암아 모두 완성되었으므로 오늘날 우리가 지킬 필요는 없다(마 5:17; 엡 2:15; 히 10:1; WCF 제19장 제3절). 예컨대, 오늘날에는 어린 양을 잡아 제사를 드릴 필요가 없고, 성막이나 성전에 들어가 제사를 지낼 필요도 없다. 돼지고기를 비롯해 레위기 11장이 금하는 음식을 먹어도 상관없다. 레위기 17:10을 잘못 이해하여 순대나 선지국밥을 먹으면 안 된다고 생각할 이유는 없다.

그러나 도덕법은 오늘날에도 유효하다. 도덕법은 하나님의 본성에 근거한 법이기에 영원하다. 그렇기에 도덕법은 율법이 주어지기 이전에도 이미 있었다. "살인하지 말라"는 제6계명이 있기 전에 가인이 살인을 했다(창 4:8). 그런데 법이 있기 전에 법을 어겼다고 해서 법을 어기지 않은 것이 절대로 아니다. 도덕법은 원래부터 있었던 것이기 때문이다. 원래 있던 법을 십계명을 통해 다시 밝히셨을 뿐이다. 소돔과 고모라에 이미 음란죄가 만연해 있었다(창 19장). 그런데 이것 역시 제7계명이 주어지기 이전이다. 그렇다고 그들에게 죄가 없었던 것은 아니다. 소돔과 고모라는 그들의 음란함으로 심판을 받았다. 왜냐하면 태초부터 있던 하나님의 도덕법을 어겼기 때문이다.

이처럼 도덕법은 웨스트민스터 신앙고백서 제19장 제1절과 웨스트민스터 대요리문답 제92문답이 분명하게 설명하듯 하나님께서 아담에게 행위 언약으로서의 율법을 주실 그때에 이미 그 본질과 정신이 포함되어 있었다.

그러므로 어떤 측면에서 볼 때 십계명이 주어지기 이전에 이스라엘은 계명을 받았다(창 26:5). 그래서 창세기 35:2에는 제1, 2, 3계명, 출애굽기 16:27-29에는 제4계명, 창세기 9:18-29; 19:14-15; 21:9-10에는 제5계명, 창세기 4:13; 9:6에는 제6계명, 창세기 20:14; 34:1-26에는 제7계명, 창세기 2:16-17; 31:19-32에는 제8계명, 창세기 4:9에는 제9계명, 창세기 20:3에는 제10계명이 나타난다.[30] 비록 계명으로 주어지지는 않았지만 하나님의 영원하신 신성이 분명하게 나타났던 것이다(롬 1:20).

이러한 것들을 통해 도덕법은 율법이 주어지기 이전에도 유효했음을 알 수 있다.[31] 십계명은 하나님 자신의 속성에 근거한 것이므로 이미 영원한 진리로 존재해 왔다.

도덕법에 담긴 본질과 정신은 영원하다. 그것은 절대로 변하지 않는다. 아니 오히려 그리스도의 십자가 사건을 통해 더욱 강화되었다(마 5:17; 롬 3:31; WCF 제19장 제5절). 도덕법은 타락 이전이나 타락 이후, 또 중생한 사람이나 그렇지 못한 사람 모두에게 유효한 법으로서 인류 전체에게 보편적으로 유효하다(WCF 제19장 제5절; WLC 제92-97문답). 도덕법은 영원히 지켜져야 할 법이다.[32]

이러한 하나님의 영원한 도덕법을 요약해 놓은 것이 십계명이다(WLC 제98문답; WSC 제41문답). 물론 십계명 외에도 더 많은 도덕법이 성경 곳곳에 기록되어 있다. 그런데 그렇게 흩어져 기록된 도덕법을 잘 요약한 것이 바로 십계명이다. 십계명은 영원토록 변하지 않는, 아니 오히려 그리스도의 구속사역으로 말

---

30) Reisinger, *The Law and the Gospel*, 19-22.

31) Reisinger, *The Law and the Gospel*, 24.

32) 십계명의 보편타당성에 대해 토마스 만(T. Mann, 1875-1955)은 십계명을 "인간다움의 정수"(*Quintessenz der Menschenanstandes*)라고 표현했고, 틸로 코흐(T. Koch)는 "세상을 위한 도덕적 헌법"(*das moralische Grundgesetz der Welt*)이라고 규정했으며, 루돌프 스멘트(R. Smend)는 "고도의 보편타당성과 다양한 적용 가능성"을 가졌기 때문에 이는 "인간 삶 전체를 향해 주어지는…모든 것에 관한 내용이다"라고 주장했다. 김용규, 「데칼로그」, p.26, n.9.

미암아 더욱 강화된 도덕법의 요약이다. 십계명은 단순한 명령이 아니다. 하나님의 거룩하신 본성과 속성과 뜻이 드러나 있는 영원한 도덕법의 요약이다.

3. 하나님 나라 헌법으로서의 십계명

십계명은 하나님 나라인 교회의 헌법(憲法)이다. 교회는 하나님 나라의 그림자이며, 나라는 그 나라가 유지되기 위해 필요한 헌법이 있는데, 십계명은 바로 교회라고 하는 하나님 나라의 헌법이다.

(1) 구약 이스라엘 나라에 주신 헌법

왜 십계명이 교회의 헌법일까? 이를 바르게 이해하기 위해서는, 하나님께서 십계명을 어떠한 상황에서 주셨는지 알아야 한다. 즉, 언제 어느 때에 주셨으며, 그 십계명을 주시기에 앞서 어떤 일을 하셨고 어떤 말씀을 하셨는가를 알아야 한다.

이스라엘은 애굽에서 포로생활을 할 때까지 나라가 없었다. 그런데 하나님께서 애굽 땅에서 종 되었던 이스라엘 백성을 출애굽 해주셨다(출 20:2). 10가지 재앙, 유월절, 홍해 도하 등의 사건을 통해 하나님께서 친히 구원자가 되어 주셨고, 그 이후 십계명을 주시기에 앞서 출애굽기 19:5-6에서 다음과 같이 말씀하셨다. "⁵세계가 다 내게 속하였나니 너희가 내 말을 잘 듣고 내 언약을 지키면 너희는 모든 민족 중에서 내 소유가 되겠고 ⁶**너희가 내게 대하여 제사장 나라가 되며 거룩한 백성이 되리라.** 너는 이 말을 이스라엘 자손에게 전할지니라." 이 말씀을 통해 하나님은 하나님 나라로서의 이스라엘 국가를 건설해 주실 것을 약속하셨다. 이 말씀을 통해 국가의 창립을 발표하셨다. 이렇게 이스라엘을 하나님의 거룩한 나라로 세우기 위한 계획은 오래전부터 있었다. 수백 년 전 하나님은 국가를 세우기 위해 아브라함을 부르셨다. 그리고 그에게 말씀하시기를 "내가 너로 큰 민족을 이루고…"(창 12:2) "너의 후손들을 하늘의 별, 또는 바다의 모래와 같이 많게 하겠다"(창 15:5; 22:17-18)라고 하셨다. 이 약속은 다름 아닌 나라를 세우고자 하신 약속이었다(창 18:18; 히 11:10). 이 약속이 모세의 때에 드디어 성취되었다. 하나님은 이 약속을 이루기 위해 먼저 아브라함이라는 한 사람을 선택하셨고, 이후에 이삭과 야곱을 통하여 나라를 세우실 발판을 마련하셨다.

이로써 한 사람으로부터 시작된 민족이 큰 민족을 이루게 된 것이다.[33]

출애굽기 19:5-6에서 나라를 세울 것을 선포하신 뒤 출애굽기 20장에서 그 나라를 위한 법을 공포하신다. 바로 십계명이다(참조. 출 32:10; 신 9:14). 하나님은 이스라엘 나라의 기초를 위해 법을 마련해 주셨다. 하나님께서는 이스라엘을 구원하시고 그들을 독특한 국가로 세우시면서 그 의미를 분명히 깨닫게 하려고 십계명을 비롯한 율법을 주셨다.[34] 이스라엘이 불법을 많이 저질러서가 아니라 하나님의 거룩하심(의)에 근거하여 온 국민이 하나님 나라의 백성으로 살아가게 하려고 법을 주신 것이다(참조. 창 18:18-19). 이런 의미에서 십계명은 이스라엘 나라의 헌법이었다.[35]

세상 나라도 이와 유사한 점이 있다. 대부분의 문명국가에는 헌법이 있다. 나라를 세우기 위해 가장 먼저 헌법을 제정한다. 국가는 헌법을 만들어 국가의 정체성을 드러내며, 온 국민에게 반포함으로써 그 나라의 국민으로 합당한 삶을 살도록 한다.

예컨대, 대한민국 정부는 1948년 8월 15일에 수립되었다. 그런데 이렇게 정부의 수립을 발표하기 전에 '제헌국회'를 구성해 '헌법'을 제정했다.[36] 법이 있어야 나라의 모습이 제대로 갖추어지기 때문이다. 대한민국뿐만이 아니다. 미국은 공식명칭(United States of America, 미합중국)에 잘 나타나 있듯이 여러 연방국가로 이루어져 있다. 그런데 그 연방국가를 하나의 합중국으로 만들기 위해 가장 먼저 헌법이 제정되었다.[37]

---

33) 송영찬, 『시내산 언약과 십계명』(서울: 깔뱅, 2006), 142-148; 김성수, 『내가 너로 큰 민족을 이루게 하리라』(수원: 합동신학대학원출판부, 2000), 31-41.

34) 김홍전, 『십계명 강해』(서울: 성약, 1996), 37.

35) 송영찬, 『예수 그리스도』(서울: 칼빈아카데미, 2005), 28; 송영찬, 『시내산 언약과 십계명』, 148, 162; 성주진, 『사랑의 마그나카르타』(수원: 합신대학원출판부, 2007²), 127. "구약과 신약성경은 각각 고대 이스라엘과 새 언약 교회를 위한 헌법으로 기능하도록 의도되었다." Meredith G. Kline, *Kingdom Prologue: Genesis Foundations for a Covenantal Worldview*(Kansas: Two age Press, 2000). 김구원 역, 『하나님 나라의 서막』(서울: P&R, 2007), 32.

36) 1948년 5월 10일 총선거를 통해 국회의원을 선출하고, 동년 동월 31일에 개원하여, 동년 7월 12일에 헌법을 통과시킨 뒤, 동년 동월 17일에 헌법이 공포되었다.

하나님 나라 역시 마찬가지다. 출애굽기 19:5-6의 말씀을 통해 하나님께서 이스라엘을 당신의 나라로 세우셨음이 분명해졌지만, 십계명을 반포하심으로써 더욱 견고하게 하셨다. 법의 공포로 말미암아 이스라엘은 참으로 나라가 되었다.[38]

이스라엘에게 주신 율법 중 십계명은 모든 법을 포괄하기 때문에 헌법이라 할 수 있으며, 십계명 뒤에 나오는 여러 가지 율법들은 법률이라 할 수 있다.

이제 이스라엘은 하나님께서 주신 법을 지킴으로써 자신들이야말로 하나님의 소유요 제사장 나라이며 거룩한 백성임을 온 세상 가운데 드러내야 했다. 모든 세계가 하나님께 속하였지만, 그 가운데 특별히 하나님께서 이스라엘을 선택하여 하나님의 소유가 되게 하셨고, 그들을 제사장 나라와 거룩한 백성이 되게 하셨음을 드러내야 했다. 그들이 하나님 나라인 증거는 바로 계명을 지키는 일을 통해서였다.[39] 그러므로 십계명은 하나님의 나라인 구약 이스라엘 나라에 주신 헌법이다.

(2) 신약교회에 주신 헌법

구약 이스라엘 나라에 주신 헌법으로서의 십계명은 신약에 와서 교회에 주신 헌법으로서 여전히 의의를 가진다. 왜냐하면 신약의 교회는 구약 이스라엘 나라와 마찬가지로 하나님 나라로서 이 세상에 존재하기 때문이다.

신약교회는 하나님 나라다. 하나님은 신약의 백성들을 당신의 나라로 삼기 위해 죄에서 건져 구원해 주셨고(고전 5:7), 그에 대하여 세례로 인을 치시고(고전 10:2), 성찬으로 그 증거를 확인하게 하셨다(고전 10:3-4; 요 6:32). 나아가 거룩한 나라로 삼으셨으니, 베드로전서 2:9은 "너희는 택하신 족속이요 왕 같은 **제**

---

37) Pilgrim Fathers가 메이플라워 호를 타고 미국에 도착한 해가 1620년이다. 그 후 시간이 흘러 13개의 주(States)가 하나의 연방을 구성하기 위해 연방헌법을 제정했다. 그래서 1787년 5월 25일 개회한 펜실베니아 주의 필라델피아 제헌의회가 1787년 9월 17일 헌법안에 서명했고, 그 후 13개 주에 각각 송부되어 1787년 12월 7일 델라웨어 주가 비준한 것을 시작으로, 로드아일랜드 주가 마지막으로 비준했다. 조지형, 『미국헌법의 탄생』(서울: 서해문집, 2012), 17, 192; 이주영, 『미국사』(서울: 대한교과서, 2002), 89-105.

38) O. Palmer Robertson, *Covenants: God's way with his people.* 오광만 역, 『언약이란 무엇인가?: 하나님과 하나님 백성의 관계』(서울: 그리심, 2002), 105.

39) 송영찬, 『시내산 언약과 십계명』, 148, 153.

사장들이요 **거룩한 나라**요 그의 **소유**가 된 백성이니 이는 너희를 어두운 데서 불러내어 그의 기이한 빛에 들어가게 하신 이의 아름다운 덕을 선포하게 하려 하심이라"라는 말씀에서 출애굽기 19:5-6을 인용함으로써 흩어져 있는 여러 교회(벧전 1:1)가 곧 구약의 이스라엘임을 비유하고 있다. 구약의 이스라엘 나라가 하나님의 택한 족속이고 하나님의 제사장 나라, 거룩한 나라이며 하나님의 소유인 것과 같이, 신약의 교회 역시 하나님 나라라는 것이다. 이처럼 구약 이스라엘은 곧 신약의 교회요, 십계명은 하나님 나라로서의 신약교회에도 주신 헌법이다.

하나님은 신약교회에 대해서도 십계명을 통하여 교회의 하나님 나라 됨과 교회의 거룩함을 드러내신다. 신약교회의 성도들은 십계명을 비롯한 신구약의 모든 도덕법을 지킴으로써 하나님 나라의 속성과 그 나라의 백성 됨을 드러내야 한다. 구약의 이스라엘이 십계명을 지킴으로써 자신들이 참으로 하나님의 거룩한 나라임을 드러내었던 것처럼 신약의 교회도 십계명을 지킴으로써 교회야말로 하나님 나라임을 드러내야 한다.

(3) 하나님 나라인 교회의 헌법으로서의 십계명

십계명은 하나님 나라인 교회의 헌법이다. 십계명은 하나님 나라를 표상하고 그 나라의 성격을 규명하며 그 나라에 속한 백성이 추구해야 할 삶의 원칙이며 영원토록 변함없는 진리다.[40] 십계명은 하나님 나라가 얼마나 위대한지를 보여준다. 하나님 나라가 얼마나 거룩한지, 하나님 나라에 속하였다는 것이 얼마나 대단한 일인지, 하나님 나라의 윤리가 얼마나 엄격한 것인지를 잘 보여준다.[41]

그러므로 하나님 나라의 백성이 되기 위해서가 아니라 하나님 나라의 백성이기에 십계명을 지켜야 한다. 우리가 지키는 법을 통하여서 교회의 교회 됨이 온 세상 가운데 드러나게 될 것이다. 믿지 않는 이들이 "하나님 나라가 저기에 있구나"라고 말하게 될 것이다(사 2:2-3; 미 4:1-2).

---

40) 송영찬, 『시내산 언약과 십계명』, 153.
41) 김홍전, 『십계명 강해』, 29.

4장
십계명을 바르게 이해하기 위해 알아둘 것들

십계명은 함축적이다. 도덕법의 요약이다. 짧은 내용 속에 많은 의미를 담고 있다. 그렇기에 십계명을 바르게 이해하기 위해서는 몇 가지 알아둘 것들이 있다.

1. 십계명은 율법인가, 복음인가?

십계명은 기본적으로 율법의 성격을 갖고 있다. "~을 하지 말라" "~을 하라"라는 형식의 십계명은 표면적으로 볼 때 분명 율법이다. 그러나 율법과 복음을 지나치게 획일적으로 구분하여 십계명을 율법으로만 한정하는 것은 조심할 필요가 있다. 왜냐하면 십계명은 '율법의 성격'을 갖고 있지만 동시에 '복음적 내용'을 담고 있기 때문이다. 십계명을 단순히 명령으로 생각하면 율법이라고만 생각하기 쉽다. 하지만 십계명을 언약문서, 도덕법, 하나님 나라의 헌법이라는 관점에서 이해한다면 율법이면서 동시에 복음이다.

많은 사람이 구약은 율법, 신약은 복음으로 이해하는 이분법적 사고에 익숙한데, 이는 세대주의자들(dispensationalists)의 영향이다. 그들은 율법과 복음을 대립 개념으로 파악한다. 그래서 이전 세대에는 이스라엘이 율법 아래 있었으나, 현 세대의 교회는 복음 아래 있기 때문에 율법에서 자유롭다고 말한다. 이제는 복음이 유일한 구원의 수단이요, 율법은 더 이상 기능을 발휘하지 않는다고 말한다.

그러나 구약에도 율법과 복음이 있고, 신약에도 율법과 복음이 있다. 율법 안에 복음이 있고, 복음 안에 율법이 있다. 구약에 복음이 없다고 말하는 것은 비성경적이다. 여자의 후손에 대한 약속, 의식법, 선지자들의 선포 속에 복음이 담겨 있다. 구약의 제사제도는 우리에게 복음을 가르쳐 준다. 사실상 구약 전체에 복음의 물결이 면면히 흘러오다가 메시아 예언에 이르러 정점에 도달한다. 또한 신약에는 율법이 없다거나 신약시대에는 율법이 적용되지 않는다는 말도 비성경적이다.[42]

마찬가지로 십계명은 기본적으로는 율법에 속하지만, 동시에 복음적 내용을 내포하고 있음을 기억해야 한다. 십계명은 율법이지만 또한 복음이다. 십계명 속에는 율법적 요소와 복음적 요소가 모두 있다. 이 사실을 염두에 두고 십계명을 해석해야 한다. 십계명을 율법으로만 이해하면 율법주의가 되고, 복음으로만 이해하면 무율법주의가 될 위험이 있다.

2. 십계명을 지켜야 구원받는가?

로마서 1:17은 "복음에는 하나님의 의가 나타나서 믿음으로 믿음에 이르게 하나니 기록된 바 오직 의인은 믿음으로 말미암아 살리라 함과 같으니라"라고 말씀한다. 로마서 3:28은 "사람이 의롭다 하심을 얻는 것은 율법의 행위에 있지 않고 믿음으로 되는 줄 우리가 인정하노라"라고 말씀한다. 종교개혁자 마틴 루터는 이신칭의(以信稱義) 교리를 강조했고, 개혁신학은 믿음으로 구원을 얻는다고 분명히 가르친다. 죄인은 오직 예수 그리스도를 믿는 믿음을 통해 구원에 이른다.

그렇다면 십계명을 통해 구원에 이를 수 있는가? 십계명을 지켜야만 구원받는가? 당연히 아니다. 이미 언급한 성경구절에 나와 있듯이 구원은 예수 그리스도로 말미암아 얻는다. 예수 그리스도께서 능동적인 순종과 수동적인 순종을 통해 획득하신 의로 말미암아 구원을 얻는다. 예수 그리스도께서 획득하신 의는 믿음을 통해 사람에게 옮겨진다. 율법을 지킴으로써 의를 얻는 것이 아니다.

로마서 3:20 "그러므로 율법의 행위로 그의 앞에 의롭다 하심을 얻을 육체가

---

42) Louis Berkhof, *Systematic Theology*(Grand Rapids: Eerdmans, 1941), 612-613; Murray, *Principles of Conduct*, 199-201.

없나니", 갈라디아서 2:16 "사람이 의롭게 되는 것은 율법의 행위로 말미암음이 아니요 오직 예수 그리스도를 믿음으로 말미암는 줄 알므로 우리도 그리스도 예수를 믿나니 이는 우리가 율법의 행위로써가 아니고 그리스도를 믿음으로써 의롭다 함을 얻으려 함이라. 율법의 행위로써는 의롭다 함을 얻을 육체가 없느니라", 갈라디아서 2:21 "내가 하나님의 은혜를 폐하지 아니하노니 만일 의롭게 되는 것이 율법으로 말미암으면 그리스도께서 헛되이 죽으셨느니라" 등의 말씀처럼 인류 역사상 하나님의 율법을 지켜서 구원을 얻은 사람은 단 한 사람도 없다. 아브라함도 율법이 아니라 믿음으로 구원을 얻었다(롬 4:3; 갈 3:6).

갈라디아서 3:15-17은 "[15]형제들아 내가 사람의 예대로 말하노니 사람의 언약이라도 정한 후에는 아무도 폐하거나 더하거나 하지 못하느니라. [16]이 약속들은 아브라함과 그 자손에게 말씀하신 것인데 여럿을 가리켜 그 자손들이라 하지 아니하시고 오직 한 사람을 가리켜 네 자손이라 하셨으니 곧 그리스도라. [17]내가 이것을 말하노니 하나님께서 미리 정하신 언약을 사백삼십 년 후에 생긴 율법이 폐기하지 못하고 그 약속을 헛되게 하지 못하리라"라고 말씀한다. 이 말씀에 따르면 사람의 약속도 한 번 정하고 나면 그 이후의 어떤 것으로 폐하거나 더하지 못하는데, 마찬가지로 하나님의 약속도 한 번 정하고 나면 그 이후의 어떤 것으로도 폐하거나 더하지 못한다. 그렇기에 예수 그리스도를 믿는 믿음으로 말미암아 구원받는다는 하나님의 약속은 십계명이라는 율법이 주어지기 무려 430년 전에 주신 것이므로, 그 이후에 생긴 율법 때문에 폐기될 수 없다.

율법은 결코 그 누구도 구원할 수 없다. 율법을 지킨 노력과 공로로 구원받는 것이 아니라, 우리를 대신하여 십자가에 달려 죽으심으로 율법을 완성하신 예수 그리스도를 믿는 믿음으로 구원받는다.

십계명에 대해 배우면서 이 사실을 분명히 해야 한다. 십계명이 구원을 얻기 위한 공로나 수단이 되어 버리면 안 된다. 십계명을 지킨다고 하면서 "십계명을 내가 다 지켜서 구원에 이를 수 있어. 내가 나 자신을 구원할 수 있어"라고 말하는 것이 아니라, 비록 내가 십계명을 지키기 위해 애를 쓰지만 그것은 구원받기 위함이 아니라 이미 구원하신 하나님께 감사함으로 하는 것임을 기억해야 한다. 십계명을 지키는 이유는 구원받기 위함이 아니라 구원하여 주신 하나님께 대한 감사의 표현이다.

십계명을 지키는 것이 감사에 기초해야 한다는 사실은 하이델베르크 요리문답에 잘 나타난다. 십계명을 중요한 내용으로 다루고 있는 하이델베르크 요리문답은 크게 세 부분으로 구분할 수 있는데, 죄와 비참함, 구속, 감사다.[43] 그런데 십계명은 제3부 '감사'에서 다루고 있다. 그리고 제86문답에서 선행을 하는 이유를 "우리가 모든 삶으로써 하나님의 은덕(恩德)에 **감사**하고 하나님께서 우리를 통해 찬양받으시기 위함"이라고 설명하고 있다. 십계명을 지키는 이유가 구원받기 위해서가 아니라 구원받은 것에 대한 감사에서 비롯되어야 함을 이렇게 표현하고 있는 것이다.

십계명이 구원받기 위한 수단이 아니라 구원받은 사람이 지키는 법이라는 사실은 십계명의 성격과 관련해서도 생각해 볼 수 있다. 십계명은 하나님과 그 백성이 맺은 언약문서다. 이미 하나님의 백성이 된 사람이 지키는 것이 십계명이다. 언약백성에게 주신 삶의 규범이다. 또한 십계명은 교회의 헌법이다. 이미 하나님 나라의 일원이 된 사람이 지키는 것이 십계명이다. 그러므로 십계명은 구원의 도구가 아니라 이미 구원받은 자가 마땅히 행해야 할 바다.

3. 율법의 기능

사람이 구원에 이르는 것은 믿음을 통해서다. 그렇다면 율법은 의미가 없는가? 그렇지 않다. 예수님은 "천지가 없어지기 전에는 율법의 한 점 한 획이라도 반드시 없어지지 아니하리라"라고 하셨다(마 5:18). 사도 바울은 "우리가 믿음으로 말미암아 율법을 파기하느냐 그럴 수 없느니라. 도리어 율법을 굳게 세우느니라"라고 말씀한다(롬 3:31).

사람이 구원을 얻는 것은 오직 믿음을 통해서 가능하다는 사실을 강조하는 것도 중요하지만, 그렇다고 율법폐기론으로 이어져서는 안 된다. 비록 율법 자체가 구원에 이르게 하는 것은 아니지만, 율법은 여러 가지 유익한 점이 있다.

율법의 기능은 크게 세 가지로 분류할 수 있는데, (1) 죄를 억제하는 기능 (2) 죄를 깨닫게 하는 기능 (3) 삶의 표준과 법칙을 제시하는 기능이다. 이를 가리켜

---

43) 하이델베르크 요리문답을 해설한 George W. Bethune(1805-1862)의 책 제목은 *Guilt, Grace and Gratitude*이다. 하이델베르크 요리문답이 크게 세 부분으로 되어 있는데, 죄, 은혜, 감사를 다루고 있다는 점을 강조한 것이다. George W. Bethune, *Guilt, Grace and Gratitude: Lectures on the Heidelberg Catechism*(reprint; Edinburg: Banner of Truth, 1864, 2001).

'율법의 세 가지 용도'(*usus legis triplex*)라고 한다.[44]

(1) 죄를 억제하는 기능

율법은 죄를 억제한다. 율법이 있기 때문에 더 많은 죄가 일어나지 않는다. 율법은 거듭난 자뿐 아니라 거듭나지 않은 사람에게도 유익을 주니, 그들로 하여금 죄를 억제케 하는 기능을 한다. 법이 있다고 해서 죄가 발생하지 않는 것은 아니지만, 법이 있음으로 해서 죄가 덜 발생할 수 있다. 이런 점에서 율법은 죄를 억제하는 기능을 한다.

이 기능은 디모데전서 1:9-10 "[9]알 것은 이것이니 율법은 옳은 사람을 위하여 세운 것이 아니요 오직 불법한 자와 복종하지 아니하는 자와 경건하지 아니한 자와 죄인과 거룩하지 아니한 자와 망령된 자와 아버지를 죽이는 자와 어머니를 죽이는 자와 살인하는 자며 [10]음행하는 자와 남색하는 자와 인신매매를 하는 자와 거짓말하는 자와 거짓 맹세하는 자와 기타 바른 교훈을 거스르는 자를 위함이니"에 근거한다.

율법의 이 기능은 신자뿐 아니라 불신자와 세상에도 영향을 끼친다. 하나님은 율법의 이러한 기능을 통해 온 세상이 질서와 조화를 따라 평온할 수 있게 하셨다. 정부, 사회, 법제도 등과 같은 일반은총의 영역이 이에 해당한다.

율법의 이러한 기능을 정치적 용도(*usus politicus legis*) 또는 시민적 용도(*usus civilis legis*)라고 한다.[45]

(2) 죄를 깨닫게 하는 기능

율법은 죄와 비참함을 깨닫게 한다. 율법이 있기 때문에 죄인이 자신의 죄를 알게 되고, 그 죄의 비참함을 알게 된다. 율법이 있기 때문에 죄가 없다고 핑계할 수 없다.

---

44) 이러한 분류는 멜란히톤(Philipp Melanchthon, 1497-1560), 루터, 칼뱅과 같은 종교개혁자들을 통해 이루어진 것이다.

45) 멜란히톤과 루터는 율법의 이러한 기능을 제1용도라고 보는 반면, 칼뱅은 제2용도로 보며 *Institutes*, Ⅱ. vii. 10-11에서 이 부분을 다루고 있다.

이 기능은 로마서 5:13 "죄가 율법 있기 전에도 세상에 있었으나 율법이 없었을 때에는 죄를 죄로 여기지 아니하였느니라", 로마서 7:7 "그런즉 우리가 무슨 말을 하리요 율법이 죄냐 그럴 수 없느니라 율법으로 말미암지 않고는 내가 죄를 알지 못하였으니 곧 율법이 탐내지 말라 하지 아니하였더라면 내가 탐심을 알지 못하였으리라", 로마서 7:9 "전에 율법을 깨닫지 못했을 때에는 내가 살았더니 계명이 이르매 죄는 살아나고 나는 죽었도다"에 근거한다.

하이델베르크 요리문답 제3문답은 다음과 같이 가르친다.

하이델베르크 요리문답

3문 : 당신의 비참함을 어디에서 압니까?

 답 : 하나님의 율법에서 나의 비참함을 압니다.[1]

―――――――――

1) 롬 3:20; 7:7,23-24

그런데 만약 율법이 죄를 깨닫게 하는 것으로 끝난다면 비참할 것이다. 사람에게 죄책감만 가득 안겨 주는 부정적인 것에 불과할 것이다.

다행스럽게도 율법의 이러한 기능은 우리의 죄와 비참함을 깨닫게 하는 것으로 끝나지 않고, 사람이 율법을 다 지킬 수 없고 스스로 구원에 이를 수 없으므로 구원이 필요함을 확신하도록 만들어 준다. 율법 자체에 구원의 능력이 있는 것은 아니지만 구원의 필요성을 알려주는 것이다. 율법은 죄와 비참함을 인식하게 하고, 그로 인하여 죄인의 상태를 깨달음으로 그 죄를 해결할 수 있는 유일한 분이신 그리스도(구원자)의 필요성을 깨닫게 한다. 죄인이 스스로 구원받을 수 있는 것이 아니라 구원해 줄 다른 분이 필요하다는 사실로 안내해 준다. 그리고 그분의 은혜를 구하며 그분에게 나아가도록 해준다. 율법은 그것을 지킬 수 없다는 것을 알게 해서 율법의 완성자(롬 10:4)이신 예수 그리스도께서 오시길 바라도록 하기 위해 주어졌다.[46] 율법의 이러한 기능은 갈라디아서 3:24 "이같이 율법이

―――――――――――――――

46) *Institutes*, Ⅱ. ⅶ. 1-2; 서철원, 『복음과 율법의 관계』, 41, 44; 송영찬, 『시내산 언약과 십계명』, 164.

우리를 그리스도께로 인도하는 초등교사(몽학선생; 개역한글)가 되어 우리로 하여금 믿음으로 말미암아 의롭다 함을 얻게 하려 함이라"에서 가르쳐 주고 있다.

율법의 이 기능은 이미 거듭난 자뿐만 아니라 아직 거듭나지 않은 자에게 유용한 것으로, 이미 거듭난 자에게는 자신의 죄를 끊임없이 인식하도록 하며 자신의 죄를 구원하신 예수 그리스도에게 영원토록 의지하게 만든다. 아직 거듭나지 않은 자에게는 자신의 죄를 깨닫고 그리스도께로 향하게 만든다.

선교사 존 엘리엇(John Elliot, 1604-1690)은 미국의 원주민들에게 복음을 전하면서 요한복음 3:16보다 십계명을 가장 먼저 번역했다. 이에 대해 사람들이 "십계명이 미국의 원주민들을 구원할 수 있습니까?"라고 물으니, "그렇지 않습니다. 그러나 십계명은 그들로 하여금 구원의 필요성을 보여줍니다"라고 답하였다.[47]

율법의 이러한 기능을 신학적 용도(*usus theologicus legis*)라고 한다.[48] 율법의 죄를 깨닫게 하는 기능은 웨스트민스터 대요리문답 제95-96문답에 언급되어 있다.

웨스트민스터 대요리문답

95문 : 도덕법이 모든 사람에게 어떻게 유용합니까?

　답 : 도덕법은 하나님의 거룩한 본성nature과 뜻will,[1] 또한 그것을 좇아 행해야 하는 사람의 의무에 관하여 알려주므로inform 모든 사람에게 유용합니다.[2] 또한 사람들이 그것을 지킬 능력이 없으며disability, 그들의 본성nature과 마음hearts과 생활lives이 죄로 오염되었음을 깨닫도록convince 하여[3] 죄sin와 비참misery을 깨닫는 가운데 겸손하게 해줍니다.[4] 그래서 자신들이 그리스도와[5] 그분의 완전한 순종을 필요로 한다는 사실을 분명히 깨닫도록clearer sight 도와줍니다.[6]

---

1) 레 11:44,45; 20:7,8; 롬 7:12　2) 미 6:8; 약 2:10,11　3) 시 19:11,12; 롬 3:20; 7:7　4) 롬 3:9, 23　5) 갈 3:21,22　6) 롬 10:4

---

47) Reisinger, *The Law and the Gospel*, 40. 청교도에게 있어서 율법의 죄를 깨닫게 하는 기능은 중요한 전도원리였다.

48) 멜란히톤과 루터는 율법의 이러한 기능을 제2용도라고 보는 반면, 칼뱅은 제1용도로 보며 *Institutes*, Ⅱ. vii. 6-9에서 이 부분을 다루고 있다.

비록 율법을 "행하는 것"으로 구원받을 수 있는 것은 아니지만, 율법을 "다 행할 수 없다는 사실"로 인하여 죄를 깨닫게 되고, 다 행할 수 없는 그 율법을 대신 성취하신 예수 그리스도만이 구원자가 되신다는 사실을 깨닫게 해주기에 율법은 여전히 의미가 있다.

(3) 삶의 표준과 법칙을 제시하는 기능

율법은 삶의 표준과 법칙을 제시한다. 율법은 삶의 규범(*regula vivendi*)이 된다. 율법이 있기에 어떻게 살아야 할지 방향을 설정할 수 있다. 이 기능은 주로 거듭난 신자에게 적용되는 기능으로 신자가 어떻게 살아야 할지, 어떤 길을 걸어가야 할지를 보여준다. 율법의 이러한 기능은 신자의 성화와 관련 있다.

이 기능은 시편 19:8 "여호와의 교훈은 정직하여 마음을 기쁘게 하고 여호와의 계명은 순결하여 눈을 밝게 하시도다", 시편 119:47-48 "47내가 사랑하는 주의 계명들을 스스로 즐거워하며 48또 내가 사랑하는 주의 계명들을 향하여 내 손을 들고 주의 율례들을 작은 소리로 읊조리리이다", 시편 119:97-98 "97내가 주의 법을 어찌 그리 사랑하는지요 내가 그것을 종일 작은 소리로 읊조리나이다. 98주의 계명들이 항상 나와 함께 하므로 그것들이 나를 원수보다 지혜롭게 하나이다", 시편 119:104-105 "104주의 법도들로 말미암아 내가 명철하게 되었으므로 모든 거짓 행위를 미워하나이다. 105주의 말씀은 내 발에 등이요 내 길에 빛이니이다", 요한일서 5:3 "하나님을 사랑하는 것은 이것이니 우리가 그의 계명들을 지키는 것이라. 그의 계명들은 무거운 것이 아니로다"(참조. 신 30:11-14)에 근거한다.

율법의 이 기능은 거듭난 신자에게 유용한 것으로, 율법을 이러한 기능으로 지키게 되는 동기는 '감사'다. "우리가 사랑함은 그가 먼저 우리를 사랑하셨음이라"(요일 4:19)라는 말씀처럼, 구원받은 자들이 하나님의 율법을 따라 살아가는 이유와 원리는 하나님께로부터 받은 구원에 대한 감사와 사랑이다.[49] 율법의 제3용도에 따르면 구원받기 위해서가 아니라 이미 구원받은 자로서 율법을 지킨다. 율법의 이러한 기능을 규범적 용도(*usus normativus legis*)라고 한다.[50]

율법의 제3용도는 벨기에 신앙고백서 제25조와 웨스트민스터 대요리문답 제97문답에 언급되어 있다.

벨기에 신앙고백서

제25조 그리스도, 율법의 완성

Christ, the Fulfillment of the Law

우리는 율법의 의식들ceremonies과 상징들symbols이 그리스도의 오심과 함께 끝났고ceased with, 그 모든 그림자들이 성취되었으므로have been fulfilled,[1] 그리스도인들 가운데서는 그 율법을 사용하는 것이 폐지되어야 함을ought to be abolished 믿습니다. 그렇지만, 율법의 진리truth와 본질substance은 율법을 성취하신 그리스도 안에서 우리를 위하여 여전히 남아 있습니다.[2]

동시에 우리는 복음의 교리로 우리를 견고하게 하고, **하나님의 뜻과 영광에 따라 모든 영예 가운데서 우리의 삶을 살아가기 위해서 율법과 선지자로부터 취해진 증거들**the testimonies**을 여전히 사용합니다.**[3]

---

1) 마 27:51; 롬 10:4; 히 9:9-10   2) 마 5:17; 갈 3:24; 골 2:17   3) 롬 13:8-10; 15:4; 벧후 1:19; 3:2

---

49) Christopher J. H. Wright, *Old Testaments Ethics for the People of God*(Nottingham: IVP, 2004). 김재영 역, 『현대를 위한 구약윤리』(서울: IVP, 2006), 28-33.

50) 멜란히톤과 루터, 칼뱅 모두 이 기능을 제3용도(*tertius usus legis*)라고 보며, 칼뱅은 *Institutes*, II. vii. 12에서 이 부분을 다루고 있다. 루터와 멜란히톤이 율법의 제2용도(죄를 깨닫게 하는 기능)를 중요하게 여겼다면, 칼뱅은 이 기능을 율법의 기능 중 가장 중요한 용도(*praecipuus usus*)라고 보았다.

웨스트민스터 대요리문답

97문 : 도덕법이 중생한 사람들에게 특별히 유용한 점은 무엇입니까?

답 : 중생하여 그리스도를 믿는 사람들은 행위 언약a covenant of works으로서의 도덕법에서 해방되었으므로be delivered from[1] 이것으로써 의롭다 함을 받거나[2] 정죄되지 않습니다.[3] 그러나 모든 사람에게 공통적으로 유용한 점 말고도 중생한 사람들에게 특별히 유용한 점은, 이 법을 친히 완성하시고 그들을 대신하여 저주를 받으신 그리스도와 그들이 얼마나 친밀한 관계가 있는지how much they are bound to Christ 보여줌으로써[4] 그들로 하여금 더욱더 감사하게 하며to provoke them to more thankfulness,[5] 이 감사를 표시하려고 그들의 순종의 법칙the rule of their obedience으로서의 도덕법을 더욱더 조심하여 따르게 합니다.[6]

---

1) 롬 6:14; 7:4,6; 갈 4:4,5   2) 롬 3:20   3) 갈 5:23; 롬 8:1   4) 롬 7:24,25; 갈 3:13,14; 롬 8:3,4   5) 눅 1:68,69,74,75; 골 1:12-14   6) 롬 7:22; 12:2; 딛 2:11-14

웨스트민스터 신앙고백서 제19장 제6절은 율법의 3가지 기능을 아래와 같이 언급하고 있다.

웨스트민스터 신앙고백서

제19장   하나님의 율법에 관하여
Of the Law of God

6. 참된 성도들true believers은 행위 언약으로서의 율법 아래 속하지 않으므로 be not under the law as a covenant of works 그 법으로 말미암아 의롭다 함을 받거나 심판받는 것은 아니라 할지라도,[11] 이 율법은 참된 성도들에게만이 아니라 다른 사람에게도 매우 유용하게 사용된다. 그 이유는 이 법은 삶의 법칙으로서 그들에게 하나님의 뜻the will of God과 그들의 의무를 알려주며informing

그에 따라 그들을 지도하고 강제하며it directs and binds them 행하게to walk 하기 때문이다.[12] 또한 그것은 그들의 본성nature과 마음hearts 및 삶lives이 죄악으로 오염되었음을 발견케 하며[13] 그로 인해 율법에 의하여 자신을 점검케 하여examining 더욱 죄를 깨닫고conviction of, 죄로 인하여 겸손하게 되며humiliation for 죄에 대하여 증오하게hatred against sin 한다.[14] 따라서 그리스도와 그분의 완전한 순종the perfection of his obedience이 그들에게 절실히 필요하다는 것을 깨닫게 된다.[15] 마찬가지로, 이 율법은 거듭난 자the regenerate에게도 유용한데, 이는 율법이 죄를 금지함으로 그들의 부패성corruptions을 억제하기restrain 때문이다.[16] 그리고 율법의 경고들은 비록 거듭난 자들이 율법에서 경고하고 있는 저주로부터 자유함을 얻었다 할지라도although freed from the curse 그들이 지은 죄로 인하여 마땅히 받아야 하는 것이 무엇이며, 또한 이 세상에서 어떠한 고통afflictions이 기대되는지를 보여주고 있기 때문이다.[17] 같은 방식으로, 그 법의 약속들은 하나님께서 순종을 기뻐하신다approbation는 사실과 행위 언약으로서의 율법에 의하여 그들의 몫으로 이 복들이 주어지는 것이 아니라 하더라도[18] 순종의 결과로 어떤 복이 주어지는가를 보여준다.[19] 또한 법이 선을 장려하고 악을 억제하는 것이기 때문에 어떤 사람이 선을 행하고 악을 삼간다 하더라도, 그것이 결코 율법 아래 있고 은혜 아래 있지 않다는 증거가 되는 것은 아니다.[20]

---

11) 행 13:26; 롬 6:14; 8:1; 갈 2:16; 3:13; 4:4-5   12) 고전 7:19; 시 119:4-6; 롬 7:12,22,25; 갈 5:14,16,18-23   13) 롬 3:20; 7:7   14) 롬 7:9,14,24; 약 1:23-25   15) 갈 3:24; 롬 7:24-25; 8:3-4   16) 시 119:101,104,128; 약 2:11   17) 슥 9:13-14; 시 89:30-34   18) 눅 17:10; 갈 2:16   19) 레 26:1,10,14; 시 19:1; 37:11; 마 5:5; 고후 6:16; 엡 6:2-3   20) 시 34:12-16; 롬 6:12,14; 히 12:28,29; 벧전 3:8-12

4. 십계명과 율법의 기능

(1) 십계명과 율법의 기능

십계명은 율법의 세 가지 기능 모두를 갖고 있다.

십계명은 죄를 억제한다. 십계명이 있기에 일반은총의 측면에서 불신자와 세상을 위한 각종 법들이 생겨난다.[51] 예컨대, 십계명이 있기에 이 세상 국가와 정치가 노동자로 하여금 일주일 중 하루를 쉬는 법을 만들고,[52] 살인을 금하는 법을 만들고,[53] 간음을 금하는 법을 만들고,[54] 도둑질을 금하는 법을 만들고,[55] 명예훼손을 금하는 법을 만들며,[56] 위증을 금하는 법을 만든다.[57] 그리고 그런 범죄를 짓는 자들을 처벌한다. 이러한 법과 처벌을 통해 이 세상에 죄가 범람하는 것을 억제한다.

십계명은 죄와 비참함을 깨닫게 한다. 십계명이 있기에 거듭나지 않은 사람과 거듭난 사람 모두 자신이 죄인이라는 사실을 깨닫고, 그 깨달음으로 인하여 구주이신 예수 그리스도께로 향하게 된다. 십계명이 없어도, 율법이 없어도, 죄를 짓는다. 그러나 율법과 십계명이 있기 때문에 비로소 죄인이라는 사실을 깨닫는다.

십계명은 삶의 표준과 법칙을 제시한다. 십계명이 있기에 거듭난 신자가 이 세상에서 어떻게 살아가야 할 것인지를 알게 된다. 십계명을 통해서 그리스도인이 이 세상에서 어떻게 사는 것이 하나님을 기쁘시게 하는 일인지를 알 수 있다. 십계명은 신자를 바른 생활로 인도한다.

이 사실은 하이델베르크 요리문답 제115문답에 잘 나타난다.

---

51) 대한민국뿐 아니라 대부분의 문명국가의 법들은 자연법 사상을 기초로 하는데, 자연법은 결국 도덕법을 기초로 한다. Ursinus, *The Commentary on the Heidelberg Catechism*, 492. 이는 도덕법이 모든 인류를 위한 법이라는 사실(WCF 제19장 제5절; WLC 제92-96문답)과 율법의 제1용도(정치적 용도)가 옳다는 것을 반증한다. 이 책에서 언급되는 대한민국 헌법과 법률은, 도덕적 행위나 가치의 기준이 되는 보편타당한 법칙인 도덕법으로서의 십계명이 세상법에도 영향을 미치고 있음을 보여주기 위해 제시한 것들이다.

52) 대한민국 법률 「근로기준법」(법률 제12527호) 제55조(휴일)에는 "사용자는 근로자에게 1주일에 평균 1회 이상의 유급휴일을 주어야 한다"고 명시되어 있다.

53) 대한민국 법률 「형법」(법률 제13719호)은 제24장(제250조-제256조)에서 '살인의 죄'를 다룬다.

54) 대한민국 법률 「형법」(법률 제13719호)은 제32장(제297조-제306조)에서 '강간과 추행의 죄'를 다룬다.

55) 대한민국 헌법은 제23조에서 모든 국민의 재산권에 대해 다룬다. 대한민국 법률 「형법」(법률 제13719호)은 제38장(제329조-제346조)에서 '절도와 강도의 죄'를 다룬다.

56) 대한민국 법률 「형법」(법률 제13719호)은 제33장(제307조-제312조)에서 '명예에 관한 죄'를 다룬다.

57) 대한민국 법률 「형법」(법률 제13719호) 제10장(제152조-제155조); 대한민국 법률 「형사소송법」(법률 제13722호) 제157조 제2항; 대한민국 법률 「국회에서의 증언, 감정 등에 관한 법률」(법률 제12503호) 제8조는 위증(僞證)에 관해 다루고 있다.

하이델베르크 요리문답은 제115문답뿐만 아니라 전체의 구조를 통해서도 율
법과 십계명의 세 가지 기능을 보여준다. 특히 제3문답에서 율법의 제2용도를
언급한 뒤에, 제92문답에서 십계명을 하나님의 율법이라고 가르침으로써 십계
명에 율법의 제2용도의 기능이 있음을 암시하고, 제92문답에서부터 나오는 십
계명은 제3부에 해당하는 '감사'에 관한 내용에 포함시킴으로써 십계명에 율법
의 제3용도의 기능이 있음을 암시한다.

십계명은 율법의 세 가지 기능을 갖고 있다. 그렇기에 십계명은 불신자와 신
자 모두에게 유익하다(WLC 제94-95문답). 불신자와 신자 모두가 들어야 할
말씀이다. 십계명을 들어야 할 대상은 이 세상의 모든 사람이다. 아직 구원받
지 못한 사람도 십계명을 들어야 하고, 이미 구원받은 사람도 십계명을 들어야
한다. 아직 구원받지 못한 사람은 십계명을 통해 자신의 죄를 깨닫고 예수 그
리스도에게로 나아가야 하며, 이미 구원받은 사람은 자신을 구원해 주신 삼위
일체 하나님께 감사하며, 그분께 영광 돌리기 위해 십계명을 지켜야 한다(HC
제86, 91문답; WLC 제1문답; WSC 제1문답).

(2) 율법의 제3용도로서의 십계명

개혁주의 고백문서들은 율법의 세가지 기능 중에서 특별히 제3용도(규범적 용도)와 십계명을 연결시킨다. 칼뱅의 제네바교회 요리문답은 제132-226문답에서 십계명에 대해 다룬 뒤 제227-232문답에서 율법의 제3용도에 대해 다루고 있다. 하이델베르크 요리문답은 십계명을 '감사'에 대한 부분에서 다루면서 구원받은 신자가 하나님께 감사하면서 어떻게 이 세상에서 살아갈 것인가를 다루며 십계명을 율법의 제3용도와 연결시키고 있다.[58]

거듭난 신자가 십계명을 지키는 이유는 구원에 대한 감사에서 비롯되어야 한다. 하나님께서 원하시는 삶을 살기 위한 태도에서 비롯되어야 한다. 구원받은 신자는 "내게 주신 모든 은혜를 내가 여호와께 무엇으로 보답할까?"(시 116:12)라고 늘 스스로에게 물으면서 하나님의 은혜(grace)와 감사(gratitude)에 기초하여 십계명을 지켜야 한다. 순종은 자원하는 마음으로(*cum animi prolubio*), 곧 자유스럽고 기쁜 마음으로 해야 한다(사 1:19). '무엇이든 마음으로 하지 않는 것은 하지 않는 것이다'(*Quicquid cor non facit non fit*)라는 말을 기억해야 한다. 자원함이 순종의 기본 정신이다.[59] 예수님은 이렇게 말씀하셨다. "너희가 나를 사랑하면 나의 계명을 지키리라"(요 14:15).

5. 부정명령 속에 담긴 긍정명령, 긍정명령 속에 담긴 부정명령

십계명은 부정명령과 긍정명령으로 이루어져 있다. 제1-3, 6-10계명은 "~을 하지 말라"는 부정명령이며, 제4, 5계명은 "~을 하라"는 긍정명령이다.

그런데 부정명령에는 긍정명령이 담겨 있고, 긍정명령에는 부정명령이 담겨 있다. "~을 하지 말라"는 명령은 "-을 하라"는 명령이며, "~을 하라"는 명령은 "-을 하지 말라"는 명령이다. 하나님은 ~을 하게 하기 위해, 그것들을 강조하기 위해 의도적으로 "-하지 말라"는 식으로 명령하셨고, ~을 하지 못하게 하기 위

---

58) 루터의 경우 대요리문답에서 십계명-사도신경-주기도문의 구조를 취하고 있는데, 이는 죄를 깨닫게 하는 기능을 염두에 둔 구조다. 루터가 율법의 기능 중 무엇을 중요하게 여겼는지 잘 보여준다.

59) Thomas Watson, *The Ten Commandments*. 이기양 역, 『십계명 해설』(서울: CLC, 2007), 8-9.

해, 그리고 그것들을 강조하기 위해 "-을 하라"는 형태로 명령하셨다.

이에 대해서 웨스트민스터 대요리문답 제99문답 제4항이 잘 설명하고 있다.

④ 의무를 명하고 있는 부분에서는 그와 반대되는 죄가 금하여졌고,[4] 죄를 금하고 있는 부분에서는 그와 반대되는 의무가 요구됩니다.[5] 이와 같이 어떤 약속이 부가되고 있으면annexed 그와 반대되는 경고threatening가 포함되어 있고included,[6] 어떤 경고가 부가되고 있으면 그와 반대되는 약속이 포함되어 있습니다.[7]

4) 사 58:13; 신 6:13; 마 4:9-10; 15:4-6   5) 마 5:21-25; 엡 4:28   6) 출 20:12; 잠 30:17   7) 렘 18:7-8; 출 20:7; 시 15:1,4-5; 24:4-5

또한 하이델베르크 요리문답과 웨스트민스터 대소요리문답은 십계명을 설명하면서 각 계명이 요구하는 것과 금하는 것이 무엇인지를 다루고 있으니, 십계명에는 긍정명령과 부정명령이 있음을 드러내고 있다.

6. 전체 성경에 근거한 해석

개혁주의 성경해석의 핵심은 오직 성경(*Sola Scriptura*)과 전체 성경(*Tota Scriptura*)이다. 성경에 최종적 권위를 두어야 하며, 본문을 해석할 때는 전체 성경에서 말하는 바에 근거하여 해석해야 한다.

이 원리는 십계명을 해석할 때도 마찬가지다. 십계명은 기본적으로 출애굽기 20:2-17과 신명기 5:6-21에 기록되어 있을 뿐 아니라 성경 곳곳에 기록되어 있다. 그러므로 십계명은 전체 성경에 근거해서 해석해야 한다.

7. 각 계명에 담긴 의도 파악

십계명을 제대로 이해하기 위해서는 각 계명에 담긴 의도를 파악하는 것이 중요하다. 십계명은 짧은 문장으로 되어 있으나 그 문장 속에는 의도가 담겨 있다. 그러므로 의도를 파악하여 명령을 좀 더 구체적으로 발전시켜 해석해야 한다.[60]

8. 모든 계명의 통일성

10개의 말씀들은 서로 긴밀하게 연결되어 있다. 10개의 계명은 각각이 아니다.[61] 그렇기에 제2계명을 어긴 사람은 제1계명을 어기게 된다. 제4계명을 어긴 사람은 제1계명을 어기게 된다. 제7계명을 어긴 사람은 제6계명이나 제8계명, 제10계명을 어기게 된다.

레위기 19:3은 "너희 각 사람은 부모를 경외하고 나의 안식일을 지키라…"라고 말씀하고,[62] 야고보서 2:10-11은 "¹⁰누구든지 온 율법을 지키다가 그 하나를 범하면 모두 범한 자가 되나니 ¹¹간음하지 말라 하신 이가 또한 살인하지 말라 하셨은즉 네가 비록 간음하지 아니하여도 살인하면 율법을 범한 자가 되느니라"라고 말씀하며, 로마서 13:9은 "간음하지 말라, 살인하지 말라, 도둑질하지 말라, 탐내지 말라 한 것과 그 외에 다른 계명이 있을지라도 네 이웃을 네 자신과 같이 사랑하라 하신 그 말씀 가운데 다 들었느니라"고 말씀한다(참조. 렘 7:5-10; 겔 22:1-12; 호 4:1-2; 7:1-7; 롬 1:24-32).

그렇기에 모든 계명은 하나님과 연관되며, 또한 동시에 사람과 연관된다. 전통적으로 십계명을 구분할 때 제1-4계명은 하나님에 대한 것이고, 제5-10계명은 사람에 대한 것이라고 본다(HC 제93문답; WLC 제98문답). 그러나 10개의 계명들은 서로 긴밀히 연결되어 있을 뿐만 아니라 사람에게 하는 것은 곧 하나님께 하는 것과 마찬가지이므로, 계명을 둘로 나눠서 어떤 계명은 하나님과 관련되었고 어떤 계명은 사람과 관련되었다고 딱 잘라 말할 수 없다.[63] 하나님을 사랑하는 사람은 이웃을 사랑하기 마련이고, 이웃을 사랑하지 않는 사람은 하나님을 사랑할 수 없다. 요한일서 4:20-21은 "²⁰누구든지 하나님을 사랑하노라 하고 그 형제를 미워하면 이는 거짓말하는 자니 보는 바 그 형제를 사랑하지 아니하는 자는 보지 못하는 바 하나님을 사랑할 수 없느니라. ²¹우리가 이 계명을 주께 받았나니 하나님을 사랑하는 자는 또한 그 형제를 사랑할지니라"라고 말씀한다. 그러므로 제1계명은 제5계명과 연결된다. 제2계명은 제6계명과 연결된다.

---

60) Frame, *The Doctrine of the Christian Life*, 399; Ursinus, *The Commentary on the Heidelberg Catechism*, 503.

61) *Catechism of the Catholic Church*, para. 2069.

62) 레위기 19:3은 재미있게도 제5계명과 제4계명을 하나로 묶어서 언급한다. Hamilton, *Exodus*, 341.

63) 강영안, 『강영안 교수의 십계명 강의』, 203-204.

제3계명은 제9계명과 연결된다. 제4계명은 제10계명과 연결된다.

이런 측면에서 볼 때 앞서 언급한 대로 십계명의 두 돌판 중에서 첫 번째 돌판은 제1-4계명을 기록하고 있고 두 번째 돌판은 제5-10계명을 기록하고 있다고 생각하기보다는, 하나님과 그 백성이 맺은 언약의 증거로서 두 돌판이 주어졌다고 보는 언약문서로서의 십계명에 대한 주장이 더욱 힘을 얻는다.

9. 제1-4계명과 제5-10계명의 구분

① 하나님 사랑과 이웃 사랑을 획일적으로 나눌 수 없음

전통적으로 제1-4계명은 하나님 사랑, 제5-10계명은 이웃 사랑으로 구분한다. 하이델베르크 요리문답 제93문답과 웨스트민스터 대요리문답 제98, 102, 122문답도 그렇게 가르친다.

하이델베르크 요리문답

93문 : 십계명은 어떻게 나뉩니까?

답 : 두 부분two tables으로 나뉩니다. 처음 부분은 하나님에 대한 우리의 태도를 가르치며, 둘째 부분은 이웃에 대한 우리의 의무를 가르칩니다.[1]

1) 마 22:37-40

웨스트민스터 대요리문답

98문 : 도덕법을 포괄적으로 요약해summarily comprehended 놓은 것은 어디에 있습니까?

답 : 도덕법은 십계명the ten commandments에 포괄적으로 요약해 놓았는데, 이 십계명은 시내 산에서 하나님께서 음성으로 들려주시고, 친히 두 돌판에 써 주신 것입니다.[1] 이것은 출애굽기 20장에 기록되어 있는데, 첫 네 계명은 하나님께 대한 우리의 의무duty에 관한 것이고, 나머지 여섯 계명은 사람에 대한 우리의 의무에 관한 것입니다.[2]

1) 신 10:4; 출 34:1-4 2) 마 22:37-40

102문 : 하나님께 대한 우리의 의무를 포함하는 네 계명의 대표적인 뜻은
무엇입니까?

답 : 하나님께 대한 우리의 의무를 포함하는 네 계명의 대표적인 뜻은
우리 마음을 다하며, 목숨을 다하고, 힘을 다하며, 뜻을 다하여 주
우리 하나님을 사랑하라는 것입니다.[1]

---

1) 눅 10:27

122문 : 사람에 대한 우리의 의무를 포함하는 나머지 여섯 가지 계명의 요
약은 무엇입니까?

답 : 사람에 대한 우리의 의무를 포함하는 나머지 여섯 가지 계명의 요
약은 우리 이웃을 자기 몸과 같이 사랑하며,[1] 남에게 대접을 받고자
하는 대로 우리도 남을 대접하는 것입니다.[2]

---

1) 마 22:39   2) 마 7:12

이러한 구분은 마태복음 22:35-40의 예수님의 가르침에 근거한다.[64] 그러나
해당 구절을 자세히 보면 예수님은 십계명을 두 가지로 구분하지 않으셨다. 십
계명 전체에 담긴 '내용'을 두 가지로 구분하셨을 뿐이다. 그러므로 모든 계명이
하나님 사랑이요, 모든 계명이 이웃 사랑이라고 보는 것이 더 좋다. 제5계명은
이웃 사랑이면서 동시에 하나님 사랑이다. 제6계명도 이웃 사랑이면서 동시에
하나님 사랑이다. 그래서 고린도전서 8:12은 "이같이 너희가 형제에게 죄를 지
어 그 약한 양심을 상하게 하는 것이 곧 그리스도에게 죄를 짓는 것이니라"라고
말씀한다.

---

64) 마태복음 22:35-40 "35그중의 한 율법사가 예수를 시험하여 묻되 36선생님 율법 중에서 어느 계
명이 크니이까? 37예수께서 이르시되 네 마음을 다하고 목숨을 다하고 뜻을 다하여 주 너의 하나
님을 사랑하라 하셨으니 38이것이 크고 첫째 되는 계명이요 39둘째도 그와 같으니 네 이웃을 네
자신 같이 사랑하라 하셨으니 40이 두 계명이 온 율법과 선지자의 강령이니라."

십계명의 두 부분은 본질적으로 나뉘어 있는 것이 아니라 서로 밀접하게 연관되어 있다. 하나님 사랑과 이웃 사랑은 긴밀하게 연결되어 있다. 하나님과의 관계가 느슨해질 때 인간의 모든 관계도 무너진다. 그러므로 사람과의 관계 이전에 하나님과의 바른 관계가 전제되어야 한다. 또한 하나님과의 바른 관계는 사람과의 바른 관계로 이어진다. 그러므로 하나님 사랑과 이웃 사랑을 딱 잘라 구분할 수는 없다.[65]

② 제1-4계명이 제5-10계명보다 우선함

10개의 말씀 중 어느 것이 더 중요하다고 말하기는 쉽지 않다. 하지만, 기본적으로는 제1-4계명이 제5-10계명보다 우선한다(갈 1:10). 예컨대, 부모가 하나님을 거역하라고 명령하면 그 명령에는 순종할 필요가 없다. 우리는 사람을 위해 하나님을 사랑하고 섬기는 것이 아니라 하나님을 위해 사람을 사랑하고 섬긴다.

그러면서도 요한일서 4:20-21 "[20]누구든지 하나님을 사랑하노라 하고 그 형제를 미워하면 이는 거짓말하는 자니 보는 바 그 형제를 사랑하지 아니하는 자는 보지 못하는 바 하나님을 사랑할 수 없느니라. [21]우리가 이 계명을 주께 받았나니 하나님을 사랑하는 자는 또한 그 형제를 사랑할지니라"라는 말씀을 반드시 기억해야 한다.

---

65) 황희상, 『특강 소요리문답(하)』(안산: 흑곰북스, 2012), 40-41, 102; 황원하, 『하이델베르크 요리문답 해설』(평택: 교회와 성경, 2015), 461; 이승구, 『위로 받은 성도의 삶』, 68-70; Horton, 『십계명의 렌즈를 통해서 보는 삶의 목적과 의미』, 204.

10. 웨스트민스터 대요리문답이 말하는 십계명 해석 원리

십계명을 해석하는 방법에 대해서는 웨스트민스터 대요리문답 제99-100문답에서 잘 설명하고 있다.

웨스트민스터 대요리문답

99문 : 십계명을 바르게 이해하기 위하여for the right understanding 지켜야 할 규칙들로는 어떤 것들이 있습니까?

답 : 십계명을 바르게 이해하기 위하여서는 다음의 규칙들을 지켜야 합니다.

① 율법은 완전한 것으로, 각 사람이 의righteousness에 이르고, 전적인 복종entire obedience에 이르도록 영원토록 전인격을 다하여in the whole man 온전히 순종하도록 요구합니다. 그러므로 모든 의무를 완전히 수행하도록 요구하고, 모든 죄의 지극히 적은 부분이라도 범하지 않도록 금합니다.[1]

② 율법은 영적인spiritual 것으로, 영혼의 이해understanding, 의지will, 정서affections 그리고 다른 모든 능력에 미치며reach, 그뿐 아니라 말과 행동, 그리고 동작gestures에까지도 미칩니다.[2]

③ 여러 가지 점에서 하나이거나 똑같은 것이 몇몇의 계명에서 요구하거나 금하여졌다는 것입니다.[3]

④ 의무를 명하고 있는 부분에서는 그와 반대되는 죄가 금하여졌고,[4] 죄를 금하고 있는 부분에서는 그와 반대되는 의무가 요구됩니다.[5] 이와 같이 어떤 약속이 부가되고 있으면annexed 그와 반대되는 경고threatening가 포함되어 있고included,[6] 어떤 경고가 부가되고 있으면 그와 반대되는 약속이 포함되어 있습니다.[7]

⑤ 하나님께서 금하시는 것은 어느 때를 막론하고 결코 해서는 안 되며,[8] 하나님께서 명하시는 것은 언제나 우리의 의무입니다.[9] 그러나 모든 특정한 의무every particular duty를 어느 때에나at all times 해야 하는 것은 아닙니다.[10]

⑥ 한 가지 죄나 의무 아래에 같은 종류의 것들은 다 금해졌거나 명령되었는데, 그 모든 원인들과 방법들, 기회들occasions, 현상들

appearances 및 그것들에 대한 자극provocations까지도 포함되어 있습니다.[11]

⑦ 우리의 지위places에 따라 금하여지거나 명령된 것이라면, 다른 사람들도 그들의 지위와 의무를 따라서 이를 피하거나avoid 행하도록perform 노력할 의무가 있습니다.[12]

⑧ 다른 사람들에게 명령된 것에는 우리의 지위와 사명callings에 따라 그들을 도와야 하며,[13] 그들에게 금한 것에는 그들과 동참하지 않도록 조심해야take heed 합니다.[14]

---

1) 시 19:7; 약 2:10; 마 5:21-22   2) 롬 7:14; 신 6:5; 마 22:37-39; 5:21-22,27-28,33-34,37-39,43-44   3) 골 3:5; 암 8:5; 잠 1:19; 딤전 6:10   4) 사 58:13; 신 6:13; 마 4:9-10; 15:4-6   5) 마 5:21-25; 엡 4:28   6) 출 20:12; 잠 30:17   7) 렘 18:7-8; 출 20:7; 시 15:1,4-5; 24:4-5   8) 욥 13:7-8; 롬 3:8; 욥 36:21; 히 11:25   9) 신 4:8-9   10) 마 12:7   11) 마 5:21-22,27-28; 15:4-6; 히 10:24-25; 살전 5:22; 유 23; 갈 5:26; 골 3:21   12) 출 20:10; 레 19:17; 창 18:19; 수 24:15; 신 6:6-7   13) 고후 1:24   14) 딤전 5:22; 엡 5:11

100문 : 십계명에서 특별히 고려해야 할 점들은 무엇입니까?

답 : 우리는 십계명에서 머리말preface과 계명 자체의 내용substance과 그것들을 보다 더 강화하기the more to enforce them 위하여 더하여진 이유들reasons annexed을 고려해야 합니다.

5장
십계명을 10개로 나누는 방법

십계명은 10개의 말씀들(히. 에쉐레트 하 뜨바림)로 구성되어 있다. 이는 성경에서 분명하게 언급하고 있는 부분이다(출 34:28; 신 4:13; 10:4).

그렇다면 그 10개를 어떻게 나누어야 할까? 이는 구약성경을 경전(經典)으로 받아들이는 유대교와 기독교의 각 교파에 따라 조금씩 다르다. 왜냐하면 성경이 명시하고 있지 않기 때문이다. 다시 말해 성경이 십계명을 가리켜 '10개의 말씀'이라고는 언급했지만, 어느 계명이 제1계명인지, 어느 계명이 제5계명인지를 언급한 적이 없다 보니 그 구분 방식이 각 교파마다 조금씩 다른 것이다.

1. 개신교의 구분법

개신교의 대부분 교파는 출애굽기 20:2을 십계명의 '머리말'(서문)로 본다. 그리고 출애굽기 20:3을 제1계명, 출애굽기 20:4-6을 제2계명, 출애굽기 20:7을 제3계명, 출애굽기 20:8-11을 제4계명, 출애굽기 20:12을 제5계명, 출애굽기 20:13을 제6계명, 출애굽기 20:14을 제7계명, 출애굽기 20:15을 제8계명, 출애굽기 20:16을 제9계명, 출애굽기 20:17을 제10계명으로 본다.

2. 로마가톨릭의 구분법

로마가톨릭은 다른 부분에 있어서는 다르지 않은데, 출애굽기 20:3을 제1계명으로 보고, 출애굽기 20:4-6은 빠뜨린다. 그리고 출애굽기 20:7을 제2계명으로 삼는다. 그러고는 10개라는 숫자를 맞추기 위해 출애굽기 20:17을 제9계명과 제10계명으로 나눈다. 루터교 역시 로마가톨릭과 동일한 방식으로 나눈다.

로마가톨릭은 자신들이 분류한 제9계명은 육체의 탐욕, 제10계명은 재물의 탐욕에 대한 계명이라고 가르친다.[66]

참고로, 한국천주교회의 십계명 번역을 옮겨 보면 다음과 같다.[67]

일. 한 분이신 하느님을 흠숭하여라.
이. 하느님의 이름을 함부로 부르지 마라.
삼. 주일을 거룩히 지내라.
사. 부모에게 효도하여라.
오. 사람을 죽이지 마라.
육. 간음하지 마라.
칠. 도둑질을 하지 마라.
팔. 거짓 증언을 하지 마라.
구. 남의 아내를 탐내지 마라.
십. 남의 재물을 탐내지 마라.

3. 유대교의 구분법

유대교는 십계명의 머리말에 해당하는 출애굽기 20:2을 제1계명으로 삼고, 출애굽기 20:3-6을 제2계명으로 삼는다.

---

66) *Catechism of the Catholic Church*, para. 2514.
67) 한국 천주교 주교회의, 『가톨릭 기도서』(서울: 한국천주교중앙협의회, 1997), 12.

4. 바람직한 구분법

위의 구분 중에서 어떤 구분 방식이 옳을까? 출애굽기 20:2을 하나의 명령으로 보는 것은 어렵다. 그러므로 유대교의 구분 방식은 동의하기 어렵다. 출애굽기 20:17을 2개의 명령으로 나누는 것 역시 이해하기 어렵다. 왜냐하면 출애굽기 20:17은 "~하지 말라"(You shall not~)는 말이 오직 한 번만 나온다. 또한 로마서 7:7은 "탐내지 말라"를 율법의 한 부분으로 언급하고 있다. 로마서 13:9에도 "간음하지 말라, 살인하지 말라, 도둑질하지 말라, 탐내지 말라 한 것과 그 외에 다른 계명이 있을지라도 네 이웃을 네 자신과 같이 사랑하라 하신 그 말씀 가운데 다 들었느니라"라고 해서 제7, 6, 8계명을 언급하면서 제10계명을 하나의 계명으로 언급하고 있다. 그러므로 출애굽기 20:17을 둘로 나누는 로마가톨릭의 구분 방식도 동의하기 어렵다. 로마가톨릭이 제10계명을 둘로 나눈 것은 제1계명과 제2계명의 차이를 희미하게 하고자 한 목적 외에 다른 이유가 없다.[68]

로마가톨릭과 유대교의 구분 방식은 동의하기 어렵다. 그중에서도 로마가톨릭의 구분 방식은 제2계명(출 20:4-6)에 대한 그들의 신학을 담고 있다는 점에서 심각한 문제점을 갖고 있다.

이러한 사실을 염두에 두고, 하이델베르크 요리문답 제92문답은 십계명의 각 계명을 분명히 구분하고 있다. 특히 웨스트민스터 대요리문답과 소요리문답은 십계명을 설명하면서 그 의미를 설명하기에 앞서 먼저 각 계명이 무엇인지를 다루고 있다. 그 이유는 계명을 어떻게 구분하느냐에 따라 의미가 달라질 수 있기 때문이다.

---

68) Douma, *The Ten Commandments*, 337-338.

II

십계명
각 계명 설명

1장
십계명의 머리말(서문)

출애굽기 20:2
"나는 너를 애굽 땅, 종 되었던 집에서 인도하여 낸 네 하나님 여호와니라."

웨스트민스터 소요리문답

43문 : 십계명의 머리말the preface은 무엇입니까?

답 : 십계명의 머리말은 곧 "나는 너를 애굽 땅, 종 되었던 집에서 인도하여 낸 네 하나님 여호와니라"라고 하신 말씀입니다.[1]

---

1) 출 20:2

웨스트민스터 대요리문답

101문 : 십계명의 머리말은 무엇입니까?

답 : 십계명의 머리말은 이 말씀에 포함되어 있으니 "나는 너를 애굽 땅 종 되었던 집에서 인도하여 낸 너의 하나님 여호와니라" 하신 것입니다.[1] 여기에서 하나님은 여호와로서 영원eternal하고 불변immutable하시며 전능almighty하신 하나님으로 자기의 주권sovereignty을 나타내셨으며,[2] 자기의 존재를 자기 자신 안에 스스로 소유하시고[3] 자기의 모든 말씀[4]과 사역works[5]에 따라 존재를 나타내시며, 옛날에 이스라엘과 맺으신 것과 같이 자기의 모든 백성과 언약을 맺으시는 하나님이시며,[6] 이스라엘을 애굽의 종 된 멍에에서 인도하여 내신 것과 같이 우리를 영적

속박spiritual thralldom에서 구원하셨습니다.[7] 그러므로 이 하나님만을 우리의 하나님으로 삼고 그의 모든 계명을 지켜야 합니다.[8]

---

1) 출 20:2   2) 사 44:6   3) 출 3:14   4) 출 6:3   5) 행 17:24,28   6) 창 17:7; 롬 3:29   7) 눅 1:74,75   8) 벧전 1:15-18; 레 18:30; 19:37

관련 신조

웨스트민스터 대요리문답 제100-101문답

웨스트민스터 소요리문답 제43-44문답

1. 머리말의 의의

십계명의 첫 시작은 어느 구절부터일까? 상당히 많은 사람이 제1계명에 해당하는 "너는 나 외에는 다른 신들을 네게 두지 말라"(출 20:3)부터라고 생각한다. 하지만 십계명의 시작은 "나는 너를 애굽 땅, 종 되었던 집에서 인도하여 낸 네 하나님 여호와니라"(출 20:2)부터다(WLC 제100-101문답). 출애굽기 20:2을 가리켜서 '십계명의 머리말(서문)' 이라고 부른다.[69]

십계명의 머리말은 십계명의 성격을 잘 보여준다. 언약문서로서의 십계명, 하나님 나라 헌법으로서의 십계명 등의 성격이 머리말에 나타나 있다. 그러므로 이 부분을 빼고 십계명을 읽을 경우 십계명이 지닌 독특한 의미가 감소될 수 있다.[70] 따라서 웨스트민스터 대요리문답 제100문답은 머리말을 빠뜨리지 말고 고려해야 한다고 언급한다.

---

69) 하이델베르크 요리문답은 십계명의 머리말을 다루지 않고 있다. 칼뱅의 제네바교회 요리문답 제136문답은 십계명의 머리말을 따로 구분하지 않고 제1계명으로 취급하고 있다.

70) 강영안, 『강영안 교수의 십계명 강의』, 41; Douma, *The Ten Commandments*, 1.

십계명에 머리말이 있다는 것을 생각하지 못하는 이유는 십계명을 '명령'이라는 관점으로 접근하기 때문이다. 십계명을 명령으로만 이해하니 첫 번째 명령이 언급된 출애굽기 20:3이 십계명의 시작이라고 생각한다.

하지만 십계명을 '언약문서'라는 관점에서 이해하면 '머리말'이 있다는 것을 쉽게 발견할 수 있다. 또한 십계명을 '하나님 나라의 헌법'이라는 관점에서 이해하면 '머리말'이 있다는 것을 쉽게 발견할 수 있다.

언약문서의 관점에서 십계명의 머리말은 언약문서의 머리말(서문)과 같다. 히타이트 조약을 비롯한 고대근동의 언약문서들에는 제일 먼저 머리말(서문)이 나온다. 마찬가지로 십계명의 머리말은 언약의 서문 역할을 한다. 머리말은 언약의 양 당사자인 하나님과 그 백성의 관계를 묘사하고 있다. 머리말에는 하나님이 우리의 왕이 되시고 우리는 그 왕의 백성이라는 사실이 나타나 있다. 그리고 두 당사자 간의 언약이 어떻게 형성되었는지를 보여준다.[71]

하나님 나라의 헌법의 관점에서 십계명의 머리말은 헌법전문(憲法前文)과 같다.[72] 미합중국(United States of America)이나 대한민국의 헌법에는 '전문'이 기록되어 있다.[73] 헌법전문은 헌법의 조문 앞에 있는 공포문(公布文)이다. 마찬가지로 십계명의 머리말은 십계명의 공포문이라고 할 수 있다.

---

71) 강영안, 『강영안 교수의 십계명 강의』, 47; Stuart, *Exodus*, 446. 고대근동 언약문서의 구조와 십계명의 관계에 대해서는 Cornelis Van der Waal-Braaksma, *The Covenantal Gospel*(Neerlandia: Inheritance Publications, 1990), 명종남 역, 『반더발의 성경언약연구』(서울: 나침반, 1995), 47-52, 73-76을 참고하라.

72) Horton, 『십계명의 렌즈를 통해서 보는 삶의 목적과 의미』, 33.

73) 미합중국의 헌법전문은 "우리 미합중국 국민은 더욱 완전한 연방(Union)을 형성하고, 정의를 확립하고, 국내의 안녕을 보장하고, 공동의 방위를 도모하고, 국민의 복지를 증진하고, 우리와 우리

2. 십계명의 머리말이 가르쳐 주는 것

(1) 십계명을 주신 분이 누구인가?

머리말은 십계명을 하나님이 직접 주셨다는 사실을 가르쳐 준다. 십계명은 하나님께서 친히 주신 말씀이다. 언약을 맺은 주체이신 하나님께서 언약의 10가지 말씀(십계명)을 주셨다. 십계명을 주신 하나님은 우리의 주(主)와 구속자시다.

(2) 십계명을 누구에게 주셨는가?

십계명은 모세뿐만이 아니라 모세를 통해 이스라엘 백성에게 주셨다. 십계명을 지켜야 할 사람은 일차적으로 애굽에서 나온 모든 사람이다. 즉 이스라엘의 남자와 여자들이며, 그들과 함께 나온 아이들이다(신 5:2-3).

또한, 오고 오는 세대의 모든 기독교 신자들도 십계명을 받았다. 왜냐하면 이스라엘이 애굽에서 종살이 하던 시대는 신자들의 과거 영적 노예 상태(spiritual thralldom)를 예표하기 때문이다(WLC 제101문답).[74]

(3) 십계명은 언제 주셨는가?

하나님께서 십계명을 주신 것은 이스라엘 백성을 애굽 땅 종 되었던 곳에서 인도하여 내신 이후다. 하나님께서는 그의 백성을 애굽에서 해방하신 후 시내

의 후손에게 자유와 축복을 확보할 목적으로 미합중국(the United States of America) 헌법을 제정한다"라고 되어 있다. 강승식, 『미국헌법학 강의』(서울: 궁리, 2007), 663.
대한민국의 헌법전문은 "유구한 역사와 전통에 빛나는 우리 대한국민은 3·1운동으로 건립된 대한민국임시정부의 법통과 불의에 항거한 4·19민주이념을 계승하고, 조국의 민주개혁과 평화적 통일의 사명에 입각하여 정의·인도와 동포애로써 민족의 단결을 공고히 하고, 모든 사회적 폐습과 불의를 타파하며, 자율과 조화를 바탕으로 자유 민주적 기본질서를 더욱 확고히 하여 정치·경제·사회·문화의 모든 영역에 있어서 각인의 기회를 균등히 하고, 능력을 최고도로 발휘하게 하며, 자유와 권리에 따르는 책임과 의무를 완수하게 하여, 안으로는 국민생활의 균등한 향상을 기하고 밖으로는 항구적인 세계평화와 인류공영에 이바지함으로써 우리들과 우리들의 자손의 안전과 자유와 행복을 영원히 확보할 것을 다짐하면서 1948년 7월 12일에 제정되고 8차에 걸쳐 개정된 헌법을 이제 국회의 의결을 거쳐 국민투표에 의하여 개정한다"라고 되어 있다(1987년 개정헌법).
74) *Institutes*, Ⅱ. ⅷ. 15.

산에서 그들에게 법을 주셨다. 이런 점에서 십계명 준수는 구원의 조건이 아니라 구원의 결과다. 십계명은 구원받은 자에게 주신 언약의 명령이다. 하나님은 십계명을 지켜야만 출애굽 해주겠다고 하지 않으셨고, 출애굽 해주신 뒤에 십계명을 지키라고 주셨다. 만약 구원의 조건으로 주셨다면 그 어떤 이스라엘 백성들도 애굽에서 나올 수 없었을 것이다. 그러므로 십계명은 구원의 조건이 아니라 구원의 결과다. 구원받은 신자는 구원의 결과로서 십계명을 지켜야 한다.

(4) 십계명은 왜 지켜야 하는가?

하나님이 주가 되시고, 우리의 하나님이 되시며, 또 구속주가 되시기 때문이다. 하나님은 죄에서 종노릇 하던 우리를 구원하여 주셨다.

3. 웨스트민스터 대소요리문답에 나타난 머리말의 가르침

십계명의 머리말이 주는 가르침에 대해서는 웨스트민스터 소요리문답 제44문답과 웨스트민스터 대요리문답 제101문답에 잘 나타나 있다.

웨스트민스터 소요리문답

44문 : 십계명의 머리말이 우리에게 가르치는 것은 무엇입니까?

　답 : 십계명의 머리말이 우리에게 가르치는 것은 하나님께서 주가 되시고 우리의 하나님이 되시며 구속자가 되시므로 우리가 마땅히 그분의 모든 계명을 지켜야 한다는 것입니다.[1]

1) 눅 1:74-75; 벧전 1:15-19

웨스트민스터 대요리문답

101문 : 십계명의 머리말은 무엇입니까?

답 : 십계명의 머리말은 이 말씀에 포함되어 있으니 "나는 너를 애굽 땅 종 되었던 집에서 인도하여 낸 너의 하나님 여호와니라" 하신 것입니다.[1] 여기에서 하나님은 여호와로서 영원eternal하고 불변immutable하시며 전능almighty하신 하나님으로 자기의 주권sovereignty을 나타내셨으며,[2] 자기의 존재를 자기 자신 안에 스스로 소유하시고[3] 자기의 모든 말씀[4]과 사역works[5]에 따라 존재를 나타내시며, 옛날에 이스라엘과 맺으신 것과 같이 자기의 모든 백성과 언약을 맺으시는 하나님이시며,[6] 이스라엘을 애굽의 종 된 멍에에서 인도하여 내신 것과 같이 우리를 영적 속박spiritual thralldom에서 구원하셨습니다.[7] 그러므로 이 하나님만을 우리의 하나님으로 삼고 그의 모든 계명을 지켜야 합니다.[8]

---

1) 출 20:2 2) 사 44:6 3) 출 3:14 4) 출 6:3 5) 행 17:24,28 6) 창 17:7; 롬 3:29 7) 눅 1:74,75 8) 벧전 1:15-18; 레 18:30; 19:37

2장
제1계명

출애굽기 20:3
"너는 나 외에는 다른 신들을 네게 두지 말라."

웨스트민스터 소요리문답

45문 : 제1계명은 무엇입니까?

　답 : 제1계명은 "너는 나 외에는 다른 신들을 네게 두지 말라" 하신 것입
　　　니다.[1]

―――――――
1) 출 20:3

웨스트민스터 대요리문답

103문 : 제1계명은 무엇입니까?

　답 : 제1계명은 "너는 나 외에는 다른 신들을 네게 두지 말라" 하신 것입
　　　니다.[1]

―――――――
1) 출 20:3

1. 제1계명의 기본적인 의미

제1계명은 모든 계명의 근간이다. 다른 아홉 계명의 대전제라고 할 수 있다.[75]

(1) 제1계명의 기본적인 의미

제1계명은 하나님 외에는 다른 신들을 두지 말라는 말씀이다. 이 말씀의 기본적

---

75) *Institutes*, Ⅱ. ⅷ. 11; 송영찬, 『시내산 언약과 십계명』, 197; 황원하, 『하이델베르크 요리문답
해설』, 413; John I. Durham, *Exodus*, WBC(Waco: Word, 1987), 손석태 역, 『출애굽기』(서
울: 솔로몬, 2000), 472; 유해무, 『헌법해설: 웨스트민스터 신앙고백서, 대소교리문답서』(서울:
고신총회, 2015), 206.

인 의미를 이해하기 위해서는 십계명을 받을 당시의 배경을 생각할 필요가 있다.

애굽에는 많은 신들이 있었다.[76] 뿐만 아니라 이스라엘 백성이 출애굽 이후에 가게 될 가나안 땅에도 많은 신들이 있었다(출 23:24-25).[77] 하나님께서는 이러한 사실을 염두에 두고 "하나님 외에는 다른 신들을 두지 말라"고 말씀하셨다. 수많은 이방 종교의 영향 아래 놓여 있던 이스라엘 백성이 하나님 외에 다른 신들을 두는 것을 경계하신 것이다.

(2) '나 외에'라는 말의 다른 의미들

출애굽기 20:3의 "나 외에는"으로 번역된 말은 히브리어로 '엘 파나이'인데 직역하면 "내 앞에"(before me)라는 뜻이다.[78] 그래서 개역개정의 난외주에는 "히. 내 앞에"라고 되어 있고, NIV는 출애굽기 20:3을 "You shall have no other gods **before me**"라고 번역했다. 웨스트민스터 소요리문답 제48문답과 웨스트민스터 대요리문답 제106문답은 "나 외에"라는 말이 "나 외에"(before Me) 또는 "내 앞에"(before My face)라고 해석될 수 있음을 다음과 같이 보여주고 있다.

---

76) 출애굽 직전에 있었던 10가지 재앙은 애굽의 신들을 반영한다. 첫 번째 재앙인 피 재앙(출 7:14-25)은 나일 강의 수호신 크눔(Khnum)과 물고기들을 주관하는 신 하피(Hapi)가 헛된 것임을 보여준다. 두 번째 재앙인 개구리 재앙(출 8:1-15)은 개구리 형상을 한 풍요와 다산의 여신 헥트(Heqt)가 헛된 것임을 보여준다. 세 번째 재앙인 이 재앙(출 8:16-19)은 땅의 신 셉(Seb)이 헛된 것임을 보여준다. 네 번째 재앙인 파리 재앙(출 8:20-32)은 파리 형상의 우상인 핫콕(Hatkok)이 헛된 것임을 보여준다. 다섯 번째 재앙인 악질 재앙(출 9:1-7)은 암소 형상의 신 하돌(Hathor)이나 황소 형상의 신 아피스(Apis)가 헛된 것임을 보여준다. 여섯 번째 재앙인 독종 재앙(출 9:8-12)은 질병의 수호신 타이폰(Typhon)이나 의술의 신 임호텝(Imhotep)이 헛된 것임을 보여준다. 일곱 번째 재앙인 우박 재앙(출 9:13-35)은 하늘 여신 누트(Nut)와 기후의 신 슈(Shu)가 헛된 것임을 보여준다. 여덟 번째 재앙인 메뚜기 재앙(출 10:1-20)은 곡물 수호신 셋(Seth)이 헛된 것임을 보여준다. 아홉 번째 재앙인 흑암 재앙(출 10:21-27)은 애굽 인들이 최고의 우상으로 숭배한 태양신 레(Re)가 헛된 것임을 보여준다. 열 번째 재앙인 장자의 죽음 재앙(출 11:1-12:30)은 생명을 지키는 신 이시스(Isis)와 생명을 부여하는 신 오시리스(Osiris)가 헛된 것임을 보여준다.

77) 비와 우레의 신 바알, 성(性)과 다산(多産)의 신 아스다롯(삿 2:13), 엘브릿(삿 9:46), 아세라(삿 6:25), 아낫(삿 3:31) 등이 있었다.

78) Watson, 『십계명 해설』, 98; Durham, 『출애굽기』, 473; Stuart, *Exodus*, 448-449; Childs, *Exodus*, 402.

웨스트민스터 소요리문답

48문 : 제1계명에 있는 **"나 외에"**before Me라는 말씀이 우리에게 특별히 가
　　　르치는 것은 무엇입니까?

　답 : 제1계명에 있는 **"나 외에"**라는 말씀이 우리에게 가르치는 것은 만물
　　　을 감찰하시는 하나님께서 우리가 다른 신을 섬기는 죄를 눈여겨보
　　　시고, 매우 싫어하신다는 것입니다.[1]

---

1) 겔 8:5–6; 시 44:20–21

웨스트민스터 대요리문답

106문 : 제1계명에 있는 **"나 외에"**before Me라는 말씀에서 우리는 특별히 무
　　　슨 가르침을 받습니까?

　답 : 제1계명에 있는 **"나 외에"**before Me 또는 **"내 앞에"**before My face라
　　　는 말씀은 만물을 보고 계신 하나님께서 다른 어떤 신을 두는 죄the
　　　sin of having any other God를 특별히 유의하시고notice of 불쾌하게 여
　　　기신다는 것을 가르칩니다. 그래서 이것은 이러한 죄를 범하지 못하
　　　게 하며dissuade, 가장 무례한impudent 도발 행위provocation로서 부
　　　담을 주며aggravate,[1] 또한 우리가 주를 섬기는 일에 무엇을 하든지
　　　주의 목전에서 하도록 설득해 줍니다.[2]

---

1) 겔 8:5–6; 시 44:20–21　　2) 대상 28:9

　　또한 "나 외에"라는 말은 "하나님과 나란히, 하나님 곁에"라는 뜻도 될 수 있
다. 그래서 NIV의 난외주는 "before"라는 말이 "besides", 즉 "곁에"라는 뜻으
로 해석될 수 있음을 말해 준다.[79]

---

79) 강영안, 『강영안 교수의 십계명 강의』, 71.

그러므로 제1계명은 하나님 외에 다른 신을 섬기면 안 된다는 말이면서, 또한 하나님과 동시에 다른 신을 두는 것을 금하고 있다. 다시 말하면, "나 외에"라는 말은 하나님을 버리고 다른 신을 섬길 뿐 아니라 하나님과 병행해서 다른 신을 섬기는 것도 포함한다.[80] 하나님을 안 믿고 다른 신을 믿는 것만이 아니라, 하나님과 동시에 하나님과 동등한 수준으로 어떤 존재를 의지하는 것도 제1계명을 어기는 것이다(참조. 사 40:25).

마태복음 6:24은 "한 사람이 두 주인을 섬기지 못할 것이니 혹 이를 미워하고 저를 사랑하거나 혹 이를 중히 여기고 저를 경히 여김이라. 너희가 하나님과 재물을 **겸하여** 섬기지 못하느니라"라고 해서 제1계명에 이러한 의미가 있음을 간접적으로 설명하고 있다. 하이델베르크 요리문답 제95문답도 다음과 같이 가르친다.

하이델베르크 요리문답

95문 : 우상 숭배란 무엇입니까?

답 : 우상 숭배란 말씀으로 자신을 계시하신 유일하고 참되신 하나님 대신in place of,[14] 혹은 **하나님과 나란히**alongside of, 다른 어떤 것을 신뢰하거나 고안하여 소유하는 것입니다.[15]

14) 요 5:23; 엡 2:12; 요일 2:23; 요이 9   15) 대상 16:26; 사 44:15-17; 마 6:24; 갈 4:8; 엡 5:5; 빌 3:19

(3) 다른 신의 종류

제1계명이 말씀하는 '하나님 외의 다른 신'이란 기본적으로 바알, 아스다롯, 아세라, 부처, 알라 등과 같은 다른 신을 말한다. 그런데 다른 신은 인격을 가진 신만을 의미하는 것은 아니다. 눈에 보이는 것뿐만 아니라 눈에 보이지 않는 것이라도 중요하게 여긴다면 그것 역시 '다른 신'이다.

골로새서 3:5은 "…탐심은 우상 숭배니라"라고 말한다. 빌립보서 3:19은 "…

---

80) 솔로몬은 말년에 하나님과 더불어 다른 신을 섬겼다(왕상 11:3-6).

그들의 신은 배(stomach)요…"라고 함으로써 '먹는 것'도 다른 신이 될 수 있음을 말씀한다. 하박국 1:11은 "그들은 자기들의 힘을 자기들의 신으로 삼는 자들이라…"라고 말씀한다. 이 외에도 성경은 사람이 좋아하는 것, 사람이 따르는 것, 재물(욥 31:24; 마 6:24), 탐심(눅 12:16-21; 골 3:5), 쾌락(딤후 3:4)도 '다른 신'이 될 수 있다고 가르친다. 디모데후서 3:2-4은 "²사람들이 자기를 사랑하며 돈을 사랑하며 자랑하며 교만하며 비방하며 부모를 거역하며 감사하지 아니하며 거룩하지 아니하며 ³무정하며 원통함을 풀지 아니하며 모함하며 절제하지 못하며 사나우며 선한 것을 좋아하지 아니하며 ⁴배신하며 조급하며 자만하며 쾌락을 사랑하기를 하나님 사랑하는 것보다 더하며"라고 말씀한다.

그러므로 무엇이든지 하나님보다 더 신뢰하거나 하나님과 나란히 두는 것은 제1계명이 금하는 '다른 신'이다. 바알이나 아스다롯과 같은 신들이 '다른 신'이 될 수도 있고, 자연현상을 지배하는 해와 달도 '다른 신'이 될 수 있으며, 나무나 동물 같은 토템(totem)도 '다른 신'이 될 수 있다. 샤머니즘(shamanism)이나 동북아시아를 중심으로 한 나라의 조상숭배도 '다른 신'이 될 수 있다. 사람의 힘도 '다른 신'이 될 수 있다(합 1:11). 자기 자신도 신이 될 수 있다. 학생들에게는 학업(공부), 이성교제, 외모, 연예인 등이, 부모에게는 자녀, 자녀의 학업 등이, 성인에게는 명예, 권력, 돈 등이 다른 신이 될 수 있다.

2. 제1계명의 긍정명령

제1계명은 "~을 하지 말라"는 부정명령으로 되어 있다. 그런데 모든 계명은 부정명령의 이면에 긍정명령이 있고, 긍정명령의 이면에 부정명령이 있다. 그렇다면 제1계명의 이면에 있는 긍정명령은 무엇인가?

(1) 마음과 목숨과 뜻을 다해 하나님을 섬기라

제1계명은 "하나님 외에 다른 신을 두지 않는 것"으로 만족하지 말고 "온 힘을 다해 하나님을 섬기며 사랑하라"고 명령한다. 하나님 외에 다른 신을 섬기지만 않는 것으로 되는 것이 아니라 하나님을 섬겨야 한다. 하나님을 힘써 섬겨야 한다. 하나님을 사랑해야 한다. 마음과 뜻과 힘을 다해 하나님을 경배하고 하나님께 영광을 돌려야 한다. 하나님을 묵상하고 존경하고 흠모하고 사랑해야 한다.

하나님만을 신뢰하고 하나님을 바라고 하나님을 기뻐해야 한다.

신명기 6:5은 "너는 마음을 다하고 뜻을 다하고 힘을 다하여 네 하나님 여호와를 **사랑하라**"라고 말씀하는데, 이 말씀 바로 앞에 나오는 신명기 6:4은 "이스라엘아 들으라, 우리 하나님 여호와는 오직 유일한 여호와이시니"라고 말씀한다. 그런데 신명기 6:4은 제1계명이다. 이러한 연결은 제1계명의 긍정명령이 곧 마음과 뜻과 힘을 다해 하나님을 사랑하는 것임을 보여준다.

마태복음 22:34-40은 이 사실을 더욱 분명히 한다. 예수님은 한 율법사의 질문에 대해 "[37]…네 마음을 다하고 목숨을 다하고 뜻을 다하여 주 너의 하나님을 사랑하라 하셨으니 [38]이것이 크고 첫째 되는 계명이요"라고 설명하시면서 신명기 6:5을 인용하셨다. 제1계명의 긍정명령이 곧 하나님을 사랑하는 것임을 암시해 주셨다.

신명기 6:13-14은 "[13]네 하나님 여호와를 경외하며 **그를 섬기며**…[14]너희는 다른 신들 곧 네 사면에 있는 백성의 신들을 따르지 말라"라고 말씀하는데, 바로 앞에 나오는 신명기 6:12은 "너는 조심하여 너를 애굽 땅 종 되었던 집에서 인도하여 내신 여호와를 잊지 말고"라고 말씀한다. 그런데 신명기 6:12은 십계명의 머리말에 해당한다. 그렇다면 신명기 6:13은 제1계명의 긍정명령을 언급한 것이라고 볼 수 있다.

또한 예수님은 광야에서 마귀에게 시험 받을 때 "만일 내게 엎드려 경배하면 이 모든 것을 네게 주리라"(마 4:9)라는 마귀의 유혹(제1계명을 어기라는 유혹)에 대해 "사탄아 물러가라. 기록되었으되 주 너의 하나님께 경배하고 다만 그를 섬기라 하였느니라"(마 4:10)라고 말씀하시면서 신명기 6:13을 인용하셨으니 곧 제1계명의 긍정명령을 언급하셨다.

이처럼 마음과 목숨과 뜻을 다하여 하나님을 사랑하라는 것, 우리의 존재를 다해 하나님을 열렬히 섬기라는 것은 제1계명의 긍정명령이다.

(2) 하나님을 힘써 알라

제1계명은 "하나님 외에 다른 신을 두지 않는 것"으로 만족하지 말고 "하나님을 힘써 알라"고 명령한다.

호세아 13:4은 "애굽 땅에 있을 때부터 나는 네 하나님 여호와라. 나 밖에 네가 다른 신을 **알지 말 것이라**. 나 외에는 구원자가 없느니라"라고 말씀하는데, 이 말씀이 제1계명과 관련된다는 것은 쉽게 알 수 있다. 그런데 "알지 말 것이라"는 말은 출애굽기 20:3의 "두지 말라"는 말과 대응한다. 그러므로 하나님 외에 다른 신을 두지 않는 것은 곧 하나님 외에 다른 신을 알지 않는 것이다. 이것을 역으로 하면 하나님을 알아야 한다.[81]

그러므로 제1계명의 긍정명령은 하나님을 알라는 것이다. 그래서 다른 신을 알지 말라(호 13:4)고 말씀한 호세아는 "그러므로 우리가 여호와를 알자. 힘써 여호와를 알자…"(호 6:3)라고 했다.

제1계명은 "하나님 외에 다른 신을 두지 않는 것"으로 끝나지 말고 "다른 신을 알지도 말아야 하고", 또한 역으로 "하나님을 힘써 알라"고 명령한다. 그러므로 하나님을 아는 것이 제1계명을 지키는 일이다.

우리는 하나님을 알기 위해 노력해야 한다. 하나님의 계시의 말씀에 귀 기울여야 한다(엡 1:17). 하나님의 본질, 속성, 사역, 그리고 그분과 그의 택한 백성인 우리의 관계를 알아야 한다.[82] 바른 신관(神觀)을 정립해야 한다.[83] 설교를 듣고, 성경을 읽으며, 성경공부를 하는 등 하나님을 알기 위한 모든 노력이 제1계명을 지키는 일이다.

성경에서 사용되는 동사 '알다'(know)와 명사 '지식'(knowledge)은 의미가 합쳐질 때가 많은데, 그럴 경우 의미가 더욱 강화되어 '인정하다' '승인하다' '자인하다'(acknowledge)라는 뜻이 된다. 그러므로 하나님만이 유일한 참 신이라는 사실을 알고 인정하고 믿고 깨닫는 것도 제1계명이다.

---

81) 하나님을 '안다'는 말은 '인격적인 지식'(personal knowledge)을 의미한다. 특히 히브리어 '야다'라는 단어와 관련되는데, 이 말은 부부관계를 나타낼 때 사용하는 말로서(창 4:1) 부부 간의 인격적이고 은밀하며 친밀한 관계만을 묘사할 뿐 아니라 여호와 하나님과 그의 백성 이스라엘의 관계를 나타낼 때도 쓰인다(창 18:19; 렘 1:5; 암 3:2). 그러므로 하나님을 아는 것은 마치 부부와 같은 긴밀한 관계를 뜻한다. 호세아 6:3에서도 '야다'가 사용되었다. 손석태, 『여호와: 이스라엘의 남편』(서울: 솔로몬, 1997), 44-45; 유해무, 『개혁교의학』(서울: 크리스챤다이제스트, 1997), 28-30; Vos, 『성경신학』, 146.

82) Ursinus, *The Commentary on the Heidelberg Catechism*, 508-509.

83) 오늘날 교회에서 하나님에 관한 교리가 무시당하고 덜 중요하게 여겨지는 것은 제1계명을 어기는 것이다. 또한 잘못된 신학을 추구하는 것도 제1계명을 어기는 것이다. Frame, *The Doctrine of the Christian Life*, 421-425.

(3) 정리

제1계명은 하나님을 알고 인정하고, 그렇게 아는 하나님을 마음과 뜻과 힘을 다하여 사랑하고 섬기라고 명령한다. 제1계명은 내가 아는 그 하나님을 사랑하고, 그분께 합당한 영광과 존귀를 돌려드리며, 그분을 기쁘시게 하며 즐거워하라고 명령한다(WLC 제1문답; WSC 제1문답).

이러한 사실을 하이델베르크 요리문답 제94문답, 웨스트민스터 소요리문답 제46문답, 웨스트민스터 대요리문답 제104문답에서도 가르치고 있다.

하이델베르크 요리문답

94문 : 제1계명에서 하나님께서 요구하시는 것은 무엇입니까?

답 : 내 영혼의 구원과 복이 매우 귀한 것이기 때문에 나는 온갖 우상 숭배 idolatry,[2] 마술magic과 점치는 일과 미신superstitious rite,[3] 성인(聖人)이나 다른 피조물에게 기도하는 것을[4] 피하고avoid 멀리해야shun 합니다. 더 나아가 **유일하고 참되신 하나님을 바르게 알고**[5] 그분만을 신뢰해야 하며,[6] 모든 겸손과[7] 인내로 그분에게만 복종하고,[8] 모든 좋은 것들을 오직 그분에게서만 기대하며,[9] **마음을 다하여**with all my heart **그분을 사랑하고**[10] **경외하며**[11] **그분만 섬겨야 합니다.**[12] 그러하므로 지극히 작은 일이라도 하나님의 뜻을 거슬러 행하기보다는 오히려 모든 피조물을 포기합니다.[13]

---

2) 고전 6:9-10; 10:7,14; 요일 5:21   3) 레 19:31; 신 18:9-12   4) 마 4:10; 계 19:10; 22:8-9   5) **호 6:3**; 요 17:3
6) 렘 17:5,7   7) 벧전 5:5-6   8) 롬 5:3-5; 고전 10:10; 빌 2:14; 골 1:11; 히 10:36   9) 시 104:27-30; 사 45:7; 약
1:17   10) 신 6:5; 마 22:37-38   11) 신 6:2; 시 111:10; 잠 1:7; 9:10; 마 10:28; 엡 5:21; 벧전 1:17   12) 신 10:20;
마 4:10   13) 마 5:29-30; 10:37-39; 행 5:29

웨스트민스터 소요리문답

46문 : 제1계명에서 요구된 것은 무엇입니까?

답 : 제1계명이 우리에게 요구하는 것은 하나님께서 유일하신 참 하나님이 되심과 우리의 하나님이 되심을 알고 인정하여know and acknowledge,[1] 그에 합당하게 경배하며 영광을 돌리는 것입니다.[2]

1) 대상 28:9; 신 26:17   2) 마 4:10; 시 29:2

3. 제1계명에 나타난 하나님의 존재와 본성

십계명은 '명령'이면서도 '언약'적 의미가 있기에 하나님의 자기계시적 성격이 담겨 있다. 하나님은 명령이라는 방식을 통해 그 명령을 주시는 하나님의 속성을 보여주신다. 그렇다면 제1계명이 계시하는 하나님은 어떤 분인가?

제1계명을 통해 하나님은 자신만이 유일한 신이라는 점을 드러내신다. 이 세상에는 하나님 외에 다른 신이 없다. 하나님만이 유일한 신이다(신 4:35,39; 6:4). 우상이란 아무것도 아니며(신 4:28; 사 2:8,18,20; 40:18-20; 45:20) 비록 하늘에나 땅에나 '신'이라 불리는 자가 있어 많은 신과 많은 주가 있지만 오직 하나님 한 분밖에 참된 신은 없다(신 4:35,39; 32:39; 사 43:10-11; 45:5,21; 렘 10:10; 호 13:4; 막 12:32; 롬 3:30; 고전 8:4-6). 만물을 창조하시고 다스리시며 보존하시는 하나님만이 참된 신이다(고전 8:6). 제1계명은 이와 같은 하나님의 유일성을 계시하고 있다. 이런 점에서 제1계명은 복음이다.

하나님만이 참 신인 이유는 하나님만이 온 세상을 창조하신 분이며(창 1:1; 욥 38:4-6; 행 17:24-25), 하나님만이 유일하게 자존하신 분이기 때문이다. 하나님은 스스로 계신 분이다(출 3:14). 하나님은 다른 존재에 의해 창조되거나 생산되어 존재하는 분이 아니다. 하나님은 영원 전부터 스스로의 존재 원인에 따라 존재하시는 분이며 앞으로 영원토록 하나님이신 분이다. 이 세상에 영원부터 영원까지 존재하는 것은 아무것도 없다(시 90:2). 오직 하나님 한 분뿐이다. 그러므로 하나님만이 유일한 신이시며, 제1계명은 이 사실을 계시하고 있다.

이사야 43:10-13은 "[10]나 여호와가 말하노라. 너희는 나의 증인, 나의 종으로 택함을 입었나니 이는 너희가 나를 알고 믿으며 내가 그인 줄 깨닫게 하려 함이라. 나의 전에 지음을 받은 신이 없었느니라. 나의 후에도 없으리라. [11]나 곧 나는 여호와라. 나 외에 구원자가 없느니라. [12]내가 알려 주었으며 구원하였으며 보였고 너희 중에 다른 신이 없었나니 그러므로 너희는 나의 증인이요 나는 하나님이니라. 여호와의 말씀이니라. [13]과연 태초로부터 나는 그이니 내 손에서 건질 자가 없도다. 내가 행하리니 누가 막으리요"라고 말씀하며, 웨스트민스터 소요리문답 제5문답과 웨스트민스터 대요리문답 제8문답은 다음과 같이 가르친다.

웨스트민스터 소요리문답

5문 : 하나님 한 분 외에 또 다른 하나님이 있습니까?

　답 : 오직 한 분뿐이시니, 살아계신 참 하나님이십니다.[1]

───────
1) 신 6:4; 렘 10:10

웨스트민스터 대요리문답

8문 : 하나님 한 분 외에 또 다른 하나님이 있습니까?

　답 : 오직 한 분뿐이시니, 살아계신 참 하나님이십니다.[1]

───────
1) 신 6:4; 고전 8:4,6; 렘 10:10

또한 벨기에 신앙고백서 제1조와 웨스트민스터 신앙고백서 제2장, 웨스트민스터 소요리문답 제4문답, 웨스트민스터 대요리문답 제7문답은 하나님께서 어떠한 분인지를 잘 정리해 놓고 있으니, 이 모든 고백문서의 언급은 결국 제1계명에 관한 것이라 할 수 있다.

제1계명이 하나님의 유일성을 계시한다는 것은 제1계명에서 사용된 '두다' 라는 표현과 하나님의 이름(神名)인 '야웨' 라는 표현의 연관성을 통해서도 알 수 있다. 출애굽기 3:14의 "나는 스스로 있는 자니라"(히. 에흐예 아쉐르 에흐예)에 해당하는 하나님의 이름인 히브리어 '야웨'(YHWH, 여호와)는 "있다" 혹은 "이다"의 의미를 갖고 있는 동사 '하야' 에서 나왔다.[84] 하나님께서 자신의 이름인 '야웨' 를 설명하시면서 존재를 나타내는 동사인 '하야' 를 사용하신 것은 하나님이 갖고 계신 속성이 다른 대상이나 사물에 의존하지 않고 자존하고 독립적이며, 오히려 이 세상의 모든 것이 하나님께 의지하고 종속된다는 것을 나타낸다 (사 43:10-11).

그런데 출애굽기 20:3의 '두다' 라는 말에 히브리어 동사 '하야' 가 사용되었다. 그래서 개역한글은 "너는 나 외에는 다른 신들을 네게 **있게** 말찌니라"라고 직역하였다. 하나님은 의도적으로 이 단어를 사용하셨다. 스스로 계신 하나님만이 참 신이므로 그 외에 다른 신들은 존재하지도 않으니, 그 신들을 존재하게 하지 말라는 것이다. 이처럼 제1계명은 하나님은 한 분이며, 다른 하나님은 없다는 사실을 가르쳐 준다.

4. 제1계명과 예배의 대상

십계명을 지키는 일차적인 곳은 예배가 행해지는 곳이다. 예배를 통해 제1계명부터 제10계명까지를 지켜야 한다. 그리고 더 나아가 각자의 삶의 전 영역에서 제1계명부터 제10계명까지를 지켜야 한다.

특별히 십계명 중 제1계명부터 제4계명은 예배와 직접적인 관계가 있다. 제1계명은 예배의 대상, 제2계명은 예배의 방법, 제3계명은 예배의 태도, 제4계명

---

84) 송영찬, 『시내산 언약과 십계명』, 180; Vos, 『성경신학』, 145-151; 김용규, 『데칼로그』, 45, 98, 216.

은 예배의 시간을 가르쳐 주는 계명이다.

제1계명은 예배의 대상을 가르쳐 준다. 시편 29:2은 "여호와께 그의 이름에 합당한 영광을 돌리며 거룩한 옷을 입고 여호와께 예배할지어다"라고 말씀한다. 그리스도인의 예배의 대상은 오직 하나님이다. 삼위일체 하나님께만 예배드려야 한다.

웨스트민스터 소요리문답 제46문답과 웨스트민스터 대요리문답 제104문답은 하나님께 합당하게 경배하며 영광을 돌리는 것이 제1계명의 요구라고 가르친다. 웨스트민스터 신앙고백서 제21장 제2절은 예배가 그리스도를 중심으로 삼위일체 하나님께 드리는 것임을 분명히 하고 있다.

웨스트민스터 신앙고백서
제21장 종교적 예배와 안식일에 관하여
Of Religious Worship and the Sabbath-day

2. 종교적 예배Religious worship는 하나님 곧 성부, 성자, 성령께만 드려야 하며,[3] 천사들이나 성인(聖人)들saints이나 다른 어떤 피조물에게 예배해서는 안 된다.[4] 그리고 타락 이후에는 중보자 없이 예배할 수 없으며, 다른 어떤 이의 중보가 아니라 오직 그리스도의 중보를 통해서만 예배해야 한다.[5]

3) 마 4:10; 요 5:23; 고후 13:13 4) 롬 1:25; 골 2:18; 계 19:10 5) 요 14:6; 엡 2:18; 골 3:17; 딤전 2:5

삼위일체 하나님께만 예배하는 것은 제1계명을 지키는 일이다. 삼위일체 하나님 외에 다른 것에게 예배하는 것은 제1계명을 어기는 일이다.[85] 하나님이 아닌

---

85) 1938년 일제 강점기 시절 평양서문밖교회에서 열린 조선예수교장로회 제27회 총회(총회장: 홍택기)가 신사참배(神社參拜)를 가결하고, 당시의 교회들 상당수가 공예배 전에 동방요배를 한 것은 제1계명을 어긴 일이다. 이와 관련해서는 최덕성, 『한국교회 친일파 전통』(서울: 지식산업사, 2006)을 참고하라.

다른 존재에게 예배드리는 것도 제1계명을 어기는 것이지만, 하나님에게조차 드리지 않는 것도 제1계명을 어기는 것이다. 예배를 하나님께 드린다 하더라도 "마음과 뜻과 힘을 다하여" 드리지 않는다면 제1계명을 어기는 것이다. 예컨대, 찬송을 부를 때 입술은 벌리지만 마음을 담지 않는다면 제1계명을 어기는 것이다. 설교를 들을 때 설교자의 입만 바라볼 뿐 아무런 생각도 하지 않는다면 제1계명을 어기는 것이다. 예배 시간에 삼위일체 하나님을 향해 마음과 뜻과 힘을 다하지 않는다면 제1계명을 어기는 것이다. 하나님께 합당한 영광을 돌리지 않는다면 제1계명을 어기는 것이다. 이런 점에서 종교개혁자들의 모토 '오직 하나님께 영광'(*Soli Deo Gloria*)은 제1계명이다.

5. 제1계명과 예수 그리스도

제1계명은 기본적으로 성부 하나님에 관한 내용이지만, 동시에 성자 예수님에 관한 내용이기도 하다. 왜냐하면 성부 하나님을 섬기는 것은 유일한 중보자이신 성자 예수님을 통해 가능하기 때문이다. 성자 예수님은 "내가 곧 길이요 진리요 생명이니 누구든지 나로 말미암지 않고서는 아버지께로 올 자가 없느니라"(요 14:6)라고 하셨다. 그러므로 제1계명을 지키는 것은 성자 예수 그리스도를 참되고 유일한 중보자(행 4:12; 고전 8:6; 딤전 2:5; WCF 제8장 제2절; WLC 제36문답)로 모실 때 가능하다. 예수 그리스도를 경배함으로써 애굽과 죄의 종 되었던 곳에서 구원해 내신 참되고 살아계신 오직 한 분 하나님을 경배할 수 있다.

　제1계명이 중보자 예수님과도 관련된다는 사실은 디모데전서 2:5 "하나님은 한 분이시요 또 하나님과 사람 사이에 중보자도 한 분이시니 곧 사람이신 그리스도 예수라"라는 말씀을 통해 더욱 분명해진다. 이 말씀의 앞부분에 해당하는 "하나님은 한 분이시요"는 제1계명이다.[86] 그런데 그 뒤에 이어지는 "또 하나님과 사람 사이에 중보자도 한 분이시니 곧 사람이신 그리스도 예수라"는 중보자 예수님에 관한 내용이다. 이 말씀의 구도를 통해 제1계명은 "하나님이 한 분이심을 믿는 것"과 함께 "하나님과 사람 사이에 있는 유일한 중보자인 예수 그리스도

---

86) 바운스는 이 본문이 제1계명과 관련된 본문인 신명기 6:4과 연관성이 있음을 언급한다. William D. Bounce, *Pastoral Epistles*, WBC 46(Nashville: Thomas Nelson, 2000). 채천석·이덕신 역, 『목회서신』(서울: 솔로몬, 2009), 332-333.

를 믿는 것"임을 알 수 있다. 이처럼 제1계명은 예수 그리스도를 하나님과 사람 사이의 유일한 중보자로 여기는 것도 포함하고 있다. 이런 점에서 제1계명은 복음이다(행 4:12). 또한 종교개혁자들의 모토 '오직 예수 그리스도'(*Solus Christus*)는 제1계명이다.

하나님을 유일신으로 믿는다 하더라도 예수 그리스도를 유일한 중보자로 믿지 않는다면 제1계명을 지킬 수 없다. 예수 그리스도를 유일한 중보자로 믿지 않는다면 하나님을 믿을 수 없다. 그러므로 유대교, 이슬람교, 로마가톨릭은 제1계명을 지킬 수 없다. 종교다원주의(Religious Pluralism)도 제1계명의 가르침에서 벗어난다.[87]

6. 제1계명의 실천

제1계명을 어떻게 지킬 것인가? 하나님 외에 다른 신을 두어서는 안 된다. 하나님과 함께 다른 신을 두는 것도 안 된다. 하나님을 알기 위해 힘써야 한다(호 6:3; 13:4). 하나님을 마음과 뜻과 힘을 다하여 섬겨야 한다(신 6:4-5; 마 22:37). 하나님을 기뻐하며 사랑하고 신뢰해야 하며, 오직 하나님만을 유일한 예배의 대상으로 여겨야 한다.

하나님을 믿지 않는 무신론(無神論, Atheism)도 안 되고,[88] 하나님의 존재 여부를 알 수 없다고 생각하는 불가지론(不可知論, Agnosticism)도 안 되고, 하나님에 대한 무지(無知)도 안 되고, 하나님에 대한 잘못된 견해와 추측도 안 되며,[89] 하나님을 제대로 알고 섬기는 것이 아닌 맹목적이고 무분별한 사랑도 안 된다(롬 10:2). 불신앙도 안 되지만, 맹신도 안 된다.

---

87) 종교다원주의와 관련해서는 최덕성, 『에큐메니칼 운동과 다원주의』(서울: 본문과 현장사이, 2005); 최덕성, 『신학충돌: 기독교와 세계교회협의회』(서울: 본문과 현장사이, 2012)를 참고하라.

88) 무신론에 대해서는 William A. Luijpen & Henry J. Koren, *Religion and Atheism*(New York: Humanities Press, 1982). 류의근 역, 『현대 무신론 비판』(서울: CLC, 2005)을 참고하라.

89) 현대에 나타나고 있는 잘못된 신관과 그에 대한 비판에 대해서는 John Frame, *No Other God: A Response to Open Theism*(Philadelphia: P&R Publishing, 2001). 홍성국 역, 『열린 신학 논쟁: 열린 신학에 대한 응답』(서울: CLC, 2005)을 참고하라.

미지근한 신앙도 잘못이며, 하나님과 동시에 하나님과 동등한 수준으로 어떤 존재를 의지하는 것도 안 된다. 하나님보다 더 사랑하는 것이 있어서도 안 되고, 자기 자신을 하나님보다 더 사랑하는 자아숭배(自我崇拜)도 안 되며, 부모와 자녀, 가족을 더 사랑하는 가족주의(家族主義)도 안 된다(눅 14:26).

실천적 무신론(practical atheism)도 안 된다(딛 1:16). 말로는 하나님을 믿는다고 하지만 실제로는 전혀 하나님이 안 계신 것처럼 사는 것도 안 된다. "하나님은 살아계셔. 하나님은 어디에나 함께 계셔"라고 말하고 그렇게 믿는다고 하면서, 정작 살아계셔서 어디에나 계신 하나님(시 139:7-10)을 부인하는 것은 제1계명을 어기는 것이다.

그 외에 더 자세하고도 구체적인 내용은 웨스트민스터 소요리문답 제47문답, 웨스트민스터 대요리문답 제104-105문답에 잘 나와 있다.

웨스트민스터 소요리문답

47문 : 제1계명에서 금지된 것은 무엇입니까?

답 : 제1계명이 금하는 것은 하나님께서 참 하나님이신 것[1]과 우리의 하나님 되심[2]을 부인하거나[3] 경배하지 않고 영광을 돌리지 아니하는 것과 또 오직 그분에게만 합당한 경배와 영광을 다른 것에게 드리는 것입니다.[4]

---

1) 롬 1:21　2) 시 81:10-11　3) 시 14:1　4) 롬 1:25-26

웨스트민스터 대요리문답

104문 : 제1계명에서 요구된 의무들the duties required은 무엇입니까?

답 : 제1계명에서 요구된 의무들은 하나님만이 유일하신 참 하나님the only true God이시며, 우리의 하나님이시라는 것을 알고knowing 인정하는acknowledging 것인데,[1] 따라서 그분만을 경배하고worship, 영광 돌리되 glorify,[2] 그분을 생각하고thinking,[3] 묵상하고meditating,[4] 기억하고 remembering,[5] 높이 경외하고highly esteeming,[6] 존경하고honouring,[7] 흠모

하고adoring,[8] 택하고choosing,[9] 사랑하고loving,[10] 원하고desiring,[11] 그를 두려워하며fearing,[12] 믿으며believing,[13] 신뢰하고trusting,[14] 바라고hoping,[15] 기뻐하며delighting,[16] 그분 안에서 즐거워하며rejoicing,[17] 그를 위한 열심zealous을 가지며,[18] 그를 부르고calling, 모든 찬송praise과 감사thanks를 드리고,[19] 전인격적으로 그에게 완전한 순종obedience과 복종submission으로 굴복하며yielding,[20] 그를 기쁘시게 하기 위하여 범사에 조심하고,[21] 무슨 일에든지 그를 노엽게offend 하였을 때는 슬퍼하며sorrowful,[22] 그와 겸손히 동행하는walking 것을 통해서입니다.[23]

---

1) 대상 28:9; 신 26:17; 사 43:10; 렘 14:22   2) 시 95:6-7; 마 4:10; 시 29:2   3) 말 3:16   4) 시 63:6   5) 전 12:1   6) 시 71:19   7) 말 1:6   8) 사 45:23   9) 수 24:15,22   10) 신 6:5   11) 시 73:25   12) 사 8:13   13) 출 14:31   14) 사 26:4   15) 시 130:7   16) 시 37:4   17) 시 32:11   18) 롬 12:11; 민 25:11   19) 빌 4:6   20) 렘 7:23; 약 4:7   21) 요일 3:22   22) 렘 31:18; 시 119:136   23) 미 6:8

105문 : 제1계명에서 금지된 죄들the sins forbidden은 무엇입니까?

답 : 제1계명에서 금지된 죄들은 하나님을 부인하거나 모시지 않는 무신론atheism,[1] 참 하나님 대신에 다른 신 혹은 유일신보다 여러 신들을 두거나having 예배하는worshipping 우상 숭배idolatry,[2] 하나님을 하나님으로 또한 우리의 하나님으로 모시며having 고백하지avouching 않는 것,[3] 이 계명에서 요구하는 하나님께 마땅한 것을 무엇이든지 제하거나omission 소홀히 하는 것neglect,[4] 그분에 대한 무지ignorance,[5] 망각forgetfulness,[6] 오해misapprehensions,[7] 잘못된 견해false opinions,[8] 무가치하고 악한 생각들,[9] 그의 비밀을 감히 호기심으로 캐내려고 하는 것,[10] 모든 신성 모독profaneness,[11] 하나님을 미워하는 것,[12] 자기 사랑,[13] 자기 추구self-seeking,[14] 우리의 마음과 뜻과 정서를 무절제하고도inordinate 과도하게immoderate 다른 일에 두는 것, 전적으로 혹은 부분적으로 하나님에게서 떠나는 것,[15] 헛된 경솔vain credulity,[16] 불신앙unbelief,[17] 이단heresy,[18] 그릇된 신앙misbelief,[19] 불신distrust,[20] 절망despair,[21] 완악함incorrigibleness,[22] 심판에 대한 무감각,[23] 마음의 강팍hardness,[24] 교만,[25] 뻔뻔스러움presumption,[26] 세속적인 안일함carnal security,[27] 하나님을 시험하는 것tempting,[28] 불법적인 수단을 쓰는 것,[29] 불법적인 수단을 신뢰하는 것,[30] 세속적인 기쁨과 즐거움,[31] 부패하고 맹목적blind이며 무분별한indiscreet 열심zeal,[32] 미지근함lukewarmness,[33] 하나님의 것에 대한 무감각

deadness,[34] 하나님에게서 자기 자신을 멀어지게 하는 것estranging과 배교하는 것,[35] 성인들saints이나 천사들이나 다른 아무 피조물에게라도 기도하든지 종교적 예배를 드리는 것,[36] 마귀와의 모든 맹약compacts과 의논하는 것consulting,[37] 마귀의 제안에 귀 기울이는 것hearkening,[38] 사람을 우리의 믿음과 양심의 주인으로 삼는 것,[39] 하나님과 그의 명령들을 경시하고slighting 멸시하는 것despising,[40] 하나님의 영을 거역하고resisting 근심케 하는 것grieving,[41] 하나님의 다스리심dispensations에 대해 불만하고discontent 참지 못하며, 우리에게 임하는 불행evils에 대하여 어리석게 하나님을 비난하는 것charging,[42] 우리에게 있거나, 가지거나, 할 수 있는 좋은 어떤 것들에 대한 칭송praise을 행운fortune으로나,[43] 우상이나,[44] 우리 자신이나,[45] 다른 피조물에게[46] 돌리는 것ascribing입니다.

---

1) 시 14:1; 엡 2:12   2) 렘 2:27-28; 살전 1:9   3) 시 81:11   4) 사 43:22-24   5) 렘 4:22; 호 4:1,6   6) 렘 2:32   7) 행 17:23,29   8) 사 40:18   9) 시 50:21   10) 신 29:29   11) 딛 1:16; 히 12:16   12) 롬 1:30   13) 딤후 3:2   14) 빌 2:21   15) 요일 2:15-16; 삼상 2:29; 골 3:2,5   16) 요일 4:1   17) 히 3:12   18) 갈 5:20; 딛 3:10   19) 행 26:9   20) 시 78:22   21) 창 4:13   22) 렘 5:3   23) 사 42:25   24) 롬 2:5   25) 렘 13:15   26) 시 19:13   27) 습 1:12   28) 마 4:7   29) 렘 17:5   30) 렘 17:5   31) 딤후 3:4   32) 갈 4:17; 요 16:2; 롬 10:2; 눅 9:54-55   33) 계 3:16   34) 계 3:1   35) 겔 14:5; 사 1:4-5   36) 롬 10:13-14; 호 4:12; 행 10:25-26; 계 19:10; 마 4:10; 골 2:18; 롬 1:25   37) 계 20:6; 삼상 28:7,11; 대상 10:13-14   38) 행 5:3   39) 고후 1:24; 마 23:9   40) 신 32:15; 삼하 12:9; 잠 13:13   41) 행 7:51; 엡 4:30   42) 시 73:2-3,13-15,22; 욥 1:22   43) 삼상 6:7-9   44) 단 5:23   45) 신 8:17; 단 4:30   46) 합 1:16

7. 제1계명에 담긴 하나님의 배려와 사랑

불신자들이나 종교다원주의자들은 제1계명에 하나님의 독선(獨善)이 담겨 있다고 생각한다. 하나님을 이기적인 분으로 오해한다. 그러나 오히려 제1계명에는 하나님의 배려와 사랑이 담겨 있다.

하나님은 하나님 외에 다른 신이 없다는 사실을 그 누구보다 잘 아신다. 그런데 사람들은 자꾸만 하나님 외에도 신이 있다고 생각한다. 상상력을 발휘하여 없는 신도 있는 것으로 만들어 낸다. 그것이 바로 사람의 습성이다.[90]

---

90) 강영안, 『강영안 교수의 십계명 강의』, 72-74.

  하나님은 하나님 한 분 외에는 다른 신이 없다는 사실을 제1계명을 통해 모두에게 알려주신다. 그리하여 우리가 존재하지도 않는 다른 신을 따라가는 것을 원천적으로 막으신다. 헛걸음하지 않게 하신다. 거짓에 속지 않게 하신다. 이는 하나님의 배려와 사랑이다.

3장
제2계명

출애굽기 20:4-6

"⁴너를 위하여 새긴 우상을 만들지 말고 또 위로 하늘에 있는 것이나 아래로 땅에 있는 것이나 땅 아래 물 속에 있는 것의 어떤 형상도 만들지 말며 ⁵그것들에게 절하지 말며 그것들을 섬기지 말라. 나 네 하나님 여호와는 질투하는 하나님인즉 나를 미워하는 자의 죄를 갚되 아버지로부터 아들에게로 삼사 대까지 이르게 하거니와 ⁶나를 사랑하고 내 계명을 지키는 자에게는 천 대까지 은혜를 베푸느니라."

웨스트민스터 소요리문답

49문 : 제2계명은 무엇입니까?

답 : 제2계명은 "너를 위하여 새긴 우상을 만들지 말고 또 위로 하늘에 있는 것이나 아래로 땅에 있는 것이나 땅 아래 물 속에 있는 것의 어떤 형상도 만들지 말며 그것들에게 절하지 말며 그것들을 섬기지 말라. 나 네 하나님 여호와는 질투하는 하나님인즉 나를 미워하는 자의 죄를 갚되 아버지로부터 아들에게로 삼사 대까지 이르게 하거니와 나를 사랑하고 내 계명을 지키는 자에게는 천 대까지 은혜를 베푸느니라" 하신 것입니다.[1]

---

1) 출 20:4-6

관련 성경구절

출애굽기 20:4-6,22-23; 32장; 레위기 10:1-2; 19:4; 26:1; 신명기
4:15-31; 5:8-10; 12:30-32; 16:22; 사사기 17:1-13; 사무엘상 13:8-
14:2; 15:22-23; 사무엘하 6:6-7; 열왕기상 12:25-33; 16:29-33;
21:26; 열왕기하 18:4; 21:11; 23:4-20; 역대기하 26:16-23; 28:3; 시
편 97:7; 이사야 2:17-21; 40:18-26; 44:9-17; 예레미야 7:31; 에스겔
14:4-6; 다니엘 3:7; 호세아 14:3; 나훔 1:2-3; 요한복음 1:18; 4:24;
사도행전 17:24-31; 로마서 1:21-30; 2:22; 11:36; 고린도전서 6:9;
11:27-32; 고린도후서 4:4,18; 에베소서 5:5; 골로새서 1:15; 2:9; 디모
데전서 1:17; 2:5; 6:16; 야고보서 2:7,19; 요한일서 5:21

관련 신조

벨기에 신앙고백서 제7, 32조

하이델베르크 요리문답 제96-98문답

웨스트민스터 신앙고백서 제1장 제6, 8절; 제20장 제2절; 제21장 1-6절

웨스트민스터 대요리문답 제107-110문답

웨스트민스터 소요리문답 제49-52문답

1. 제2계명의 기본적인 의미

제2계명은 언뜻 보면 제1계명을 반복하는 것 같다. 제2계명도 제1계명처럼 하나님 외에 다른 우상(신)을 섬기지 말라고 명령하는 것처럼 보인다. 하지만 제2계명은 제1계명과 분명한 차이가 있다.[91] 제1계명은 하나님 외에 다른 신을 섬기는 것을 금하는 계명이며, 제2계명은 하나님을 눈에 보이는 형태로 형상화하여 섬기는 것을 금하는 계명이다.[92]

이에 대해서는 제2계명을 설명하고 있는 신명기 4:15-19에 잘 나타나 있다. "[15]여호와께서 호렙 산 불길 중에서 너희에게 말씀하시던 날에 **너희가 어떤 형상도 보지 못하였은즉** 너희는 깊이 삼가라. [16]그리하여 스스로 부패하여 자기를 위해 어떤 형상대로든지 우상을 새겨 만들지 말라. 남자의 형상이든지, 여자의 형상이든지, [17]땅 위에 있는 어떤 짐승의 형상이든지, 하늘을 나는 날개 가진 어떤 새의 형상이든지, [18]땅 위에 기는 어떤 곤충의 형상이든지, 땅 아래 물 속에 있는 어떤 어족의 형상이든지 만들지 말라. [19]또 그리하여 네가 하늘을 향하여 눈을 들어 해와 달과 별들, 하늘 위의 모든 천체 곧 너희의 하나님 여호와께서 천하 만민을 위하여 배정하신 것을 보고 미혹하여 그것에 경배하며 섬기지 말라."

이 말씀은 "여호와께서 호렙 산 불길 중에서 너희에게 말씀하시던 날에"라는 설명처럼, 십계명에 대한 새로운 '해석'이 아니라 자세한 '설명'이다. 그런데 이어지는 말씀에서 "너희가 아무 형상도 보지 못하였은즉"이라고 말하고 있다. 여기에서 말하는 '보지 못한 형상'은 하나님을 가리킨다. 이스라엘 백성은 호렙 산에서 하나님을 뵈올 때 어떤 형상도 보지 못했다. 다시 말해 하나님은 형상을 갖고 계신 분이 아니라는 뜻이다. 그래서 우리는 하나님을 형상화할 수 없다.

---

91) "제2계명은 다른 계명에 비해서 많은 단어가 사용된 만큼 매우 중요하다." Glen S. Martin, *God's Top Ten List*(Chicago: Moody, 1999). 탁영철·윤영훈 역, 『하나님의 10가지 우선순위』 (서울: 생명의 말씀사, 2009), 59; Frame, *The Doctrine of the Christian Life*, 450.

92) 제1계명과 제2계명이 구분되어야 한다는 사실은 "~하지 말라"는 말씀이 각각 있다는 점과 제1계명은 '다른 신들을 두는 것', 제2계명은 '우상을 만드는 것'을 금하고 있다는 사실을 통해서도 알 수 있다. Hamilton, *Exodus*, 329.

그러므로 제2계명은 다른 신의 우상이나 형상을 만들고 그것에 절하는 것이 아니라, 하나님을 형상화해서 그것에 절하는 것을 금한다.

제2계명의 이러한 의미를 이해하기 위해서는 제1계명과 마찬가지로 십계명을 받을 당시의 배경을 생각할 필요가 있다. 당시 이스라엘 주변에 있던 신들은 대개 '형상'을 특징으로 하는 신들이었다. 그러다 보니 하나님을 오해하기 쉬웠다. 하나님도 다른 신들처럼 형상이 있으신 분으로 오해할 가능성이 있었던 것이다. 이러한 사실을 염두에 두고 하나님은 제2계명을 통해 하나님을 형상화하는 것을 금하셨다.

하나님은 영이시다(요 4:24). 따라서 어떤 형상도 없으시다. 제2계명은 영으로 존재하시는 하나님을 형상으로 표현하여 섬기는 것을 금한다. 하나님을 남자의 형상, 여자의 형상, 땅 위에 있는 짐승의 형상, 하늘을 나는 날개를 가진 새의 형상, 땅 위에 기는 곤충의 형상, 땅 아래 물 속에 있는 물고기의 형상으로 표현하는 것은 제2계명을 어기는 일이다.

하이델베르크 요리문답 제96문답과 웨스트민스터 대요리문답 제109문답은 신명기 4:15-18(19)을 근거로 제2계명이 하나님을 형상화하는 것을 금하는 계명임을 분명히 가르치고 있다.

하이델베르크 요리문답

96문 : 제2계명에서 하나님께서 원하시는 것은 무엇입니까?

답 : **어떤 형태로든 하나님을 형상image으로 표현하지 않는 것이고,**[1] **하나님이 그의 말씀에서 명하지 아니한 다른 방식으로 예배하지 않는 것입니다.**[2]

1) 신 4:15-18; 사 40:18-19,25; 행 17:29; 롬 1:23-25   2) 레 10:1-2; 신 12:30-32; 삼상 15:22-23; 마 15:9

웨스트민스터 대요리문답

109문 : 제2계명에서 금지된 죄들은 무엇입니까?

답 : 제2계명에서 금지된 죄들은 하나님께서 친히 제정하지 않으신 어떤 종교적 예배를 고안하고devising,[1] 의논하고,[2] 명령하고,[3] 사용하고,[4] 어

떤 모양으로든 인정하는 것any wise approving과,[5] 거짓 종교를 용납하는 것tolerating과[6] 하나님의 삼위(三位) 전체나 그중 어느 한 위의 형상 representation이라도 내적으로 우리 마음속에 가지든지, 외적으로 피조물의 어떤 형상이나 모양으로 만드는 것과,[7] 그 형상이나 혹은 그 형상 안에서[8] 그것으로 말미암아 하나님을 예배하는 모든 일이며,[9] 거짓 신들 feigned deities의 형상을 만들고,[10] 그들을 예배하거나 또는 그것들에게 속한 것을 섬기는 것이며,[11] 모든 미신적인 고안물,[12] 하나님의 예배를 부패케 하는 것,[13] 우리 자신들이 발명하여 추가했든지,[14] 전통을 따라서 사람들로부터 받아 취하였든지,[15] 옛 제도antiquity,[16] 풍속custom,[17] 경건devotion,[18] 선한 의도, 혹은 다른 어떤 구실의 명목으로[19] 예배에 추가하거나 삭감하는 것과,[20] 성직 매매simony,[21] 신성 모독sacrilege,[22] 하나님이 정하신 예배와 규례들에 대한 모든 태만all neglect과[23] 경멸 contempt,[24] 방해hindering,[25] 반대하는 것opposing입니다.[26]

---

1) 민 15:39　2) 신 13:6-8　3) 호 5:11; 미 6:16　4) 왕상 11:33; 12:33　5) 신 12:30-32　6) 신 13:6-12; 슥 13:2,3; 계 2:2,14,15,20; 17:12,16,17　7) 신 4:15-19; 행 17:29; 롬 1:21-23,25　8) 출 32:5　9) 단 3:18; 갈 4:8　10) 출 32:8　11) 왕상 18:26,28; 사 65:11　12) 행 17:22; 골 2:21-23　13) 말 1:7,8,14　14) 시 106:39　15) 마 15:9　16) 벧전 1:18　17) 렘 44:17　18) 사 65:3-5; 갈 1:13,14　19) 삼상 13:11,12; 삼상 15:21　20) 신 4:2　21) 행 8:18　22) 롬 2:22; 말 3:8　23) 출 4:24-26　24) 마 22:5; 말 1:7,13　25) 마 23:13　26) 행 13:44,45; 살전 2:15,16

성경이 금하는 '우상 숭배'(idolatry)는 크게 두 가지로 나눌 수 있다. 첫째는 다른(잘못된) 신을 섬기는 것이고, 둘째는 하나님을 잘못 섬기는 것이다. 제1계명은 첫 번째 것으로서 다른 신을 섬기는 것을 금한다. 여기에는 다른 신의 우상이나 형상을 섬기는 것에 대한 금지도 포함되어 있다. 제2계명은 두 번째 것으로 다른 신의 우상이나 형상에 절하는 것이 아니라, 하나님을 형상화해서 그것에 절하는 것을 금한다. 제2계명은 하나님을 잘못 섬기는 것을 금한다.

2. 제2계명의 긍정명령

제2계명은 "~을 하지 말라"는 부정명령이다. 하나님을 형상화하여 섬기지 말라는 명령이다. 그런데 부정명령의 이면에는 긍정명령이 있다. 그렇다면 제2계명의 이면에 있는 긍정명령은 무엇인가?

제2계명의 긍정명령은 하나님께서 자신을 계시하신 대로 하나님을 섬기라는
것이다. 하나님께서 금하신 방식이 아닌, 하라고 명하신 방식대로 섬기라는 것
이다. 사람의 생각이나 추측에 따라 하나님을 섬기는 것이 아니라 하나님이 가
르쳐 주신 대로 섬기라는 것이다.

하나님을 섬긴다 하더라도 어떤 형태로든 하나님께서 정하신 방법이 아닌 다
른 방법으로 섬긴다면 그것은 결국 제1계명을 어기는 것인데, 이 사실을 제2계
명이 가르쳐 준다.[93] 하나님 외에 다른 신들만 무익한 것이 아니라 참 신이신 하
나님을 잘못 섬기는 것도 무익하다.[94] 제1계명만 지킨다고 제1계명을 잘 지키는
것이 아니다. 하나님을 섬기되 하나님께서 가르쳐 주신 방식으로 섬겨야 한다.
제2계명을 지켜야 제1계명도 제대로 지킬 수 있다.

3. 제2계명에 나타난 하나님의 속성

십계명은 하나님의 자기계시적 성격이 있다. 하나님은 명령이라는 방식을 통
해서 그 명령을 주시는 하나님의 속성을 보여주신다. 그렇다면 제2계명이 계
시하는 하나님은 어떤 분인가?

(1) 영이신 하나님

제2계명을 통해 하나님은 영이신 하나님의 속성을 계시하신다. 왜 하나님을
형상화하면 안 될까? 하나님이 영(靈, Spirit)이시기 때문이다(제네바교회 요리
문답 제145문답). 하나님의 속성 중 모든 것이 중요하지만 특히 하나님은 영이
시라는 속성이 중요하다(신 4:12,15; 요 1:18; 4:24; 롬 1:20; 골 1:15; 딤전
1:17; 6:16).[95] 이 사실을 웨스트민스터 소요리문답 제4문답은 너무나 잘 보여수

---

93) 송영찬, 『시내산 언약과 십계명』, 199-200.

94) Horton, 『십계명의 렌즈를 통해서 보는 삶의 목적과 의미』, 88.

95) Douma, *The Ten Commandments*, 43. 하나님의 속성을 가장 잘 진술하고 있는 스티븐 차녹
의 저서에서도 영이신 속성을 가장 먼저 언급하고 있다. Stephen Charnock(1628-1680), *The
Existence and Attributes of God*(Reprinted; Grand Rapids: Baker, 1996), 176. 나아가
성경은 부활하신 예수님도 '영' 이라고 했는데(고후 3:17), 특히 그는 '살려주는 영' 이시다(고전
15:45). 성령 하나님도 마찬가지로 영이시다(롬 8:11).

고 있다.[96] 다른 많은 속성 중에서도 영이라는 속성을 가장 먼저 언급하고 있다.

하나님의 속성 중 '영'이라는 속성은 하나님의 하나님 되심을 보여주는 아주 중요한 속성이다. 왜냐하면 ① 하나님이 영이 아니시라면 하나님은 무한하실 수 없다. 육체는 반드시 제한적이다. 물질은 한 장소를 넘어서 있을 수 없다. 온 세상에 충만하게 거하는 육체나 물질은 없다. 아무리 거대한 물체라도 온 세상에 가득 찰 수는 없다. 반드시 제한적이기 마련이다. ② 하나님이 영이 아니시라면 영원하실 수 없다. ③ 하나님이 영이 아니시라면 온 세상에 충만하실 수 없다. ④ 하나님이 영이 아니시라면 불변하실 수 없다.

하나님께서는 영이시기에 무한하시고, 온 세상에 충만하게 거하시고, 무소부재하시다. 우주와 그 가운데 있는 만유를 지으신 하나님(행 17:24)께서 온 세상에 충만하실 수 있는 이유는 바로 영이시기 때문이다. 이처럼 하나님이 영이시라는 사실은 하나님의 나머지 속성 모두를 규정짓는 아주 중요한 속성이다.

---

96) 프린스턴의 조직신학자 찰스 핫지는 "웨스트민스터 소요리문답 제4문답은 인간이 하나님의 속성에 대해 표현한 것 중에 최고의 정의다"라고 말했다. Charles Hodge, *Systematic Theology*, vol. 1(1871; Grand Rapids: Hendrickson, 2003), 367. 로버트 레이몬드는 그의 조직신학에서 철저히 웨스트민스터 소요리문답 제4문답을 중심으로 하나님의 속성론을 전개한다. Robert L. Reymond, *A New Systematic Theology of the Christian Faith*(Nashville: Thomas Nelson, 1998), 164-203.

그런데 하나님을 '형상화'하는 순간 '영'이신 하나님의 속성은 파괴된다. 하나님의 하나님 되심이 파괴된다. 하나님이라고 생각하고 만들었지만 그것은 하나님이 아니다. 나아가 하나님을 형상화하면 하나님을 오해하게 된다. 하나님을 이해하기 위하여 사용된 형상이 오히려 오해를 부른다.

하나님은 '영'이시기에 눈으로 볼 수 없다. 하나님을 본 사람은 아무도 없다 (출 33:19-23; 민 12:8; 요 1:18; 딤전 6:16). 그래서 하나님을 볼 수 있는 존재로 생각하는 순간, 그 존재는 하나님이 아니다. 하나님을 형상화하는 것은 하나님을 그렇게 오해하게 만든다.

(2) 무소부재하신 하나님

제2계명을 통해 하나님은 무소부재하신 하나님의 속성을 계시하신다. 하나님은 어디에나 존재하시는 분이다. 솔로몬은 "하나님이 참으로 땅에 거하시리이까, 하늘과 하늘들의 하늘이라도 주를 용납하지 못하겠거든 하물며 내가 건축한 이 성전이오리이까"라고 했다(왕상 8:27). 그런데 하나님을 형상화하는 것은 하나님을 국지화(localized)하는 것이다. 하나님은 제2계명을 통해 하나님이 어느 한 곳에만 계신 분이 아니라는 사실을 알려주신다.

(3) 자존하신 하나님

제2계명을 통해 하나님은 자존하신 하나님의 속성을 계시하신다. 하나님은 그 무엇에도 의존하는 분이 아니다. 하나님은 스스로 계신 분이며, 비의존성을 갖고 계신 분이다. 그런데 하나님을 형상화하게 되면 사람이 하나님을 통제할 수 있다는 생각을 갖게 된다.[97] 스스로 계신 분이시며 자충족성(self-sufficiency)과 비의존성을 그 속성으로 갖고 계신 하나님을 사람이 어떻게 할 수 있다는 생각을 갖게 된다. 그 대표적인 예가 사무엘상 4:1-11에서 사람들이 언약궤를 마치 부적처럼 생각한 경우다.[98] 또한 사사기 17:1-13에서 에브라임 지파의 '미가'가 하나님을 개인적인 소유로 생각했던 것도 한 예다. 하나님은 눈에 보이는 형

---

97) 강영안, 『강영안 교수의 십계명 강의』, 93-94.
98) Martin, 『하나님의 10가지 우선순위』, 77; Douma, *The Ten Commandments*, 40.

상을 통해 하나님의 힘을 개인적 목적에 이용할 수 있다고 믿는 이교사상으로부터 우리를 보호하기 위해 제2계명을 주셨다.[99]

(4) 하나님을 형상화하는 것의 위험성

영이신 하나님을 형상화하는 것은 매우 위험하다. 그렇게 하는 것은 마치 시각장애를 가진 세 사람이 코끼리를 묘사할 때 저마다 만진 부위가 달라 코끼리를 오해하는 것과 흡사하다. 잘 알려진 비유이지만 다시 설명해 보면, 첫 번째 사람은 코끼리의 다리를 만지고는 코끼리를 가리켜 기다란 기둥 같다고 했다. 두 번째 사람은 코끼리의 배를 만지고는 코끼리를 가리켜 딱딱한 벽과 같다고 했다. 세 번째 사람은 코끼리의 코를 만지고는 뱀과 같다고 했다. 이는 모두 코끼리를 잘못 표현한 것이다. 왜 그런가? 어느 한 부분만 보고 전부라고 오해했기 때문이다. 하나님을 형상화하는 것, 그것은 코끼리의 일부를 만지고 그것이 전부라고 오해할 수밖에 없는 경우와 같다. 하나님을 형상화하면 하나님의 속성이 왜곡될 수 있다.

이와 같은 실제적인 예를 성경에서도 찾아볼 수 있다. 출애굽기 32장으로, 이 본문은 제2계명을 어긴 가장 대표적인 사건이다.[100] 배경은 모세가 시내 산에 올라갔을 때의 일이다. 모세가 올라간 지 제법 되었는데 내려오지 않았다. 그래서 사람들이 아론에게 말한다. "우리를 위하여 우리를 인도할 신을 만들라"(출 32:1). 이 말을 들은 아론이 사람들에게 금 고리를 빼서 가져오라고 한다(2절). 그러고는 그 금 고리로 송아지 형상을 만든다(4절). 그리고 그 앞에 제단을 쌓고 거기에 절을 하고 번제와 화목제를 드린다(5,6절). 다시 말하면, 금송아지를 만들어 놓고 그것을 향해 절을 한 것이다. 이 모습을 언뜻 보면 제1계명을 어긴 것 같다. 하나님이 아닌 다른 신으로서 금송아지를 섬긴 것처럼 보인다. 그러나 4절을 보면 그렇지 않다는 것을 알 수 있다. "그들이 말하되 이스라엘아, 이는 **너희를 애굽 땅에서 인도하여 낸 너희의 신이로다** 하는지라." 그들은 금송아지를 가리켜 다른 신이라고 말하지 않는다. 오히려 "너희를 애굽 땅에서 인도하여 낸 너희

---

99) John Bright, *A History of Israel*(Louisville: Westminster John Know, 2000⁴). 엄성옥 역, 『이스라엘의 역사』(서울: 은성, 2002), 206.

100) 출애굽기 32장을 제2계명의 관점에서 잘 설명한 것으로 다음을 참조하라. Frame, *The Doctrine of the Christian Life*, 455.

의 신이로다"라고 말한다. 그들은 "이제 우리가 하나님 말고 이 금송아지 신을 섬기자"라고 말하지 않는다. 오히려 금송아지를 향해서 말하기를 "이 금송아지가 바로 하나님이다"라고 말한다. 게다가 그들은 십계명의 머리말(출 20:2)을 인용하면서 말한다. "4…너희를 애굽 땅에서 인도하여 낸 너희의 신이로다." 또한 1절에서는 **"우리를 위하여** 신을 만들라"라고 말한다. 이것은 제2계명을 어겼다는 분명한 증거다. 왜냐하면 하나님께서 제2계명에서 말씀하시기를 **"너를 위하여** 새긴 우상을 만들지 말고…"(출 20:3)라고 하셨는데, 이들은 자기들을 위하여 우상을 만들었기 때문이다. 이렇게 금송아지를 가리켜 '하나님'이라고 하는 것은 '하나님'을 오해하게 만든다.

하나님에게 속한 여러 가지 속성을 하나의 형상에 담아 내는 것은 불가능하다. 하나님을 형상화하는 것은 하나님의 존재와 모순된다.[101] 하나님은 '형상'으로 존재하시는 분이 아니라 '영'이라는 속성을 갖고 계신 분인데, 하나님을 다른 신들과 같이 '형상화'하는 것은 하나님에 대한 바른 지식을 잃어버리게 만드므로 매우 위험한 일이다. 그래서 하나님은 제2계명을 통해 "하나님을 형상화하지 말라"고 명령하셨다. 하이델베르크 요리문답 제97문답도 이를 잘 설명하고 있다.

하이델베르크 요리문답

97문 : 그렇다면 어떤 형상도 만들면 안 됩니까?

답 : 하나님은 어떤 형태로든 **형상으로 표현될 수 없고** 표현해서도 안 됩니다. 피조물은 형상으로 표현할 수 있으나, 그것에 경배하기 위해 또는 하나님께 예배하는 데 사용하기 위해 형상을 만들거나 소유하는 일은 금하셨습니다.[3]

---

3) 출 34:13-14,17; 신 12:3-4; 16:22; 왕하 18:4; 사 40:25

---

101) *Institutes*, I. xi. 2.

하나님을 나타내기 위해 형상을 만드는 것은 하나님을 낮추는 일이기도 하다. 만약 어떤 사람이 뱀이나 거미의 형상을 만들어 그것을 가리켜 '당신'이라고 한다면 당신은 모욕감을 느낄 것이다. 마찬가지로 무한하신 하나님을 유한한 형상으로 나타내는 것보다 더 큰 모욕이 어디 있겠으며, 살아계신 하나님을 생명 없는 것으로, 만물의 창조자를 피조물로 나타내는 것이 하나님께 얼마나 큰 모욕이겠는가?[102]

전능하신 하나님의 위대함을 묘사할 수 있는 신상, 형상, 그림은 이 세상에 존재하지 않는다. 피조물은 그 어떤 것이라도 그분을 나타내지 못한다. 가장 비천한 피조물로부터 가장 고상한 피조물에 이르기까지 모든 종류의 피조물을 다 합친다고 해도 여호와 하나님을 표현할 수 없다. 신화적인 피조물로도, 위로 하늘과 아래로 땅과 물에 있는 모든 것으로도 여호와 하나님을 표현할 수가 없다.[103] 하나님은 오직 하나님 자신으로만 설명이 가능한 분이다.

그렇다면, 아직 신앙이 연약하거나 하나님을 아는 지식이 부족한 사람을 위해서 하나님을 형상화하거나 그림으로 표현하는 것은 바람직하지 않을까? 바람직하지 않다. 오히려 하나님을 아는 지식이 부족한 사람으로 하여금 하나님을 더욱 오해하게 만든다는 점에서 바람직하지 않다. 하나님을 형상화하는 순간 하나님을 눈으로 볼 수 있는 분으로 오해하게 만든다. 신앙이 연약한 사람에게 형상은 더 위험하다.[104]

우리가 아무리 좋은 의도로 어떤 상을 만들어서 하나님을 섬긴다 하더라도, 그것은 하나님의 영광과 권능과 능력을 제한하는 것에 불과하다. 하나님의 영광은 어떤 모양, 어떤 형상으로도 표현할 수 없다.

이 사실을 하이델베르크 요리문답 제98문답은 다음과 같이 가르친다.[105]

---

102) Watson, 『십계명 해설』, 107-108.
103) Martin, 『하나님의 10가지 우선순위』, 75; Durham, 『출애굽기』, 475.
104) 강영안, 『강영안 교수의 십계명 강의』, 101; 황원하, 『하이델베르크 요리문답 해설』, 424-425.
105) 하이델베르크 요리문답 제98답에 언급된 "평신도를 위한 책"이라는 표현은 교황 그레고리오 (Gregorius Magnus, 540-604)가 성화상을 "평신도의 책" 즉 무지한 사람들의 읽을거리라고 한 것을 염두에 둔 표현이다.

십계명은 명령이기 이전에 하나님이 누구신지를 우리에게 알려주는 계시의 말씀이다. 명령이라는 방식을 통해 그 명령을 주시는 하나님의 속성을 보여주는 것이 십계명이다. 하나님은 제2계명을 통해 자신의 중요한 속성인 '영이신 하나님'을 드러내고 계신다.

4. 제2계명과 예배의 방법

(1) 제2계명과 예배의 방법

십계명은 무엇보다도 예배의 자리에서 지켜져야 하는데, 제2계명은 더욱 그러하다. 출애굽기 20:5 "그것들에게 절하지 말며 그것들을 섬기지 말라"라는 말씀에서 '절하다'와 '섬기다'가 예배를 뜻하기 때문이다. 한글번역의 '섬기다'를 NIV는 worship으로 번역했다. 이처럼 제2계명은 예배와 관련된다.

제1계명은 예배의 대상에 관한 계명이다. 제2계명은 예배의 방법에 관한 계명이다. 제1계명을 통해 하나님은 자신만을 예배하라고 명령하신다. 제2계명을 통해 하나님은 자신이 계시해 주신 방법대로만 예배하라고 명령하신다. 사람의 생각에 따라 예배하는 것이 아니라 하나님께서 예배하라고 하신 방식대로 예배해야 하는 것이다.

제2계명이 예배의 방법에 관한 계명이라는 사실은 하이델베르크 요리문답 제

96문답과 웨스트민스터 소요리문답 제50-51문답과 웨스트민스터 대요리문답
제108-109문답에 잘 나타나 있다.

108문 : 제2계명에서 요구된 의무들은 무엇입니까?

답 : 제2계명에서 요구된 의무들은 **하나님께서 당신의 말씀으로 제정하신** hath instituted **종교적 예배와 규례**ordinances**를 받아**receiving **준수하고** observing, **순전하게**pure **그리고 전적으로**entire **지키는 것**keeping**입니**다.[1] 특히 그리스도의 이름으로 드리는 기도와 감사,[2] 말씀을 읽고 선포하고 듣는 것,[3] 성례의 시행administration과 받음,[4] 교회 정치와 권징,[5] 직분적 사역과 그것의 유지,[6] 종교적 금식,[7] 하나님의 이름으로 맹세하는 것,[8] 하나님께 서약하는 것vowing,[9] 모든 거짓된 예배를 부인하고disapproving 미워하며detesting 반대하는 것opposing,[10] 각자의 지위와 부르심에 따라 거짓된 예배와 모든 우상 숭배의 기념물들monuments을 제거하는 것입니다.[11]

---

1) 신 32:46,47; 마 28:20; 행 2:42; 딤전 6:13,14   2) 빌 4:6; 엡 5:20   3) 신 17:18-19; 행 15:21; 딤후 4:2; 약 1:21-22; 행 10:33   4) 마 28:19   5) 마 18:15-17; 16:19; 고전 5장; 12:28   6) 엡 4:11-12; 딤전 5:17-18; 고전 9:7-15   7) 욜 2:12-13; 고전 7:5   8) 신 6:13   9) 사 19:21; 시 76:11   10) 행 17:16-17; 시 16:4   11) 신 7:5; 사 30:22

109문 : 제2계명에서 금지된 죄들은 무엇입니까?

답 : 제2계명에서 금지된 죄들은 **하나님께서 친히 제정하지 않으신 어떤 종교적 예배를 고안하고**devising,[1] **의논하고,**[2] **명령하고,**[3] **사용하고,**[4] **어떤 모양으로든 인정하는 것**any wise approving**과,**[5] 거짓 종교를 용납하는 것tolerating과[6] 하나님의 삼위(三位) 전체나 그중 어느 한 위의 형상representation이라도 내적으로 우리 마음속에 가지든지, 외적으로 피조물의 어떤 형상이나 모양으로 만드는 것과,[7] 그 형상이나 혹은 그 형상 안에서[8] 그것으로 말미암아 하나님을 예배하는 모든 일이며,[9] 거짓 신들feigned deities의 형상을 만들고,[10] 그들을 예배하거나 또는 그것들에게 속한 것을 섬기는 것이며,[11] 모든 미신적인 고안물,[12] 하나님의 예배를 부패케 하는 것,[13] **우리 자신들이 발명하여 추가했든지,**[14] **전통을 따라서 사람들로부터 받아 취하였든지,**[15] **옛 제도**antiquity,[16] **풍속** custom,[17] **경건**devotion,[18] **선한 의도, 혹은 다른 어떤 구실의 명목으로**[19] **예배에 추가하거나 삭감하는 것과,**[20] **성직 매매**simony,[21] **신성 모독**

sacrilege,[22] 하나님이 정하신 예배와 규례들에 대한 모든 태만all neglect과[23] 경멸contempt,[24] 방해hindering,[25] 반대하는 것opposing입니다.[26]

---

1) 민 15:39   2) 신 13:6-8   3) 호 5:11; 미 6:16   4) 왕상 11:33; 12:33   5) 신 12:30-32   6) 신 13:6-12; 슥 13:2,3; 계 2:2,14,15,20; 17:12,16,17   7) 신 4:15-19; 행 17:29; 롬 1:21-23,25   8) 출 32:5   9) 단 3:18; 갈 4:8   10) 출 32:8   11) 왕상 18:26,28; 사 65:11   12) 행 17:22; 골 2:21-23   13) 말 1:7,8,14   14) 시 106:39   15) 마 15:9   16) 벧전 1:18   17) 렘 44:17   18) 사 65:3-5; 갈 1:13,14   19) 삼상 13:11,12; 삼상 15:21   20) 신 4:2   21) 행 8:18   22) 롬 2:22; 말 3:8   23) 출 4:24-26   24) 마 22:5; 말 1:7,13   25) 마 23:13   26) 행 13:44,45; 살전 2:15,16

제2계명이 예배의 방법과 관련된다는 사실은 요한복음 4:24 "하나님은 영이시니 예배하는 자가 영과 진리로 예배할지니라"를 통해서도 알 수 있다.[106] 요한복음 4:24의 앞부분에 해당하는 "하나님은 영이시니"라는 말씀은 제2계명이 계시하고 있는 하나님의 속성이다. 그런데 뒤이어 '예배'에 관한 내용이 이어지고, 특별히 예배의 방법이 다뤄지고 있다. 예배는 영과 진리로 드려야 한다고 말씀하는 것이다. 그러므로 제2계명은 예배의 방법과 관련된다(사무엘 루터포드의 요리문답 제466문답).

(2) 예배에 있어서의 규정적 원리

요한복음 4:24의 "진리로 예배할지니라"라는 말씀과 제2계명에 근거하여, 개혁주의 교회는 예배의 방법에 있어서 하나님의 계시에 따라야 한다는 사실을 매우 강조한다.

먼저, 진리로 예배하라는 명령에서의 '진리'를 요한복음 17:17의 "저희를 진리로 거룩하게 하옵소서. 아버지의 말씀은 진리니이다"라는 말씀에 근거하여 '하나님의 말씀'이라고 보았고, 예배는 반드시 하나님의 말씀이 명령하고 있는

---

106) 개역한글의 "하나님은 영이시니 예배하는 자가 신령과 진정으로 예배할지니라"라는 번역은 오역이다. "하나님이 영이시다"라는 말과 "예배하는 자가 신령과 진정(眞正)으로 예배할지니라"는 서로 연결되지 않는다. 오히려 개역개정처럼 "하나님은 영이시니 예배하는 자가 영과 진리(眞理)로(in spirit and in truth) 예배할지니라"로 번역하는 것이 맞다.

107) 이승구, "성경적 공예배를 지향하며", 『한국교회가 나아갈 길: 기독교 세계관적 교회론 탐구』

것만을 사용해야 한다고 믿는다.[107] 또한 제2계명에서 가르치는 바대로 하나님께서 말씀으로 제정하신 대로 예배해야 하고(WLC 제108문답), 하나님께서 친히 제정하지 않으신 예배를 생각하거나(WLC 제109문답), 하나님께서 말씀을 통해 명령하지 아니한 다른 방식으로 예배하는 것을 금한다(HC 제96문답).

이러한 개혁주의 교회의 예배 원리를 가리켜, '예배에 있어서의 규정적 원리'(Regulative Principle of Worship, RPW)라고 부른다. 이것이 의미하는 바는 말 그대로 하나님께서 자신의 말씀 속에 하나님을 어떻게 예배해야 하는지를 규정해 주셨다는 것이다.

이 원리는 역사적인 맥락 속에서 생겨났다. 중세 시대에 로마가톨릭은 예배에 있어서 성경에서 명령한 것 외에도 교회가 자의적으로 더하거나 뺄 수 있다고 믿었다. 그래서 중세 시대의 예배는 혼잡한 예배였다. 이에 대해 종교개혁자들은 성경 말씀에 근거하여 예배를 개혁하였다.

루터파 교회의 경우, 성경이 하지 말라고 한 것이 아니라면 모든 것이 허락되었다고 믿었다. 그래서 성경이 금한 것 외에는 무엇이든 예배의 요소가 될 수 있다는 입장이었다. 루터파의 이러한 원리를 가리켜 '허용적 원리' 혹은 '규범적 원리' 혹은 '표준 원리'(normative principle)라고 한다.

그러나 개혁파 교회는 달랐다. 루터보다 좀 더 성경에 충실하려고 했던 칼뱅은 하나님께서 말씀에서 명령하신 방식으로만 예배해야 하며, 어떤 것도 더하거나 빼서는 안 된다고 주장했다. 칼뱅은 "율법 가운데서 규정된 적합한 예배"가 있다고 하면서,[108] 하나님께서는 인간이 일정한 규범을 따라 자신을 예배하기를 원하신다고 말한다.[109] 예배를 비롯한 모든 문제에 대해서 칼뱅은 "나는 성경에서 도출된, 따라서 전적으로 신적인 하나님의 권위에 근거한 제도들만을 시인할 뿐이다"라고 말한다.[110] 칼뱅은 말씀에 근거하지 않은 관습은 신앙을 촉진하지 않고 오히려 퇴색시킨다고 강조한다. 따라서 그런 예배는 참된 예배가 아니라

(서울: SFC, 2007), 43; J. Ligon Duncan Ⅲ, "하나님은 우리가 드리는 예배의 방법에 관심이 있으신가?," 필립 그레이엄 라이큰, 데릭 토마스, 리곤 던컨 3세 편집, *Give Praise to God : A Vision for Reforming Worship: Celebrating the Legacy of James Montgomery Boice*(Phillipsburg: P&R, 2003). 김병하·김상구 역, 『개혁주의 예배학: 예배 개혁을 위한 비전』(서울: P&R, 2012), 62.

108) *Institutes*, Ⅰ. ⅱ. 2.
109) *Institutes*, Ⅰ. ⅻ. 3.

부패하고 오염된 예배이며, 허구적이고 미신적이라고 말한다. 예배에 이렇게 엄격해야 하는 이유에 대해 칼뱅은 "타락한 인간 속에 남아 있는 종교성의 씨앗은 인간을 참다운 하나님께 인도하기보다 자기 욕구에 따라 하나님을 만들기 때문"이며, "인간은 모두가 어머니의 뱃속에서부터 우상 만들기 전문가로 준비되어 태어나기 때문"이라고 했다.

이러한 주장을 한 칼뱅의 영향을 받은 개혁파 교회는 하나님께서 성경에서 명하신 것만을 중심으로 하나님께 예배하려고 노력한다. 개혁파 교회는 "예배 방식과 요소들에 있어서 하나님 말씀의 공인이 있어야만 한다"는 '규정적 원리'(Regulative Principle)에 늘 충실해 왔다.[111]

(3) 예배에 있어서의 규정적 원리에 대한 개혁주의 고백문서들의 가르침

예배에 있어서의 규정적 원리(RPW)는 개혁주의 고백문서들에도 잘 나타나 있다. 앞서 언급한 하이델베르크 요리문답 제96문답, 웨스트민스터 소요리문답 제50-51문답, 웨스트민스터 대요리문답 제108-109문답을 비롯해 벨기에 신앙고백서 제7, 32조와 웨스트민스터 신앙고백서 제1장 제6,8절, 제20장 제2절, 제21장 제1절에 나타나 있다.

---

110) *Institutes*, Ⅳ. ⅹ. 30.

111) D. G. Hart & John R. Muether, *With Reverence and Awe: Returning to the Basics of Reformed Worship*(Phillipsburg: P&R, 2002). 김상구 외 2인 역, 『개혁주의 예배신학: 개혁주의 예배의 토대로 돌아가기』(서울: P&R, 2009), 88.

제7조 성경의 충족성

The Sufficiency of Holy Scripture

우리는 성경이 하나님의 뜻을 충분히 담고 있으며, 또 인간이 구원받기 위해 믿어야 할 모든 것을 충분히 가르치고 있다는 것을 믿습니다.[1] **하나님께서 우리에게 요구하시는 예배의 전체 방식**the whole manner of worship**이 성경 안에 충분히 기록되어 있습니다.** 그러므로 우리가 지금 성경에서 가르침 받는 것 외에 다른 것을 가르치는 것은 심지어 사도라 할지라도 그 누구도 불법입니다unlawful.[2] 그렇습니다. 사도 바울이 말한 바대로, "혹 하늘로부터 온 천사라도" 불법입니다(갈 1:8). 왜냐하면, 하나님의 말씀에 무엇을 더하거나 빼는 것이 금지되어 있으므로 인해서(신 12:32),[3] 성경의 교리는 모든 면에서 가장 완전하고 완벽한 것임이 분명하게 드러나기 때문입니다.[4] 우리는 제 아무리 거룩한 사람의 기록이라 할지라도, 인간이 쓴 모든 저작에 대하여 신성한 말씀the divine Scriptures과 동등한 가치value를 가진 것으로 여기지 말아야 합니다. 관습custom이나, 위대한 다수의 견해the great multitude나, 고대의 유풍antiquity, 시대와 사람의 계승succession, 공의회councils나, 법령 혹은 규칙decrees or statutes 등에 대해서도 하나님의 진리와 동등한 가치로 여겨서는 안 됩니다. 왜냐하면 진리는 무엇보다도 우선하며,[5] 모든 사람은 다 스스로 속이는 자liars이고, 입김breath보다 가볍기 때문입니다(시 62:9). 그러므로 우리는 사도 요한이 "오직 영들이 하나님께 속하였나 시험하라"(요일 4:1) 하고, 또한 "누구든지 이 교훈을 가지지 않고 너희에게 나아가거든 그를 집에 들이지도 말고 인사도 말라"(요이 1:10)고 우리에게 가르쳐 준 바대로, 이 절대무오한 규범infallible rule에 어긋나는 것이라면 무엇이든지 우리의 온 마음을 다하여 배격reject해야 합니다.[6]

---

1) 딤후 3:16–17; 벧전 1:10–12 2) 고전 15:2; 딤전 1:3 3) 신 4:2; 잠 30:6; 행 26:22; 고전 4:6; 계 22:18–19 4) 시 19:7; 요 15:15; 행 18:28; 20:27; 롬 15:4 5) 막 7:7–9; 행 4:19; 골 2:8; 요일 2:19 6) 신 4:5–6; 사 8:20; 고전 3:11; 엡 4:4–6; 살후 2:2; 딤후 3:14–15

제32조 교회의 질서와 권징

The Order and Discipline of the Church

우리는 교회를 치리하는 자들이 몸 된 교회를 유지하기 위하여 어떤 질서를 세우는 것to establish이 유익하고 좋다 할지라도, 그들은 **우리의 유일한 주인이신 그리스도께서 명령하신 것에서 벗어나지 않는지**not deviate from를 항상 **살펴야 함을 믿습니다.**[1) 그러므로 우리는 하나님께 드리는 예배에 도입되어 어떤 방식으로든 양심을 **억압하고**bind **강요하는**compel 인간적인 모든 고안물들inventions이나 **규범들**laws을 **배격합니다**reject.[2) 우리는 조화와 일치를 보존하고 증진시키며, 하나님께 순종하도록 모든 것을 지키게 하는 적법한 것만을 받아들입니다.[3) 이 목적을 위하여 권징discipline과 출교excommunication가 하나님의 말씀에 따라 시행되어야만 합니다.[4)

---

1) 딤전 3:15　2) 사 29:13; 마 15:9; 갈 5:1　3) 고전 14:33　4) 마 16:19; 18:15–18; 롬 16:17; 고전 5장; 딤전 1:20

웨스트민스터 신앙고백서

제1장 성경에 관하여

Of the Holy Scripture

6. 하나님의 영광, 인간의 구원, 그리고 신앙과 삶에 필요한 하나님의 모든 뜻은 성경에 명백히 기록되어 있다. 그렇지 않은 것들은 선하고 적절한 논리에 의하여 성경에서 추론해 낼 수 있다. 그러므로 성경에는 그 어느 때라 하더라도 성령의 새로운 계시나 인간의 전통을 첨가할 수 없다.[12) 그럼에도 불구하고 우리가 말씀에 계시된 것을 구원받는 데 유효하도록 깨달으려면 성령의 내적 조명을 받아야만 한다.[13) 다만 **하나님께 드리는 예배의 형식과 교회정치**에 관해서는 인간들의 일반적인 활동이나 모임에서처럼 격식들이 있을 수 있다. 하지만 이 경우에라도 **하나님의 말씀의 일반적인 법칙들에 근거한**according to the general rules of the Word **본성의**

빛the light of nature과 성도의 분별Christian prudence을 따라서 행해야 한다.[14]

---

12) 갈 1:8,9; 살후 2:2; 딤후 3:15-17   13) 요 6:45; 고전 2:9-12   14) 고전 11:13,14; 14:26,40

8. 히브리어(하나님의 옛 백성의 모국어)로 기록된 구약성경과 헬라어(그 기록 당시의 모든 나라들에 일반적으로 알려진 언어)로 기록된 신약성경은 하나님에 의해 직접 영감되었으며inspired by God, 하나님의 비상한 보호singular care와 섭리에 의해 모든 시대에 걸쳐 순수하게 보존하셨기 때문에 확실하다authentical.[17] 따라서 종교의 모든 논쟁에 있어서 교회는 구약과 신약성경에 최종적으로 호소해야 한다to appeal.[18] 그러나 이 원어들은 성경에 대한 권리right와 관심interest을 가지고 하나님을 경외하는 가운데 성경을 읽고 상고하도록to read and search 명령받은 하나님의 모든 백성에게 알려진 말이 아니기 때문에, 성경이 전수되는 모든 나라의 자국어the vulgar language로 번역되어야 한다.[20] 그렇게 함으로써 하나님의 말씀이 모든 사람에게 풍성하게 거하게 하여[21] 그들이 합당한 방법으로in an acceptable manner 하나님을 예배할 수 있게 하며, 성경이 주는 인내patience와 위로comfort를 통해 소망hope을 가질 수 있도록 해야 한다.[22]

---

17) 마 5:18   18) 행 15:15; 사 8:20; 요 5:39,46   19) 요 5:39   20) 고전 14:6,9,11,12,24,27,28   21) 골 3:16   22) 롬 15:4

제20장 그리스도인의 자유와 양심의 자유에 관하여
Of Christian Liberty, and Liberty of Conscience

2. 하나님만이 양심의 주인Lord of the conscience이시며,[10] 하나님께서는 믿음과 예배의 문제에 있어서 하나님의 말씀에 위배되거나contrary to his word 벗어나는beside it 사람의 교리나 계명으로부터 양심이 자유하게 하셨다.[11] 그러므로 그런 교리를 믿거나 그런 계명에 순종하는 것은 양심의 참 자유를 배반하는 것이다.[12] 또한 맹목적인 믿음implicit faith과 절대적인 맹종an absolute and blind obedience을 요구하는 것은 양심과 이성의 자유를 파

괴하는 것이다.[13]

10) 약 4:12; 롬 14:4   11) 마 15:9; 23:8-10; 행 4:19; 5:29; 고전 7:23; 고후 1:24   12) 갈 1:10; 2:4-5; 5:1; 골 2:20,22-23   13) 사 8:20; 호 5:11; 렘 8:9; 요 4:22; 행 17:11; 롬 10:17; 14:23; 계 13:12,16-17

제21장 종교적 예배와 안식일에 관하여
Of Religious Worship and the Sabbath-day

1. 본성의 빛the light of nature은 만물에 대한 주권lordship과 통치권sovereignty 을 가지신 하나님께서 계시다는 것을 보여준다. 그분은 선하시며 만물에 게 선을 행하시는 분이다. 그러므로 인간은 마음을 다하고 성품을 다하고 힘을 다하여, 그를 경외해야 하며 사랑해야 하며 찬양해야 하며 찾아야 하며 신뢰해야 하며 섬겨야 한다.[1] 그러나 **참되신 하나님을 예배하는 합당한 방법**the acceptable way은 하나님께서 친히 제정해 주신 것으로, 그분의 계시된 뜻에 의하여 한정된다limited by his own revealed will. 그러므로 인간 의 상상imaginations이나 고안devices 또는 사탄의 제안suggestions에 따라 눈에 보이는 사물visible representation을 사용하거나 성경에 지시되어 있지 않은not prescribed 다른 방법으로 하나님을 예배해서는 안 된다may not.[2]

1) 수 24:14; 시 18:3; 31:28; 62:8; 119:68; 렘 10:7; 막 12:33; 행 17:24; 롬 1:20; 10:12   2) 출 20:4-6; 신 4:15-20; 12:32; 마 4:9-10; 15:9; 행 17:25; 골 2:23

이러한 고백에 따라 개혁교회와 장로교회는 하나님께서 말씀을 통해 계시해 주신 예배의 요소만을 사용한다. 예배 안에 마음대로 다른 것들을 집어넣지 않고 오직 성경의 원리에 따른다. 예배에 있어서의 규정적 원리를 중요하게 여긴다. 그리하여 무엇보다도 성경낭독과 설교를 강조하고, 또한 성례와 찬송을 강조한다. 그리고 성경적으로 근거가 없는 것들은 모두 제거하고 예배하는 원칙에 매우 충실하다.[112]

---

112) John Murray, "Worship", in *Collected Writings of John Murray*, vol 1: The Claims of Truth(Edinburgh: The Banner of Truth Trust, 1976). 박문재 역, 『조직신학 Ⅰ』(서울: 크리스챤다이제스트, 1991), 166.

(4) 예배 중에 제2계명을 어떻게 지킬 것인가?

지금까지 살펴본 바에 의하면 제2계명은 하나님께서 정하신 방법대로 예배하라는 계명이고, 하나님께서 정하지 않은 방식으로 예배하는 것은 제2계명을 어기는 일이다. 하나님이 정하신 방법이 아닌 사람이 원하는 방법으로 예배하는 것은 궁극적으로 하나님보다 사람을 섬기는 것이다. 하나님은 오직 자기 자신이 명령하신 대로 예배받길 원하신다. 나아가 하나님께서 정하신 방법에 불만을 느끼거나, 그 예배에 만족하지 못하고 다른 것에서 만족을 찾으려는 것도 제2계명을 어기는 것이다. 하나님께서 친히 허락하신 은혜의 방편인 설교, 성례, 기도[113] 가 아닌 다른 것에서 은혜를 누리려고 하는 것도 제2계명을 어기는 것이다.

설교 시간을 지루하게 생각하고, 설교 시간에 은혜를 누리지 못한다면 제2계명을 어기는 것이다. 설교를 예배의 중요한 요소로 두지 않고 가벼이 여긴다면 제2계명을 어기는 것이다. 성례가 바르게 시행되지 않고 무분별하게 행해진다면 제2계명을 어기는 것이다. 성경이 명한 방식대로 예배드리기보다는 '어떻게 하면 더 많은 사람이 흥미를 느낄 것인가?' 하는 목적을 가지고 성경이 가르치지 않은 예배의 요소들을 마구잡이로 집어넣는다면 제2계명을 어기는 것이다. 철저한 주해와 건전한 가르침이 있는 경건한 예배보다 떠들썩한 토크쇼 같은 예배 분위기에서 더 큰 안락감을 느끼는 것은 제2계명을 어기는 것이다.[114]

5. 제2계명과 예수 그리스도

하나님은 자신을 형상화하지 말라고 명하셨는데, 그것은 하나님께서 친히 당신의 형상을 만드실 것임을 암시한다. 제2계명은 오직 하나님만이 자기의 형상을 만드실 수 있음을 말한다.[115] 그렇다면 하나님이 만드실 하나님의 형상은 무엇인가? 예수 그리스도다.

---

113) 웨스트민스터 소요리문답 제88문답과 웨스트민스터 대요리문답 제154문답은 그리스도께서 허락하신 은혜의 방편으로 말씀, 성례, 기도를 제시하고 있다.
114) Horton, 『십계명의 렌즈를 통해서 보는 삶의 목적과 의미』, 86.
115) Clowney, 『예수님은 십계명을 어떻게 해석하셨는가?』, 52, 55.

요한복음 1:18 "본래 하나님을 본 사람이 없으되 아버지 품 속에 있는 독생하신 하나님이 나타내셨느니라", 고린도후서 4:4 "그중에 이 세상의 신이 믿지 아니하는 자들의 마음을 혼미하게 하여 그리스도의 영광의 복음의 광채가 비치지 못하게 함이니 그리스도는 하나님의 형상이니라", 골로새서 1:15 "그는 보이지 아니하는 하나님의 형상이시요 모든 피조물보다 먼저 나신 이시니", 골로새서 2:9 "그 안에는 신성의 모든 충만이 육체로 거하시고" 등에 의하면 예수 그리스도, 그분이 곧 하나님의 형상이다. 그리스도의 오심 이후 하나님의 백성은 예수 그리스도를 통해 하나님의 형상을 '본다' (요일 1:1-3).

그런데 여기에서 유의해야 할 것은 예수님이 하나님의 형상이라는 말은 사람이신 예수님의 외모(appearance)를 말하는 것이 아니라는 점이다. 예수 그리스도의 인격, 사역이 곧 하나님의 형상이다. 만약 예수님의 외모가 하나님의 형상이라면, 성경은 예수님의 키가 어느 정도인지, 몸무게는 얼마인지, 얼굴 생김새는 어떠했는지, 외모에 어떤 특징이 있었는지를 가르쳐 주었을 것이다. 만약 예수님의 외모가 하나님의 형상이라면, 하나님은 예수님의 외모를 더욱 잘 알 수 있도록 그림이나 사진을 남기셨을 것이다. 당시에 그런 기술이 없었다 하더라도, 하나님께서는 과학기술을 하루 속히 발전시키셔서 지금으로부터 2000년 전에 수천 만 화소의 디지털 카메라가 개발되도록 하셨을 수도 있다. 그리고 복음서 기자들에게 성경을 기록하게 하는 대신 사진을 찍게 하셨을 것이다. 그리고 그 사진을 오고 오는 세대의 교회에게 주셨을 것이다. 그러나 하나님은 그렇게 하지 않으셨다. 사진이나 그림을 남기는 것 대신에 복음서 기자들로 하여금 예수님의 생애를 자세하게 묘사하게 하셨다. 예수님의 나심과 하신 일들, 그분의 말씀을 세밀하게 기록하게 하셨다. 심지어 십자가에서 당한 육체적 고통에 대해서도 크게 관심을 가지지 않는다. 오히려 십자가에서 하신 말씀만 기록할 뿐이다. 하나님은 사진이 아니라 그리스도의 행적을 기록한 '복음서'라는 말씀을 주셨다. 그 행적을 보고 말씀을 들었던 사도들의 손을 들어서 '서신서'라는 말씀을 기록케 하셨다. 그리고 그 내용을 오고 오는 모든 세대의 교회에게 주셨다. 이러한 사실은 예수님이 하나님의 형상이라고 할 때 그 '형상'이 무엇을 말하는지를 가르쳐 준다.

그 형상은 예수님의 외모가 아니라 예수님이 자신의 위격과 생애를 통해 보여 주신 사역을 뜻한다. 그가 하셨던 행동들과 그가 선포하신 말씀들이 곧 하나님을 보여주었고, 무엇보다 그가 달린 십자가에서 하나님이 누구신지를 잘 보여주었다. 바로 이런 점에서 예수님이 하나님의 형상이다.

그렇기에 부활하신 예수님은 이 세상에 계시지 않고 하늘로 올라가셨다. 만약 예수님의 신체적 외모가 하나님의 형상이라면 승천하지 않으시고 부활하신 그 상태로 계속해서 이 땅에 계셨을 것이다. 하지만 그렇게 하지 않으셨으니, 예수님의 인격과 사역이 곧 하나님의 형상이다.

6. 성경에 기록된 제2계명에 관한 예

(1) 출애굽기 32장은 제2계명을 어긴 가장 전형적인 예다. 모세가 시내 산에 올라갔을 때의 일이다. 모세가 올라간 지 제법 되었는데 내려오지 않았다. 그래서 산 아래에 있던 사람들이 금송아지를 만들었다. 그리고 그것을 가리켜 하나님이라고 했다(출 32:4). 애굽의 수송아지 우상(Apis)을 생각했기 때문이다.[116] 애굽의 수송아지 우상은 능력과 비옥의 상징이었다. 이스라엘 백성은 하나님이 그런 신이어야 한다고 생각했고, 그들은 하나님의 계시가 아닌 자기 생각대로 하나님을 섬겼다. 그들은 하나님을 부인한 것이 아니었다. 하나님이 애굽의 우상과 같을 것이라고 생각하였다. 그들은 하나님이 명령하신 방식이 아닌 자기만의 방식으로 하나님을 섬기려고 하였다.

(2) 레위기 10:1은 "아론의 아들 나답과 아비후가 각기 향로를 가져다가 여호와께서 명령하시지 아니하신 다른 불을 담아 여호와 앞에 분향하였더니"라고 해서 대제사장 아론의 아들인 나답과 아비후가 하나님께서 명령하시지 않은 불로 분향하였다. 다르게 표현하면 하나님이 하라고 한 방법대로 제사를 드리지 않고 다른 불로 제사를 드렸다는 것이다. '다른 불'이라고 번역된 말은 직역하면 '불법적인 불'(히. 에쉬 자라흐)이라는 뜻이다. 나답과 아비후의 행위는 하나님께서 계시하신 방식대로 예배하지 않은 것이라고 할 수 있고 곧 제2계명을 어긴 것이다. 그 결과 "불이 여호와 앞에서 나와 그들을 삼키매 그들이 여호와 앞에서 죽은지라"(레 10:2)라고 해서 제2계명을 어긴 그들이 죽임 당했음을 말씀한다. 제2계명이 얼마나 중요한지 잘 보여주는 예다.

---

116) Apis는 애굽에 있었던 열가지 재앙 중 다섯 번째 재앙인 악질 재앙(출 9:1-7)과 관련 있다.

(3) 사사기 17:1-6에서 에브라임 지파의 '미가'라는 사람이 은으로 신상을 만들어서 섬겼다. 미가는 그 신상을 만들 때 우상이 아니라 하나님이라고 생각했다(5절). 그는 레위인 한 사람을 자기를 위한 제사장으로 세웠다(5절). 그리고 자기의 방식에 따라 하나님을 예배하였다. 이 모든 일에 대해 3절과 10절은 '자기를 위하여' 했던 것이라고 말씀한다.

(4) 열왕기상 12:27-30에서 여로보암 왕이 두 개의 금송아지 우상을 만들고 하나는 벧엘에 다른 하나는 단에 둔다. 그리고 여로보암은 "[28]…너희가 다시는 예루살렘에 올라갈 것이 없도다. 이스라엘아 이는 너희를 애굽 땅에서 인도하여 올린 너희의 신들이라…"라고 말한다. 이 내용은 출애굽기 32:4과 매우 흡사하다. 그는 아론이 그러했던 것처럼 금송아지를 가리켜 하나님이라고 하였다. 이러한 행위에 대해서 성경은 "[30]이 일이 죄가 되었으니…"라고 말씀한다.

(5) 민수기 21:6에서 하나님은 '놋뱀'을 통해 이스라엘 백성을 구원하셨다. 그것은 장차 오실 예수 그리스도를 상징하는 것이었다(요 3:14-15). 그런데 한참 시간이 흐른 뒤의 이야기인 열왕기하 18:4에서 "그가 여러 산당들을 제거하며 주상을 깨뜨리며 아세라 목상을 찍으며 모세가 만들었던 놋뱀을 이스라엘 자손이 이때까지 향하여 분향하므로 그것을 부수고 느후스단이라 일컬었더라"라고 말씀한다. 놋뱀이 하나의 우상이 되어 버린 모습을 묘사한 것이다. 이것은 제2계명을 어긴 일이다.

(6) 이 외에도 하나님께서 규정하신 방법대로 예배하지 않음으로 말미암아 심각한 징계를 당한 경우가 성경에서 많이 발견된다. 사무엘상 13:8-14:2; 사무엘하 6:6-7; 열왕기상 12:32-33; 15:30; 역대기하 26:16-23; 28:3; 예레미야 7:31 등이다.

(7) 고린도전서 11:27-32 "[27]그러므로 누구든지 주의 떡이나 잔을 **합당하지 않게** 먹고 마시는 자는 주의 몸과 피에 대하여 죄를 짓는 것이니라. [28]사람이 **자기를 살피고** 그 후에야 이 떡을 먹고 이 잔을 마실지니 [29]**주의 몸을 분별하지 못하고** 먹고 마시는 자는 자기의 죄를 먹고 마시는 것이니라. [30]그러므로 너희 중에 약한 자와 병든 자가 많고 **잠자는 자도 적지 아니하니** [31]우리가 우리를 살폈으면 판단을

받지 아니하려니와 [32]우리가 판단을 받는 것은 주께 징계를 받는 것이니 이는 우리로 세상과 함께 정죄함을 받지 않게 하려 하심이라"에 의하면 성찬에 참여함에 있어서 합당하지 않게 행하여 고린도교회 안에 약한 자와 병든 자가 많았고 심지어 죽은 자들도 있었는데(30절),[117] 이것은 하나님께서 예배하라고 하신 방식대로 예배하지 않았기 때문이다.

7. 제2계명의 실천

제2계명을 어떻게 지킬 것인가? 우리는 하나님을 형상화하려고 해서는 안 된다(HC 제97문답). '눈에 보이지 않으시는 하나님의 속성'을 그대로 보존해야 한다. 하나님을 '눈으로' 보려고 해서는 안 된다. 우리 주변에 우상의 가능성이 있는 것은 최대한 없애도록 노력해야 한다. 아무리 좋은 의도가 있어도 하나님을 형상화해서는 안 된다(HC 제98문답). 그렇게 하는 사람은 자신을 하나님보다 더 지혜롭다고 생각하는 사람이다.

하나님께서 자신을 계시하신 대로 하나님을 섬겨야 한다. 사람의 생각이나 추측에 따라 하나님을 섬기는 것이 아니라 하나님이 가르쳐 주신 대로 섬겨야 한다. 특히 예배에 있어서 더욱 그러해야 한다. 하나님께서 알려주신 방법대로 예배해야 한다. 성경에 기록되어 있는 예배의 요소들만 사용해야 한다. 성경낭독, 설교, 세례와 성찬, 기도, (시편)찬송, 봉헌(혹은 헌상), 서약과 맹세 등의 요소만이 예배에 있어야 한다(WCF 제21장 제5절). 이러한 예배의 요소가 사용되는 예배에서 만족을 누려야 한다. 그 외에 연극, 미신적 행위 등이 예배에 포함되어서는 안 된다. 성경에서 명령한 예배에서 만족을 누리지 못하고, 예배에 공연적 요소를 도입하는 것, 강단을 무대로, 말씀선포를 웃음으로 대체하려는 것, 사람이 자의에 의해 집어넣은 흥미 위주의 요소들이 있어야 만족을 누리는 것은 제2계명을 어기는 것이다.[118]

---

117) 30절의 '잠자는 자'라는 표현은 문자적으로 잔다(sleep)는 의미가 아니라, '죽은 자'라는 뜻의 성경적 숙어다. 제2계명을 어긴 자들은 죽임을 당했다.

118) Edmund P. Clowney, *The Church*(Leicester: IVP, 1995), 127. 1990년대 후반 한국교회에 유행한 열린예배는 제2계명을 어긴 것이라고 할 수 있다.

과거 로마가톨릭교회당에는 성화나 성상이 가득했다.[119] 로마가톨릭은 이런 것들을 보면서 하나님의 뜻을 알 수 있다고 믿었다. 과거 어떤 사람들은 예수님이 입었던 옷, 예수님이 달렸던 십자가 같은 것이 은혜를 준다고 믿었다. 그러나 그렇게 생각하는 것은 제2계명을 어기는 일이다.

4세기의 인물인 에피파니우스(Epiphanius) 주교는 팔레스타인의 한 교회를 방문한 자리에서 예수님의 초상이 그려진 커튼을 발견하고는 그것을 찢어 버렸다. 그리고 그와 같은 초상화가 퍼지는 것을 막기 위한 운동을 전개했다.[120]

제2계명에 대한 바른 이해와 로마가톨릭이 저질렀던 제2계명에 위배되는 일들을 교훈삼아 개혁주의 교회의 예배당은 단순하다. 그럼에도 불구하고 오늘날 개신교의 교회당 건물에 예수님을 상상하여 그린 그림(예. 양들 주위에서 계신 예수님의 그림)이 걸려 있는 것은 제2계명을 어기는 일이다. 이는 과거 로마가톨릭이 했던 일과 같다. 웨스트민스터 대요리문답 제109문답은 하나님의 삼위 전체나 그중 한 위의 형상이라도 내적으로 우리 마음속에 가지든지, 외적으로 피조물의 어떤 형상이나 모양으로 만드는 것을 금한다.

---

119) 원래 초기 기독교의 예배당은 매우 단순하고 소박하였으며 성화나 성상을 두지 않았다. 그러던 것이 시간이 지나면서 화려한 장식으로 예배당을 꾸미는 풍습이 생겼다. 이후 8세기에는 성상 논쟁(the Iconoclastic Controversy)이 있었으니, 동방교회가 성화와 성상을 지지하였다. 다마스쿠스의 요한(*Iohannes Damascus*, 676-749)이 대표적인 지지자다. 그런데 754년 히에리아(Hieria)에서 열린 공의회에서 성화상 파괴가 결정되었다. 성화상 숭배를 우상 숭배로 본 것이다. 하지만, 787년 니케아에서 열린 제7차 공의회에서는 그리스도를 비롯한 천사와 성인의 성화상 공경을 예외적으로 정당화한다. 그 이후 성상 숭배가 로마가톨릭의 전통이 되었다. 로마가톨릭은 이 공의회의 결정을 자신들의 입장을 주장하는 근거로 내세운다. *Catechism of the Catholic Church*, para. 2131; Hubert Jedin, *Kleine Konziliengeschichte: Mit einem Bericht über das Zweite Vatikanische Konzil*(Freiburg: Verlag Herder, 1978), 최석우 역, 『세계공의회사』(칠곡: 분도출판사, 2005), 41-43; 김용규, 『데칼로그』, 145-159. 로마가톨릭은 자신들의 행위를 감추기 위해 제2계명을 제1계명에 살짝 묻어 버렸다. 대신 "하나님의 이름을 망령되게 부르지 말라"는 계명을 제2계명으로 삼고, 마지막 10번째 계명을 둘로 나누어 "네 이웃의 집을 탐내지 말라"를 제9계명으로, "네 이웃의 아내를 탐내지 말라"를 제10계명으로 삼는다. 그렇게 해서 10개의 말씀을 맞추었다.

120) Horton, 『십계명의 렌즈를 통해서 보는 삶의 목적과 의미』, 94-95.

웨스트민스터 대요리문답

109문 : 제2계명에서 금지된 죄들은 무엇입니까?

답 : 제2계명에서 금지된 죄들은 하나님께서 친히 제정하지 않으신 어떤 종교적 예배를 고안하고devising,[1] 의논하고,[2] 명령하고,[3] 사용하고,[4] 어떤 모양으로든 인정하는 것any wise approving과,[5] 거짓 종교를 용납하는 것tolerating과[6] 하나님의 삼위(三位) 전체나 그중 어느 한 위의 형상representation이라도 내적으로 우리 마음속에 가지든지, 외적으로 피조물의 어떤 형상이나 모양으로 만드는 것과,[7] 그 형상이나 혹은 그 형상 안에서[8] 그것으로 말미암아 하나님을 예배하는 모든 일이며,[9] 거짓 신들feigned deities의 형상을 만들고,[10] 그들을 예배하거나 또는 그것들에게 속한 것을 섬기는 것이며,[11] 모든 미신적인 고안물,[12] 하나님의 예배를 부패케 하는 것,[13] 우리 자신들이 발명하여 추가했든지,[14] 전통을 따라서 사람들로부터 받아 취하였든지,[15] 옛 제도antiquity,[16] 풍속custom,[17] 경건devotion,[18] 선한 의도, 혹은 다른 어떤 구실의 명목으로[19] 예배에 추가하거나 삭감하는 것과,[20] 성직 매매simony,[21] 신성 모독sacrilege,[22] 하나님이 정하신 예배와 규례들에 대한 모든 태만all neglect과[23] 경멸contempt,[24] 방해hindering,[25] 반대하는 것opposing입니다.[26]

---

1) 민 15:39 2) 신 13:6-8 3) 호 5:11; 미 6:16 4) 왕상 11:33; 12:33 5) 신 12:30-32 6) 신 13:6-12; 슥 13:2,3; 계 2:2,14,15,20; 17:12,16,17 7) 신 4:15-19; 행 17:29; 롬 1:21-23,25 8) 출 32:5 9) 단 3:18; 갈 4:8 10) 출 32:8 11) 왕상 18:26,28; 사 65:11 12) 행 17:22; 골 2:21-23 13) 말 1:7,8,14 14) 시 106:39 15) 마 15:9 16) 벧전 1:18 17) 렘 44:17 18) 사 65:3-5; 갈 1:13,14 19) 삼상 13:11,12; 삼상 15:21 20) 신 4:2 21) 행 8:18 22) 롬 2:22; 말 3:8 23) 출 4:24-26 24) 마 22:5; 말 1:7,13 25) 마 23:13 26) 행 13:44,45; 살전 2:15,16

이 외에도 십자가 상, 성경구절, 교회 건물 등에 어떤 신비한 효력이 있는 것처럼 여기는 것은 제2계명을 어기는 것이다(참고. 삼상 4장; 왕하 18:4). 십자가 목걸이를 액세서리로 하고 다니는 것은 문제가 되지 않지만 혹여나 그것을 하고 다니면 어떤 신비로운 힘을 발휘할 것으로 생각한다든지, 십자가의 형태가 귀신을 쫓아낼 것이라 생각한다든지, 성경책을 베고 자면 더 기분이 좋아진다든지, 성경책 자체를 소중하게 다루어야 한다든지, 성경구절이 적혀 있는 액자를 집에 걸어두면 그 구절의 기운이 집안에 퍼져서 힘을 발휘한다든지, 액자에 적힌 성경구절 때문에 악한 영이 집에 못 들어온다든지, 교회 건물을 성전이라고 생각한다든지, 하루에 한 번은 교회당에 가야 복을 받는다고 생각한다든지, 교회당에서 기도를 해야 하나님께서 더 잘 들어주신다고 믿는다든지, 목사나 설교자가 아닌 사람이 강대상에 올라가면 큰일이 난다고 생각하거나, 강대상을 열심히 청소했더니 하나님께서 아들을 낳게 해주셨다고 생각하거나, 성령님께서 비둘기의 형태로 나타나신 사건(마 3:16)을 근거로 교회당에 비둘기 모양을 두거나 하는 것들은 모두 제2계명을 어기는 일이라 할 수 있다.[121]

8. 제2계명에 대한 강한 금지

(1) 제2계명에 대한 강한 금지

제2계명을 어겼을 경우에 어떻게 되는가? 출애굽기 20:5에서는 "…나를 미워하는 자의 죄를 갚되 아버지로부터 아들에게로 삼사 대까지 이르게 하거니와"라고 말씀하고 있다. 여기에서 삼사 대까지 갚으신다는 말씀의 의미는 그만큼 심각하게 문제 삼는다는 뜻이다. '삼사 대'라는 표현은 계속성을 나타내는 셈어 계통의 전형적인 표현이다. 그래서 삼사 대 안에 있는 사람들이 결코 하나님의 백성이 될 수 없다는 의미라기보다는, 하나님께 대한 범죄가 얼마나 무서운 것이며 심각한 것인지를 말해 주는 것이다.[122]

이와 관련해서는 웨스트민스터 소요리문답 제52문답과 웨스트민스터 대요리문답 제110문답이 다음과 같이 잘 설명하고 있다.

웨스트민스터 소요리문답

52문 : 제2계명에 더하여진 이유들the reasons annexed은 무엇입니까?

답 : 제2계명에 더하여진 이유들은 하나님께서 우리의 주권자가 되시며,[1] 우리의 소유주가 되시며,[2] 자기에게 드리는 예배를 열망zeal하신다는 것입니다.[3]

1) 시 95:2-3,6 2) 시 45:11 3) 출 34:13-14

---

121) 필자는 이런 행위를 '기독교 미신'이라고 부른다.
122) 이승구, 『위로 받은 성도의 삶』, 90.

(2) 질투하시는 하나님

출애굽기 20:5(제2계명)은 "…나 네 하나님 여호와는 질투하는 하나님인즉…"이라고 말씀한다. 출애굽기 34:14(제1계명)에서도 "너는 다른 신에게 절하지 말라. 여호와는 질투라 이름하는 질투의 하나님임이니라"라고 말씀한다.[123]

일반적으로 '질투'라는 말은 부정적인 느낌이 있다. 성경에서도 질투는 죄로 취급된다(막 7:22). 그렇다면 어떻게 하나님이 질투를 하시는가?

---

123) '질투하시는 하나님'에 관해서는 제2계명만 아니라 제1계명과도 관련이 있다. Frame, *The Doctrine of the Christian Life*, 450, n.1.

하나님의 질투는 다른 사람이 잘되거나 좋은 처지에 있는 것 따위를 미워하고 깎아내리는 질투(envy)가 아니다. 다른 사람을 시기하여 미워하는 질투가 아니다. 하나님의 질투는 하나님의 백성들이 하나님이 아닌 다른 신을 섬기는 것에 대한 질투(jealousy)다. 하나님을 하나님으로 섬기지 않고 잘못 섬기는 것에 대한 질투다(나 1:2).

제2계명에서 하나님을 형상화하는 것을 금한 뒤에 하나님을 질투하시는 분으로 표현한 것은 영이신 하나님을 다른 방법으로 섬길 때 오히려 하나님을 섬기지 못할 수 있기 때문에 하나님께서 질투하신다고 표현한 것이다. 제1계명에서 다른 신에게 절하지 말라고 한 뒤에 하나님을 질투하시는 분으로 표현한 것은 하나님께서는 당신의 백성이 자기 외에 다른 신을 섬기는 것을 질투하시기 때문이다.

아내가 다른 남자를 좋아할 때 질투하지 않는 남편은 없다. 남편이 다른 여자를 좋아할 때 질투하지 않는 아내는 없다.[124] 마찬가지로 하나님은 당신의 백성이 자기 외에 다른 신을 섬길 때 질투하신다. 질투는 자기 백성에 대한 하나님의 사랑이다.[125]

웨스트민스터 소요리문답 제48문답과 웨스트민스터 대요리문답 제106문답은 하나님의 이러한 질투를 암시해 주고 있다.

---

124) 성경에서 '하나님의 질투'는 주로 하나님의 언약과 부부관계와 관련해서 다루어진다. Frame, *The Doctrine of God*, 459.

125) Frame, *The Doctrine of the Christian Life*, 458; 강영안, 『강영안 교수의 십계명 강의』, 85.

웨스트민스터 소요리문답

48문 : 제1계명에 있는 "나 외에"before Me라는 말씀이 우리에게 특별히 가르치는 것은 무엇입니까?

답 : 제1계명에 있는 "나 외에"라는 말씀이 우리에게 가르치는 것은 만물을 감찰하시는 하나님께서 **우리가 다른 신을 섬기는 죄를 눈여겨보시고, 매우 싫어하신다는** 것입니다.[1]

---

1) 겔 8:5–6; 시 46:20–21

웨스트민스터 대요리문답

106문 : 제1계명에 있는 "나 외에"before Me라는 말씀에서 우리는 특별히 무슨 가르침을 받습니까?

답 : 제1계명에 있는 "나 외에"before Me 또는 "내 앞에"before My face라는 말씀은 만물을 보고 계신 **하나님께서 다른 어떤 신을 두는 죄**the sin of having any other God**를 특별히 유의하시고**notice of **불쾌하게 여기신다는** 것을 가르칩니다. 그래서 이것은 이러한 죄를 범하지 못하게 하며dissuade, 가장 무례한impudent 도발 행위provocation로서 부담을 주며aggravate,[1] 또한 우리가 주를 섬기는 일에 무엇을 하든지 주의 목전에서 하도록 설득해 줍니다.[2]

---

1) 겔 8:5–6; 시 44:20–21   2) 대상 28:9

질투(jealousy)는 자기 백성을 향한 하나님의 사랑이요, 하나님의 '열심'(zeal)이다. 에스겔 39:25 "내가 이제 내 거룩한 이름을 위하여 열심을 내어 야곱의 사로잡힌 자를 돌아오게 하며 이스라엘 온 족속에게 사랑을 베풀지라", 스가랴 8:2 "만군의 여호와가 이같이 말하노라. 내가 시온을 위하여 크게 질투하며 그를 위하여 크게 분노함으로 질투하노라"는 말씀에 의하면 하나님의 질투는 자기 백성을 구원하는 '열심'이 된다.[126]

9. 제2계명에 담긴 하나님의 배려와 사랑

제2계명에는 하나님의 배려와 사랑이 담겨 있다. 제2계명은 하나님을 잘못 섬기려고 하는 사람들로 하여금 하나님을 바르게 섬기도록 도와준다. 하나님이 아닌 것을 가리켜 하나님이라고 생각하는 사람들로 하여금 하나님이 누구신지를 분명히 가르쳐 준다. 하나님이 아닌 것을 섬기려고 하는 사람들에게 하나님을 섬기도록 도와준다.

제2계명이 기록된 출애굽기 20:4에서 **"너를 위하여** 새긴 우상을 만들지 말고…"라고 말씀하는 것처럼 사람들은 자기를 위해서 하나님을 형상화한다. 하나님을 위한다고 말하지만 정작 그 내면에서는 자기를 위하고 있다. 그래서 사람은 눈에 보이지 않는 하나님으로 만족하지 못하고 하나님을 형상화하려고 한다. 자신이 섬기는 신을 한곳에 붙잡아 두려고 한다. 눈앞에 보여야만 존재한다고 생각하고, 그렇게 보이게 하려고 형상화한다.

구약시대에 하나님의 신상을 만든 사람들 대다수는 하나님을 섬기지 않겠다고 하지 않았다. 하나님을 섬기되 자기 방식대로 섬기려는 욕심을 가졌다. 사람들은 자신이 만든 방식과 형식과 규칙과 지침을 하나님께서 기뻐하실 것이라고 자부한다. 자신의 현명한 수단과 방식이 성과를 거둘 것이라 확신한다. 이처럼 우상 숭배는 언제나 선한(?) 의도로 시작된다.[127]

그러나 하나님이 명령하시지 않은 모든 예배는 헛되며, 인간의 생각과 달리 선한 결과보다는 나쁜 결과만 가져다준다. 이러한 사실을 잘 아시는 하나님은 제2계명을 통해 그와 같은 모든 행위를 금지하셨다.

하나님을 형상화하는 것을 내버려두면 잠시 그들을 내버려두신다는 측면에서 너그러워 보일지 모르나, 시간이 흐를수록 하나님을 점점 오해하게 되기 때문에 오히려 내버려두지 않으시는 것이 하나님의 더 큰 사랑이다.

---

126) 성주진, 『사랑의 마그나카르타』, 252.
127) Horton, 『십계명의 렌즈를 통해서 보는 삶의 목적과 의미』, 83, 97.

4장
제3계명

출애굽기 20:7
"너는 네 하나님 여호와의 이름을 망령되게 부르지 말라.
여호와는 그의 이름을 망령되게 부르는 자를 죄 없다 하지 아니하리라."

웨스트민스터 소요리문답

53문 : 제3계명은 무엇입니까?

답 : 제3계명은 "너는 네 하나님 여호와의 이름을 망령되게 부르지 말라. 여호와는 그의 이름을 망령되게 부르는 자를 죄 없다 하지 아니하리라" 하신 것입니다.[1]

1) 출 20:7

웨스트민스터 대요리문답

111문 : 제3계명은 무엇입니까?

답 : 제3계명은 "너는 네 하나님 여호와의 이름을 망령되게 부르지 말라. 여호와는 그의 이름을 망령되게 부르는 자를 죄 없다 하지 아니하리라" 하신 것입니다.[1]

1) 출 20:7

1. 제3계명의 기본적인 의미

제3계명은 하나님의 이름을 망령되게 부르지 말라고 한다. '망령되게'의 뜻은
'언행이 이치에 맞지 않고 허황하거나 주책없게'이며, 이 단어를 KJV는 in
vain(헛되게)이라고 번역하고, NIV는 misuse(잘못 사용하다)라고 번역한다.
'망령되게'의 히브리어는 '샤웨'인데, 뜻은 '아무것도 없는 것, 실제적인 것이
아닌 것'이다. 신명기 5:20 "네 이웃에 대하여 거짓 증거하지 말지니라"에서 '거
짓'의 히브리어가 '샤웨'로 사용되고 있다(출애굽기 20:16과 다른 단어가 사용
되고 있다). 이런 점에서 '망령되게'라는 번역은 '함부로, 헛되게, 잘못, 거짓'이
라는 말로 바꿀 수 있다.[128]

---

128) 송영찬, 『시내산 언약과 십계명』, 215.

한글번역의 '부르다'(개역개정) 혹은 '일컫다'(개역한글)는 히브리어로 '나사'인데, 뜻은 '들어 올리다, 옮기다, 입다, 담고 있다, 거명하다, 발설하다, 발언하다'이다.

위 내용을 종합해 보면, 제3계명은 하나님 여호와의 이름을 함부로, 헛되게, 아무 의미 없이, 잘못, 거짓되게, 부르거나, 입에 담거나, 언급하거나, 옮기는 것을 금하는 계명이다.

2. 제3계명에 나타난 하나님의 이름의 의미

제3계명은 "하나님 여호와의 이름을 함부로 부르지 말라"고 가르친다. 그렇다면 왜 하나님의 이름을 함부로 부르면 안 되는가? 그 이유는 하나님의 이름이 중요하기 때문이다. 제3계명은 하나님 여호와의 이름이 얼마나 중요한지를 우리에게 가르쳐 준다.

(1) 하나님의 이름의 중요성

하나님의 이름은 왜 중요할까? 일반적으로 '이름'이란 그 이름의 주인과 매우 밀접한 관계가 있다.[129] 이름이 태어나기 전부터가 아니라 어느 시점에 누군가에 의해 붙여진 것임에도 불구하고 그러하다. 그래서 '이름'은 부르기 위한 호칭으로서의 기능도 있지만, 때로는 '그 사람' 혹은 '그 사람의 존재'를 뜻하는 경우가 많다.[130]

성경에서는 더욱 그러하다. 성경에서 '이름'은 우리의 용법보다 더 나아간다. 성경에서 이름은 그 사람의 존재와 속성, 사명을 보여준다.[131] 아담, 하와, 가인, 셋, 노아, 아브라함 등등 모든 사람의 이름에는 의미가 있었다. '아담'이라는 이

---

129) 이와 비슷한 논의로 다음을 참조하라. "Where the name is, he is. Our names become closely identified with us. When someone forgets your name, or laughs at it, or mispronounces it, you feel slighted." Frame, *The Doctrine of the Christian Life*, 490.

130) Herman Bavinck, *Gereformeerde Dogmatiek*, II, 27, [178]; Martin, 『하나님의 10가지 우선순위』, 87.

131) Vos, 『성경신학』, 90.

름은 '땅'이라는 뜻의 히브리어 '아다마'에서 왔는데, 사람이 땅에서 왔다는 사실(창 2:7)을 기억하게 하시려고 하나님이 '아담'이라고 이름을 붙이신 것이다. 하나님으로부터 이름을 부여받은 아담은 다른 이의 이름을 짓기 시작한다(창 2:19).[132] 이것은 아담의 사명을 보여준다. 하나님은 아담에게 동산을 다스릴 권세를 주셨다는 사실, "땅에 번성하고 충만하여 땅을 정복하라"는 명령의 실제적인 면을 보이시기 위해서 동물의 '이름'을 짓게 하셨다. 동물의 이름을 지은 아담은 자기 아내의 이름도 지어 준다. 창세기 2:23 "이것을 남자(히. 이쉬)에게서 취하였은즉 여자(히. 이솨)라 부르리라 하니라." 타락 이후 하나님께서 은혜언약을 맺으신 뒤에 아담은 자기의 아내인 '여자'의 이름을 '하와'로 바꾼다(창 3:20). 그 뜻은 '생명'으로 '모든 산 자의 어머니'라는 사실을 계시하기 위해서 이름을 바꾼 것이다. 여자는 하와라는 이름을 가지고 생명을 낳는 중요한 사명을 감당하게 되니, 이름 속에 사명이 부여된 것이다. 이처럼 성경에서 '이름'은 그 사람의 존재와 속성, 사명까지도 보여준다.

하나님에게 있어 이름은 더욱 중요한 의미를 갖는다. 이 세상에 자기의 이름을 자기가 짓는 경우는 없다. 부모나 조부모가 보통 지어 준다. 그러나 하나님은 자기의 이름을 자기가 붙이셨다. 그 누구도 하나님의 이름을 붙여 줄 수 없는데, 그게 아니라면 하나님보다 더 높은 존재가 있다는 의미가 되기 때문이다.[133] 게다가 하나님에게 '이름'은 곧 하나님 자신이다.[134] 하나님의 이름 속에 하나님의 존재적 의미가 담겨 있고, 하나님의 약속이 담겨 있다.

---

132) "이름을 부여한다는 것은 그것에 대한 권한을 주장하는 것이다." Gordon J. Wenham, *Genesis 1-15*, WBC 1(Waco: Word, 1987), 박영호 역, 『창세기 1-15』(서울: 솔로몬, 2006), 185; John Murray, *Collected Writings of John Murray*, vol 2(Edinburgh: The Banner of Truth Trust, 1976-1982), 박문재 역, 『조직신학 Ⅱ』(서울: 크리스챤다이제스트, 1991), 19; 기동연, 『창조부터 바벨까지』(서울: 생명의 양식, 2009), 58.

133) Frame, *The Doctrine of the Christian Life*, 489; Douma, *The Ten Commandments*, 76.

134) Bavinck, *Gereformeerde Dogmatiek*, Ⅱ, 27, [178]; John M. Frame, *The Doctrine of God*(Phillipsburg: P&R, 2002), 347; Reymond, *A New Systematic Theology of the Christian Faith*, 153.

하나님은 자신의 이름을 우리에게 알려주셨다. 이때 하나님의 이름은 단순한 '이름'이 아니다(왕상 8:16-20,29). 하나님에게 '이름'은 자신이 누구신지를 우리에게 알려주는 한 방법이다(창 17:1; 출 3:14; 6:3). 즉 계시의 방편이다.[135]

웨스트민스터 소요리문답 제55문답은 하나님의 이름이 곧 하나님의 계시임을 암시해 주고 있다.

웨스트민스터 소요리문답

55문 : 제3계명에서 금지된 것은 무엇입니까?

 답 : 제3계명이 금하는 것은 **하나님께서 자기를 나타내시는 데 쓰시는 것은 어떤 것이든지 욕되게 하거나**profaning **잘못 사용하는**abusing 것입니다.[1]

———————
1) 말 1:6-7,12; 2:2; 3:14

(2) 성경이 계시하는 하나님의 이름들

하나님의 이름은 하나님의 본성의 다양한 측면을 우리에게 계시해 준다. 하나님의 이름은 하나님의 존재 자체, 즉 그의 인격, 본질, 속성, 사역을 계시한다.

하나님은 우리에게 다양한 이름을 계시해 주셨다. 엘, 엘로아흐, 엘로힘, 엘 엘룐(지극히 높으신 하나님; 창 14:18,22; 민 24:16; 사 14:14), 엘 샤다이(전능하신 하나님; 창 17:1; 출 6:3), 엘 올람(거기서 영생하시는 하나님; 창 21:33), 야웨(스스로 계신 분; 출 3:14; 6:2-3) 등을 계시해 주셨다.

———————

135) Bavinck, *Gereformeerde Dogmatiek*, Ⅱ, 27, [178]; Berkhof, *Systematic Theology*, 47; 유해무, 『개혁교의학』, 150. 김용규는 하나님의 이름은 사람이 붙여 준 것이며, 더 나아가 하나님에게는 사실상 이름이 없다고 한다. 김용규, 『데칼로그』, 206-209.

그중에서도 '야웨'(여호와)라는 이름은 가장 중요하고도 대표적인 이름이다. 왜냐하면 '야웨'(여호와)라는 이름 속에는 하나님의 모든 것이 담겨 있기 때문이다.[136]

(3) 제3계명과 하나님의 이름

하나님은 이름을 가지신 분이다. 하나님에게 '이름'은 하나님 그 자체다. 이런 측면에서 하나님의 이름을 중요하게 다루는 것은 하나님 그분을 중요하게 다루는 것과 연결되어 있다. 시편 8:1이 "여호와 우리 주여, 주의 이름이 온 땅에 어찌 그리 아름다운지요…"라고 고백하듯, 하나님의 이름은 매우 중요하다.

하나님께 있어 그 이름은 매우 중요하지만, 하나님은 우리로 하여금 하나님의 이름을 부를 수 있게 하셨다(사 43:21). 그렇게 부르게 하신 하나님의 고귀한 이름을 함부로, 헛되게, 아무 의미 없이, 잘못, 거짓되게 부르거나, 입에 담거나, 언급하거나, 옮겨서는 안 된다. 하나님을 함부로, 아무 의미 없이 부르는 것은 하나님을 모욕하는 것이다. 하나님의 이름을 잘못, 거짓되게 부르는 것은 하나님을 왜곡하는 것이다.

3. 제3계명과 예배의 태도

(1) 여호와의 이름을 부르는 일로서의 예배

제3계명은 여호와의 이름을 부르는 것과 관련된다. 그런데 성경에서 '여호와의 이름을 부르다'라는 표현은 주로 '예배를 드리다'라는 뜻을 갖고 있다(창 4:26; 12:8; 13:4,18; 21:33; 26:25; 시 113:1-2; 116:17; 135:1,3; 148:13; 행 1:24; 2:21; 7:59; 9:13; 22:16). 신약성경에서는 여호와의 이름을 부르는 일을 포함하여 '예수 그리스도의 이름을 부르는 것'을 예배로 표현하고 있다. 로마서

---

136) 하나님의 이름에 대해서는 신론을 다루고 있는 책들을 참고하라. Bavinck, *Gereformeerde Dogmatiek*, Ⅱ, 27, [178]-29, [191]; Berkhof, *Systematic Theology*, 47-51; Reymond, *A New Systematic Theology of the Christian Faith*, 153-160; Frame, *The Doctrine of God*, 25-27, 343-361.

15:20 "또 내가 **그리스도의 이름을 부르는 곳**에는 복음을 전하지 않기를 힘썼노니 이는 남의 터 위에 건축하지 아니하려 함이라"에서는 예배가 있는 곳을 "그리스도의 이름을 부르는 곳"으로 표현하고 있고, 고린도전서 1:2 "고린도에 있는 하나님의 교회 곧 그리스도 예수 안에서 거룩하여지고 성도라 부르심을 받은 자들과 또 각처에서 우리의 주 곧 그들과 우리의 주 되신 **예수 그리스도의 이름을 부르는 모든 자들**에게"에서는 "예수 그리스도의 이름을 부르는 모든 자들"이 곧 예배를 드리는 성도임을 암시해 주고 있다.

이처럼 여호와 하나님의 이름을 부르는 가장 대표적인 일은 '예배'다. 실제로 예배 중에 행하는 많은 순서들이 '여호와 하나님의 이름을 부르는 일'이다. '찬송'은 여호와 하나님의 이름을 부르는 일이다. '기도'는 하나님을 부르면서 시작하며 예수 그리스도의 이름으로 마친다. '설교'도 하나님의 이름을 말하는(언급하는) 시간이다. 여호와의 이름으로 행하신 놀라운 사역을 선포하는 것이 설교다.(마 28:19) 예배의 순서 중 하나로 행해지는 '세례'도 하나님의 이름을 말하는 시간이다. 이런 점에서 예배는 제3계명이 지켜져야 할 가장 중요한 자리다. 제3계명은 예배와 관련 있다.

예배가 곧 제3계명과 관련된다는 사실은 웨스트민스터 대요리문답 제112문답을 통해서도 알 수 있다.

웨스트민스터 대요리문답

112문 : 제3계명에서 요구된 것은 무엇입니까What is required in the third commandment?

답 : 제3계명에서 요구된 것은 하나님의 이름, 그의 칭호titles, 속성,[1] 규례 ordinances,[2] **말씀,**[3] **성례,**[4] **기도,**[5] 맹세oaths,[6] 서원vows,[7] 제비lots,[8] 그의 사역,[9] 그 외에 자기 자신을 나타내는 것은 무엇이든지, 하나님의 영광[10]과 자기 자신[11]과 다른 이들의 선good을 위하여,[12] **거룩한 고백** holy profession[13]과 책임 있는 대화answerable conversation[14]로써 사상,[15] 명상,[16] 말,[17] 기록[18] 등을 거룩하고도 경외함으로reverently 사용해야 한다는 것입니다.

1) 마 6:9; 신 28:58; 시 29:2; 68:4; 계 15:3,4 2) 말 1:14; 전 5:1 3) 시 138:2 4) 고전 11:24,25,28,29 5) 딤전 2:8

6) 렘 4:2   7) 전 5:2,4,5,6   8) 행 1:24,26   9) 욥 36:24   10) 고전 10:31   11) 렘 32:39   12) 벧전 2:12   13) 벧전 3:15; 미 4:5   14) 빌 1:27   15) 말 3:16   16) 시 8:1,3,4,9   17) 골 3:17; 시 105:2,5   18) 시 102:18

(2) 제3계명과 예배의 태도

'하나님 여호와의 이름을 부르는 것'이 예배라는 관점에서 볼 때 제3계명은 "너는 예배를 잘못 드리지 말라" 혹은 "너는 예배를 바르게 드리라"가 된다. 다시 말하면, 제3계명은 여호와 하나님의 이름을 부르는 일인 예배에 있어서 아주 신중한 태도와 엄숙한 자세를 가지라고 명령한다. 그러므로 제3계명을 지키기 위해서는 바른 태도로 예배를 드려야 한다. 예배는 주님께서 가르치신 기도에 있는 것처럼 "이름이 거룩히 여기심을 받게 하는"(Hallowed be thy name) 시간이 되어야 한다.[137]

예배 시간에 삼위 하나님께 온전히 집중하지 못한다면 제3계명을 어기는 것이다. 예배 시간에 삼위일체 하나님을 경외하는 마음 없이 예배한다면 제3계명을 어기는 것이다. 예배 시간에 옆 사람과 잡담을 하거나, 휴대폰을 만지거나, 주보의 오타를 찾거나, 멍하니 다른 생각을 하는 것은 여호와의 이름을 망령되게 부르는 일이다. 찬송을 부르고 기도를 드리지만 입술로만 하나님 여호와의 이름을 부를 뿐, 정작 마음과 영혼이 하나님께 집중하지 못한다면 제3계명을 어기는 것이다. 하나님의 사랑을 노래하면서 그 하나님의 사랑에 감격하지 못한 채 찬송한다면 제3계명을 어기는 것이다. 기도하면서도 그 기도를 들으시는 하나님을 생각하지 않고 하나님의 능력을 의심한다면 제3계명을 어기는 것이다.[138]

설교자가 설교하면서 제3계명을 어길 수도 있다. 설교는 하나님의 이름을 언급하는 시간이기 때문이다. 설교자는 설교를 준비함에 있어 하나님의 이름을 부르는 일에 신중하기 위해 말씀을 철저히 연구해야 한다. 하나님의 이름을 잘못 부르지 않기 위해 설교문을 작성함에 있어 최선을 다해야 한다. 문장 하나, 단어 하나도 신중하게 선택해야 한다. 두렵고 떨리는 마음으로 설교를 준비해야 한

---

137) Fred H. Klooster, *Our Only Comfort: A Comprehensive Commentary on the Heidelberg Catechism*(Grand Rapids: Faith Alive, 2001), 955.
138) Watson, 『십계명 해설』, 153.

다. 설교할 때도 진지하고 신중하게 해야 한다. 성경이 말하는 것만 말하려고 애를 써야 한다. 성경이 말하지 않는 것에 대해서는 말하지 않으려고 해야 한다. 그렇지 않으면 여호와의 이름을 망령되게 부르는 것이다. 구약의 거짓 선지자들이 제3계명을 어긴 자들이다.[139]

설교를 듣는 회중들도 마찬가지다. 여호와의 이름이 선포되는 시간인 설교 시간에 자신의 생각과 정신을 여호와 하나님의 말씀에 집중하지 않는다면 제3계명을 어기는 것이다. 설교자의 입에서 나오는 여호와의 이름에 집중하기보다는 설교자의 외모나 모습, 그리고 설교자가 사용하는 표현이나 말솜씨에 관심을 가진다면 제3계명을 어기는 것이다. 설교자가 무슨 옷을 입었는지, 넥타이는 어떤 색깔인지, 머리는 단정한지, 목소리나 톤, 단어 등을 트집 잡으려고 하면서도 정작 그 선포되는 내용 속에 있는 '하나님 여호와의 이름'에 관심을 갖지 않는다면 제3계명을 어기는 것이다.

예배 순서 중 하나로 행해지는 세례는 제3계명과 관련된다. 왜냐하면 세례를 베풀 때 성례의 제정자이신 예수님께서 가르쳐 주신 대로 "아버지와 아들과 성령의 이름으로 세례를 주노라"(마 28:19)라고 말하면서 세례를 베풀기 때문이다. 세례는 삼위일체 하나님의 이름으로 행하는 것으로 '하나님 여호와의 이름을 부르는 일'이다. 그러므로 세례를 잘못 베푸는 것은 제3계명을 어기는 것이다.[140]

제1계명이 예배의 대상, 제2계명이 예배의 방법을 가르쳐 준다면, 제3계명은 예배에 있어 우리가 어떠한 태도를 가져야 하는지를 가르쳐 준다.

---

139) 거짓 선지자와 제3계명의 관계에 대해서 다음을 참조하라. Douma, *The Ten Commandments,* 74-75.
140) 오늘날 군대에서 신앙고백의 확인 없이 행해지는 집단세례(진중세례)는 제3계명을 어기는 행위다.

4. 제3계명의 실천

(1) 유대인들의 잘못된 실천

제3계명을 어떻게 지킬 것인가? 유대인들이 어떻게 지켰는지를 살펴보며 반면교사로 삼을 필요가 있다. 유대인들은 제3계명을 잘 지키려고 애썼다. 그런데 제3계명을 문자적으로 잘못 해석한 나머지 아예 '하나님 여호와'를 부르지 않았다. 다시 말하면, "네 하나님 여호와의 이름을 망령되게 부르지 말라"라고 했으니 "아예 부르지 않으면 '망령되게' 부를 일도 없을 것 아닌가?" 하고 생각한 것이다.

이런 식으로 제3계명을 지킨 유대인들은 과거 인쇄술이 발달하기 전 성경을 필사할 때, 야웨(YHWH, 여호와)라는 단어가 나오면 필사하던 일을 잠시 멈추고 손을 씻었다. 그러고는 '야웨'라는 말을 쓰지 않고 그 대신 점만 4개를 찍고 넘어갔다. 그리고 점으로 표시된 '야웨'라는 단어를 읽을 때 '아도나이'(나의 주님)라고 발음하였다.[141] 뿐만 아니라 '하나님'이라는 단어를 '하늘'로 대신 표현했다(눅 15:18,21; 20:4; 마 21:25; 단 4:26).[142]

그러나 유대인들의 이러한 방식은 제3계명을 잘 지킨 것이 절대로 아니다. 오히려 제3계명을 어긴 것이다. 제3계명은 "네 하나님 여호와의 이름을 망령되게 부르지 말라"는 명령이면서 동시에 "네 하나님 여호와의 이름을 합당하게 부르라"는 명령이기 때문이다. 하나님의 이름을 잘못 부르는 것도 잘못이지만, 아예 부르지 않는 것도 잘못이다.

---

141) 이런 식의 태도가 오랫동안 지속되다 보니 결국은 '야웨'라는 단어를 발음하는 법이 잊혔고 그래서 오늘날 우리가 '여호와'라고 부르는 말은 '야웨'인지 '여호와'인지 아무도 정확하게 알 수 없게 되었다. 이에 대한 논의로는 Roland K. Harrison, *Introduction to the Old Testament*(Grand Rapids: Eerdmans, 1969), 류호준·박철현 역, 『구약서론 (상)』(서울: 크리스챤다이제스트, 1993), 494; Vos, 『성경신학』, 145-151; Bavinck, *Gereformeerde Dogmatiek*, II, 27, [189]을 참조하라.

142) 이러한 영향을 받아서 마태는 예수님께서 '하나님 나라'라고 말씀하신 것을 기록할 때 다른 복음서 기자들과 달리 '하늘 나라'로 기록하였다(참조. 마 19:14; 막 10:14; 눅 18:16; 마13:11; 막 4:11; 눅 8:10).

(2) 제3계명의 잘못된 실천

이와 반대되는 잘못된 실천이 있다. 너무 자주, 아무런 의미 없이 "하나님"을 부르고 "주여"를 외치는 것이다. 입버릇이나 추임새처럼 "주여" "아버지" "아이고 하나님"이라고 하는 사람들이 있다. 특히 기도할 때 일반적인 언어와 문장으로 하지 않고 "주여" "하나님"을 남발하거나, 남 앞에서 경건한 것처럼 보이려고 시간과 장소를 불문하고 "주여" "아버지"라고 말하는 것은 제3계명을 어기는 것이다.[143]

영어권에 속한 사람들이 감탄사로 사용하는 Oh my God, gosh, golly, gee 와 같은 표현은 제3계명을 어기는 일이다. 또한 그들이 자주 욕설로 사용하는 Jesus Christ는 제3계명을 어기는 일이다.[144] 쓸데없이 하나님의 이름을 말하는 것은 하나님의 이름을 깎아 내리는 것이고 제3계명을 어기는 것이다.

어떤 교회에서는 "하루에 하나님 100번 부르기 운동"이라는 것을 하는 경우가 있는데, 이것은 오히려 "제3계명 어기기 운동"이다. 하나님을 무조건 많이 부르면 좋다고 생각하는 것은 하나님의 이름조차도 미신이나 부적으로 여기는 것이다. 사실 하나님께서 제3계명을 주신 이유가 바로 거기에 있다. 하나님의 이름마저도 미신이나 부적이 되어 버릴까 염려하셔서 하나님께서 막으신 것이다.

이 외에도 하나님의 이름을 마술이나 마법에 사용하는 것(신 18:9-13; 대하 33:4-7; 행 19:13-17),[145] 하나님을 평가절하하거나 신성모독 하는 것(레 24:10-16; 사 36:20), 아무 의미 없이 하나님의 이름을 사용하는 것, 하나님의 영광을 위해 산다고 함부로 말하는 것,[146] 하나님을 말하면서도 그것과 일치되는 삶을 살지 않는 것(딛 1:16; 롬 2:24) 등은 제3계명을 어기는 일이다.

---

143) Watson, 『십계명 해설』, 152; 이승구, 『위로받은 성도의 삶』, 110.
144) Martin, 『하나님의 10가지 우선순위』, 95; Frame, *The Doctrine of the Christian Life*, 507-509; Douma, *The Ten Commandments*, 81; 이승구, 『위로받은 성도의 삶』, 110. 영어권에서 욕설로 사용하는 Jesus Christ는 "제기랄" "빌어먹을"이라는 뜻이다. 영어사전을 찾아보면 알 수 있는데, 이 표현조차도 '사전'이라는 특성상 그러한 것이지 사실은 더 심한 욕이다.
145) 이와 관련해서는 다음을 참조하라. Douma, *The Ten Commandments*, 74.
146) 성경에서 "하나님의 이름"은 늘 "하나님의 영광"과 관련해서 사용된다(시 8:1; 29:2; 66:2; 72:19; 79:9; 96:8; 148:13; WLC 제112문답; 사무엘 루터포드의 요리문답 제478-484문답).

(3) 제3계명의 바른 실천

유대인들처럼 하나님을 부르지 않으려고 해서는 안 되고 하나님을 부르고 말해야 한다(창 4:26). 예수님은 우리로 하여금 하나님을 아바 아버지로 부르게 하셨다(갈 4:6). 그러므로 기쁠 때나 슬플 때나 어려울 때나 하나님을 불러야 한다.

단, 하나님을 부르되 바르게 해야 한다. 여호와의 이름을 부르되 매우 조심스럽게 불러야 한다. 마음 가운데 항상 하나님에 대하여 주의하고 하나님에 대하여 우리가 어떤 태도를 취해야 할 것인지를 신중히 고려해야 한다. 평상시 하나님에 대하여 민감히 반응하고 하나님에 대하여 자신의 의지와 감정을 정당하고 경건하게 표하는 일에 익숙해야 한다. 항상 하나님의 이름의 존귀함과 고귀함을 잘 이해하고 그 의미를 잘 드러내야 한다.

웨스트민스터 소요리문답 제54문답은 다음과 같이 가르친다.

웨스트민스터 소요리문답

54문 : 제3계명에서 요구된 것은 무엇입니까?

답 : 제3계명이 요구하는 것은 하나님의 이름names[1]과 칭호titles[2]와 속성 attributes[3]과 규례ordinances[4]와 말씀word[5]과 행사works[6]를 거룩하고 존경함으로reverent 사용하라는 것입니다.

1) 마 6:9; 신 28:58 2) 시 68:4 3) 계 15:3-4 4) 말 1:11,14 5) 시 138:1-2 6) 욥 36:24

---

(4) 맹세와 서원

제3계명은 특히 맹세와 서원과 관련 있다.[147] 왜냐하면 맹세와 서원은 하나님 여호와의 이름으로 행하는 일이기 때문이다.

'맹세'(盟誓, oath)란 '어떤 임무나 약속을 꼭 실행하거나 목표를 꼭 이루겠다고 굳게 다짐하는 것'을 뜻하는데, 불신자는 하나님의 이름으로 맹세할 일이 없기 때문에 상관없지만, 신자들은 어떤 일이나 약속을 지킬 때 굳이 '하나님의 이름'을 말하지 않아도 모든 것이 하나님의 이름으로 행하는 맹세다(WCF 제22장 제2절). 이런 점에서 제3계명과 관련이 있다. 또한 레위기 19:12은 "너희는 **내 이름**으로 거짓 **맹세**함으로 네 **하나님의 이름**을 욕되게 하지 말라. 나는 여호와니라"라고 말씀한다. 신명기 6:13은 "네 하나님 여호와를 경외하며 그를 섬기며 **그의 이름**으로 **맹세**할 것이니라"라고 말씀한다. 출애굽기 20:7에 대해 탈굼 조나단(Targum Jonathan)과 페쉬타(Peshitta)는 "너는 너의 하나님의 이름으로 거짓 **맹세**를 하지 말라"고 번역한다.[148] 십계명 중 몇몇 계명을 잘 설명하고 있는 마태복음 5:21-48은 5:33-37에서 '맹세'를 다루고 있다. 이러한 구절들은 맹세가 하나님의 이름으로 하는 대표적 행위임을 분명히 보여준다.

'서원'(誓願, vow)이란 '자기가 하고자 하는 일을 하나님께 맹세하고 그것이 이루어지기를 기원하는 것'으로 맹세의 한 형태다.[149] 전도서 5:2은 "너는 하나님 앞에서 함부로 입을 열지 말며 급한 마음으로 말을 내지 말라"고 말씀하는데, '입을 열어 말을 한다는 것'은 곧 자기의 생각과 뜻, 소원, 의지와 결정을 알리는 것이므로,[150] 맹세의 일종인 서원에 대한 내용이라고 할 수 있다. 웨스트민스터 신앙고백서 제22장 제5절은 "서원(誓願, vow)은 맹세와 같은 성질의 것이니"라고 고백한다. 이런 점에서 서원은 맹세와 마찬가지로 제3계명에 관한 것이다.

맹세와 서원이 제3계명과 관련된다는 사실은 하이델베르크 요리문답 제99-100문답과 웨스트민스터 대요리문답 제112-113문답을 통해서도 확인할 수 있다.

---

147) *Institutes*, Ⅱ. ⅷ. 22, 24; 출애굽기 20:7의 "이름을 부르다"라는 표현을 "맹세하다"의 동의어로 보는 입장으로 Alan Cole, *Exodus*, TOTC(Leicester: IVP, 1973), 157이 있다.

148) Childs, *Exodus*, 410; Hodge, *Systematic Theology*, vol. 3, 305.

149) 서원과 관련해 더 좋은 논의로 다음을 참조하라. 이승구, "서원하는 일에 대하여", 『기독교 세계관으로 바라보는 21세기 한국사회와 교회』(서울: SFC, 2005), 73-82.

150) 김성수, 『해 아래는 새 것이 없나니』(서울: 마음샘, 2005), 138.

하이델베르크 요리문답

99문 : 제3계명에서 하나님께서 원하시는 것은 무엇입니까?

답 : 우리가 저주cursing나[1) 거짓 맹세perjury,[2) 또는 불필요한 서약oaths으로[3) 하나님의 이름을 욕되게 하거나blaspheme 잘못 사용하지misuse 않는 것이며, 더 나아가 침묵하는 방관자bystanders가 되어 그러한 두려운 죄에 참여하지 않는 것입니다.[4) 오히려 하나님의 거룩한 이름을 두려워하고 존경하는 마음으로만only with reverence and awe 사용하여,[5) 우리가 하나님을 바르게 고백하고confess[6) 부르며pray to[7) 우리의 모든 말say과 행실do에서 그분이 영광을 얻도록praise 하는 것입니다.[8)

---

1) 레 24:15-16; 민 22:5-6 2) 레 19:12 3) 마 5:37; 약 5:12 4) 레 5:1; 잠 29:24 5) 사 45:23; 렘 4:2 6) 마 10:32; 롬 10:9-10 7) 시 50:15; 딤전 2:8 8) 롬 2:24; 엡 4:29; 골 3:17; 딤전 6:1

100문 : 맹세swearing나 저주cursing로 하나님의 이름을 욕되게 하는 것은 그들이 할 수 있는 대로 그러한 죄를 막거나prevent 금하지forbid 못한 사람들에게까지 하나님께서 진노하실 정도로 중대한 죄입니까?

답 : 진실로 그렇습니다. 하나님의 이름을 욕되게 하는 것보다 더 크고 하나님을 진노케 하는 죄는 없습니다. 따라서 하나님께서는 이 죄를 사형으로 벌하라 명하셨습니다.[9)

---

9) 레 24:16

웨스트민스터 대요리문답

112문 : 제3계명에서 요구된 것은 무엇입니까What is required in the third commandment?

답 : 제3계명에서 요구된 것은 하나님의 이름, 그의 칭호titles, 속성[1) 규례ordinances,[2) 말씀,[3) 성례,[4) 기도,[5) 맹세oaths,[6) 서원vows,[7) 제비lots,[8) 그의 사역[9) 그 외에 자기 자신을 나타내는 것은 무엇이든지, 하나님의 영광[10)과 자기 자신[11)과 다른 이들의 선good을 위하여,[12) 거룩한 고백holy profession[13)

과 책임 있는 대화answerable conversation[14]로써 사상[15] 명상[16] 말[17] 기록[18] 등을 거룩하고도 경외함으로reverently 사용해야 한다는 것입니다.

---

1) 마 6:9; 신 28:58; 시 29:2; 68:4; 계 15:3,4   2) 말 1:14; 전 5:1   3) 시 138:2   4) 고전 11:24,25,28,29   5) 딤전 2:8   6) 렘 4:2   **7) 전 5:2,4,5,6**   8) 행 1:24,26   9) 욥 36:24   10) 고전 10:31   11) 렘 32:39   12) 벧전 2:12   13) 벧전 3:15; 미 4:5   14) 빌 1:27   15) 말 3:16   16) 시 8:1,3,4,9   17) 골 3:17; 시 105:2,5   18) 시 102:18

113문 : 제3계명에서 금지된 죄들은 무엇입니까?

답 : 제3계명에서 금지된 죄들은 하나님의 이름을 그 요구된 대로 사용하지 않고[1] 무지하게ignorant,[2] 헛되이vain,[3] 불경하게irreverent 모독적으로 profane,[4] 미신적으로superstitious,[5] 혹은 악하게 언급함으로 남용하든지, 그의 칭호, 속성,[6] 규례,[7] 혹은 사역[8]을 모독blasphemy[9]과 위증 perjury[10]으로 사용하든지, 모든 죄악 된 저주,[11] **맹세,[12] 서원[13]**과 제비[14]로 남용하고, **우리의 맹세와 서원이 합법적인 것을 위반하고[15] 오히려 불법적인 것을 지키는 것과[16]** 하나님의 작정decrees[17]과 섭리[18]에 대하여 불평하고murmuring 항변하며quarrelling,[19] 호기심으로 파고들거나[20] 잘못 적용하며, 하나님의 말씀을 어떤 방식으로든 곡해하거나perverting, 그것의 어느 부분을[21] 잘못 해석하거나[22] 잘못 적용하며,[23] 모독하는 농담profane jests,[24] 호기심적이고 무익한unprofitable 질문, 헛된 말다툼 또는 잘못된 교리false doctrines를 지지하는 것,[25] 하나님의 이름을 그 아래 내포되어 있는 어떤 것이나 피조물이나 마술charms[26] 또는 죄악 된 정욕lust과 행사practices에[27] 악용하는 것과 하나님의 진리와 은혜 및 방법을 어떻게든 반대하고,[28] 훼방하고maligning,[29] 경멸하고 scorning,[30] 욕하고reviling,[31] 외식hypocrisy과 악한 목적으로 신앙을 고백하는 것이며,[32] 하나님의 이름에 대해 부끄러워하거나,[33] 불안해하고,[34] 지혜롭지 못하고,[35] 열매가 없고,[36] 그 이름에 수치스럽게 하거나 offensive walking[37] 그 이름으로부터 퇴보하는 것backsliding입니다.[38]

---

1) 말 2:2   2) 행 17:23   3) 잠 30:9   4) 말 1:6,7,12; 3:14   5) 삼상 4:3-5; 렘 7:4,9,10,14,31; 골 2:20-22   6) 왕하 18:30,35; 출 5:2; 시 139:20   7) 시 50:16,17   8) 사 5:12   9) 왕하 19:22; 레 24:11   10) 슥 5:4; 8:17   11) 삼상 17:43; 삼하 16:5   12) 렘 5:7; 23:10   13) 신 23:18; 행 23:12,14   14) 에 3:7; 9:24; 시 22:18   15) 시 24:4; 겔 17:16,18,19   16) 막 6:26; 삼상 25:22,32-34   17) 롬 3:5,7; 6:1-2   18) 전 8:11; 9:2; 시 39편   19) 롬 9:14,19-20   20) 신 29:29   21) 벧후 3:16; 마 22:24-31   22) 마 5:21-28   23) 겔 13:22   24) 사 32:13; 렘 33:34,36,38   25) 딤전 1:4,6-7; 6:4-5,20; 딤후 2:14; 딛 3:9   26) 신 18:10-14   27) 딤후 4:3-4; 롬 13:13-14; 왕상 21:9-10; 유

4　28) 행 13:45-46,50; 4:18; 19:9; 살전 2:16; 히 10:29　29) 행 13:45; 요일 3:12　30) 시 1:1; 벧후 3:3　31) 벧
전 4:4　32) 딤후 3:5; 마 23:14; 6:1-2,5,16　33) 막 8:38　34) 시 73:14-15　35) 고전 6:5-6; 엡 5:15-17　36)
사 5:4; 벧후 1:8　37) 롬 2:23-24　38) 갈 3:1,3; 히 6:6

신자는 함부로 맹세해서는 안 된다. 불필요한 맹세를 남용해서도 안 된다. 오히려 아무 말 없이 그저 삶 자체로 항상 진실을 말해야 한다. 굳이 "맹세한다" 혹은 "다짐한다"는 말을 붙일 필요가 없다. 모든 삶이 믿을 만한 말을 하는 삶이 되어야 한다. 그리고 맹세했다면 그 맹세를 지키려 노력해야 한다. 하나님의 이름으로 거짓을 말하지 않으려 애써야 한다.

서원은 아주 조심해서 해야 한다. 웬만하면 서원하지 않아야 하고, 혹 하더라도 자신이 감당할 수 없는 서원을 해서는 안 된다. 장차 어떻게 될지 모르는데 앞으로 10-20년 뒤에 있을 일에 대해서 서원해서는 안 된다. 하나님의 말씀에서 금하는 것이나 말씀이 명하는 어떤 의무를 방해하는 것, 자신의 힘이 미치지 못하는 것, 그것을 이행하는 데 있어서 하나님께로부터 받은 약속이나 능력이 없는 것에 대해서는 서원해서는 안 된다(WCF 제22장 제7절).

예컨대, 별다른 재산 없이 평균 연봉이 4,000만 원인 사람이 20억 원을 헌금하겠다고 작정하거나 서원하는 것은 제3계명을 어기는 일이 된다. 방금 태어난 아기를 목사가 되게 하겠다고 서원해서도 안 된다. 그 아기가 어떻게 될지 알 수 없다. 특히 목사나 선교사와 같은 직분에 대해 서원을 하는 것은 제3계명을 어기는 것이다. 그렇게 서원했다는 이유만으로 자신이 목사가 되어야 한다고 주장하는 것도 제3계명을 어기는 것이다.[151] 만약 그러하다면 장로로 되겠다고 서원한 사람을 회중은 무조건 장로로 투표해야 한다는 논리로도 이어질 수 있다. 그래서 청소년이나 대학생을 대상으로 하는 집회에서 목사나 선교사로의 서원을 유도하는 행위는 제3계명을 어기는 것이다. 웨스트민스터 신앙고백서 제22장 제7절(사무엘 루터포드의 요리문답 제488문답에도 동일한 내용이 있음)은 중세 시대의 잘못된 서원을 예로 삼아서 평생을 독신으로 살겠다는 서원과 가난하게 살겠다는 서원과 규칙적인 순종을 하는 수도원적인 삶을 살겠다는 서원은 옳지 않

---

151) 직분은 개인이 원한다고 할 수 있는 것이 아니다. 즉 내적 소명만으로 직분자가 될 수는 없다. 내적 소명과 함께 외적 소명을 통한 교회적 확인이 필요하다.

다고 가르친다.

　서원은 조심해서 하되, 했다면 자기가 서원한 것을 반드시 지켜야 한다. 그런데 잘못 서원한 경우에는 하나님 앞에서 자신이 함부로 서원한 것에 대해 회개하고, 그것을 지키지 못한 것을 깊이 회개해야 한다. 그리고 동일한 회개의 심정으로 자신이 잘못 서원한 것을 파기해야만 한다.[152]

　맹세는 특히 '예배'와 관련이 있다(WCF 제22장 제1절). 그렇다면 예배에서 이루어지는 맹세에는 어떤 것들이 있는가? 대표적인 것이 '세례' 시 행하는 '서약'이다. 세례를 받을 때 대상자는 오른손을 들고 다음과 같은 목사의 질문에 아멘으로 서약한다. "1. 여러분은 자신이 하나님 앞에서 심판을 피할 수 없는 죄인이며, 그의 크신 자비하심으로 구원 얻을 것 외에는 소망이 없는 줄을 믿습니까? 2. 여러분은 그리스도께서 하나님의 아들 되심과 죄인의 구주 되심을 믿으며, 구원하실 이는 오직 예수 그리스도뿐인 줄 알고, 그를 믿으며 그에게만 의지하기로 서약합니까? 3. 여러분은 지금 성령의 은혜를 의지하여 그리스도를 따르며, 모든 죄악을 버리고 그의 가르침과 본을 따라 살기로 서약합니까? 4. 여러분은 교회의 관할과 치리에 순종하고, 교회에 덕을 세우는 일에 힘쓰며, 교인으로서의 의무와 권리를 바르게 행사하기로 서약합니까?" 이 내용은 하나님과 교회 앞에 행한 '맹세'로서 예배의 한 부분이다. 이런 점에서 세례 시 행한 맹세를 어기는 것은 제3계명을 어기는 것이며, 세례 시 함부로 맹세하는 것도 마찬가지다.

　예배 중에 행하는 맹세 가운데 또 다른 예는 직분자 임직 시의 서약이다.[153] 직분자는 임직할 때 서약을 한다. 하나님과 회중 앞에서 맹세를 한다. 직분자는 구약과 신약성경을 하나님의 말씀으로 믿고 신앙과 행위에 있어서 정확무오한 유

---

152) 이승구, "서원하는 일에 대하여", 74-75.

153) 한국의 대부분의 교회는 임직식을 하나의 행사로 거행한다. 그래서 주일이 아닌 평일 중 하루를 택하여 행하며, 교회에 속한 회중 전체가 참여하기보다는 일부만 참여하고 임직자의 가족과 친지들이 주로 참석한다. 그러나 임직은 전체 회중이 참석한 시간인 주일 오전이나 오후 예배 시에 예배순서 중 하나로 행하는 것이 바람직하다. 왜냐하면 직분자를 세우는 임직은 교회를 세우는 중요한 방편이기에 교회를 가장 잘 드러내는 시간인 예배 시간에 하는 것이 바람직하기 때문이다. 그리고 직분을 수행할 대상인 회중이 참석하여 함께 서약해야 한다. 허순길, 『개혁교회의 목회와 생활』(서울: 총회출판국, 1994), 38-39; 허순길, 『잘 다스리는 장로』(서울: 영문, 2007), 178; 허순길, 『개혁해 가는 교회』(서울: 총회출판국, 1998⁵), 93. 스코틀랜드 장로교회는 교회법에 "임직식은 항상 안식일 공예배 모임의 끝에 교회 회중 앞에서 행할 것이다"라고 명시하고 있다. 네덜란드 계열의 개혁교회에서는 임직식을 주일예배 시에 한다.

일한 법칙으로 믿는다고 맹세한다. 장로교회의 교리표준인 웨스트민스터 신앙고백서와 대소요리문답을 성경에 가장 충실한 것으로 알고 믿고 따를 것을 맹세한다. 직분자로서 그 직분에 합당한 봉사에 힘쓰고 교회의 화평과 성결을 위해 진력하기로 맹세한다. 그리고 회중들은 그 직분자들이 행하는 직임에 대해 순종할 것을 하나님과 직분자 앞에서 맹세한다. 회중들은 그 직분자를 교회의 직분자로 받아 성경과 교회정치에 가르친 바를 따라서 주 안에서 존경하고 위로하고 복종하기로 맹세한다. 이런 점에서 직분자 임직 시의 서약을 함부로 하는 것은 제3계명을 어기는 것이며, 서약한 바를 지키지 않는 것은 제3계명을 어기는 것이다.

　잘못된 맹세를 금한다고 할 때 사람들은 오해를 한다. 아예 맹세를 하면 안 된다고 생각하는 것이다.[154] 이는 마태복음 5:33-37에 대한 오해에서 비롯된 것이다. 마태복음 5:34-35에서 예수님은 "[34]나는 너희에게 이르노니 도무지 맹세하지 말지니 하늘로도 하지 말라. 이는 하나님의 보좌임이요 [35]땅으로도 하지 말라. 이는 하나님의 발등상임이요 예루살렘으로도 하지 말라. 이는 큰 임금의 성임이요"라고 말씀하셨는데, 이 말씀은 맹세를 절대로 하지 말라는 의미가 아니다. 34절의 말씀은 과장법을 사용하신 것으로 절대 맹세를 하지 말라는 말이 아니다. 예수님은 당시 유대인들의 잘못된 맹세를 지적하신 것이다.[155] 당시 유대인들은 맹세를 할 때 하나님의 이름으로 하지 않고, 대신 하늘의 이름이나 땅의 이름으로 했다. 여호와의 이름을 망령되게 부르지 말라고 했더니 여호와의 이름 자체를 부르지 않았던 것과 마찬가지였다. 여호와의 이름으로 맹세하지 않으려고 하늘과 땅의 이름을 사용했다. 이렇게 함으로써 맹세도 자유롭게 하고, 여호와의 이름으로 하는 맹세도 헛되지 않게 할 수 있는 '헛점'(?)을 노렸다. 그러고는 하나님께 맹세한 것은 목숨을 걸고라도 지켜야 하지만 그 외의 맹세에 대해서는 약간의 융통성을 두어도 된다는 식으로 받아들였다. 결국 그들은 하나님의 이름을 대신해서 다른 것으로 맹세하고 그 맹세를 지키지 않으려 했다.[156] 예수님은 이러한 상황 속에서 "도무지 맹세하지 말지니 하늘로도 하지 말라. 이는 하나

---

154) 재세례파는 그렇게 오해를 한다. *Institutes*, Ⅱ. ⅷ. 26; Douma, *The Ten Commandments*, 94.

155) 이러한 오해를 하지 않으려면 산상수훈이 십계명에 대한 해설의 역할뿐 아니라 유대인들을 꾸짖기 위한 역할도 한다는 사실을 기억할 필요가 있다. Frame, *The Doctrine of the Christian Life*, 499.

님의 보좌임이요. 땅으로도 하지 말라. 이는 하나님의 발등상임이요. 예루살렘으로도 하지 말라. 이는 큰 임금의 성임이요"라고 말씀하신 것이다. 그러므로 하나님의 이름으로 맹세하는 것은 가능하다(제네바교회 요리문답 제161문답). 단, 잘못된 맹세를 금할 뿐이다.

이와 관련해서 하이델베르크 요리문답 제101문답은 다음과 같이 가르친다.

하이델베르크 요리문답

101문 : 그러나 하나님의 이름으로 경건하게reverently 맹세할 수는 있습니까?

답 : 그렇습니다. 국가가 국민에게 요구하는 경우, 혹은 하나님의 영광과 이웃의 복good을 위하여 신뢰trustworthiness와 진리truth를 보존하고 maintain 증진시키는promote 데 꼭 필요한 경우에는 맹세할 수 있습니다. 그러한 맹세는 하나님의 말씀에 근거한 것이며,[1] 그렇기에 구약과 신약의 성도들도 이것을 옳게 사용해 왔습니다.[2]

1) 신 6:13; 10:20; 히 6:16   2) 창 21:24; 31:53; 삼상 24:21-22; 삼하 3:35; 왕상 1:29-30; 롬 1:9; 9:1; 고후 1:23

맹세나 서원은 어떤 피조물에 대해서 할 것이 아니라 오직 하나님을 향해 이루어져야 한다. 하나님의 이름만이 사람이 맹세해야 할 이름이다(WCF 제22장 제2,6절). 이와 관련하여 하이델베르크 요리문답 제102문답은 다음과 같이 가르친다.

---

156) 송영찬, 『하나님 나라의 원리』(서울: 여수룬, 1994), 108.

하이델베르크 요리문답

102문 : 성인(聖人)이나 다른 피조물로도 맹세할 수 있습니까?

답 : 아닙니다. 정당한 맹세a legitimate oath는 오직 홀로 사람의 마음을
아시는 하나님을 불러, 진리truthfulness에 대해 증인이 되어 주시며
내가 거짓으로falsely 맹세할 때 형벌하시기를 구하는 것입니다.[3] 이
러한 영예는 어떤 피조물에게도 돌아갈 수 없습니다.[4]

3) 롬 9:1; 고후 1:23   4) 마 5:34-36; 약 5:12

맹세와 서원에 관해서는 웨스트민스터 신앙고백서 제22장이 아주 자세히 설
명해 주고 있다.

웨스트민스터 신앙고백서
제22장   합법적인 맹세와 서원(誓願)
Of Lawful Oaths and Vows

1. 합법적인 맹세A lawful oath는 종교적 예배religious worship의 한 요소이니,[1]
정당한 기회occasion에 맹세하는 자가 하나님을 엄숙하게solemnly 불러 자
기가 단언하거나 약속한 것what he asserteth or promiseth에 대해 증인이 되
어 주시고 그의 맹세한 것의 진위(眞僞)에 따라 판단해 주시기를 구하는
것이다.[2]

1) 신 10:20   2) 출 20:7; 레 19:12; 대하 6:22-23; 고후 1:23

2. 하나님의 이름만The name of God only이 사람이 맹세해야 할 이름이니, 모
든 거룩한 두려움과 경외심을 가지고 사용해야 한다.[3] 그러므로 그 영광
스럽고 두려운 이름that glorious and dreadful name을 헛되이vainly 혹은 경
솔하게rashly 맹세하는 것과 다른 어떤 것으로 맹세하는 것은 죄악이며,

따라서 미워해야 할 것이다to be abhorred.[4] 그러나 중요성과 계기에 따라 in matters of weight and moment 맹세하는 것은 옛 언약 시대뿐 아니라 새 언약 시대에도 하나님의 말씀이 보증하는 것이다is warranted. 그러므로 합법적인 맹세는 적법한 권위에 의해 요구될 때에는being imposed by lawful authority 이행해야 한다.[6]

3) 신 6:13   4) 렘 5:7; 출 20:7; 마 5:34,37; 약 5:12   5) 사 65:16; 히 6:16; 고후 1:23   6) 스 10:5; 왕상 8:31; 느 13:25

3. 맹세하는 자는 누구든지 엄숙한 행위의 중대성the weightiness of so solemn an act을 충분히duly 고려하고, 자기가 진리라고 완전히 확신하는 것 외에는 아무것도 공언해서는 안 된다to avouch nothing.[7] 누구든지 선하고 옳은 것what is good and just, 자기가 옳다고 믿는 것what he believeth so to be, 자기가 실제로 행할 수 있고 행하려고 결심한 것what he is able and resolved to perform 외에는 그 어떤 일에 관해서도 맹세로 자신을 구속하지 않아도 된다.[8] 그러나 합법적인 권위에 의해 요구된 선하고 옳은 일에 연관된 맹세를 거부하는 것은 죄가 된다.[9]

7) 렘 4:2; 출 20:7   8) 창 24:2-3,5-6,8-9   9) 느 5:12; 출 22:7-11; 민 5:19,21

4. 맹세는 애매한 표현equivocation이나 심중유보(心中留保)하는 말mental reservation을 사용하지 말고, 분명하고 상식적인 말로in the plain and common sense of the words 해야 한다.[10] 죄를 범하게 강요하는 맹세는 안 되지만, 죄를 짓지 않는 어떤 것을 맹세했다면 그것이 비록 자신에게 해가 될지라도 반드시 지켜야 한다.[11] 설령 이단자heretics나 이교도들infidels에게 맹세한 것일지라도 그것을 어겨서는 안 된다.[12]

10) 시 24:4; 렘 4:2   11) 시 15:4; 삼상 25:22,32-34   12) 수 9:18,19; 삼하 21:1; 겔 17:16,18-19

5. 서원(誓願)vow은 약속적 맹세promissory oath와 같은 성질의 것이니, 그것을 행할 때도 같은 종교적 주의religious care와 같은 신실함faithfulness으로 이행해야 한다.[13]

13) 시 61:8; 66:13-14; 전 5:4-6; 사 19:21

6. 서원은 어떤 피조물에게 하는 것이 아니라 하나님께만 해야 한다.[14] 서원이 받아지려면 우리가 받은 긍휼for mercy received과 우리가 원하는 바를 얻은 것에 대한for obtaining of what we want 감사함으로, 믿음과 의무의 양심으로부터out of faith and conscience of duty 자원하는 마음voluntarily으로 해야 한다. 그로 인해 우리는 마땅한 의무necessary duties나 그 밖의 것들에 우리 자신을 한층 더 엄격하게 매게 된다more strictly bind ourselves.[15]

---

14) 시 76:11; 렘 44:25-26   15) 창 28:20-22; 신 23:21-23; 삼상 1:11; 시 50:14; 66:13-14; 132:2-5

7. 하나님의 말씀에서 금하는 것이나 말씀이 명하는 어떤 의무를 방해하는 것, 자신의 힘이 미치지 못하는 것, 그것을 이행하는 데 있어서 하나님께로부터 받은 약속이나 능력이 없는 것에 대해서는 어느 누구도 서원해서는 안 된다.[16] 이런 점에서 볼 때 평생 독신 생활perpetual single life과 청빈의 공언professed poverty과 규칙적 순종regular obedience에 대한 수도원적 서원monastical vows은 더 높은 완전의 정도에서 너무나 먼 것이어서, 어느 그리스도인도 스스로 얽매이지entangle 말아야 할 미신적이며 죄악 된 올무들sinful snares이다.[17]

---

16) 민 30:5,8,12-13; 막 6:26; 행 23:12,14   17) 마 19:11-12; 고전 7:2,9,23; 엡 4:2,28

(5) 개혁주의 고백문서에서 가르치는 제3계명의 실천

하이델베르크 요리문답 제99문답과 웨스트민스터 대요리문답 제112-113문답은 제3계명을 어떻게 지켜야 하는지에 대해서 다음과 같이 자세히 설명하고 있다.

하이델베르크 요리문답

99문 : 제3계명에서 하나님께서 원하시는 것은 무엇입니까?

답 : 우리가 저주cursing나[1] 거짓 맹세perjury,[2] 또는 불필요한 서약oaths으로[3] 하나님의 이름을 욕되게 하거나blaspheme 잘못 사용하지misuse 않는 것이며, 더 나아가 침묵하는 방관자bystanders가 되어 그러한 두려운 죄에 참여하지 않는 것입니다.[4] 오히려 하나님의 거룩한 이름을 두려워하고 존경하는 마음으로만only with reverence and awe 사용하여,[5] 우리가 하나님을 바르게 고백하고confess[6] 부르며pray to[7] 우리의 모든 말say과 행실do에서 그분이 영광을 얻도록praise 하는 것입니다.[8]

---

1) 레 24:15-16; 민 22:5-6 2) 레 19:12 3) 마 5:37; 약 5:12 4) 레 5:1; 잠 29:24 5) 사 45:23; 렘 4:2 6) 마 10:32; 롬 10:9-10 7) 시 50:15; 딤전 2:8 8) 롬 2:24; 엡 4:29; 골 3:17; 딤전 6:1

웨스트민스터 대요리문답

112문 : 제3계명에서 요구된 것은 무엇입니까What is required in the third commandment?

답 : 제3계명에서 요구된 것은 하나님의 이름, 그의 칭호titles, 속성,[1] 규례ordinances,[2] 말씀,[3] 성례,[4] 기도,[5] 맹세oaths,[6] 서원vows,[7] 제비lots,[8] 그의 사역,[9] 그 외에 자기 자신을 나타내는 것은 무엇이든지, 하나님의 영광[10]과 자기 자신[11]과 다른 이들의 선good을 위하여,[12] 거룩한 고백holy profession[13]과 책임 있는 대화answerable conversation[14]로써 사상,[15] 명상,[16] 말,[17] 기록[18] 등을 거룩하고도 경외함으로reverently 사용해야 한다는 것입니다.

---

1) 마 6:9; 신 28:58; 시 29:2; 68:4; 계 15:3,4 2) 말 1:14; 전 5:1 3) 시 138:2 4) 고전 11:24,25,28,29 5) 딤전 2:8 6) 렘 4:2 7) 전 5:2,4-6 8) 행 1:24,26 9) 욥 36:24 10) 고전 10:31 11) 렘 32:39 12) 벧전 2:12 13) 벧전 3:15; 미 4:5 14) 빌 1:27 15) 말 3:16 16) 시 8:1,3,4,9 17) 골 3:17; 시 105:2,5 18) 시 102:18

113문 : 제3계명에서 금지된 죄들은 무엇입니까?

답 : 제3계명에서 금지된 죄들은 하나님의 이름을 그 요구된 대로 사용하

지 않고[1] 무지하게ignorant,[2] 헛되이vain,[3] 불경하게irreverent 모독적으로 profane,[4] 미신적으로superstitious,[5] 혹은 악하게 언급함으로 남용하든지, 그의 칭호, 속성,[6] 규례,[7] 혹은 사역[8]을 모독blasphemy[9]과 위증perjury[10]으로 사용하든지, 모든 죄악 된 저주,[11] 맹세,[12] 서원[13]과 제비[14]로 남용하고, 우리의 맹세와 서원이 합법적인 것을 위반하고[15] 오히려 불법적인 것을 지키는 것과[16] 하나님의 작정decrees[17]과 섭리[18]에 대하여 불평하고murmuring 항변하며quarrelling,[19] 호기심으로 파고들거나[20] 잘못 적용하며, 하나님의 말씀을 어떤 방식으로든 곡해하거나perverting, 그것의 어느 부분을[21] 잘못 해석하거나[22] 잘못 적용하며,[23] 모독하는 농담profane jests,[24] 호기심적이고 무익한unprofitable 질문, 헛된 말다툼 또는 잘못된 교리false doctrines를 지지하는 것,[25] 하나님의 이름을 그 아래 내포되어 있는 어떤 것이나 피조물이나 마술charms[26] 또는 죄악 된 정욕lust과 행사practices에[27] 악용하는 것과 하나님의 진리와 은혜 및 방법을 어떻게든 반대하고,[28] 훼방하고maligning,[29] 경멸하고scorning,[30] 욕하고reviling,[31] 외식hypocrisy과 악한 목적으로 신앙을 고백하는 것이며,[32] 하나님의 이름에 대해 부끄러워하거나,[33] 불안해하고,[34] 지혜롭지 못하고,[35] 열매가 없고,[36] 그 이름에 수치스럽게 하거나offensive walking[37] 그 이름으로부터 퇴보하는 것backsliding입니다.[38]

---

1) 말 2:2 2) 행 17:23 3) 잠 30:9 4) 말 1:6,7,12; 3:14 5) 삼상 4:3-5; 렘 7:4,9,10,14,31; 골 2:20-22 6) 왕하 18:30,35; 출 5:2; 시 139:20 7) 시 50:16,17 8) 사 5:12 9) 왕하 19:22; 레 24:11 10) 슥 5:4; 8:17 11) 삼상 17:43; 삼하 16:5 12) 렘 5:7; 23:10 13) 신 23:18; 행 23:12,14 14) 에 3:7; 9:24; 시 22:18 15) 시 24:4; 겔 17:16,18,19 16) 막 6:26; 삼상 25:22,32-34 17) 롬 3:5,7; 6:1-2 18) 전 8:11; 9:2; 시 39편 19) 롬 9:14,19-20 20) 신 29:29 21) 벧후 3:16; 마 22:24-31 22) 마 5:21-28 23) 겔 13:22 24) 사 32:13; 렘 33:34,36,38 25) 딤전 1:4,6-7; 6:4-5,20; 딤후 2:14; 딛 3:9 26) 신 18:10-14 27) 딤후 4:3-4; 롬 13:13-14; 왕상 21:9-10; 유 4 28) 행 13:45-46,50; 4:18; 19:9; 살전 2:16; 히 10:29 29) 행 13:45; 요일 3:12 30) 시 1:1; 벧후 3:3 31) 벧전 4:4 32) 딤후 3:5; 마 23:14; 6:1-2,5,16 33) 막 8:38 34) 시 73:14-15 35) 고전 6:5-6; 엡 5:15-17 36) 사 5:4; 벧후 1:8 37) 롬 2:23-24 38) 갈 3:1,3; 히 6:6

5. 제3계명에 대한 강한 금지 명령

출애굽기 20:7은 "…여호와는 그의 이름을 망령되게 부르는 자를 죄 없다 하지 아니하리라"라고 말씀한다. 이 말씀은 제3계명과 함께 고려해야 할 부분인데, 레위기 24:15-16 "[15]너는 이스라엘 자손에게 말하여 이르라. 누구든지 그의 하나님을 저주하면 죄를 담당할 것이요 ¹⁶여호와의 이름을 모독하면 그를 반드시 죽일지니 온 회중이 돌로 그를 칠 것이니라. 거류민이든지 본토인이든지 여호와의 이름을 모독하면 그를 죽일지니라"에서도 볼 수 있다.

왜 이런 강한 말씀을 하고 있을까? 이에 대해서는 웨스트민스터 소요리문답 제56문답과 웨스트민스터 대요리문답 제114문답이 잘 설명해 주고 있다.

웨스트민스터 소요리문답

56문 : 제3계명에 더하여진 이유the reason annexed는 무엇입니까?

답 : 제3계명에 더하여진 이유는 이 계명을 범하는 자the breakers가 비록 사람들로부터는 형벌을 피할 수 있을지라도, 주 우리 하나님께서는 그들을 그분의 의로운 심판righteous judgment에서 피하지 못하게 하신다는 것입니다.[1]

1) 삼상 2:12,17,22,29; 3:13; 신 28:58-59

웨스트민스터 대요리문답

114문 : 제3계명에 더하여진 이유들은 무엇입니까?

답 : "네 하나님 여호와"와 "여호와는 그의 이름을 망령되게 부르는 자를 죄 없다 하지 아니하리라"하신 말씀에 나타나 있는 제3계명에 더하여진 이유들은,[1] 그는 주와 우리 하나님이심으로 우리는 그의 이름을 모독하거나be profaned 어떤 방식으로든지 남용할 수 없다는 것입니다.[2] 그 이유는, 특히 이 계명의 위반자들transgressors이 사람들의 많은 비난censures과 벌punishments은 피할 수 있을지라도albeit,[3] 하나님께서는 이 계명의 위반자를 면하여acquitting 구해sparing 주시기는커녕, 그들로 하여금 그의 의로운 심판을 결단코 피하지 못하게 하실 것이라고 한 까닭입니다.[4]

1) 출 20:7   2) 레 19:12   3) 삼상 2:12,17,22,24; 3:13   4) 겔 36:21-23; 신 28:58-59; 슥 5:2-4

6. 제3계명에 담긴 하나님의 배려와 사랑

제3계명에는 하나님의 배려와 사랑이 담겨 있다. 제3계명은 하나님의 이름을 잘못 사용함으로 말미암아 우리가 범할 수 있는 여러 가지 죄악을 미리 막아 준다. 하나님의 이름으로 행하는 예배와 맹세, 서약 등을 잘못 행함으로 생길 수 있는 범죄를 막아 준다. 나아가 제3계명은 우리로 하여금 하나님의 이름을 바르게 사용함으로써 하나님께 속한 모든 것에 대해 경외심을 가지도록 만든다.

5장
제4계명

출애굽기 20:8-11

"⁸안식일을 기억하여 거룩하게 지키라. ⁹엿새 동안은 힘써 네 모든 일을 행할 것이나 ¹⁰일곱째 날은 네 하나님 여호와의 안식일인즉 너나 네 아들이나 네 딸이나 네 남종이나 네 여종이나 네 가축이나 네 문안에 머무는 객이라도 아무 일도 하지 말라. ¹¹이는 엿새 동안에 나 여호와가 하늘과 땅과 바다와 그 가운데 모든 것을 만들고 일곱째 날에 쉬었음이라. 그러므로 나 여호와가 안식일을 복되게 하여 그 날을 거룩하게 하였느니라."

웨스트민스터 소요리문답

57문 : 제4계명은 무엇입니까?

답 : 제4계명은 "안식일을 기억하여 거룩하게 지키라. 엿새 동안은 힘써 네 모든 일을 행할 것이나 일곱째 날은 네 하나님 여호와의 안식일인즉 너나 네 아들이나 네 딸이나 네 남종이나 네 여종이나 네 가축이나 네 문안에 머무는 객이라도 아무 일도 하지 말라. 이는 엿새 동안에 나 여호와가 하늘과 땅과 바다와 그 가운데 모든 것늘 만들고 일곱째 날에 쉬었음이라. 그러므로 나 여호와가 안식일을 복되게 하여 그 날을 거룩하게 하였느니라" 하신 것입니다.[1]

---

1) 출 20:8-11

웨스트민스터 대요리문답

115문 : 제4계명은 무엇입니까?

　답 : 제4계명은 "안식일을 기억하여 거룩히 지키라. 엿새 동안은 힘써 네 모든 일을 행할 것이나 제 칠 일은 너의 하나님 여호와의 안식일인즉 너나 네 아들이나 네 딸이나 네 남종이나 네 여종이나 네 육축이나 네 문안에 유하는 객이라도 아무 일도 하지 말라. 이는 엿새 동안에 나 여호와가 하늘과 땅과 바다와 그 가운데 모든 것을 만들고 제 칠 일에 쉬었음이라. 그러므로 나 여호와가 안식을 복되게 하여 그 날을 거룩하게 하였느니라" 하신 것입니다.[1]

---

1) 출 20:8-11

관련 성경구절

출애굽기 16:22-30; 20:8-11; 31:12-17; 34:21; 35:2-3; 레위기 19:3,30; 23:3; 25:4; 26:2; 민수기 15:32-36; 28:9-10; 신명기 5:12-15; 느헤미야 9:13; 10:31; 13:15-22; 시편 95편; 이사야 56:2-7; 58:13-14; 예레미야 17:19-27; 에스겔 46:1-5; 아모스 8:4-6; 마태복음 12:1-12; 마가복음 2:23-3:6; 누가복음 4:16-30; 6:1-11; 13:10-17; 14:1-6; 요한복음 5:17; 20:26; 사도행전 20:7; 고린도전서 16:2; 로마서 14:5; 히브리서 4:1-11; 10:25; 요한계시록 1:10; 14:13

관련 신조

하이델베르크 요리문답 제103문답

웨스트민스터 신앙고백서 제21장 제7-8절

웨스트민스터 대요리문답 제115-121문답

웨스트민스터 소요리문답 제57-62문답

1. 제4계명의 기본적인 의미

제4계명은 안식일을 기억하고 거룩하게 지키라는 말씀이다. 그렇다면 안식일은
언제인가? 창조의 마지막 날이다. 창조 이전에는 시간 개념이 존재하지 않았는
데 하나님께서는 창조와 더불어 친히 시간을 창조하셨고, 그 시간 속에서 이 세
상을 창조하셨다. 이때 하나님께서는 7일이라는 숫자에 맞추어 창조를 진행하셨
다.[157] 그렇게 시작된 하나님의 창조는 첫째 날에 빛을 창조하신 것을 시작으로
여섯째 날에 짐승과 사람을 창조하시는 것으로 끝났고, 그다음 날인 일곱째 날
에는 하시던 일을 그만두시고 안식하셨다. 그리고 그 일곱째 날을 복되게 하사
거룩하게 하셨다(창 2:2-3).

　이후 십계명을 주시면서 창조 때에 구분하신 그 날을 기준으로 일곱째 날을
쉬라고 하시면서 제4계명을 주셨으니, 하나님은 자신이 쉬셨던 그 날을 기억하
라고 하셨고, 그 날에는 아무 일도 하지 말고 쉬라고 하셨다. 그 이유는 하나님
께서 쉬셨기 때문이며, 친히 그 날을 복되게 하셨고 거룩하게 하셨기 때문이다.

　제4계명에 근거하여 구약 이스라엘 백성들은 나머지 6일 동안에는 자신의 일
을 행해야 했고, 제7일인 안식일에는 아무 일도 하지 않고 쉬어야만 했다.

안식일을 언제부터 지켰을까?

　하나님께서 창조 당시에 쉬신 날인 제7일은 십계명이 주어지기 전에 이미
있었다. 그러나 그 날에 어떻게 하라는 명령은 십계명이 주어지면서 나타나
게 된다.

　그렇다면 과연 안식일은 언제부터 지켜졌을까? 크게 두가지 견해가 있다.

　첫째, 하나님이 창조원리로 정하셨다는 견해, 둘째, 모세의 율법(십계명)

---

157) 엄밀한 의미에서 하나님의 창조는 7일보다 더 길다. 왜냐하면 하나님의 창조는 첫째 날인 창세
기 1:3에서부터 시작하는 것이 아니라 창세기 1:1-2에서 이미 시작되었기 때문이다. 그렇기에
우리가 7일 창조라고 말하지만, 엄밀하게는 7일보다 더 길다고 보아야 한다. 창세기 1:2을 가리
켜 '원 창조'(primordial creation)라고 부르고, 창세기 1:3부터 창세기 1:31까지의 6일을 형
성 주간(formation week)이라고 부른다. 이승구, 『기독교세계관이란 무엇인가?』(서울: SFC,
2004), 107-108.

에 기원한다는 견해다.[1]

첫 번째 견해는 전통적인 견해로서 안식일 제도는 창조 원리로 주신 것이기에 십계명이 주어지기 전부터 지켜졌다는 것이다. 아브람이나 이삭도 안식일을 지켰을 것이라는 주장이다. 청교도(WCF 제21장 제7절; WLC 제116문답; WSC 제59문답)[2], 게할더스 보스[3] 등이 주장한다.

두 번째 견해는 모세의 율법에 기원한다는 견해다. 십계명이 주어지면서 비로소 사람들이 안식일을 지켰다는 것이다. 이러한 견해를 취하는 이유는 성경에 보면 창조 이래로 출애굽기 20장까지 안식일을 지켰다는 흔적이 없기 때문이다.[4] 안식일의 개념도 광야에서 만나를 걷는 일을 통해 처음으로 드러나기 시작하였다(출 16:22-30).[5]

두 견해 중 정확하게 어느 것이 옳은지는 단언할 수 없으나 십계명이 '도덕법'이라는 관점에서 볼 때 첫 번째 견해가 좀 더 타당해 보인다. 제6계명이 주어지기 전에도 이미 그 법을 지켜야 했던 것처럼 제4계명이 주어지기 전에도 이미 지켜지지 않았을까 생각된다.

---

1) 성경 외적으로는 당시 앗수르-바벨론 문화에서 지키는 일주일 개념이나, 고대에 7이라는 숫자가 가지는 특별한 의미, 가나안 지역을 통과할 때의 '켄'(Kenites)이라는 족속이 숭배하던 토성(Saturn) 숭배에서 유래했다는 등의 견해가 있으나 우리는 이 견해에 대해서 전혀 염두에 둘 필요가 없다. Paul K. Jewett, *The Lord's Day: A Theological Guide to the Christian Day of Worship*(Grand Rapids: Eerdmans, 1971), 옥한흠 옮김, 「주일의 참뜻」(서울: 개혁주의신행협회, 1976, 1992), 12-15.
2) Jewett, 「주일의 참뜻」, 130.
3) Vos, 「성경신학」, 171-175.
4) Grier는 모세 시대 훨씬 이전에도 주 단위로 시간을 계산하고 있었다는 것(창 29:27)은 창조 시에 안식일을 제정하신 일의 '근거'가 바탕이 되었을 것이라고 보며, 제4계명이 "안식일을 기억하라"고 할 때 여기에서 사용되고 있는 '기억하라'는 말 자체가 이미 사람들이 안식일을 알고 있었다는 것을 전제하는 표현이라고 한다. W. J. Grier, The Development of the Lord's Day from Jewish Sabbath, 최승락 역, "유대인 안식일로부터 주의 날로의 발전", 「진리의 깃발」, vol. 82(서울: 한국개혁주의설교연구원, 2006), 60.
5) 김영철, 「주님의 주님되심(창세기 1-3장)」(서울: 여수룬, 1992), 85; A. G. Shead, "Sabbath", *New Dictionary of Biblical Theology*, edited by Desmond Alexander and Brian S. Rosner(Leicester: IVP, 2000), "안식일", 「IVP 성경신학사전」(서울: IVP, 2004), 849.

2. 제4계명에 나타난 하나님의 사역[158]

모든 계명이 그러하듯 제4계명은 하나님이 어떠한 분인지를 가르쳐 준다. 그러

---

158) 제1계명은 하나님의 존재와 본성, 제2계명은 하나님의 속성, 제3계명은 하나님의 이름, 제4계명은 하나님의 사역을 계시한다. 그런데 제1계명에서부터 제4계명에서 계시하는 하나님의 존재, 본성, 속성, 이름, 사역이 신론을 구성한다는 점은 시사하는 바가 크다.

므로 제4계명을 지키는 것도 중요하지만 계명을 지키면서 하나님이 누구신지도 함께 기억해야 한다. 그렇다면 안식일은 하나님의 어떠한 점을 계시하는가? 안식일은 하나님의 창조, 하나님의 구속, 하나님께서 주시는 안식, 시간의 주인이신 하나님을 계시하고 있다.

(1) 창조의 하나님

제4계명이 기록되어 있는 출애굽기 20:8-11은 "⁸안식일을 기억하여 거룩하게 지키라. ⁹엿새 동안은 힘써 네 모든 일을 행할 것이나 ¹⁰일곱째 날은 네 하나님 여호와의 안식일인즉 너나 네 아들이나 네 딸이나 네 남종이나 네 여종이나 네 가축이나 네 문안에 머무는 객이라도 아무 일도 하지 말라. **¹¹이는 엿새 동안에 나 여호와가 하늘과 땅과 바다와 그 가운데 모든 것을 만들고 일곱째 날에 쉬었음이라.** 그러므로 나 여호와가 안식일을 복되게 하여 그 날을 거룩하게 하였느니라"라고 말씀한다. 이 말씀에 의하면 안식일을 지켜야 하는 이유는 하나님께서 6일 동안 이 세상을 **창조**하신 뒤 제7일에 안식하셨기 때문이다.

그러므로 제4계명은 창조의 하나님을 계시해 준다. 제4계명을 지키면서 하나님의 창조를 기억해야 한다. 이 세상을 창조하신 하나님께서는 친히 시간을 창조하셨고(창 1:1), 그 시간들을 구분하사 날을 창조하셨다(창 1:14). 그리고 6일 동안 창조의 사역을 감당하신 뒤 제7일에 안식하셨다(창 2:2-3). 제7일에 안식하신 것은 창조의 완성을 상징한다. 이렇게 창조를 완성하신 제7일을 안식일로 정하여 지키게 하시니 그 목적은 창조의 하나님을 기억하게 하려는 것이다.

이러한 의도에 따라 오고 오는 모든 교회와 성도는 일주일 가운데 하루를 기억하고 거룩하게 지킴으로써 창조의 하나님을 기억해야 한다. 오직 하나님만이 아무것도 없던 중에 이 세상을 창조하신 분임을 기억해야 한다. 안식일을 지키면서 창조의 하나님을 기억하지 않는다면 안식일을 제대로 지키는 것이 아니다.

나아가 창조의 하나님께서 모든 것을 채워 주실 것에 대한 믿음 때문에 하루를 편하게 안식할 수 있게 되었음을 기억하며 소망을 가져야 한다. 또한 창조주 하나님을 떠올리며, 피조 된 존재로서의 사람을 기억해야 한다. 또한 창조의 마지막 날을 안식일로 지키는 것은 하나님의 창조 작품을 즐기고 그것으로부터 만

---

159) Frame, *The Doctrine of the Christian Life*, 529; Kline, 『하나님 나라의 서막』, 63.

족을 얻으라는 것임을 기억해야 한다.[159]

(2) 구속의 하나님

십계명은 출애굽기 20:2-17과 신명기 5:6-21 두 군데에 기록되어 있다. 그 내용은 거의 동일하다. 다만 제4계명은 눈에 띄는 차이가 있으니, 안식일을 지켜야 하는 동기가 다르다. 출애굽기 20:11은 **"이는 엿새 동안에 나 여호와가 하늘과 땅과 바다와 그 가운데 모든 것을 만들고 일곱째 날에 쉬었음이라.** 그러므로 나 여호와가 안식일을 **복되게 하여** 그 날을 거룩하게 하였느니라"라고 되어 있는 반면, 신명기 5:15은 **"너는 기억하라. 네가 애굽 땅에서 종이 되었더니 네 하나님 여호와가 강한 손과 편 팔로 거기서 너를 인도하여 내었나니** 그러므로 네 하나님 여호와가 **네게 명령하여** 안식일을 지키라 하느니라"라고 되어 있어서 차이를 보인다.[160]

창조의 하나님이 안식일을 지키는 이유였던 출애굽기 20:11과 달리, 신명기 5:15은 구속의 하나님이 안식일을 지키는 이유라고 말씀한다.[161] 하나님은 안식일을 기억하면서 애굽에서 구원하신 하나님을 기억하라고 말씀하신다.

그러므로 제4계명은 구속의 하나님을 계시해 준다. 제4계명은 하나님의 구속을 기억케 하는 계명이다. 제4계명을 지키면서 하나님의 구속을 기억해야 한다. 안식일은 노예 상태에서 소망이 없던 이스라엘, 흑암과 죄악과 정욕의 쇠사슬에 매여 있던 자들을 건져 내사 새로운 안식의 세계, 평안의 세계, 영광의 세계로 이끌어 인도해 나가시는 하나님의 크신 경륜을 하나의 시간으로 나타내는 상징이다.[162]

그렇기에 안식일을 제대로 지키려면 하나님의 구속을 기억해야 한다. 왜 일주일 중 하루를 쉴 수 있게 되었는지, 그 의미를 제대로 기억하고 쉬어야 한다. 그래야만 제4계명을 제대로 지킨 것이라 할 수 있다.

---

160) 출애굽기 20:2-17과 신명기 5:6-21에 기록된 십계명의 차이점을 잘 비교한 것으로 다음을 참조하라. Hamilton, *Exodus*, 314-315.

161) 출애굽기와 신명기에서 언급하는 제4계명을 지키는 이유가 서로 다르다는 이유로 신명기 이후의 백성은 창조의 하나님과 무관하다고 생각할 필요는 없다. 신명기에서 출애굽기가 강조한 '창조 모티브'를 폐지한 것은 아니다. 창조와 구속은 성경에서 서로 적대적인 개념이 아니다. 구속은 창조자의 사역이다. Frame, *The Doctrine of the Christian Life*, 514; 송영찬, 『시내산 언약과 십계명』, 234; 김홍전, 『십계명 강해』, 115-117; Murray, 『조직신학 I』, 221.

162) 김홍전, 『십계명 강해』, 117.

(3) 안식의 하나님

제4계명에서 하나님은 아무 일도 하지 말라고 하신다. 제4계명은 '안식' 함으로써 지킨다. 출애굽기 20:11이 말씀하는 제4계명을 지키는 이유는 하나님께서 안식하셨기 때문이다. 신명기 5:15이 말씀하는 제4계명을 지키는 이유인 구속은 한편으로 안식이다. 애굽 땅에서 종 되었던 자들이 애굽에서 떠나는 것은 그 자체로 안식이었고, 그들이 들어가게 될 약속의 땅도 그들이 누릴 안식을 상징하였기 때문이다(히 4:9-10).[163]

나아가 이스라엘 백성들은 가나안에 들어가는 것으로 만족하지 않고 그곳에서 거룩한 나라를 세워 가며 영원한 안식을 목표로 부단히 전진해 나가는 일에 총력을 기울여야 한다. 이렇게 함으로써 장차 오실 영원한 안식의 표상이신 예수 그리스도를 기다려야 한다. 하나님은 이를 기억하도록 하시기 위해 안식일을 허락하셨다. 다시 말해, 이스라엘에게 있어서 안식일은 날마다 진전되어 가는 하나님 나라의 완성을 확인하며 장차 궁극적으로 완성될 그 나라를 바라보는 역사적인 이정표로서의 의의를 갖고 있다.[164]

그러므로 제4계명은 '안식' 을 계시하고 있다. 하나님은 안식을 주시는 분이시다. 하나님을 떠나서는 참된 안식이 없다. 하나님이야말로 진정한 쉼을 허락하신다. 제4계명을 지킬 때는 이러한 사실을 항상 기억해야 한다.

(4) 시간의 주인이신 하나님

안식일, 그리고 나머지 6일은 '시간' 을 전제한 표현이다. 제4계명은 시간을 전제하고 있다. 하나님은 창세기 1:1에서 창조와 더불어 '시간' 을 허락하셨다. 그 하나님은 넷째 날에 '시간' 의 구분을 허락하셨다(창 1:14). 이렇게 시간을 창조하셨고 각 시간을 구분하신 하나님께서 그 시간을 어떻게 사용할지에 대해서 말씀하시니 이것이 곧 제4계명이다. 창조주 하나님께서는 시간을 창조하셔서 자신이 곧 시간의 주인이심을 드러내셨고, 그 시간을 우리에게 자유롭게 사용할 수 있게 하시되 일주일 중 하루는 거룩하게 안식하면서 보내도록 하심으로 시간

---

163) Clowney, 『예수님은 십계명을 어떻게 해석하셨는가?』, 90-91.
164) 송영찬, 『시내산 언약과 십계명』, 231-233.

의 주인이 하나님이라는 사실을 잊지 않게 해주셨다. 하나님은 우리 마음대로 시간을 사용하라고 하지 않으신다. 우리가 시간을 어떻게 사용해야 하는지를 직접 정해 주신다. 제4계명은 일주일 중 하루인 안식일에는 쉬라고 하면서 또한 동시에 나머지 6일 동안은 네 모든 일을 행하라고 명령한다(출 20:9).[165]

그러므로 제4계명은 시간의 주인이신 하나님을 계시하고 있다. 제4계명은 시간의 주인이신 하나님을 기억케 하는 계명이다. 제4계명을 지킬 때는 "시간은 내가 통제할 수 있는 영역이 아니라 시간의 주인이신 하나님만이 하실 수 있는 것이나, 우리에게 그 시간을 위임하셨음"을 기억해야 한다. 시간의 주인은 하나님이시고 우리는 청지기로서 위임받았을 뿐이다. 안식일에는 하나님께서 명하신 대로 쉬고 나머지 6일은 자유롭게 사용하되, 그 자유는 "우리의 마음대로"가 아니라 "하나님이 주신 뜻 안에서의 자유에 따라" 해야 하는 것임을 잊지 않고 잘 사용해야 한다.

3. 구약의 안식일과 신약의 안식일

제4계명은 그 길이만큼이나 많은 논쟁이 있는 계명이다. 교회 역사에서 안식일에 관련된 문제들은 끊이지 않는 관심사다. 이 문제는 세대마다, 분파마다, 사람마다 다 다르게 해석한다. 교회사에서 이 문제는 안식일과 주일의 관계에 대한 해석에 있어서 시계추처럼 양극단을 오고갔다.[166] 네덜란드 개혁교회에서도 이미 오래전부터 주일에 관한 논쟁이 있어 왔다. 아브라함 카이퍼는 "네덜란드 개혁교회에서 일어난 안식일 논쟁 역사를 서술하려면 네덜란드 개혁교회의 역사를 써야 할 정도다"라고 했다.[167]

---

165) 한글성경에 '힘써' 라고 번역된 말은 히브리어 원문에는 없다. 그래서 NIV에도 "Six days you shall labor and do all your work"라고 되어 있어서 '힘써' 라는 말이 없다. 신원하, 『시대의 분별과 윤리적 선택』(서울: SFC, 2004), p.139, n.4

166) Frame, *The Doctrine of the Christian Life*, 513; Murray, 『조직신학 I』, 205; 양낙흥, 『주일성수』(서울: 생명의 말씀사, 2004), 193.

167) Abraham Kuyper, *Tractaat van den Sabbath: Historische Dogmatische Studie*(Amsterdam, 1890), 65.

(1) 구약의 안식일

제4계명이 처음 주어진 구약시대의 '안식일'은 토요일이다. 하나님께서 빛을 창조하신 첫째 날이 일요일이고(창 1:1-3), 짐승과 사람을 창조하신 여섯째 날이 금요일이며(창 1:24-31), 하나님이 안식하신 일곱째 날이 토요일이다(창 2:2-3). 그러므로 구약 이스라엘이 지킨 구약의 안식일은 토요일이다.

(2) 신약의 안식일

예수님의 부활을 기점으로 안식일의 요일이 바뀐다. 토요일에서 일요일로. 제7일을 안식일로 지키다가 제1일을 안식일로 지키게 된다.

예수님은 금요일 오후에 돌아가셨다. 토요일 하루 동안 무덤에 계셨다. 다음 날인 일요일 새벽에 부활하셨다. 장사 지낸 바 되신 지 3일 만에 죽은 자들 가운데서 부활하셨다. 요한복음 20:1은 예수님의 부활의 시점을 분명히 나타내고 있다. **"안식 후 첫날"**[168] 일찍이 아직 어두울 때에 막달라 마리아가 무덤에 와서 돌이 무덤에서 옮겨진 것을 보고." 예수님은 안식일 전날 죽으시고, 안식 후 첫날 새벽에 부활하셨다. 그 안식 후 첫날은 일요일이다. 예수님이 약속하신 대로 3일 만에 부활하셨다(눅 9:22; 요 2:19).[169]

이렇게 예수님이 부활하신 뒤로 안식일은 '토요일'에서 '일요일'로 바뀐다. 성경은 이 날을 가리켜 "안식 후 첫날"이라고 표현한다(마 28:1; 막 16:2,9; 눅 24:1; 요 20:1,19,26). 예수님의 부활 이후 성경에는 "안식 후 첫날"이라는 표현이 관용적 표현으로 나타난다.[170]

토요일을 안식일로 지키는 일(참조. 행 16:13; 18:4)은 점차적으로 사라지고 사도들은 안식 후 첫날을 지켰다. 사도행전 20:7에 "그 주간의 첫날에 우리가 떡을 떼려 하여 모였더니…"라고 되어 있는데, '떡을 뗀다'는 것은 '성찬'에 대한 숙어

---

168) 개역개정의 난외주에는 "그 주간의 첫날"이라고 되어 있다.

169) 계산할 때에 우리가 생각하는 식으로 계산해서는 안 된다. 부활한 날을 포함해서 계산을 해야 한다. 이것은 유대인의 날짜 계산 방식이다. 이에 대해서는 요나가 뱃속에 있었던 3일과 예수님 이 십자가에 계셨던 3일의 차이에 대한 설명은 다음을 참조하라. Leon Morris, *The Gospel according to Matthew*, PNTC(Grand Rapids: Eerdmans, 1992), 325-326.

170) Jewett, 『주일의 참뜻』, 79.

적 표현이다. "그 주간의 첫날"은 곧 '일요일'로서 개역한글은 "안식 후 첫날"이라고 번역하고 있다. 토요일을 안식일로 모이던 일이 점차 사라지고 일요일을 안식일로 모이기 시작했다는 증거다. 그리스도의 부활로 말미암아 신자들은 그리스도의 부활을 기념하는 일요일에 모이기 시작했다.[171] 고린도전서 16:2에 "매주 첫날에 너희 각 사람이 수입에 따라 모아 두어서 내가 갈 때에 연보를 하지 않게 하라"라고 말씀하는데, 사도 바울은 고린도교회에 편지를 하면서 헌금을 부탁하기를 자기가 도착할 때 모으지 말고 평소에 하라고 말한다. 그 평소가 언제냐 하면 고린도교회가 모이는 "매주 첫날"이다. 이것은 매주 첫날인 일요일에 고린도교회가 예배를 드리고 있었다는 중요한 증거다. 신약교회는 이제 더 이상 토요일에 모이지 않는다. 토요일이 아닌 일요일에 모이기 시작한다. 주님이 부활하신 날에 모이기 시작한다. 그리고 이 일요일에 새로운 이름을 붙인다. 요한계시록 1:10에서 사도 요한이 예수 그리스도의 계시를 받은 날을 "주의 날"(헬. 헤 큐리아케 헤메라)이라고 표현하고, 이 표현을 기초로 오늘날 신약교회는 신약의 안식일을 '주일'(the Lord's Day, *dies Dominica*)이라고 부른다. 이러한 일련의 사건들은 부활의 주체이신 예수 그리스도뿐만 아니라 사도들이 "주의 날"에 권위를 부여했음을 보여준다.[172]

(3) 개혁주의 고백문서의 가르침

제4계명에서 말씀하는 '안식일'이 구약의 토요일에서 신약시대에는 '일요일'로 바뀌었고 그 날을 '주의 날' (주일)이라고 부른다는 사실은 웨스트민스터 신앙고백서 제21장 제7절과 웨스트민스터 소요리문답 제59문답과 웨스트민스터 대요리문답 제116문답에 잘 나타나 있다. 그리고 모두 다 사도행전 20:7; 고린도전서 16:1-2; 요한계시록 1:10을 중요한 근거구절로 제시하고 있다.[173]

---

171) Frame, *The Doctrine of the Christian Life*, 560.

172) Grier, "유대인 안식일로부터 주의 날로의 발전", 63. Robertson, 『언약이란 무엇인가?: 하나님과 하나님 백성의 관계』, 108; 송영찬, 『시내산 언약과 십계명』, 240; 이승구, 『한국교회가 나아갈 길』(서울: SFC, 2007), 33; *Catechism of the Catholic Church*, para. 2178. 안식일에서 주일로의 변경이 그리스도나 사도에 의해 제정된 것이 아니라고 주장하는 이들이 있는데, 이러한 의견에는 동의할 수 없다.

173) 사도행전 20:7; 고린도전서 16:1-2; 요한계시록 1:10은 안식일에서 주일로의 변천을 이야기하는 모든 글에서 언급된다.

제21장 　종교적 예배와 안식일에 관하여
Of Religious Worship and the Sabbath-day

7. 일반적으로 하나님께 예배드리기 위해 일정한 시간a due proportion of time을 구별하여 정하는 것은 자연 법칙the law of nature에 속한 것이다. 그래서 하나님께서는 그의 말씀을 통해 모든 시대의 모든 사람에게 매이는 적극적이고 도덕적이며 항구적인perpetual 계명에 의해 특별히 7일 중 하루를 안식일로 정하여 자기를 위하여 거룩하게 지키게 하셨다.[34] 이 날은 창세로부터 그리스도의 부활까지는 한 주간의 마지막 날이었으나 그리스도의 부활 이후부터는 한 주간의 첫째 날로 바뀌었다.[35] 성경에는 이날이 '주의 날'(主日)the Lord's Day로 불리고 있으며,[36] 세상 끝 날까지 그리스도인의 안식일the Christian Sabbath로 지켜져야 한다.[37]

---

34) 출 20:8,10,11; 사 56:2,4,6,7　35) 행 20:7; 창 2:2–3; 출 31:17; 고전 16:1–2　36) 계 1:10　37) 마 5:17–18; 출 20:8,10

웨스트민스터 소요리문답

59문 : 하나님께서 7일 중에 어느 날을 매 주간의 안식일로 정하셨습니까?

　답 : 태초부터 그리스도의 부활까지는 매 주간의 일곱째 날을 안식일로 정하셨고, 그 후로부터 세상 끝날까지는 매 주간의 첫째 날을 정하셨으니 이날이 바로 그리스도인의 안식일Christian sabbath입니다.[1]

---

1) 창 2:2–3; 고전 16:1–2; 행 20:7

(4) 부활하신 그리스도께서 친히 바꾸신 안식일

예수님께서 친히 당신의 부활로 구약의 안식일 토요일을 신약의 안식일 주일
로 바꾸셨다. 시간의 주인이신 하나님의 아들 예수님께서는 자신의 권위로 이
놀라운 일을 이루셨다. 그러므로 이날을 사람이 임의로 바꿀 수 없다. 바꿀 수
있는 분은 오직 예수 그리스도다. 예수 그리스도가 안식일의 주인이시다(막
2:28).[174] 그분은 자신의 죽음과 부활을 통하여 이날을 몸소 제정하셨다.

(5) 안식일이 주일로 바뀐 것의 의미

거룩한 백성과 장소가 '이스라엘, 성전'에서 '교회'로 바뀐 것이 언약적 의미
가 있듯이, 거룩한 시간이 토요일에서 일요일로 바뀐 것도 언약적 의미가 있다.
이 모든 언약의 주체는 예수 그리스도다.

---

174) Grier, "유대인 안식일로부터 주의 날로의 발전", 63.

예수님이 오시기 전인 구약시대에는 안식일이 가장 복된 날이었다. 즉, 한 주간의 마지막 날인 토요일이 가장 복된 날로서 그 날에는 일을 하지 않고 거룩하게 보내야 했다. 그렇게 함으로써 장차 오실 예수 그리스도를 통한 안식을 바라보는 것이 구약성도들의 삶이었다(사 58:13-14). 구약적 의미에서 '어떤 날'을 지킨다는 것은 단순히 율법이 아니라 믿음의 표현이었다. 장차 오셔서 그들을 영원한 안식으로 인도하실 예수 그리스도를 바라보는 것이었다. 6일 동안은 열심히 일하고 마지막 토요일에는 편하게 안식하면서 장차 오실 예수님을 통해 영원한 안식을 누릴 것을 기대했던 것이다. 장차 오셔서 그들을 영원한 안식으로 인도하실 예수 그리스도를 바라보는 믿음이 제4계명 속에 포함되어 있었다.

마침내 구약의 안식일은 예수 그리스도 안에서 실현되었다. 예수 그리스도는 안식의 진정한 실현이시다.[175] 그 결과 신약의 안식일은 예수 그리스도께서 부활하신 일요일이 되었다.

안식일의 변화의 기준은 부활이다. 주 예수 그리스도의 부활에 근거해 구약의 안식일을 대신하여 일요일이 신약의 안식일이 되었다. 이렇게 안식일에서 주일로 바뀐 것은 예수 그리스도의 부활이 전우주적인 사건이라는 사실에 근거한다. 그리스도의 부활은 단지 한 사람이 죽은 자 가운데서 살아난 정도가 아니라 하나님의 새 창조 사역이다. 부활은 전우주적인 사건이어서 사망권세를 정복하고 깨뜨렸을 뿐 아니라 이 세상을 새롭게 한 놀라운 사건이다. 이런 점에서 부활과 주일의 관계는 매우 중요하다.

부활과 주일의 관계에 대해 프린스턴의 조직신학자 찰스 핫지(Charles Hodge, 1797-1878)는 이렇게 말했다. "사람들이 예수님의 부활에 대한 지식이 없어지기를 원한다면, 그들로 하여금 주간의 첫날을 거룩하게 지키는 것을 무시하도록 하라. 그러나 부활 사건이 어디에서나 알려지고 기억되기를 원한다면 그 날(안식 후 첫날)을 부활하신 주님께 대한 예배로 거룩하게 드리라."[176] 웨스트빈스터의 조직신학자 존 머레이(John Murray, 1898-1975)는 이렇게 말했다. "주의 날로서의 주간의 첫날에 속하는 신성함은 예수님의 부활이 포함하고 있는 모든 것을 끊임없이 생각나게 하는 것이다."[177]

---

175) *Institutes*, Ⅱ. ⅷ. 31.
176) Hodge, *Systematic Theology*, vol. 3, 330.
177) Murray, 『조직신학 Ⅰ』, 222.

(6) 주일의 의미

① 옛 창조, 구원, 새 창조를 기념하는 날

구약의 안식일이 옛 창조를 기념한다면(출 20:11), 신약의 안식일은 그리스도로 말미암은 새 창조를 기념한다. 구약의 안식일이 출애굽을 기념한다면(신 5:15), 신약의 안식일은 죄의 종 되었던 집에서 인도하여 내신 '출 죄악'을 기념한다. 출애굽으로 말미암아 유월절이 이스라엘의 가장 첫 달, 첫날이 된 것처럼(출 12:2), 그리스도의 출애굽(고전 5:7)으로 말미암아 안식 후 첫날이 한 주일의 가장 첫날로서 의미를 갖게 되었다.

그러므로 주일을 통해서 그리스도인들은 하나님의 옛 창조, 구원, 새 창조를 기억해야 한다. 구약의 안식일을 지킬 때 기억했던 옛 창조를 기억하며, 신약의 안식일인 주일에 그리스도께서 부활하심으로 말미암아 우리에게 주어진 구원과 새 창조를 기억해야 한다. 고린도후서 5:17 "그런즉 누구든지 그리스도 안에 있으면 새로운 피조물이라. 이전 것은 지나갔으니 보라, 새 것이 되었도다"에 의하면 우리는 그리스도의 부활로 말미암아 새로운 창조의 피조물이 되었다. 그러므로 새 창조를 기억해야 한다.

신약교회가 예수님이 부활하신 날인 일요일을 신약의 안식일로 지킨다는 것은 신약교회에 속한 이들이 새로운 창조의 세계에 속해 있다는 것을 온 세상 가운데 드러내는 것이다. 주일을 지킨다는 것은 기독교 신자들이 예수 그리스도의 생명으로 말미암아 새롭게 창조된 피조물로 존재하며 그 생명의 창조적인 일을 이 세상 가운데 드러내면서 살아가고 있음을 드러내는 일이다.[178]

그러므로 "주일을 지킨다"는 것 자체가 신앙의 표현이다. "주님을 믿습니다. 주님이 우리를 새롭게 빚으셨습니다. 우리도 주님을 따라 이 세상을 새롭게 빚어나갈 것입니다"라는 믿음으로 주일을 지키는 것이다.

② 장차 있을 완전한 안식을 바라보는 날

주일은 십자가에서 죽으시고 부활하신 예수 그리스도를 통해 성취된 우리의 구속을 기억하게 한다. 나아가 하나님의 백성을 위해 남아 있는 영원한 안식의

---

178) 송영찬, 『시내산 언약과 십계명』, 237.

때를 바라보게 한다.[179] 다시 말해 주일은 이미 임한 안식을 기념할 뿐만 아니라 우리가 최후에 맞게 될 완전한 '주의 날'을 바라보는 날이다(히 10:25).[180]

이 사실을 제대로 이해하기 위해서는 구약의 안식일이 바라본 것이 무엇이었는지를 생각해 보면 된다. 구약의 안식일은 장차 그리스도께서 가져다주실 안식을 바라보는 것이었다. 그런데 그리스도께서 부활하심으로 일정 부분 안식이 임하였다. 그러나 그 안식은 완전하게 이루어진 것은 아니다. 아직도 남아 있는 안식이 있다. 현재 구원받아서 하나님의 안식을 체험하고 있는 것이 사실이지만 죄와의 투쟁과 갈등이 없는 완전한 안식은 아직 남아 있다.[181] 신약의 안식일을 지키는 일은 바로 그 아직 남아 있는 안식을 바라보는 의미가 있다. 주일은 다시 임할 또 다른 '주의 날'인 재림을 바라보는 날이다.

이런 점에서 주일은 장차 천국에서 누리게 될 영원하고 완전한 안식을 미리 맛보고 훈련하는 시간이다. 주일은 그리스도 안에서 일부분 완성된 안식을 기념하며, 또한 동시에 미래에 가져다주실 참된 안식을 소망하는 날이다. 주일은 구약에서 예언하였던 하나님의 말씀이 그리스도 안에서 이루어진 것들을 바라보면서 하나님의 영원한 안식이 우리 가운데 펼쳐진 것을 진정으로 고백하는 시간이다. 주일은 우리가 언젠가 지상에서의 삶과 일을 중지하고 영원하고 완전한 안식에 들어가야 한다는 것을 생각하면서 그 참된 안식을 미리 맛보는 날이다. 이처럼 우리에게 안식을 주신 예수 그리스도께서는 세상 끝에 오셔서 자기 백성을 완전히 구원하시고 그들에게 완전한 쉼을 주시고 참된 안식과 평안을 주실 것이다. 그렇게 되면 그의 백성은 영원한 안식을 은혜로 받아 누릴 것이며, 그 안식은 아무도 빼앗지 못할 것이기에 영원히 누릴 것이다. 이 사실을 믿는 자들은 주일을 지킴으로써 이미 임한 안식을 생각할 뿐만 아니라 장차 누리게 될 남아 있는 안식(히 4:9)을 바라본다.[182]

이러한 사실에 근거하여 히브리서 10:25은 "모이기를 폐하는 어떤 사람들의 습관과 같이 하지 말고 오직 권하여 **그 날**이 가까움을 볼수록 더욱 그리하자"라고 권면한다. 여기에서 말씀하는 '그 날'은 또 다른 '주의 날'인 '재림'을 가리

---

179) Grier, "유대인 안식일로부터 주의 날로의 발전", 64.
180) 박희석, 『안식일과 주일: 성경신학적 이해와 그 적용』(고양: 크리스챤다이제스트, 2002), 314.
181) 박희석, 『안식일과 주일』, 472-473.
182) Jewett, 『주일의 참뜻』, 87; 박희석, 『안식일과 주일』, 457; 양낙흥, 『주일성수』, 218-219; 최낙재, 『영원한 안식과 주일』(고양: 크리스챤다이제스트, 1997, 2000²), 11-12, 190.

키며,[183] 신자에게 참된 안식을 가져다줄 날이다. 그래서 히브리서 10:25을 의역하면, "모이지 않으려고 하는 어떤 사람들의 경향을 본받지 말라. 대신 서로 간에 권면하여서 **주의 날**이 가까워질수록 더욱 **주의 날**을 지켜라"이다. 앞의 '주의 날'은 재림을 의미하고, 뒤의 '주의 날'은 신약의 안식일로서의 주일을 의미한다.[184]

주일이 곧 장차 있을 안식을 소망하는 날이라는 사실은 하이델베르크 요리문답 제103문답에서 잘 가르쳐 주고 있다.

하이델베르크 요리문답

103문 : 제4계명에서 하나님께서 원하시는 것은 무엇입니까?

답 : 첫째, 하나님께서는 말씀의 봉사the gospel ministry와 그 봉사를 위한 교육이 유지되기를 원하시며,[1] 특히 안식의 날인 주일에 내가 하나님의 교회the assembly of God's people에 부지런히 참석하여attend,[2] 하나님의 말씀을 경청하고[3] 성례에 참여하며[4] 주님을 공적(公的)으로 부르고pray to God publicly[5] 가난한 자들에게 기독교적 자비Christian offerings를 행하기 원하십니다.[6] 둘째, 나의 일생 동안 악한 일들을

---

183) 성경에서 주의 날은 2가지로 사용된다. 하나는 신약의 안식일인 주일이다. 다른 하나는 '재림'이다. 예수님께서 죽음을 이기시고 다시 살아나신 '부활의 날'로서의 '주의 날'과 예수님께서 다시 오셔서 살아 있는 자들과 죽은 자들을 심판하러 오실 생명과 사망의 날인 '종말의 날'로서의 '주의 날'이다.

성경에서 '그 날' 혹은 '주의 날'을 '재림'으로 지칭한 예로는 마가복음 13:32 "그러나 **그 날과 그 때**는 아무도 모르나니…", 마태복음 24:36 "그러나 **그 날**과 그 때는 아무도 모르나니", 데살로니가전서 5:2 "**주의 날**이 밤에 도둑같이 이를 줄을 너희 자신이 자세히 알기 때문이라", 데살로니가후서 2:2 "**주의 날**이 이르렀다고 해서 쉽게 마음이 흔들리거나 두려워하거나 하지 말아야 한다는 것이라", 베드로후서 3:10 "그러나 **주의 날**이 도둑같이 오리니 그 날에는 하늘이 큰 소리로 떠나가고 물질이 뜨거운 불에 풀어지고 땅과 그중에 있는 모든 일이 드러나리로다" 등이 있다. 그 외에 눅 17:24,30; 고전 1:8; 고후 1:14; 빌 1:6,10; 2:16; 사 13:9 등이 있다. 심판의 날로서의 '주의 날'에 관해서는 다음의 책을 참조하라. 폴 하우스·장세훈 공저, 『주의 날 어떻게 이해할 것인가』(서울: 그리심, 2006). '주일' 개념으로서의 '주의 날'에 관해서는 다음을 참조하라. Joseph A. Pipa, Jr., *The Lord's Day*(Fearn: Christian Focus Pub., 1997).

184) 히브리서 10:25에서 "모이기에 힘쓰라"는 것은 지나치게 자주 모이라는 의미가 아니라 주의 날에 모이는 일에 힘쓰라는 권면이다.

그만두고rest from, 주께서 그의 성령으로 내 안에서 일하시게 하며,

그럼으로써 **영원한 안식이 이 세상에서부터 시작되기를 원하십니다.**[7]

1) 고전 9:13-14; 딤전 3:15; 딤후 2:2; 딤후 3:14-15; 딛 1:5   2) 레 23:3; 시 40:9-10; 122:1; 행 2:42,46; 히 10:25
3) 롬 10:17; 고전 14:1,3; 딤전 4:13; 계 1:3   4) 행 20:7; 고전 11:23-25   5) 고전 14:16; 골 3:16; 딤전 2:1-2   6)
신 15:11; 고전 16:1-2; 딤전 5:16   7) 히 4:9-11

4. 제4계명과 예배의 시간

제1계명부터 제4계명은 예배와 관련된다. 제1계명은 예배의 대상, 제2계명은 예배의 방법, 제3계명은 예배의 태도를 다룬다. 그렇다면 제4계명은 예배와 관련하여 무엇을 다루는가? 제4계명은 예배의 시간을 다룬다. 좀 더 엄밀히 말하면 예배의 요일이다.

제4계명이 가르치는 바에 따라 신약시대의 교회가 예배하는 요일은 '일요일'이다. 예수 그리스도께서 부활하신 날인 '주일'에 삼위 하나님께 예배드린다. 이 날은 그 누구도 바꿀 수 없다. 사람이 임의로 다른 날을 예배의 날로 정할 수 없다.[185] 오직 주님만이 바꾸실 수 있다. 일요일이 쉬는 날이기 때문에 이날에 예배드리는 것이 아니다. 우리가 예배하는 날로 삼는 것은 쉬는 날인 것과는 아무런 상관이 없다. 주님께서 친히 제정하셨기 때문에 이날에 예배드린다. 많은 사람이 이날에 예배드리다 보니 휴일이 된 것이다.

주일인 일요일이 아닌 다른 요일에 예배를 드리는 이들이 있다. 유대인들과 제7일 안식일 예수 재림교인들이다. 유대인들은 예수 그리스도를 믿지 않는다. 유대인들은 신약성경을 믿지 않는다. 예수 그리스도께서 부활하신 날인 일요일이 그들에게는 전혀 중요하지 않다. 그렇기에 그들은 주일이 아닌 토요일을 여전히 안식일로 지킨다. 제7일 안식일 예수 재림교인들의 경우 예수 그리스도를 믿는다. 신약성경도 믿는다. 그러나 그들은 토요일을 안식일로 여기고 그 날에 예배한다. 그들의 공식 명칭에 그들의 믿음이 잘 드러난다. 성경에 "일요일을 지

---

185) 2000년대 초반 서울의 대형교회가 '주일 봉사자를 위한 토요예배'를 만들었다. 그래서 주일에 주차봉사나 교사 등을 하는 사람은 '토요일'에 예배드리고, '주일'에는 '봉사'만 하도록 했다. 2000년대 초반 주5일 근무가 본격화되는 시점에 '주5일 근무를 위한 금요예배'라는 것이 유행하였다. 이는 모두 제4계명을 교회가 공적으로 어기는 매우 위험한 일이다.

켜라"라고 문자적으로 말하고 있지 않다는 이유로 그렇게 한다.[186] 제7일인 토요일을 영원불변한 안식일로 믿는다. 그러나 이들은 제4계명을 잘못 지키고 있다.

5. 제4계명의 실천-주일을 어떻게 지킬 것인가?

(1) 안식일을 기억해야 한다.

출애굽기 20:8은 "안식일을 기억하여 거룩하게 지키라"고 명령한다. 그러므로 안식일을 기억해야 한다. 안식일이 언제인지 분명하게 알아야 하고, 그 날이 어떤 의미를 가진 날인지를 기억해야 한다. 신약의 안식일은 '일요일' 이다. 이날은 우리 주 예수 그리스도께서 부활하신 날이다. 이날은 옛 창조, 구속, 새 창조, 부활, 재림 등의 의미를 가진다. 이날을 분명하게 기억해야 한다.

이와 관련해서는 웨스트민스터 대요리문답 제121문답의 가르침을 참조할 필요가 있다.

웨스트민스터 대요리문답

121문 : 제4계명의 첫머리에 왜 '기억하라' 는 말이 있습니까?

답 : 제4계명의 첫머리에 '기억하라' 는 말이 있는 것은,[1] 한편으로는 안식일을 기억함으로 오는 큰 혜택 때문인데 우리가 그렇게 함으로써 이날을 지키려고 준비하는 일에 도움을 받으며,[2] 이를 지킴에 있어서 나머지 다른 모든 계명을 지킴과[3] 신앙religion의 요약short abridgment을 담고 있는contain 창조와 구속의 두 가지 큰 혜택을 계속하여 감사히 기억하는 것이 좋은 일이기 때문입니다.[4] 다른 한편으로는, 우리가 이날을 잊어버리기가 쉽고,[5] 이날의 본성의 빛light of nature이 보다 적고,[6] 오히려 다른 때at other times에 합당한 일들에 대한 우리의 본성적 자유our natural liberty를 제한하며,[7] 칠 일 중에 단 한 번만 오고, 여러 가지 세상의 일들worldly businesses이 그 사이에 옴으로 우리의 마음minds을 이날에 대한

---

186) 제7일 안식일 예수 재림교가 주일을 지키지 않는 이유는 성경 해석에 있어서 그들의 견해 때문이다. 그들은 언약적 관점에서 성경을 읽기보다는 문자적으로 읽는다.

생각으로부터 종종 빼앗겨서 이날을 준비하거나 이날을 거룩히 하는 일sanctify에 지장이 있게 하며,[8] 사탄은 그의 도구들을 가지고 많이 힘써 이날의 영광을 지워 버리고blot out, 심지어 이를 기억하지 못하게 하여 모든 불신앙irreligion과 불경건impiety을 초래하기 때문입니다.[9]

---

1) 출 20:8   2) 출 16:23; 눅 23:54,56; 느 13:19   3) 시 92; 겔 20:12,19,20   4) 창 2:2-3; 시 118:22,24; 행 4:10-11; 계 1:10   5) 겔 22:26   6) 느 9:14   7) 출 34:21   8) 신 5:14-15; 암 8:5   9) 애 1:7; 렘 17:21-23; 느 13:15-23

(2) 거룩하게 지켜야 한다.

출애굽기 20:8은 "안식일을 기억하여 거룩하게 지키라"고 명령한다. '거룩하게 지키다'는 한자어로 성수(聖守)다. 그래서 주일성수(主日聖守)라고 한다. "거룩하게 지키라"는 말은 "따로 떼어 두어라" "구별하라"는 말이다. 그런데 누구에게 따로 떼어 놓느냐? 바로 여호와에게다. 출애굽기 20:10은 "일곱째 날은 너의 하나님 여호와의 안식일인즉…"이라고 말씀하고 있다(출 31:13; 레 19:3; 23:3; 민 28:25; 사 56:4; 겔 20:10). 예수님은 "인자는 안식일의 주인이니라"라고 말씀하셨다(마 12:8; 눅 6:5). 안식일은 하나님의 날이요, 주님의 날이다. 그러므로 하나님을 위해서, 주님을 위해서 보내는 것이 가장 우선되어야 한다.[187]

웨스트민스터 소요리문답

58문 : 제4계명에서 요구된 것은 무엇입니까?

답 : 제4계명이 요구하는 것은 하나님께서 자기의 말씀으로 정한 일정한 때times를 **하나님께 거룩하게 지키라**는 것이니, 곧 7일 중 하루를 종일토록one whole day in seven **하나님께 거룩한 안식일이 되게 하라**는 것입니다.[1]

---

1) 신 5:12-14

---

187) Murray, 『조직신학 Ⅰ』, 210; 최낙재, 『영원한 안식과 주일』, 41, 134.

(3) 평소에 하던 일을 멈추어야 한다.

출애굽기 20:10은 "일곱째 날은…아무 일도 하지 말라"고 명령한다. 그러므로 하던 일을 멈추어야 한다. 제4계명을 지키는 것이 곧 '평소에 하던 일을 멈추는 것'이라는 사실은 '안식'(安息)이라는 말에도 잘 나타나 있다. 안식을 뜻하는 히브리어 '샤바트'는 '고요함, 쉼, 노동을 중단함, 그치다, 그만두다'라는 뜻이다.[188]

그러므로 주일에는 평소에 하던 일을 멈추어야 한다. 평소에 공부하는 학생은 공부를 멈춰야 하고, 평소에 직장생활을 하던 사람은 일을 멈춰야 하고, 평소에 장사를 하던 사람은 장사를 멈춰야 한다.

평소에 하던 일을 멈춘다면 우리에게 큰 문제가 생기지 않을까? 그렇지 않다. 안식하라고 하신 하나님께서 우리로 하여금 안식하도록 주관하신다. 주일 하루 동안 평소에 하던 일을 멈춘다고 큰일이 나지 않는다. 주일 하루 공부하지 않는다고 생명에 지장이 생기지 않는다. 또 주일 하루 노동하지 않는다고 생명에 지장이 생기지도 않는다. 안식일을 허락하신 하나님께서 모든 것을 책임져 주실 것이다. 온 세상을 창조하시고, 우리의 생명을 구원해 주신 하나님께서는 주일을 지키기 위해서 하루를 쉰다고 해도 우리의 필요를 넉넉히 공급해 주시고 채워 주실 수 있는 분이다.

이 사실은 이스라엘 백성이 만나를 걷을 때 안식일에는 걷지 않았다는 사실에서도 볼 수 있다. 성경에서 안식일이라는 말이 가장 처음 나오는 곳이 출애굽기 16:23인데, 만나와 관련한 본문이다. 하나님께서는 광야 생활하는 이스라엘 백성에게 매일매일 하늘에서 만나를 내려 주셨는데, 만나는 그 날 거둔 것은 그 날에 꼭 먹어야 했다. 그렇지 않고 남겨두면 다음날 다 썩어 버렸다. 그런데 일요일부터 금요일까지는 만나가 매일 내렸으나, 안식일인 토요일에는 내리지 않았다. 그래서 이스라엘 백성은 안식일에는 만나를 주울 수 없었고 주울 필요도 없었다. 그렇다면 이스라엘 백성은 안식일에 무엇을 먹었는가? 바로 안식일 전날인 금요일에 내린 만나를 먹었다. 신기하게도 금요일에 내린 만나는 다른 만나와 달리 다음날에도 썩지 않았다. 그래서 이스라엘 백성은 안식일에 일하지 않고도 충분히 먹을 수 있었다. 이 사실은 안식일에 일하지 않아도 책임져 주시는

---

188) Stuart, *Exodus*, 458.

하나님을 보여준다.

평소에 하던 일이 진정으로 하나님을 위한 것이었다면, 그 일을 멈추는 것도 하나님을 위해서 할 수 있어야 한다. 비록 주일에 일하지 않아서 생산이 줄고, 수입이 줄어도 우리가 하나님을 섬기기 위해 일한다면 걱정할 필요가 없다. 오히려 평소에 하던 일에서 멈추라는 명령을 무거운 짐이 아니라 하나님의 복으로 여길 수 있다.[189]

주일에 하면 안 되는 일에 대해서는 웨스트민스터 신앙고백서 제21장 제8절, 웨스트민스터 소요리문답 제60-61문답, 웨스트민스터 대요리문답 제117, 119문답에서도 잘 설명하고 있다.

웨스트민스터 신앙고백서 제21장 제8절

8. 이 안식일은 사람이 자신의 마음을 합당하게 준비하고 자신의 일상적인 일들을 미리 정돈해 둔 후에after a due preparing of their hearts, and ordering of their common affairs beforehand, **세상의 일과 오락에 대한**about their worldly employments and recreations **자신의 일과 말과 생각으로부터 하루 종일 거룩한 안식을 누린다**observe an holy rest all the day.[38] 또한 그 날의 모든 시간은 공적으로나 사적으로 하나님을 예배하는 데 사용하며, 부득이한 일과 자비를 베푸는 일을 위해in the duties of necessity and mercy 사용함으로써[39] 주님께 거룩하게 지킨다.

---

38) 사 58:13; 출 16:23,25,26,29,30; 20:8; 31:15-17; 느 13:15-19,21,22 39) 마 12:11

웨스트민스터 소요리문답

60문 : 안식일을 어떻게 거룩하게 하여야 합니까?

답 : 안식일을 거룩하게 하는 것은 **그 날 종일**all that day**을 거룩하게 쉼**by a holy resting**으로 할 것이니,**[1] 다른 날에 합당한lawful 여러 가지 세상

---

189) 고재수, 『개혁주의 입장에서 본 십계명 강해』(서울: 여수룬, 1992), 57.

일employments과 오락recreations까지도 쉬고,[2] 그 시간을 공적 또는 사적 예배에 사용할 것이며,[3] 다만 부득이한 일과 자비를 베푸는 일 in the works of necessity and mercy은 예외입니다.[4]

---

1) 출 20:8,10; 16:25-28   2) 느 13:15-22   3) 눅 4:16; 행 20:7; 시 92편; 사 66:23   4) 마 12:1-13

61문 : 제4계명에서 금지된 것은 무엇입니까?

답 : 제4계명이 금하는 것은 그 요구된 의무들을 이행하지 않거나 omission[1] 조심 없이 이행하는 것careless performance과,[2] 게으름으로 그 날을 욕되게 하거나the profaning the day by idleness 그 자체로서 죄 되는 일을 행하는 것doing that which is in itself sinful과,[3] **세상의 여러 가지 일**our worldly employments**과 오락**recreations**에 대하여 불필요한 생각과 말과 행동을 함으로써 그 날을 더럽히는 것입니다.**[4]

---

1) 겔 22:26; 암 8:5; 말 1:13   2) 행 20:7,9   3) 겔 23:38   4) 렘 17:24-26; 사 58:13

웨스트민스터 대요리문답

117문 : 안식일 혹은 주일을 어떻게 거룩하게 하여야 합니까?

답 : 안식일 혹은 주일을 거룩하게 한다는 것은 온종일all the day을 거룩하게 쉼an holy resting으로 할 것이며,[1] 언제나 죄악 된 일을 그칠 뿐만 아니라 **다른 날에 합당한 노동**employments**이나 오락**recreations**까지 그만두어야 하되,**[2] 부득이한 일necessity과 자비를 베푸는 일mercy에 쓰는 것을 제외하고는,[3] 그 시간을 전적으로the whole time 공적으로나in the public 사적으로private 하나님께 예배하는 일에 드리는 것을 기쁨으로 삼아야 할 것입니다.[4] 그 목적을 위하여 우리는 우리의 마음hearts을 준비하며, 세상 일worldly business을 미리foresight 부지런히diligence 절제 있게moderation 배치하고dispose 적절히seasonably 처리하여dispatch, 주일의 의무에 보다 더 자유로이free 또는 적절하게fit 행할 수 있어야 합니다.[5]

1) 출 20:8,10   2) 출 16:25-28; 느 13:15-22; 렘 17:21-22   3) 마 12:1-13   4) 사 58:13; 눅 4:16; 행 20:7; 고전 16:1-2; 시 92편; 사 66:23; 레 23:3   5) 출 20:8; 눅 23:54,56; 출 16:22,25,26,29; 느 13:19

119문 : 제4계명에서 금지된 죄들은 무엇입니까?

답 : 제4계명에서 금지된 죄들은 요구된 의무the duties required를 하지 않는 모든 것과[1] 모든 부주의careless와 나태함negligent과 그것들을 무익하게 이행함unprofitable performing과 이에 지쳐 괴로워함weary이며,[2] 또 게으름idleness과 죄악 된 일을 하는 것과[3] 세상적인 일worldly employments과 오락recreations에 대하여 불필요한 일, 말, 생각들을 함으로써 그 날을 더럽히는 모든 것all profaning the day입니다.[4]

1) 겔 22:26   2) 행 20:7,9; 겔 33:30-32; 암 8:5; 말 1:13   3) 겔 23:38   4) 렘 17:24,27; 사 58:13

(4) 아랫사람도 일을 안 할 수 있게 배려해야 한다.

출애굽기 20:10은 "…너나 네 아들이나 네 딸이나 네 남종이나 네 여종이나 네 가축이나 네 문안에 머무는 객이라도 아무 일도 하지 말라"라고 해서, 이 명령을 받은 사람뿐만 아니라 이 명령을 받은 사람에게 속한 모든 이들이 일하지 말 것을 명령한다.

그러므로 기독교 신자는 자기 자신만 평소에 하던 일을 멈추는 것이 아니라 자녀, 고용인들도 일을 멈추도록 해야 한다. 기독교인들이 경영하는 사업은 주일에 중단되어야 한다.[190] 부모와 학교는 학생들을 주일에 쉴 수 있도록 해야 한다.[191]

이와 관련해서는 웨스트민스터 대요리문답 제118문답의 가르침을 참조할 필요가 있다.

---

190) 대한민국 법률 「근로기준법」(법률 제12527호) 제55조(휴일)에는 "사용자는 근로자에게 1주일에 평균 1회 이상의 유급휴일을 주어야 한다"라고 명시되어 있다.
191) 고재수, 『개혁주의 입장에서 본 십계명 강해』, 60.

(5) 안식일이 아닌 6일 동안에 열심히 일해야 한다.

안식일에 평소 하던 일을 멈추기 위해서는 나머지 6일 동안 열심히 일해야 한다. 출애굽기 20:9은 "엿새 동안은 힘써 네 모든 일을 행할 것이나"라고 말씀한다. 이렇게 말씀하는 이유는 바로 일곱째 날에 안식하기 위함이다. 신자는 주일을 위해서 나머지 날들을 잘 사용해야 한다. 월요일부터 토요일까지 자기 일에 충실하지 못하다가 주일에 허둥지둥 그 일을 하는 것은 제4계명을 어기는 일이다.

그렇다고 주 5일 근무는 비성경적이라는 의미는 절대로 아니다. 출애굽기 20:9에서 말하는 '네 모든 일' 은 노동만을 의미하지 않는다. 운동, 텔레비전 시청, 독서와 같은 취미생활도 포함된다.

(6) 쉬어야 한다.

제4계명의 기원은 하나님께서 안식하신 '안식일' 이다. 그러므로 안식해야 한다. 안식은 곧 '쉼' 을 의미한다. 쉼이 없는 주일은 주일이 아니다. 제4계명을 지키면서 정작 쉬지 못한다면 그것은 잘못된 것이다.

이와 관련해서는 웨스트민스터 신앙고백서 제21장 제8절, 웨스트민스터 소요리문답 제60문답, 웨스트민스터 대요리문답 제117문답에 잘 나와 있다.

웨스트민스터 신앙고백서 제21장 제8절

8. 이 안식일은 사람이 자신의 마음을 합당하게 준비하고 자신의 일상적인 일들을 미리 정돈해 둔 후에after a due preparing of their hearts, and ordering of their common affairs beforehand, 세상의 일과 오락에 대한about their worldly employments and recreations **자신의 일과 말과 생각으로부터 하루 종일 거룩한 안식을 누린다**observe an holy rest all the day.[38] 또한 그 날의 모든 시간은 공적으로나 사적으로 하나님을 예배하는 데 사용하며, 부득이한 일과 자비를 베푸는 일을 위해in the duties of necessity and mercy 사용함으로써[39] 주님께 거룩하게 지킨다.

---

38) 사 58:13; 출 16:23,25,26,29,30; 20:8; 31:15-17; 느 13:15-19,21,22   39) 마 12:11

웨스트민스터 소요리문답

60문 : 안식일을 어떻게 거룩하게 하여야 합니까?

답 : 안식일을 거룩하게 하는 것은 **그 날 종일**all that day**을 거룩하게 쉼**by a holy resting**으로 할 것이니,**[1] 다른 날에 합당한lawful 여러 가지 세상 일employments과 오락recreations까지도 쉬고,[2] 그 시간을 공적 또는 사적 예배에 사용할 것이며,[3] 다만 부득이한 일과 자비를 베푸는 일 in the works of necessity and mercy은 예외입니다.[4]

---

1) 출 20:8,10; 16:25-28   2) 느 13:15-22   3) 눅 4:16; 행 20:7; 시 92편; 사 66:23   4) 마 12:1-13

그렇다고 해서 '쉬는 것'이 정지(停止)나 휴지(休止)를 의미하는 것은 아니다. 또한 단순히 '쉬는 일'만 의미하지는 않는다. 쉬면서 안식일의 의미를 기억해야 한다. 그 의미가 무엇인지를 분명히 알고 쉬어야 한다. 안식하면서 그 안식이 왜, 그리고 어떻게 우리에게 주어졌는지 분명히 인식하고 안식해야 한다. 우리에게 안식을 주신 주님의 공로를 기억하면서 쉬어야 진정으로 주일을 지키는 것이라 할 수 있다. 그렇지 않고 그냥 막연하게 편히 쉰다면 불신자가 주일에 쉬는 것과 다를 바가 전혀 없다. 안식일에 쉰다는 것은 단순히 빈둥거리며 게으르게 보낸다는 뜻이 아니다. 주일을 쉬면서, 왜 쉬는지를 알고 쉬어야 주일을 제대로 지킨 것이다. 주일날 아무 일도 하지 않았지만 그 마음 가운데 주님께서 주시는 참된 안식이 없다면 그것은 주일을 지키지 않은 것이다.

(7) 예배를 드려야 한다.

주일을 거룩하게 지킨다는 것은 다른 무엇보다도 예배를 드림으로써 거룩하게 지키는 것이다. 주일에 해야 할 가장 중요한 일은 한 교회에 속한 성도들과 함께 삼위일체 하나님을 예배하는 일이다. 주의 날을 다른 날과 구별함에 있어서 가장 기본은 공예배를 드리는 일을 통해 이루어진다. 예배를 통해 그리스도 안에서 진정한 쉼을 누린다. 청교도들은 주일을 가리켜 "영혼의 장날"(the Market Day of the Soul)이라고 했다.[192] 우리의 영혼이 7일에 한 번 서는 장날을 통해 풍족함을 누리기 때문이다.

이와 관련해서는 하이델베르크 요리문답 제103문답, 웨스트민스터 신앙고백서 제21장 제8절, 웨스트민스터 소요리문답 제60문답, 웨스트민스터 대요리문답 제117문답에 잘 나와 있다.

하이델베르크 요리문답

103문 : 제4계명에서 하나님께서 원하시는 것은 무엇입니까?

답 : 첫째, 하나님께서는 **말씀의 봉사**the gospel ministry**와 그 봉사를 위한 교육이 유지되기를 원하시며,**[1] 특히 안식의 날인 주일에 내가 **하나님의 교회**the assembly of God's people**에 부지런히 참석하여**attend,[2] 하나님의 말씀을 경청하고[3] 성례에 참여하며[4] 주님을 공적(公的)으로 부르고pray to God publicly[5] 가난한 자들에게 기독교적 자비Christian offerings를 행하기 원하십니다.[6] 둘째, 나의 일생 동안 악한 일들을 그만두고rest from, 주께서 그의 성령으로 내 안에서 일하시게 하며, 그럼으로써 영원한 안식이 이 세상에서부터 시작되기를 원하십니다.[7]

1) 고전 9:13-14; 딤전 3:15; 딤후 2:2; 딤후 3:14-15; 딛 1:5   2) 레 23:3; 시 40:9-10; 122:1; 행 2:42,46; 히 10:25   3) 롬 10:17; 고전 14:1,3; 딤전 4:13; 계 1:3   4) 행 20:7; 고전 11:23-25   5) 고전 14:16; 골 3:16; 딤전 2:1-2   6) 신 15:11; 고전 16:1-2; 딤전 5:16   7) 히 4:9-11

---

192) James T. Dennison, Jr., *The Market Day of the Soul: The Puritan Doctrine of the Sabbath in England, 1532-1700*(Morgan: Soli Deo Gloria, 2001). 존 파이파는 Dennison의 책을 좋은 책으로 추천한다. Joseph A. Pipa, Jr., "The Market Day of the Soul," *The Lord's Day*(Fearn: Christian Focus Pub., 1997), 41.

웨스트민스터 신앙고백서 제21장 제8절

8. 이 안식일은 사람이 자신의 마음을 합당하게 준비하고 자신의 일상적인 일들을 미리 정돈해 둔 후에after a due preparing of their hearts, and ordering of their common affairs beforehand, 세상의 일과 오락에 대한about their worldly employments and recreations 자신의 일과 말과 생각으로부터 하루 종일 거룩한 안식을 누린다observe an holy rest all the day.[38] 또한 그 날의 모든 시간은 공적으로나 사적으로 하나님을 예배하는 데 사용하며, 부득이한 일과 자비를 베푸는 일을 위해in the duties of necessity and mercy 사용함으로써[39] 주님께 거룩하게 지킨다.

---

38) 사 58:13; 출 16:23,25,26,29,30; 20:8; 31:15-17; 느 13:15-19,21,22   39) 마 12:11

웨스트민스터 소요리문답

60문 : 안식일을 어떻게 거룩하게 하여야 합니까?

답 : 안식일을 거룩하게 하는 것은 그 날 종일all that day을 거룩하게 쉼by a holy resting으로 할 것이니,[1] 다른 날에 합당한lawful 여러 가지 세상일employments과 오락recreations까지도 쉬고,[2] 그 시간을 공적 또는 사적 예배에 사용할 것이며,[3] 다만 부득이한 일과 자비를 베푸는 일in the works of necessity and mercy은 예외입니다.[4]

---

1) 출 20:8,10; 16:25-28   2) 느 13:15-22   3) 눅 4:16; 행 20:7; 시 92편; 사 66:23   4) 마 12:1-13

웨스트민스터 대요리문답

117문 : 안식일 혹은 주일을 어떻게 거룩하게 하여야 합니까?

답 : 안식일 혹은 주일을 거룩하게 한다는 것은 온종일all the day을 거룩하게 쉼an holy resting으로 할 것이며,[1] 언제나 죄악 된 일을 그칠 뿐

만 아니라 **다른 날에 합당한 노동**employments**이나 오락**recreations**까지 그만두어야 하되,**²⁾ 부득이한 일necessity과 자비를 베푸는 일mercy에 쓰는 것을 제외하고는,³⁾ **그 시간을 전적으로**the whole time **공적으로 나**in the public **사적으로**private **하나님께 예배하는 일에 드리는 것을 기쁨으로 삼아야 할 것입니다.**⁴⁾ 그 목적을 위하여 우리는 우리의 마음hearts을 준비하며, **세상 일**worldly business**을 미리**foresight **부지런히**diligence **절제 있게**moderation **배치하고**dispose **적절히**seasonably **처리하여**dispatch, **주일의 의무에 보다 더 자유로이**free **또는 적절하게**fit **행할 수 있어야 합니다.**⁵⁾

───────────

1) 출 20:8,10   2) 출 16:25-28; 느 13:15-22; 렘 17:21-22   3) 마 12:1-13   4) 사 58:13; 눅 4:16; 행 20:7; 고전 16:1-2; 시 92편; 사 66:23; 레 23:3   5) 출 20:8; 눅 23:54,56; 출 16:22,25,26,29; 느 13:19

예배의 자리에 참석했다고 해서 주일을 잘 지켰다고 말할 수 없다. 예배에 참여했지만 정작 그 마음 가운데 삼위일체 하나님에 대한 감사가 없다면, 특별히 예수 그리스도의 죽으심과 부활로 말미암아 얻게 된 은혜에 대한 기쁨이 없다면 그것은 곧 주일을 어긴 것이라고 할 수 있다.

이 외에도 주일에는 주중에 전념하기 어려운 성경읽기, 성경공부, 묵상, 찬송, 기도, 성도의 교제 등에 힘써야 한다. 특히 성도의 교제가 중요하다. 주일은 '개인적인' 인격 도야의 날이 아니다. 그리스도의 몸인 '교회'가 '함께' 고백과 간구를 하는 가운데 즐거워하고 감사하면서 쉬는 날이다. 주일은 '나 혼자' 지키는 것이 아니라 '우리'가 지키는 것이며, '성도 개개인이 사적으로' 지키는 것이 아니라 '교회가 공적으로' 지키는 것이다.¹⁹³⁾ 그렇기에 "주일을 우리가 어떻게 지킬 것인가?" 하는 문제에 있어서 예배와 연관시킬 때에는 반드시 예배의 공동체성을 생각해야 한다. 그래서 예배 자체도 중요하지만 함께 예배드린 자들과의 교제와 사귐도 중요하다.

주일에는 영적인 일에 힘써야 한다고 할 때 조심해야 할 것이 있다. 이날에 종교 활동에 너무 많은 시간을 소비하게 되면 '안식'과 그 진정한 의미를 생각할

───────────

193) Jewett, 『주일의 참뜻』, 103, 179; 양낙홍, 『주일성수』, 201.

기회를 전혀 가질 수 없게 될 것이다.[194] 하루 종일 예배와 묵상과 기도, 교회활동만 해야 하는 것은 아니라는 의미다. 또한 교회봉사를 하는 것은 분명 좋은 일이지만 지나치게 많은 봉사는 주일을 '안식일'이 아닌 '안 쉴 일'로 만들어 버린다. 주일에는 오직 종교적인 일만 해야 한다는 것은 지나친 해석이다. 과거 어떤 교회들은 아침부터 밤늦게까지 종일토록 교인들을 교회에 붙들어 놓고는 그것이 주일을 잘 지키는 것이라고 가르쳤다. 그러나 이는 바른 방법이 아니다.[195] 그렇다고 반대로 오늘날 대형교회들이 하는 것처럼 주일 하루 중 한 번 예배드린 이후에 등산이나 나들이를 가고 취미활동을 하러 가는 것도 바람직하지 않다.[196] 양극단에 빠지지 않도록 교회(직분자와 성도)는 힘써야 한다.

(8) 주님의 부활을 기억하고, 장차 있을 주님의 재림을 바라보아야 한다.

신약의 안식일인 주일은 주님의 부활이 있었던 날이다. 주님의 부활로 말미암아 안식일의 요일이 변경되었다. 그러므로 주일에는 주님의 부활을 기억해야 한다. 어느 특정한 날만이 아니라 항상 주님의 부활을 기억해야 하지만, 특별히 주일에 주님의 부활을 기억해야 한다. 매주일이 부활주일이다.[197]

나아가 주일은 장차 있을 주님의 재림을 바라보는 날이다. 그러므로 주일을 지킬 때에는 이 땅에서 누릴 수 있는 안식을 주신 주님의 부활과 함께 장차 영원한 하나님 나라가 극치에 이르게 될 때 그곳에서 누리게 될 완전한 안식을 소망하며 주님의 재림을 바라보아야 한다.

(9) 주일에 할 수 있는 일

안식일은 평소에 하던 일을 멈추는 날이다. 안식일은 쉬는 날이다. 안식일은 하나님께 예배하는 날이다. 안식일을 지키는 것은 오전이나 오후에만 하는 것이

---

194) Grier, "유대인 안식일로부터 주의 날로의 발전", 65.

195) 양낙흥, 『주일성수』, 210.

196) 오늘날 주일 오후(저녁)예배가 사라지고 있으니 제4계명을 다른 곳도 아닌 교회가 소홀히 하고 있다.

197) 부활절(325년 니케아 회의에서 정한 것으로, 매년 춘분(春分) 후 첫 만월(滿月)이 온 후 첫 번째 다가오는 주일)에만 부활을 기억하는 것은 제4계명을 어기는 일이다.

아니라 하루 종일 해야 한다(WCF 제21장 제8절; WLC 제117문답, WSC 제60문답).

그렇다고 이날에 아무 일도 하면 안 된다는 것은 아니다. 주일에도 할 수 있는 일이 있다. 자비의 사역(work of charity),[198] 병 고치는 일(눅 13:10-17; 14:1-6; 요 5:1-18),[199] 선한 일, 부득이한 일(work of necessity) 등은 할 수 있다(HC 제103문답; WCF 제21장 제8절; WLC 제117문답; WSC 제60문답).

이와 관련해서는 마태복음 12:1-14의 교훈을 참고할 필요가 있다(이외에도 막 2:23-28; 눅 6:1-10; 13:10-17; 14:1-6; 요 5:1-18을 참고하라). 마태복음 12:1-14에 나오는 바리새인들은 안식일을 지키는 방법과 관련하여 율법주의적인 태도를 갖고 있었고, 그래서 그들은 예수님에게 시비를 걸었다.[200] 총 두 차례의 논쟁이 나온다.

첫 번째 논쟁은 안식일에 밀 이삭을 자른 사건이 발단이 되었다. 예수님께서 안식일에 밀밭 사이로 지나가실 때 예수님의 제자들이 배가 고파서 이삭을 잘라 먹었는데(12:1), 이를 본 바리새인들이 "보시오, 당신의 제자들이 안식일에 하지 못할 일을 하나이다"라고 시비를 걸었다(12:2). 제자들은 배가 고파서 이삭을 잘라 먹었는데, 바리새인들은 그 일을 안식일에 해서는 안 되는 일이라고 생각한 것이다. 왜냐하면 바리새인들의 지침서인 '미쉬나'(Mishnah)에 의하면 안식일

---

198) 특별히 자비의 사역은 구약의 안식년과 희년 제도를 통해서 암시되어 왔다. Frame, *The Doctrine of the Christian Life*, 551.

199) 이것을 악용하여 '생명과 직결되는 진료가 아닌 진료'를 위해 주일에도 병원 문을 여는 것은 바람직하지 않다.

200) 안식일 논쟁은 모두 일곱 번 있었다. 제1차는 공생애 제2년 초 가버나움 회당에서 안식일에 귀신 들린 자를 고치신 일로 인해서 처음 발생했다(막 1:23-28; 눅 4:33-37). 제2차는 공생애 제2년 유월절 때 예루살렘에 올라가셨다가 베데스다 못가에 있는 행각에 누워 있는 38년 된 병자를 고치셨는데 그 날이 안식일이므로 논쟁이 벌어졌다(요 5:1-18). 제3차는 예수님께서 안식일에 제자들과 밀밭 사이로 지나가시는 중 제자들이 배가 고파서 이삭을 잘라 먹은 일 때문에 벌어졌다(마 12:1-8; 막 2:23-28; 눅 6:1-5). 제4차는 안식일에 한편(오른손) 손 마른 자를 고치시는 일로 해서 논쟁이 벌어졌다(마 12:9-13). 제5차는 공생애 제3년에 있었던 일인데 예수님께서 초막절을 맞이하여 갈릴리를 떠나 예루살렘에 올라가셨다가(요 7:10) 안식일에 나면서부터 맹인 된 사람을 보시고 고치신 일로 해서 일어났다(요 9:1-41). 제6차는 공생애 마지막 기간에 있었던 일로서 안식일에 어떤 회당에서 가르치시고 계시다가 18년 동안을 귀신 들려 앓으며 꼬부라져 조금도 펴지 못하는 한 여자를 고치신 일로 해서 일어났다(눅 13:10-17). 제7차는 공생애 마지막 기간 어느 안식일에 어떤 바리새인들의 두령이 예수님을 식사에 초청한 자리에서 있었던 일인데 그 자리에 수종병 든 사람이 있는 것을 보시고 고치신 일로 해서 벌어졌다(눅 14:1-6).

에는 곡식에 낫을 대서도, 베어낸 곡식을 타작해서도 안 되는데, 그들의 눈에 예수님의 제자들이 밀 이삭을 자른 것은 '추수'였고, 그것을 손으로 비빈 것은 '타작'이었다. 해서는 안 될 '일'을 한 것이었다.

이에 대해서 예수님은 두 가지 예를 들어 안식일을 지키는 방법을 설명해 주신다. 첫 번째 예는 다윗인데, 개역개정의 난외주에 나와 있는 것처럼 사무엘상 21:6에 기록된 내용이다. 내용인즉 다윗이 자기를 시기하여 죽이려는 사울의 박해를 피하여 예루살렘 북쪽 아나돗 근처의 제사장들이 살고 있는 놉 땅으로 가서 제사장 아히멜렉을 찾았을 때의 일인데, 마침 다윗이 자기와 함께 한 사람들이 배가 고파서 아히멜렉에게 음식을 달라고 했다. 그랬더니 아히멜렉은 성막의 진설병을 가져다가 사람들에게 주었다. 그런데 원래 진설병은 아무나 먹으면 안 된다. 오직 제사를 담당하는 제사장만이 먹을 수가 있다. 그렇지만 부득이한 상황이었다. 배가 심하게 고파서 그냥 있을 수 없었다. 그래서 제사장 아히멜렉은 비록 제사장만 먹을 수 있는 진설병이지만 사람들에게 주었다. 예수님이 언급하신 이 예는 일면 느닷없는 답변처럼 보인다. 왜냐하면 해당 내용에는 안식일에 관한 내용이 없기 때문이다. 다윗과 함께 한 사람들이 진설병을 먹은 일이 안식일에 있었다는 언급은 나오지 않는다.[201] 그렇기에 안식일에 밀 이삭을 먹은 일을 비판하는 바리새인들에게 적합한 답변이 아닌 것 같다. 그럼에도 예수님은 왜 이런 예를 드셨을까? 예수님은 지금 구약 율법의 본질이 무엇인지를 가르치는 데 목적이 있었다. 안식일의 핵심은 사람에게 있는 것이지 제도 자체에 얽매여서는 안 된다는 것이다. 예수님은 이 예를 드시면서 비록 안식일이라 할지라도 예수님의 제자들이 배가 고파서 길에 있는 이삭을 잘라 먹은 것은 절대로 죄가 될 수 없다고 가르쳐 주셨다. 아무리 안식일 법에서 "일하지 말라"고 했더라도 부득이한 상황에서는 가능하다는 것이다.

두 번째 예는 성전에서 일어났는데, 예수님은 "또 안식일에 제사장들이 성전 안에서 안식을 범하여도 죄가 없음을 너희가 율법에서 읽지 못하느냐"(12:5)라

---

201) 이날이 안식일이었는지 확실치 않다. 레위기 24:5-9은 진설병을 교체하는 날이 안식일이요 물려낸 떡은 제사장만이 먹을 수 있다고 말할 뿐 반드시 그 날에 먹어야 한다는 규정이 없기 때문이다. 다만 사무엘상 21:6에 "제사장이 그 거룩한 떡을 주었으니 거기는 진설병 곧 여호와 앞에서 물려낸 떡밖에 없음이라. 이 떡은 더운 떡을 드리는 날(안식일)에 물려낸 것이라"는 내용이 막연하게나마 이날이 안식일이었을 가능성을 암시하고 있다. 김성수, 『내가 원하노니 깨끗함을 받으라 (마태복음 설교2)』(서울: 마음샘, 2006), p.284, n.67.

고 말씀하신다. 이 내용은 개역개정의 난외주에 표시된 대로 민수기 28:9-10에 기록되어 있다. 그런데 민수기 28:9-10 "⁹안식일에는 일 년 되고 흠 없는 숫양 두 마리와 고운 가루 십 분의 이에 기름 섞은 소제와 그 전제를 드릴 것이니 ¹⁰이는 상번제와 그 전제 외에 매 안식일의 번제니라"에는 "제사장이 안식일에도 일했다"라는 언급은 나오지 않는다. 대신 안식일에 제사를 드리는 방법이 나온다. 비록 "제사장이 안식일에도 일했다"라는 말은 없지만, 안식일에 제사를 드리는 방법이 있다는 것은 유추해 보면 제사장이 안식일에도 일했다는 말이 된다. 그래서 예수님은 이 율법을 근거로 해서 "제사장들이 안식일에 성전 안에서 일을 했다고 해서 그것을 가지고 안식일을 범했다고 말하는 경우가 있느냐?"라고 가르쳐 주신다. 이 말씀은 "제사행위 자체는 행위나 노동이 아닌 것처럼, 안식일에 일하지 말라는 계명을 지나치게 획일적으로 적용하면 안 된다"라는 말씀이다. 예수님은 이러한 성전에서의 예를 드시면서 "안식일에 일하지 말라"는 계명을 지나치게 획일적으로 이해하면 안 된다는 것을 가르치고 계신다. 부득이한 상황, 어쩔 수 없는 상황 속에서 일어난 일을 그 의도는 무시하고 무조건 적용하는 것은 하나님의 율법을 제대로 이해하는 방법이 아니라는 사실을 가르쳐 주신 것이다.

두 번째 논쟁은 예수님께서 안식일에 손 마른 사람을 만난 일이 발단이 되었다. 마침 안식일이었다. 예수님께서 회당에 들어가시니 한쪽 손 마른 사람이 있었다. 이때 사람들이 예수님을 고발하기 위해서 의도적으로 물었다. "안식일에 병 고치는 것이 옳습니까?"(12:10) 안식일에 병을 고치는 것은 바리새인들의 지침서인 '미쉬나'에 의하면 해서는 안 될 일이었기 때문이다.

이에 대해서 예수님은 11-12절에서 "¹¹너희 중에 어떤 사람이 양 한 마리가 있어 안식일에 구덩이에 빠졌으면 끌어내지 않겠느냐. ¹²사람이 양보다 얼마나 더 귀하냐. 그러므로 안식일에 선을 행하는 것이 옳으니라"라고 대답하신다. 그러면서 13절에서 예수님이 그 손 마른 사람을 고쳐 주신다.

예수님은 두 차례의 이 논쟁을 통해 안식일에도 할 수 있는 일이 있음을 가르쳐 주셨다. 첫 번째 논쟁을 통해서는 "부득이한 일이라고 한다면 비록 안식일이라 할지라도 충분히 가능하다"는 것을 가르쳐 주셨고, 두 번째 논쟁을 통해서는 "자비의 사역은 비록 안식일이라 할지라도 가능하다"는 것을 가르쳐 주셨다.

이 본문에 근거해서 웨스트민스터 신앙고백서 제21장 제8절, 웨스트민스터 소요리문답 제60문답, 웨스트민스터 대요리문답 제117문답은 안식일 혹은 주일에도 할 수 있는 일로서 '부득이한 일'(work of necessity)과 '자비의 사역' (work of mercy)을 언급하고 있다.

웨스트민스터 신앙고백서 제21장 제8절

8. 이 안식일은 사람이 자신의 마음을 합당하게 준비하고 자신의 일상적인 일들을 미리 정돈해 둔 후에after a due preparing of their hearts, and ordering of their common affairs beforehand, 세상의 일과 오락에 대한about their worldly employments and recreations 자신의 일과 말과 생각으로부터 하루 종일 거룩한 안식을 누린다observe an holy rest all the day.[38] 또한 그 날의 모든 시간은 공적으로나 사적으로 하나님을 예배하는 데 사용하며, **부득이한 일과 자비를 베푸는 일을 위해**in the duties of necessity and mercy **사용함으로써**[39] 주님께 거룩하게 지킨다.

---

38) 사 58:13; 출 16:23,25,26,29,30; 20:8; 31:15-17; 느 13:15-19,21,22 39) 마 12:11

웨스트민스터 소요리문답

60문 : 안식일을 어떻게 거룩하게 하여야 합니까?

답 : 안식일을 거룩하게 하는 것은 그 날 종일all that day을 거룩하게 쉼by a holy resting으로 할 것이니,[1] 다른 날에 합당한lawful 여러 가지 세상 일employments과 오락recreations까지도 쉬고,[2] 그 시간을 공적 또는 사적 예배에 사용할 것이며,[3] 다만 부득이한 일과 자비를 베푸는 일in the works of necessity and mercy은 예외입니다.[4]

---

1) 출 20:8,10; 16:25-28   2) 느 13:15-22   3) 눅 4:16; 행 20:7; 시 92편; 사 66:23   4) 마 12:1-13

신약의 안식일인 주일에는 기본적으로 쉬어야 한다. 그래서 아무 일도 해서는 안 된다. 하지만 문자적으로 아무 일도 하면 안 된다는 것은 아니고, 할 수 있는 일들이 충분히 있다. 정말로 어쩔 수 없는 일, 비록 안식일이라 하더라도 하지 않으면 안 되는 일, 촌각을 다투는 일이라면 할 수 있다.

(10) 모든 날이 거룩하다.

제4계명에 의하면 안식일은 거룩한 날이다. 그러므로 신약시대에는 주일을 가장 중요하게 생각해야 한다. 가장 중요하고 복된 언약의 날은 '일요일'이다.

그렇다고 다른 날이 덜 중요하다는 의미는 아니다. 모든 날이 다 중요하다. 새 언약 시대가 옛 언약 시대와 다른 점은 이제 모든 날이 다 거룩해졌다는 것이다(롬 14:5). 첫째 날인 일요일부터 마지막 날인 토요일까지 덜 중요한 날이 없다. 모든 날이 우리에게 중요하다. 모든 날이 다 거룩하다.

그러므로 주일 공예배를 마친 후부터 다음 주일 공예배 때까지 모든 날과 시간들 역시 새 창조의 질서에 속한 것으로 여기고 마땅히 우리 인생을 효과적으로 수행하여 하나님의 경륜을 이루어 가는 일에 전적으로 사용해야 한다.[202]

(11) 율법주의와 무율법주의를 조심해야 한다.

구약의 안식일인 토요일을 지금도 지키고 있는 유대인들은 제4계명을 지나치게 율법적으로 지키고 있다. 유대인들의 가르침을 기록해 놓은 '미쉬나'에는 안식일에 해서는 안 되는 일에 대해 매우 구체적으로 열거해 놓고 있다. 실을 한 줄만 꼬는 것은 되지만 두 줄을 꼬는 것은 안 되며, 2,000규빗(약 900미터) 이상은 가면 안 되고, 성경(출 35:3)에 불을 피우지 말라고 했으니 전등을 켜면 안 되고, 주전자에 쏟아 넣기에 충분한 양의 포도주, 상처를 바를 정도의 꿀, 물통의 손잡이를 만들 수 있는 길이의 로프, 알파벳 철자 2개를 쓸 정도의 잉크를 가지고 다니는 정도는 괜찮고, 몸을 가리는 데 꼭 필요한 옷만 입어야 하고, 구덩이에 빠진 소를 끌어내어서는 안 되며, 함정에 빠진 사람을 사다리나 밧줄이나 다른 연장을 가지고 도와서는 안 되고, 이를 잡는 것은 되지만 벼룩을 잡는 것은 안 된다고 했다. 오늘날의 유대인들은 안식일을 위하여 안식일 전용 엘리베이터(sabbath elevator)를 만들었다. 이 엘리베이터는 평일 모드를 설정하면 버튼을 누른 층만 서게 되는데, 안식일 모드로 설정하면 버튼을 누르지 않아도 매 층마다 서게 되어 있다. 엘리베이터 버튼을 누르는 것도 안식일을 범하는 것이라고 생각하기 때문에 이러한 엘리베이터를 만들었다. 이러한 유대인들의 가르침은 율법주의적이다.

지금으로부터 약 100년 전 스코틀랜드 자유교회(Free Church of Scotland)에서는 "주일에 교회당에 가려고 대중교통을 이용하는 일이 옳은가?"에 대한 논쟁이 있었다. 어느 교인은 주일에 교회당에 가기 위해 전차를 탔다는 이유로 수찬 정지의 권징을 받기도 했다.[203] 미국의 어느 개혁파 교회에서는 폭설이 내린

---

202) 송영찬, 『시내산 언약과 십계명』, 244.

203) John J. Murray, *Catch the Vision*(Darlington: Evangelical Press, 2007), 김병규 역, 『현대 영국 개혁주의 부활』(서울: 부흥과 개혁사, 2010), 174. 스코틀랜드 자유교회(Free Church of Scotland)는 장로교회의 본산으로서 매우 경건하고 성경적이고 개혁주의 신학에 충실한 교단이다. 과거에 이러한 논쟁을 가졌다는 이유로 나쁘게 보아서는 안 된다.

어느 주일에 교인 한 명이 스키를 타고 교회당에 출석하였는데, 이에 대해서 일부 교인들은 주일에 스포츠를 했으니 그를 권징해야 한다고 주장했고 다른 교인들은 폭설을 핑계로 주일예배에 결석할 수도 있었는데 스키를 타면서까지 왔으니 칭찬해야 된다고 했다. 이런저런 논쟁 끝에 결국 그 교회는 "당신은 스키를 탈 때 즐겼습니까? 즐기지 않았습니까?"라고 물어보고 판정하기로 결론을 지었다는 웃지 못할 일이 있었다.[204] 이러한 예들은 모두 율법주의적이다.

안식일은 "~하라" "~하지 말라"는 율법적 규정들을 마치 꽉 조이는 옷처럼 입히기 위해 의도된 것이 아니다. 유대인들처럼 안식일에 무슨 일을 하면 큰일이 나는 것처럼 오해하고 그 날에 주술적인 의미를 부여하는 것은 조심해야 한다.[205] 이렇게 될 경우 안식일의 참된 의미를 잃어버리기 쉽다. 주일성수 개념에 지나치게 율법주의적으로 접근해서는 안 된다. 그렇다고 무율법주의에 빠져서도 안 된다. 율법주의와 무율법주의의 양극단에 빠지면 안 된다.[206]

(12) 믿음으로 지켜야 한다.

주일성수를 외형으로만 판단해서는 안 된다. 주일을 지킴에 있어서 그 마음가짐이 중요하다. 주일을 제대로 지키기 위해서는 하나님이 온 세상의 창조주요 우리의 주권자이시며 우리의 모든 삶을 다스리는 분이라는 믿음이 있어야 한다. 하나님께 자기 자신을 완전히 맡길 수 없다면 안식할 수 없다. 진정한 안식이 가능하려면 하나님이 우리의 모든 삶을 다스려 주시고 인도해 주신다는 믿음이 있어야 한다.[207]

---

204) 양낙흥, 『주일성수』, 214.
205) 양낙흥, 『주일성수』, 213; 송영찬, 『시내산 언약과 십계명』, 242; 김홍전, 『십계명 강해』, 127.
206) 청교도들이 작성한 웨스트민스터 신앙고백서(제21장)와 대소요리문답(제4계명 해설), 웨스트민스터 예배모범은 주일성수를 매우 강조하는데 이는 1617년에 제임스 1세가 강요한 '스포츠 선언'(Declaration of Sports)에 대한 거부와 저항을 배경으로 하고 있다. 그러므로 청교도들의 주일성수관을 율법주의로 이해해서는 안 된다. 유해무, 『헌법해설: 웨스트민스터 신앙고백서, 대소교리문답서』, 214. 이와 관련한 자세한 설명으로 김남준, 『성수주일: 청교도의 주일성수, 그 평가와 계승』(서울: 익투스, 2015), 70-94을 참고하라.
207) 강영안, 『강영안 교수의 십계명 강의』, 167, 171; 양낙흥, 『주일성수』, 205-206.

출애굽기 31:13은 "너희는 나의 안식일을 지키라. 이는 나와 너희 사이에 너희 대대의 **표징**이니 나는 너희를 거룩하게 하는 여호와인 줄 너희가 알게 함이라"라고 말씀하며, 출애굽기 31:16-17은 "¹⁶이스라엘 자손이 안식일을 지켜서 그것으로 대대로 영원한 **언약**을 삼을 것이니 ¹⁷이는 나와 이스라엘 자손 사이에 영원한 **표징**이며"라고 말씀한다. 십계명 전체가 그렇지만, 특별히 안식일을 지킨다는 것은 하나님과 그 백성 사이의 표징이요 언약이다. 그러므로 하나님의 언약을 신뢰하는 자만이 제4계명을 지킬 수 있다.

이런 관점에서 제4계명은 우리의 모든 삶이 우리 자신의 손이 아니라 하나님께 달려 있으며, 우리의 삶을 주장하고 다스리시는 분은 하나님이시라는 믿음을 확인하는 리트머스 시험지와 같다.

실제로 청교도들의 주일성수에 대한 신학적 이해는 하나님의 영광을 나타내는 수단이 될 뿐만 아니라 하나님의 계명을 사랑하고 그것을 통하여 하나님을 사랑하는 것을 나타내는 은혜의 방편이었다. 청교도 목회자와 성도들은 주일을 거룩하게 지키는 것을 통하여 그 영혼이 하나님을 사랑하는지의 여부를 살폈고, 또한 이것을 통하여 그 영혼이 거룩을 갈망하는지의 여부를 확인하였다.[208]

주님이 쉬라고 하면 쉬어야 하고, 일하라고 하면 일해야 한다. "참된 노동과 참된 안식"은 오직 하나님께 있다.

6. 제4계명에 담긴 하나님의 배려와 사랑

"주일에는 아무 일도 하지 말라"고 하니 사람들은 이 계명이 하나님께서 사람들을 억압하려고 만든 제도라고 오해한다. 그러나 안식일 제도는 하나님의 선물이요 복이다. 제4계명은 우리를 얽매는 계명이 아니라 오히려 쉼과 자유를 주는 계명이다.

만약 하나님께서 7일 중 하루를 쉴 수 있게 하지 않으셨다면 사람들은 쉬지 않고 계속해서 일만 했어야 할 것이다(참조. 창 3:17-19). 제4계명이 없었다면 많은 사람이 일의 노예, 일중독(work-holic)이 되었을 것이다.[209] 제4계명이 없었

---

208) 김홍만, "청교도의 주일성수," 『진리의 깃발』, vol. 78호(서울: 한국개혁주의 설교연구원, 2006), 60, 66.
209) 참조. Hamilton, *Exodus*, 339.

다면 쉬지 않고 공부해야 된다는 착각, 쉬지 않고 일해야 부자가 될 것이라는 착
각, 쉬지 않고 무엇인가에 매달리면 반드시 그 일에 최고가 될 것이라는 착각에
빠졌을 것이다. 그런데 하나님은 우리에게 하루를 반드시 쉬게 하시는 계명을
통하여, 매일 일한다고 해서 우리가 원하는 바를 다 이룰 수 있는 것은 아니라는
점을 깨닫게 해주셨다. 제4계명이 없었다면 특히 노동자와 피고용인은 쉼을 보
장받지 못했을 것이다. 고용인들은 돈을 조금 더 주는 교묘한 방식으로 피고용
인을 쉬지 못하고 일하게 만들 수도 있다.[210] 이런 점에서 제4계명은 하나님의 배
려와 사랑이 담긴 계명이다.

사실 하나님이 실제로 안식하신 것은 아니었다(요 5:16-18). 하나님은 창조의
사역을 마치신 뒤에도 여전히 섭리의 사역을 감당하셨다. 그럼에도 불구하고 하
나님은 자기 자신이 안식하셨다고 선언하신다. 하나님은 굳이 쉬지 않으셔도 된
다. 그러나 하나님은 의도적으로 쉬셨고, 그 쉬신 날을 안식일로 삼아 주셨다.
그렇게 함으로써 우리로 하여금 안식할 수 있도록 하신 것이다.

제4계명이 하나님 자신을 위함이 아니라 우리를 위함임에도 불구하고 사람들
은 이 계명을 잘 지키지 않는다. 쉬라고 했는데도 쉬지 않는다. 오히려 일하려고
한다. 그 이유는 하나님에 대한 불신앙 때문이다. 하나님을 위해서 산다고 고백
하면서도 하나님이 쉬라고 하신 날에 쉬지 못하는 것은 결국 불신앙에 근거한
다. 주일을 지키지 않는 것은 하나님을 위해서가 아니라 자기 자신을 위해서일
뿐이다.[211]

아이러니한 사실은 선진국가로 갈수록 일(노동)이 오히려 우리를 옭아맨다.
첨단 정보 사회에 들어온 현대인들이 오히려 이전보다 더 휴식을 누리지 못한
다. 진보된 과학기술로 말미암아 노동시간과 노동력을 단축하는 여건이 마련되
었지만 이전보다 일하는 시간이 더 늘어나고 있다.[212] 세상이 좋아질수록 오히려
주일에 일하는 직업이 늘어나고, 자본주의 사회의 특성에 휩쓸려 노동의 노예가
되어 버린다. 이러한 때에 제4계명에 담긴 하나님의 배려와 사랑을 깊이 깨달아
야 한다.

---

210) 대한민국 법률 「근로기준법」(법률 제12527호) 제55조(휴일)에는 "사용자는 근로자에게 1주일
　　에 평균 1회 이상의 유급휴일을 주어야 한다"라고 명시되어 있다.
211) 고재수, 「개혁주의 입장에서 본 십계명 강해」, 56.
212) 신원하, 「시대의 분별과 윤리적 선택」, 149.

6장
제5계명

출애굽기 20:12

"네 부모를 공경하라. 그리하면 네 하나님 여호와가 네게 준 땅에서 네 생명이 길리라."

웨스트민스터 소요리문답

63문 : 제5계명은 무엇입니까?

답 : 제5계명은 "네 부모를 공경하라. 그리하면 네 하나님 여호와가 네게 준 땅에서 네 생명이 길리라" 하신 것입니다.[1]

---

1) 출 20:12

웨스트민스터 대요리문답

123문 : 제5계명은 무엇입니까?

답 : 제5계명은 "네 부모를 공경하라. 그리하면 네 하나님 여호와가 네게 준 땅에서 네 생명이 길리라"는 것입니다.[1]

---

1) 출 20:12

1. 제5계명의 기본적인 의미

제5계명은 아버지(父)와 어머니(母)를 공경(恭敬)하라는 것이다. 그런데 '공경'이라는 단어를 영어성경은 honor(존경하라)라고 번역한다. 히브리어로는 '카베드'로서, 존경하라(honor)는 뜻이다. 에베소서 6:1은 "자녀들아, 주 안에서 너희 부모에게 **순종하라**. 이것이 옳으니라"라고 말씀한다.

그러므로 공손히 섬긴다는 뜻을 가진 '공경'이라는 유교적 표현보다는 존경, 순종, 복종의 의미로 해석하는 것이 바람직하다. 부모를 존경해야 한다. 부모의 말씀에 순종해야 한다. 부모에게 복종해야 한다.

2. 제5계명이 말하는 '부모'의 범위

제5계명은 육체적 부모에게 순종하는 것으로 끝나지 않는다. 부모는 더 넓은 범위로 사용된다. 왜냐하면 성경에서 '부모'는 단순히 육체적 부모에게만 사용된 것이 아니기 때문이다. 성경에는 문자적 의미의 부모 외에도 다른 관계를 가리켜 부모라고 하는 경우가 많다.

창세기 45:8에서 요셉은 "그런즉 나를 이리로 보낸 이는 당신들이 아니요 하나님이시라. 하나님이 나를 바로에게 **아버지**로 삼으시고 그 온 집의 주로 삼으시며 애굽 온 땅의 통치자로 삼으셨나이다"라고 해서 자신이 '총리'가 된 것이 바로의 아버지가 된 것이라고 말한다. 이사야 49:23은 "**왕들**은 네 **양부**가 되며 **왕비들**은 네 **유모**가 될 것이며…"라고 해서 '왕'과 '왕비'를 아버지와 어머니에 비유하고 있다. 열왕기하 5:13에서는 "그(나아만)의 종들이 나아와서 말하여 이르되 내 **아버지**여 선지자가 당신에게 큰 일을 행하라 말하였더면 행하지 아니하였으리이까…"라고 해서 나아만의 종들이 군대장관인 나아만에게 아버지라고 부른다. 열왕기하 2:12은 "엘리사가 보고 소리 지르되 내 **아버지**여 내 **아버지**여 이스라엘의 병거와 그 마병이여…"라고 해서 엘리사가 그의 '스승' 엘리야에게 아버지라고 부른다. 사사기 5:7은 "이스라엘에는 마을 사람들이 그쳤으니 나 드보라가 일어나 이스라엘의 **어머니**가 되기까지 그쳤도다"라고 해서 '사사' 드보라를 가리켜 어머니라고 표현한다. 사무엘상 24:11은 "내 **아버지**여 보소서 내 손에 있는 왕의 옷자락을 보소서…"라고 해서 다윗이 사울에게 아버지라고 부른다. 고린도전서 4:14-15에서 사도 바울은 고린도교회를 향하여 "¹⁴내가 너희를 부끄럽게 하려고 이것을 쓰는 것이 아니라 오직 너희를 내 사랑하는 **자녀**같이 권하려 하는 것이라. ¹⁵그리스도 안에서 일만 스승이 있으되 **아버지**는 많지 아니하니 그리스도 예수 안에서 **내가 복음으로써 너희를 낳았음이라**"라고 함으로써 사도와 고린도교회의 관계를 부자관계로 표현한다. 갈라디아서 4:19에서 바울은 갈라디아교회를 향해 "나의 자녀들아"라고 표현한다. 바울은 디모데에게 "믿음 안에서 참 **아들** 된 디모데에게 편지하노니…"(딤전 1:2)라고 표현하고, 디도에게 "같은 믿음을 따라 나의 참 **아들** 된 디도에게 편지하노니…"(딛 1:4)라고 표현한다.²¹³⁾

그러므로 제5계명은 육체적 부모에게만 적용할 것이 아니라 모든 관계에서의 윗사람에게 적용해야 한다.

제5계명의 범위가 부모에게만 한정되는 것이 아니라는 점은 베드로전서 2:13-18에 잘 나타나 있다. 13절에서 "인간의 모든 제도를 주를 위하여 순종하

---

213) 성경에서는 '복종'(obey)라는 단어를 부모-자녀, 남편-아내, 주인-종, 위정자-시민 등 모든 관계에 대해서 동일하게 사용하고 있다. Douma, *The Ten Commandments*, 182.

되…"라고 말씀한다. 그러면서 그 대상을 말하기를 13절에서는 '왕', 14절에서는 '왕이 보낸 총독', 18절에서는 사환(종)의 입장에서 '주인' 등으로 말하고 있다. 이렇게 함으로써 제5계명이 말하는 순종의 대상이 모든 윗사람이라는 사실을 암시하고 있다.

그래서 전통적으로 제5계명의 부모는 육신의 부모를 기본으로, 사람이 관계하는 모든 관계에서의 윗사람을 가리키는 것이라고 여겼다. 이 사실은 하이델베르크 요리문답 제104문답과 웨스트민스터 대요리문답 제124-125문답에도 잘 나타난다.

하이델베르크 요리문답

104문 : 제5계명에서 하나님께서 원하시는 것은 무엇입니까?

답 : 나의 부모님, 그리고 **내 위에 있는 모든 권위**에 모든 공경honor과 사랑love과 신실함be loyal을 나타내고, 그들의 모든 좋은 가르침correct과 징계punish에 대해 합당한 순종을 하며,[1] 또한 그들의 약점과 부족에 대해서는 인내해야 합니다.[2] 왜냐하면 그들의 손을 통해 우리를 다스리시는 것이 하나님의 뜻이기 때문입니다.[3]

---

1) 출 21:17; 잠 1:8; 4:1; 15:20; 20:20; 롬 13:1; 엡 5:22; 6:1-2,5; 골 3:18,20,22   2) 잠 23:22; 벧전 2:18   3) 마 22:21; 롬 13:2,4; 엡 6:4; 골 4:1

웨스트민스터 대요리문답

124문 : 제5계명에 있는 부모는 누구를 뜻합니까?

답 : 제5계명에 있는 부모는 육신의 부모natural parents뿐만 아니라,[1] 연령[2]과 은사[3]에 있어서의 모든 윗사람superiors과 특히 하나님의 규례ordinance에 의하여 가정[4]과 교회[5]와 국가commonwealth[6]를 막론하고 우리 위의 권위의 자리에 있는 자들over us in place of authority을 뜻합니다.

---

1) 잠 23:22,25; 엡 6:1,2   2) 딤전 5:1,2   3) 창 4:20-22; **45:8**   4) **왕하 5:13**   5) **왕하 2:12**; 13:14; 갈 4:19
6) 사 49:23

웨스트민스터 대요리문답 제124문답은 앞서 부모의 예로 제시된 창세기
45:8; 열왕기하 2:12; 5:13; 이사야 49:23을 근거구절로 제시하고 있다.

3. 순종의 이유

부모는 물론이고 모든 윗사람에게 순종해야 하는 이유는 무엇인가? 그 이유는
윗사람의 권위가 하나님에게서 온 것이기 때문이다. 이에 대한 성경적 근거는
로마서 13:1-7에서 찾아볼 수 있다.

로마서 13:1-7은 제5계명에 대한 가르침이다. 그 이유는 바로 이어지는 로마
서 13:8-9을 통해 알 수 있다. 9절을 보면, "간음하지 말라, 살인하지 말라, 도
둑질하지 말라, 탐내지 말라 한 것과 그 외에 다른 계명이 있을지라도 네 이웃을
네 자신과 같이 사랑하라 하신 그 말씀 가운데 다 들었느니라"라고 되어 있다.
이 구절은 십계명 중 제6, 7, 8, 10계명을 언급한다. 그렇다면 제5계명은 로마서
13:8-9의 앞부분에 해당하는 로마서 13:1-7이라고 볼 수 있다.

로마서 13:1은 제5계명을 다루면서 "각 사람은 위에 있는 권세들에게 복종하
라. 권세는 하나님으로부터 나지 않음이 없나니 모든 권세는 다 하나님께서 정
하신 바라"라고 말씀한다. "각 사람은 위에 있는 권세들에게 복종하라"라는 명
령은 제5계명이고, "권세는 하나님으로부터 나지 않음이 없나니 모든 권세는 다
하나님께서 정하신 바라"라는 말씀은 제5계명을 지켜야 하는 이유다.

여기에서 제5계명을 지켜야 하는 이유가 선명하게 드러난다. 그것은 부모를 비롯하여 이 세상의 모든 권세가 하나님에게서 왔기 때문이다. 인간이 경험하는 여러 관계 속에서 형성되는 윗사람과 아랫사람의 관계는 하나님께서 허락하신 것이다. 대표적인 윗사람인 부모의 권위 역시 마찬가지다. 부모와 자녀의 관계는 하나님으로 말미암아 설정되는 것이다. 이런 점에서 부모에게 순종해야 하는 이유는 부모 그 자체에 있다기보다는 그 권위를 주신 하나님께 있다.

이러한 관점에서 볼 때 제5계명은 유교(儒敎)를 비롯하여 이 세상에서 가르치는 부모공경과는 차원이 다르다.[214] 유교에서 부모를 공경해야 하는 이유는 자신을 낳아 주고 길러 주었기 때문이다.[215] 그러나 성경에서 부모에게 순종하라고 가르치는 이유는 하나님께서 부모의 권위를 주셨기 때문이다. "부모에게 순종한다"는 점에서는 같을지 몰라도 부모가 공경 받아야 할 이유와 부모가 왜 부모인지에 대해서는 기독교의 독특한 점이 있다. 부모에게 순종해야 하는 이유는 하나님이 부모를 자녀를 위한 대리자로 세우셨기 때문이다. 부모는 자녀를 낳음으로 하나님의 창조를 대행한다. 이것이 바로 성경적인 제5계명의 출발이다.

본래 부모와 자녀는 하나님 앞에서 동등한 존재다. 유교에서 '부모-자녀'는 죽어서도 '부모-자녀'다. 그러나 기독교에서 '부모-자녀'는 죽으면 '형제'다. 원래는 형제인데 이 세상에서 잠시 하나님께서 부모라는 권위를 부여해 주신 것이다. 그렇기에 제5계명의 대상인 부모에게 행하는 순종은 부모가 살아 있을 때

---

214) 십계명을 거의 가르치지 않는 한국교회에서 아이러니하게도 가장 많이 설교되는 계명은 제5계명이다. 어느 정도인고 하니 ① 1년 내내 단 한 차례도 십계명이 설교되지 않지만, 매년 단 한 번씩 빠지지 않고 설교되는 것이 제5계명이다. 바로 5월 둘째 주일을 어버이 주일이라고 해서 그 날만 되면 제5계명이 설교되는 것이다. ② 또한 전 세계의 대부분의 찬송가에는 어버이에 관한 찬송이 없다. 오직 하나님만 높이는 찬송이 있다. 그러나 유독 한국의 찬송가에만 어버이에 관한 것이 많다. 예배시간에 사람을 높이는 이상한 형국이다. 게다가 한국의 찬송가를 보면 거의 대부분 외국 사람이 작곡한 곡인데, 어버이에 관한 찬송은 주로 한국 사람이 지었다. 찬송가 555장부터 584장까지가 제5계명과 직간접적으로 연관된 찬송인데 한두 곡을 제외하고 모든 곡이 한국 사람이 지은 곡이다.
뿐만 아니라 10개의 계명 중 가장 많이 가르쳐지지만 정작 '잘못 많이' 가르쳐진다. 십계명 전체의 가르침에 근거해서 제5계명을 생각해야 하는데, 그렇지 않고 그냥 어버이 주일이라는 이유만으로 제5계명을 가르치다 보니 성경적이고 기독교적인 제5계명이 아닌 유교의 효(孝) 사상과 전혀 구분되지 않는 잘못된 제5계명이 가르쳐지는 것이다.
215) 신체발부(身體髮膚) 수지부모(受之父母) 불감훼상(不敢毁傷) 효시지야(孝始之也) 『효경(孝經)』 "개종명의(開宗明義)"

행해야 하는 것이다. 부모님이 돌아가시면 그 부모를 더 이상 공경할 필요가 없다. 기독교가 조상제사를 거부하는 이유이기도 하다. 하나님이 맡기신 권위로서의 부모이기에 이 세상에서의 부모에게 공경하라는 것이다.

제5계명을 지키는 대상의 모든 권위는 하나님에게서 왔다. 생명의 주인 되신 하나님께서 그 생명이 주어지는 통로로 부모를 사용하셔서 부모에게 권위를 주셨다. 그 외에 사람이 경험하는 모든 관계에서 형성된 윗사람도 하나님께서 주신 권위다.

4. 왜 '부모'를 언급하는가?

제5계명의 대상은 '육신의 부모'만이 아니다. 그 외에도 훨씬 넓은 범위를 포함한다. 그럼에도 불구하고 왜 성경은 '부모'만을 언급했을까?

일종의 제유법(提喩法)이다.[216] 부모는 모든 권위를 대표하기 때문이다. 부모는 하나님께서 주신 가장 우선적이고 중요한 권위다.[217] 부모와의 관계는 사회의 시작이며 모든 인간관계의 출발점이다. 사람은 태어나면서부터 혼자가 아니라 다른 사람과 관계를 맺게 되어 있다. 이 세상에 홀로 존재하는 사람은 아무도 없다. 사람은 태어나서 가족과 관계를 맺고 교회에 속하여서 교회원과 관계를 맺고, 세상에서 세상 사람들과 관계를 맺고 살아간다. 그런데 사람이 태어나서 가장 먼저 관계를 맺는 대상이 바로 부모다. 인간관계에 있어 부모와의 관계보다 더 근본적이고 중요한 관계는 없다.[218]

또한 부모에게 순종하는 것은 다른 권위에 대한 순종의 모범이 될 수 있기 때문이다. 사람이 처음 관계하는 부모를 통해 자녀들은 자기가 순종해야 할 분, 공경해야 할 분, 또한 자기를 드려야 할 분에 대한 상(像)을 얻게 된다. 사람이 가장 쉽게 경험할 수 있는 공동체가 가족 공동체이므로, 그곳에서 경험하는 순종의 태도는 굳이 길게 설명하지 않아도 자연스럽게 알 수 있다. 그러므로 가족 공동체의 권위를 나타내는 '부모'를 언급함으로써 마치 부모에게 순종하듯이 하나님

---

216) 황원하, 『하이델베르크 요리문답 해설』, 463.

217) Martin, 『하나님의 10가지 우선순위』, 139-140; Ursinus, *The Commentary on the Heidelberg Catechism*, 575; *Catechism of the Catholic Church*, para. 2199.

218) Durham, 『출애굽기』, 481; Frame, *The Doctrine of the Christian Life*, 584-585.

께서 주신 권위에 복종하면 되는 것이다.[219] 그러다 보면 자동적으로 부모 외의 다른 윗사람에게도 부모에게 하는 방식으로 순종할 수 있다.

이처럼 제5계명은 가장 대표적이라고 할 수 있는 '부모'라는 대상을 통해 더 넓은 대상을 함축하고 있다. 그러므로 부모의 범위를 확대해서 이해해야 한다. 하나님께서 허락하신 모든 권위를 대상으로 해야 한다.

5. 아랫사람과 동등자까지도

제5계명은 기본적으로 '자녀'가 '부모'에게 해야 할 '도리'를 말한다. 좀 더 확대하면 모든 '아랫사람'이 자기보다 높은 지위에 있는 '윗사람'에게 해야 할 도리를 말한다. 궁극적으로는 하나님께서 세우신 권위에 순종하라는 것이다. 아랫사람이 윗사람에게 어떻게 순종해야 하는지는 웨스트민스터 대요리문답 제127-128문답에 잘 나와 있다.

웨스트민스터 대요리문답

127문 : 아랫사람이 윗사람에게 마땅히 드릴 존경honour은 무엇입니까?

　답 : 아랫사람이 윗사람에게 마땅히 드릴 존경은 마음heart[1]과 말word[2]과 행동behaviour[3]에 있어서 모든 합당한 존경all due reverence과, 그들을 위한 기도와 감사와,[4] 그들의 덕행virtues과 은혜graces를 본받음imitation과,[5] 그들의 합법적인 명령과 권고counsels에 즐거이 순종함willing obedience과,[6] 그들의 징계corrections에 마땅히 복종함과,[7] 윗사람들의 여러 계급ranks과 지위의 성질the nature of their places에 따라 그들의 인격persons과 권위authority에 충성하고fidelity[8] 변호하고defence[9] 지지하며maintenance[10] 또한 동시에 그들의 약점infirmities을 짊어지고bearing 이를 사랑으로 덮음으로써[11] 그들과 그들의 다스림government에 영예가 되게 합니다.[12]

---

1) 말 1:6; 레 19:3　2) 잠 31:28; 벧전 3:6　3) 레 19:32; 왕상 2:19　4) 딤전 2:1,2　5) 히 13:7; 빌 3:17　6) 엡 6:1,2,5-7; 벧전 2:13,14; 롬 13:1-5; 히 13:17; 잠 4:3,4; 23:22; 출 18:19,24　7) 히 12:9; 벧전 2:18-20　8) 딛 2:9-

---

219) Frame, *The Doctrine of the Christian Life*, 584-585.

10　9) 삼상 26:15-16; 삼하 18:3; 에 6:2　10) 마 22:21; 롬 13:6-7; 딤전 5:17-18; 갈 6:6; 창 45:11; 47:12　11) 벧전 2:18; 잠 23:22; 창 9:23　12) 시 127:3-5; 잠 31:23

128문 : 아랫사람이 윗사람에 대하여 범하는 죄들은 무엇입니까?

　　답 : 아랫사람이 윗사람에 대하여 범하는 죄들은 그들에게 요구된 의무를 소홀히 하는 것neglect[1]과, 합법적인 권고[2]와 명령과 징계[3]를 하는 그들의 인격[4]과 지위[5]에 대하여 시기하고,[6] 경멸contempt하고,[7] 반역하는 것rebellion이며,[8] 그들과 그들의 다스림government에 치욕shame과 불명예dishonour를 주는 그런 모든 난처하고도refractory 불미스러운 태도scandalous carriage[9]를 취하여 저주cursing하고 조롱mocking하는 것들입니다.[10]

1) 마 15:4-6　2) 삼상 2:25　3) 신 21:18-21　4) 출 21:15　5) 삼상 10:27　6) 민 11:28-29　7) 삼상 8:7; 사 3:5　8) 삼하 15:1-12　9) 잠 19:26　10) 잠 30:11,17

그런데 제5계명은 아랫사람이 윗사람에게 지킬 뿐만 아니라, 윗사람이 아랫사람에게 지켜야 하는 계명이기도 하다. 이 사실은 에베소서 6:1-9을 보면 알 수 있다.

에베소서 6:1-9은 제5계명에 관한 말씀이다. 에베소서 6:1-3 "[1]자녀들아, 주 안에서 너희 부모에게 순종하라. 이것이 옳으니라. [2]네 아버지와 어머니를 공경하라. 이것은 약속이 있는 첫 계명이니 [3]이로써 네가 잘되고 땅에서 장수하리라"는 제5계명이다. 구약의 출애굽기 20:12에 기록되어 있는 제5계명을 인용하면서 그 의미를 좀 더 크게 드러내고 있다. 에베소서 6:5-8에도 제5계명이 기록되어 있다. "[5]종들아, 두려워하고 떨며 성실한 마음으로 육체의 상전에게 순종하기를 그리스도께 하듯 하라. [6]눈가림만 하여 사람을 기쁘게 하는 자처럼 하지 말고 그리스도의 종들처럼 마음으로 하나님의 뜻을 행하고 [7]기쁜 마음으로 섬기기를 주께 하듯 하고 사람들에게 하듯 하지 말라. [8]이는 각 사람이 무슨 선을 행하든지 종이나 자유인이나 주께로부터 그대로 받을 줄을 앎이라." 제5계명이 가정이라는 영역에 한정되어서 자녀가 부모에게만 하는 것이 아니라 더 넓은 범위로 종이 주인에게도 해야 할 계명임을 암시해 주고 있다.

그런데 그 각각의 말씀 밑에 붙는 말씀을 자세히 보면, 에베소서 6:1-3에서 아랫사람으로서의 자녀가 윗사람인 부모에게 해야 할 것을 말씀한 뒤에, 이어지는 4절에서 "또 아비들아, 너희 자녀를 노엽게 하지 말고 오직 주의 교훈과 훈계로 양육하라"라고 말씀한다. 그리고 5-8절에서 아랫사람으로서의 종이 윗사람인 상전에게 해야 할 것을 말씀한 뒤에, 이어지는 9절에서 "상전들아, 너희도 그들에게 이와 같이 하고 위협을 그치라. 이는 그들과 너희의 상전이 하늘에 계시고 그에게는 사람을 외모로 취하는 일이 없는 줄 너희가 앎이라"라고 말씀한다.[220] 다시 말해, 1-3절, 5-8절에서 아랫사람이 윗사람에게 해야 할 도리를 언급한 뒤에 4, 9절에서는 윗사람이 아랫사람에게 해야 할 도리를 언급한다.

디모데전서 5:1-2은 교회 안에서 제5계명을 어떻게 지켜야 하는지에 관한 본문이다.[221] 그런데 먼저 아랫사람이 윗사람에게 해야 할 도리를 말하고, 그다음에 윗사람이 아랫사람에게 해야 할 도리를 말하고 있다. 1절에서 먼저 교회 안의 아랫사람인 젊은 사람들이 윗사람인 노인들에게 해야 할 자세를 말한다. "늙은 이를 꾸짖지 말고 권하되 아버지에게 하듯 하며." 그리고 이어서 교회 안의 윗사람인 노인들이 아랫사람인 젊은이들에게 해야 할 자세를 말한다. "젊은이에게는 형제에게 하듯 하고." 2절에서도 마찬가지다. 교회 안의 윗사람인 여자 노인들에게 어떻게 할 것인지를 "늙은 여자에게는 어머니에게 하듯 하며"라고 말한 뒤에 교회 안의 아랫사람인 젊은 여인들에게도 어떻게 해야 하는지를 "젊은 여자에게는 온전히 깨끗함으로 자매에게 하듯 하라"라고 말씀한다.

이러한 설명은 제5계명이 '아랫사람'이 '윗사람'에게 해야 할 도리만을 가르치는 것이 아니라 '윗사람'이 '아랫사람'에게 해야 할 도리도 가르친다는 것을 잘 보여준다.[222]

그래서 웨스트민스터 소요리문답 제64문답과 웨스트민스터 대요리문답 제126, 129-132문답은 제5계명의 범위를 다음과 같이 가르쳐 주고 있다.

---

220) 에베소서 6:5-9에 대한 좋은 설명으로는 다음을 참조하라. 이승구, 『기독교 세계관이란 무엇인가?』, 218-223.

221) 성경은 그리스도 안에서의 새 언약 공동체인 교회를 부모와 자녀, 형제의 관계로 표현한다(마 12:48-50; 막 10:29-30; 롬 14:10; 엡 1:5).

222) 이에 관한 반론과 답변에 대해서는 다음을 참조하라. Ursinus, *The Commentary on the Heidelberg Catechism*, 576.

웨스트민스터 소요리문답

64문 : 제5계명에서 요구된 것은 무엇입니까?

답 : 제5계명이 요구하는 것은 각 사람에게 속한 지위places와 관계relations
에 따라 윗사람superiors,[1] 아랫사람inferiors,[2] 동등한 사람equals[3]으로서
존경을 유지하고preserving the honour, 의무를 행하라는 것performing the
duties입니다.

---

1) 엡 5:21   2) 벧전 2:17   3) 롬 12:10

웨스트민스터 대요리문답

126문 : 제5계명의 일반적 범위scope는 무엇입니까?

답 : 제5계명의 일반적 범위는 여러 가지 상호 관계에 있어서 아랫사람,
윗사람, 혹은 동등자들로서의 우리가 서로 지고 있는 의무들을 행하
는 것performance입니다.[1]

---

1) 엡 5:21; 벧전 2:17; 롬 12:10

129문 : 아랫사람에 대하여 윗사람에게 요구되는 것은 무엇입니까?

답 : 윗사람에게 요구되는 것은 하나님으로부터 받은 권세power와 그들
이 놓인 관계에 따라서 그들의 아랫사람을 사랑하고[1] 기도하고[2] 축
복하고[3] 가르치고instruct[4] 권고하고 훈계하며admonish,[5] 잘하는 자들
에게는 격려하고countenancing[6] 칭찬하고commending[7] 포상하며
rewarding,[8] 잘못하는 자들에게는 찬성하지 아니하고
discountenancing[9] 책망하고reproving 징벌하며chastising,[10] 영혼[11]과 몸
[12]에 필요한 모든 것을 그들을 위하여 보호하고 예비하며,[13] 정중하
고grave 지혜롭고 거룩하고 모범적인exemplary 태도carriage로 하나님
께 영광을 돌리고,[14] 자신들을 영예롭게 하며,[15] 하나님이 그들에게
주신 권위를 보존하는 것입니다.[16]

1) 골 3:19; 딛 2:4   2) 삼상 12:23; 욥 1:5   3) 왕상 8:55-56; 히 7:7; 창 49:28   4) 신 6:6-7   5) 엡 6:4   6) 벧전 3:7   7) 벧전 2:14; 롬 13:3   8) 에 6:3   9) 롬 13:3-4   10) 잠 29:15; 벧전 2:14   11) 엡 6:4   12) 딤전 5:8   13) 욥 29:12-17; 사 1:10,17   14) 딤전 4:12; 딛 2:3-5   15) 왕상 3:28   16) 딛 2:15

130문 : 윗사람의 죄들은 무엇입니까?

답 : 윗사람의 죄들은 그들에게 요구된 의무를 소홀히 하는 일 외에[1] 자기 자신들의 영광,[2] 안일ease, 유익이나 기쁨pleasure[3]을 지나치게 추구하는 것[4]과 불법한 일이나[5] 아랫사람의 힘에 지나친not in the power of inferiors 일을 하라고 명령하는 것과,[6] 악한 일을 권하거나counselling[7] 격려하거나[8] 찬성하는 것과,[9] 선한 일을 못하게 말리거나dissuading 낙심시키거나 반대하는 것과,[10] 그들을 부당하게unduly 징계하는 것과,[11] 잘못된 일wrong과 시험temptation과 위험danger에 그들을 부주의하게 폭로하거나 내버려두는 것leaving과,[12] 그들을 노하도록wrath 격동하게 하는 것provoking과,[13] 혹은 어떤 방법으로든지 그들 자신을 욕되게 하거나 불공평unjust, 무분별indiscreet, 가혹rigorous, 혹은 태만한 행동remiss behaviour으로 그들의 권위를 떨어지게 하는 것입니다.[14]

1) 겔 34:2-4   2) 요 5:44; 7:18   3) 사 56:10,11; 신 17:17   4) 빌 2:21   5) 단 3:4-6; 행 4:17-18   6) 출 5:10-18; 마 23:2,4   7) 마 14:8; 막 6:24   8) 삼하 13:28   9) 삼상 3:13   10) 요 7:46-49; 골 3:21; 신 25:3   11) 벧전 2:18-20; 히 2:10; 신 25:3   12) 창 38:11,26; 행 18:17   13) 엡 6:4   14) 창 9:21; 왕상 12:13-16; 1:6; 삼상 2:29-31

131문 : 동등자들 사이의 의무들은 무엇입니까?

답 : 동등자들 사이의 의무들은 상호간의 존엄dignity과 가치worth를 존중하며,[1] 서로 경의를 표하며,[2] 피차 받은 바 은사들과 높아짐advancement을 마치 자신의 것처럼 기뻐하는 것입니다.[3]

1) 벧전 2:17   2) 롬 12:10   3) 롬 12:15-16; 빌 2:3-4

132문 : 동등자들 사이의 죄들은 무엇입니까?

답 : 동등자들 사이의 죄들은 요구된 의무를 등한히 하는 일 외에[1] 상대방의 가치를 과소평가하고undervaluing,[2] 은사를 질투하고,[3] 피차의 높아짐advancement과 번영prosperity을 마음 아파하고grieving,[4] 서로 남의 탁월함pre-eminence을 빼앗고자 하는 것usurping입니다.[5]

1) 롬 13:8   2) 딤후 3:3   3) 행 7:9; 갈 5:26   4) 민 12:2; 에 6:12,13   5) 요삼 9; 눅 22:24

특별히 주목할 것이 있는데, 윗사람이 아랫사람에게 해야 할 도리만 언급하는 것이 아니라, 동등자 간의 도리에 대해서도 가르치고 있다는 점이다.

6. 약속 있는 첫 계명

출애굽기 20:12은 "…그리하면 네 하나님 여호와가 **네게 준 땅에서** 네 생명이 길리라"라고 말씀하는 반면, 에베소서 6:2-3은 "²…이것은 **약속이 있는 첫 계명이니** ³이로써 네가 잘되고 땅에서 장수하리라"라고 말씀한다. 왜 이렇게 표현을 바꾸었을까?

출애굽기 20:12의 "네 하나님 여호와가 네게 준 땅에서"의 '땅'은 장차 도착하게 될 '약속의 땅 가나안'이다. 그러나 신약 성도에게 '가나안 땅'은 의미가 없다. 대신 '약속의 땅'에 의미가 있을 뿐이다. 그러므로 신약의 성도들에게 "네게 준 땅에서"라는 표현을 대신하여 "약속이 있는 첫 계명"이라고 표현한 것이다. 신약 성도에게 제5계명의 약속은 '가나안'이 아닌 '영원한 나라'를 기업으로 받는 것이다. 그러므로 에베소서 6:1-3에서 바울은 제5계명을 신약적으로 해석하였고, 부모에게 순종하는 것이 하나님 나라를 기업으로 누리고 살아가는 것과 관련하여 중요함을 드러내고 있다.[223]

7. 제5계명에 나타난 하나님

계명은 계시의 성격을 갖고 있다. 제5계명은 하나님이 어떠한 분인지를 가르쳐 준다. 제5계명은 하나님이 세상의 모든 관계에 권위를 부여하시는 분임을 계시하며, 하나님이 모든 권위와 권세의 기초가 되심을 계시한다. 제5계명은 하나님이 이 세상의 가장 높은 권위에 계신 주권자임을 계시한다.

---

223) 송영찬, 『시내산 언약과 십계명』, 255.

제5계명은 하나님이 가장 높은 부모임을 계시한다.[224] 말라기 1:6은 "내 이름을 멸시하는 제사장들아, 나 만군의 여호와가 너희에게 이르기를 아들은 그 아버지를, 종은 그 주인을 공경하나니 내가 아버지일진대 나를 공경함이 어디 있느냐 내가 주인일진대 나를 두려워함이 어디 있느냐 하나 너희는 이르기를 우리가 어떻게 주의 이름을 멸시하였나이까 하는도다"라고 말씀하면서 제5계명을 비유로 하나님께 순종하지 않는 자들에게 권면한다. 히브리서 12:9도 "또 우리 육신의 아버지가 우리를 징계하여도 공경하였거든 하물며 모든 영의 아버지께 더욱 복종하며 살려 하지 않겠느냐"라고 제5계명에 빗대어 하나님께 순종할 것을 권면한다. 그러므로 신자는 하나님 아버지에게 순종함으로써 제5계명과 함께 제1계명을 지켜야 한다. 제5계명은 사람에 대한 것일 뿐만 아니라 동시에 하나님에 대한 것이다.

그렇기에 우리는 하나님을 '아버지'라고 부른다. "하늘에 계신 우리 아버지여…"(주기도문)라고 하고, "전능하신 하나님 아버지…"(사도신경)라고 한다. 하나님은 우리를 지으신 아버지이시며(신 32:6), 우리의 모든 삶을 인도하시는 참 아버지이시다(신 32:12). 하나님 아버지는 우리를 향해 끊임없이 가르치는 분이며(잠 1:8; 7장), 우리를 징계하고 훈계하는 아버지이시다(히 12:5-11).

8. 제5계명의 실천

한국교회는 제5계명을 유교 문화의 배경에서 이해하고 바라본다. 그러다 보니 제5계명을 유교의 효 사상과 비슷한 개념으로 이해하는 경향이 있다. 그리고 결국은 이 계명의 넓은 의미를 오해하고 축소시킨다. 그러나 제5계명은 단순한 부모 공경을 말하는 것이 아니다. 궁극적으로 모든 권위는 하나님에게서 온다는 사실을 말하는 계명이다(롬 13:1).

(1) 실천의 범위

제5계명의 실천 범위는 부모와 자녀라는 가정에서의 관계를 넘어 국가, 교회,

---

224) 하나님의 부성(父性)은 인간이 지닌 부성의 근원이다. *Catechism of the Catholic Church*, para. 2214.

학교, 회사, 군대 등 모든 인간관계로까지 이어진다. 하나님께서 허락하신 모든 관계에 적용되어야 한다.[225]

그런데 만약 그 관계가 나의 마음에 들지 않으면 어떻게 하는가? 마음에 들지 않으면 존경하지 않아도, 순종하지 않아도 되는가? 예컨대, 현재의 위정자가 마음에 들지 않는다고 국가 정책에 순종하지 않을 수 있을까? 직장에서 직장상사가 마음에 들지 않는다고 상사의 지시에 불응해도 될까? 학교에서 선생님이 마음에 들지 않는다고 선생님의 가르침을 무시해도 될까?

제5계명과 관련된 본문인 베드로전서 2:18-20은 "[18]사환들아, 범사에 두려워함으로 주인들에게 순종하되 선하고 관용하는 자들에게만 아니라 또한 까다로운 자들에게도 그리하라. [19]부당하게 고난을 받아도 하나님을 생각함으로 슬픔을 참으면 이는 아름다우나 [20]죄가 있어 매를 맞고 참으면 무슨 칭찬이 있으리요. 그러나 선을 행함으로 고난을 받고 참으면 이는 하나님 앞에 아름다우니라"라고 가르친다. 즉, 내 마음에 드느냐 하는 것이 기준이 아니라 나의 윗사람이라면 그 자체로 순종해야 할 조건이 된다. 왜 그렇게 해야 하는가? 그 이유는 바로 그 권위조차도 "하나님께로부터 왔기 때문"이다.

그렇다고 해서 '무조건' 순종해야 하는 것은 아니다. "주 안에서" 순종해야 한다(엡 6:1; 골 3:20-21; 마 10:37; 눅 14:26). 부모에게 순종하되, 부모의 명령이나 가르침이 하나님의 그것과 배치될 때에는 순종하지 않아도 된다. 윗사람이 하나님의 말씀을 어기게 한다면, 순종하지 않아도 된다. 기독교의 제5계명이 유교의 효나 충과 다른 점은 어떤 상황이라도 무조건 절대적으로 순종해야 하는 것은 아니라는 점이다. 아무리 부모나 위정자의 명령이라고 해도 하나님의 말씀의 원리에 어긋나는 것이라면 지켜서는 안 된다. 왜냐하면 그렇게 하는 것이 1차적으로는 윗사람에게 순종하는 것일지 몰라도, 궁극적으로는 우리의 '참된' 부모이신 '하나님'에게 불순종하는 것이기 때문이다. 부모에게 권위를 주신 하나님께 순종하는 것이 제5계명의 핵심인데, 주 안에서 하지 않으면 부모에게 아무리 순종한다 하더라도 그것은 실질적으로 제5계명을 어기는 것이 된다. 제5계명은 "부모에게 순종하라"가 아니라 "하나님께서 권위를 맡기신 부모에게 순종하라"이다. 그래서 예수님은 "무릇 내게 오는 자가 자기 부모와 처자와 형제와 자

---

225) 가톨릭교회교리서도 제5계명(그들에게는 제4계명)을 부모를 넘어선 모든 관계에 적용한다. *Catechism of the Catholic Church*, para. 2199.

매와 더욱이 자기 목숨까지 미워하지 아니하면 능히 내 제자가 되지 못하고"라
고 말씀하셨다(눅 14:26).

(2) 가정에서

제5계명을 실천하는 기초가 되는 관계는 가정이다. 모든 사람이 경험하는 가
장 기초적인 관계가 가정이기 때문이다. 또한 가정에서 제5계명을 잘 지켜야 다
른 곳에서도 잘 지킬 수 있다. 그래서 제5계명은 '부모'를 직접적으로 언급하고
있다.

① 자녀가 부모에게

자녀는 부모에게 순종해야 한다. 하나님께서 부모를 허락하셨다는 사실을 기
억하고 부모의 말씀에 순종하고 복종하며 부모의 권위를 존경해야 한다. 부모의
모든 가르침과 훈계에 합당한 순종을 해야 한다(HC 제104문답).

마태복음 15:1-10과 마가복음 7:10-13에서 예수님은 하나님을 위한다는 명
분 아래 부모를 소홀히 여기는 일도 제5계명을 범하는 것이라고 가르치셨다. 하
나님께 드려야 할 것은 당연히 구별하여 드려야 한다. 하지만 하나님께 드린다
는 명분을 앞세워 부모에게 돌아가야 할 것을 박탈하는 행위는 계명을 거스르는
범죄다. 하나님보다 부모를 더 중히 여기는 것도 잘못되었지만(마 10:37), 하나
님을 섬긴다는 명분으로 부모에게 소홀히 하는 행위 역시 하나님께서 용납하지
않는 범죄다.[226]

② 부모가 자녀에게

부모는 자녀를 잘 양육해야 한다. 에베소서 6:4은 "또 아비들아, 너희 자녀를
노엽게 하지 말고 오직 주의 교훈과 훈계로 양육하라"라고 말씀한다. (i)부모는
자녀를 노엽게 해서는 안 된다. 부모라고 자녀를 마음대로 함부로 대해서는 안
된다. 자녀는 부모의 소유가 아니다.[227] 육신의 부모가 결합하여 자녀를 낳지만,

---

226) 송영찬, 『시내산 언약과 십계명』, 256-257; Frame, *The Doctrine of the Christian Life*,
    577-579.
227) 부모에 의한 자녀의 아동방임과 학대는 주로 자녀를 부모의 소유라고 생각하는 데서 비롯된다.

자녀를 만드는 것은 부모가 아니다. 하나님께서 이 땅에 보내신다. 그러므로 내 자녀이기 이전에 하나님의 자녀다. 자녀는 부모를 통해 이 땅에 보내진 독립된 인격체이고, 부모는 그 자녀를 하나님에게서 위탁받아 양육하는 책임을 지닌 청지기일 뿐이다. 자녀는 부모가 잠시 맡은 하나님의 한 백성일 뿐 부모의 소유가 절대로 아니다. 성경적 관점에서 부모와 자녀의 관계는 하나님으로부터 위임된 관계이기에 함부로 해서는 안 된다. 부모라고 마음대로 할 수 없다. 오직 위임받은 만큼만 해야 한다. (ii) 부모는 자녀를 주의 교훈과 훈계로 양육해야 한다. 성경에서 자주 강조하는 부모의 역할은 말씀을 가르치는 것이다(신 6:4-9). 성경에서 부모에게 자녀를 위해서 돈을 많이 벌라고 가르치지 않고, 자녀에게 학교 공부를 많이 시키라고 가르치지 않는다. 오히려 부모는 하나님의 말씀을 잘 가르쳐야 한다고 가르친다. 오늘날 한국교회는 자녀의 신앙교육을 교회에 전적으로 맡겨 버렸는데, 성경에는 그런 말이 없다. 자녀의 신앙교육은 부모의 책임이다.[228] 자녀가 유아세례를 받을 때에 하나님과 교회 앞에서 서약한 내용을 지켜야 한다. (iii) 부모는 자녀를 훈계해야 한다. 자녀에게 매를 대야 할 때는 대어야 한다(잠 13:24; 19:18; 22:6,15; 23:13-14,23; 29:15-17). 잠언 13:24은 "매를 아끼는 자는 그의 자식을 미워함이라. 자식을 사랑하는 자는 근실히 징계하느니라"라고 말씀하고, 잠언 23:13-14은 "[13]아이를 훈계하지 아니하려고 하지 말라. 채찍으로 그를 때릴지라도 그가 죽지 아니하리라. [14]네가 그를 채찍으로 때리면 그의 영혼을 스올에서 구원하리라"라고 말씀한다. (iv) 존경받는 좋은 부모가 되기 위하여서 애를 써야 한다.[229] 이때 좋은 부모란 세상적인 개념이 아니라 영적 개념이다. 부모의 중요한 책임인 자녀를 말씀으로 가르치는 일을 해야 비로소 참된 권위가 세워지며 부모로서의 제5계명에 순종하는 것이 된다. 성경에서 잘못된 부모의 예를 '엘리 제사장'에게서 찾을 수 있다(삼상 3:13).

그러므로 부모의 아동방임과 학대는 제5계명을 어기는 일이다. 물론 제6계명을 어기는 일이기도 하다.

228) *Catechism of the Catholic Church*, para. 2225, 2226.
229) 구체적인 방법에 대해서는 다음을 참조하라. Watson, 『십계명 해설』, 230-235.

③ 남편과 아내 사이에서

제5계명은 부부간에도 지켜져야 한다.[230]

부부는 동등하다. 둘 다 하나님의 형상을 따라 지음 받았다(창 1:27). 둘 다 동일한 명령을 받았다(창 1:28). 함께 타락하였고, 함께 하나님의 저주를 받았다(창 3:14-17). 부부는 동등한 존엄성(dignity)을 지녔다(갈 3:28).

동등한 관계인 부부는 질서가 있다. 부부의 관계가 질서의 관계이며, 남편이 아내의 '머리'(윗사람)라는 사실은 창조와 타락의 질서에서 찾아볼 수 있다.

하나님은 남자와 여자를 창조하실 때(창 1:27), 한꺼번에 창조하실 수 있는 능력이 있으심에도 불구하고 남자를 창조하시고 나서 시간적 간격을 두신 후에 여자를 창조하셨다. 또한 선악을 알게 하는 나무의 열매를 먹지 말라는 명령을 여자가 창조되기 전에 남자에게 주셨다. 즉 선악을 알게 하는 나무의 열매를 먹지 말라는 말씀은 아담 혼자 받았다. 그리고 여자는 남편을 통해 그 가르침을 들어야 했다. 하나님은 의도적으로 아내인 여자가 남편인 아담에게 배우게 하셨다. 남편인 아담에게 계시를 전달해 주는 역할, 아내에게 계시를 해명해 주는 역할을 감당케 하심으로써 가정의 머리(윗사람) 역할을 하게 하셨다.[231] 그래서 하나님은 선악을 알게 하는 나무의 열매를 따 먹은 그들에게 찾아오셔서 하와를 부르지 않으시고, "아담아 네가 어디 있느냐?"라고 물으셨다(창 3:9).[232] 분명히 선악을 알게 하는 나무의 열매를 따 먹은 사람은 일차적으로 여자임에도 불구하고 아담을 부르신 것은 여자가 선악을 알게 하는 나무의 열매를 먹은 책임이 바로 머리인 남편에게 있음을 보여준다. 또한 이러한 사실을 잘 알았던 사탄은 의도적으로 하나님의 창조질서를 뒤집기 위해서 아담이 아닌 여자를 유혹했다.

창조를 통해 세워진 남녀의 질서는 타락을 통하여 더욱 분명해졌다. 하나님은 타락한 부부에게 저주를 내리실 때 "너는 남편을 원하고 남편은 너를 다스릴 것이니라"(창 3:16)라고 하심으로써 남편의 머리됨을 더욱 강화하셨다.[233]

---

230) 이에 대해 Frame은 한 chapter를 할애해서 다루고 있다. Frame, *The Doctrine of the Christian Life*, 622-647.

231) 김홍전, 『혼인, 가정과 교회』(서울: 성약, 1994), 28, 112, 214-216, 243.

232) David Engelsma, *Marriage*(Grand Rapids: Reformed Free Publishing Association, 2000). 이성호 역, 『이혼』(서울: 낮은울타리, 2000), 68.

233) 개역한글은 "너는 남편을 사모하고 남편은 너를 다스릴 것이니라", 표준새번역은 "네가 남편을

이 사실에 대해서는 디모데전서 2:11-14이 분명하게 설명해 주고 있다. "[11]여자는 일체 순종함으로 조용히 배우라. [12]여자가 가르치는 것과 남자를 주관하는 것을 허락하지 아니하노니 오직 조용할지니라. [13]이는 아담이 먼저 지음을 받고 하와가 그 후며 [14]아담이 속은 것이 아니고 여자가 속아 죄에 빠졌음이라." 이 말씀은 남자와 여자 사이에 질서가 있음을 이야기하면서, 13절에서는 창조의 질서에 근거해서, 14절에서는 타락의 질서에 근거해서 말씀한다.

이처럼 남편의 머리됨의 원리는 창조를 통해서 주어진 원리요, 타락을 통해서 더욱 강화된 원리다. 이러한 남녀의 질서는 가정 안에서 기본적으로 이루어져야 한다. 아내는 남편의 권위 아래 있다. 아내는 다스리는 자가 아니라 순종하는 자의 위치에 있다. 하나님께서는 가정의 통치권을 남편에게 맡기셨고, 그 가정의 질서에 대한 책임 또한 남편에게 지우셨다.[234] 성경의 법칙으로는 여자가 가장이 되는 법이 없다. 성경에는 아내가 앞서고 남편이 뒤따라가는 제도를 한 번도 언급한 적이 없고, 그것이 정당하다고 보지 않는다.[235]

그렇다고 남자가 여자보다 낮거나 여자가 남자보다 낮은 것은 절대로 아니다. 여자의 기원이 남자에게 있고 여자가 남자를 위하여 지음 받았다(고전 11:8-9)는 사실이 교만한 남자들에 의해 잘못 적용되어서는 결코 안 된다(고전 11:11-12).[236]

부부는 동등하다. 그러나 또한 질서가 있다. 부부는 동등하기에 상호 존엄과 가치를 존중해야 한다(WLC 제131문답). 서로가 서로를 사랑해야 한다. 상대의 가치를 과소평가해서는 안 된다(WLC 제132문답). 부부는 동등하지만 질서가 있다. 그러므로 부부는 동등자 간에 지켜야 할 내용과 윗사람-아랫사람 간에 지켜야 할 내용을 모두 지켜야 한다.

지배하려고 해도 남편이 너를 다스릴 것이다", 공동번역은 "네가 남편을 마음대로 주무르고 싶겠지만 도리어 남편의 손아귀에 들리라"라고 번역하고 있다. 이중에서 표준새번역과 공동번역이 바른 번역이다.

234) Arthur W, Pink, *An Exposition of Hebrews.* 서문 강 역, 『히브리서 강해 Ⅲ』(서울: 청교도신앙사, 1993), 297.

235) 김홍전, 『혼인, 가정과 교회』, 220.

236) Engelsma, 『이혼』, 41.

이러한 원리에 따라 에베소서 5:22-24은 "[22]아내들이여 자기 남편에게 복종하기를 주께 하듯 하라. [23]이는 남편이 아내의 머리 됨이 그리스도께서 교회의 머리 됨과 같음이니 그가 바로 몸의 구주시니라. [24]그러므로 교회가 그리스도에게 하듯 아내들도 범사에 자기 남편에게 복종할지니라"라고 말씀한다. 22절과 24절에 나오는 "복종하라"는 표현은 제5계명에 사용되는 표현이다. 부부는 동등하지만 질서가 있어서 아내는 남편에게 복종해야 함을 가르친다. 복종에 있어서 그 수준을 "주께 하듯"이라고 말씀한다(엡 5:22).

에베소서 5:22-24이 아랫사람의 도리로서 아내의 의무에 대해 말했다고 한다면 5:25은 윗사람의 도리로서 남편의 의무를 말씀하기를 "남편들아 아내 사랑하기를 그리스도께서 교회를 사랑하시고 그 교회를 위하여 자신을 주심같이 하라"라고 한다. 윗사람인 남편은 아내의 존경과 순종을 받는 것으로 끝나는 것이 아니라, 윗사람이신 그리스도께서 교회를 사랑하시고 심지어 교회를 위해서 자기의 목숨까지 내어 놓으신 것처럼 사랑하라고 말씀하고 있다.

남편과 아내의 이러한 관계에 대해서는 베드로전서 3:1-7에서도 찾아볼 수 있다. 베드로전서 3:1은 "아내들아 이와 같이 자기 남편에게 순종하라"라고 말씀한다. 여기에서 "이와 같이"라는 말씀은 앞의 내용과 연관된다는 뜻인데, 그 앞에 있는 베드로전서 2:13-20이 바로 제5계명에 관한 말씀이다. 베드로전서 3:7은 남편과 아내의 동등함을 기초로 질서의 관계에 있는 남편이 아내에게 어떻게 해야 하는지를 잘 설명하고 있으니, "남편들아 이와 같이 지식을 따라 너희 아내와 동거하고 그를 더 연약한 그릇이요 또 생명의 은혜를 함께 이어받을 자로 알아 귀히 여기라"라고 말씀한다.

(3) 위정자와 국민의 관계에서

성경은 제5계명의 범위를 가정에서 국가로 확대시킨다.

로마서 13:1 "각 사람은 위에 있는 권세들에게 복종하라. 권세는 하나님으로부터 나지 않음이 없나니 모든 권세는 다 하나님께서 정하신 바라"라는 말씀은 제5계명의 원리를 설명해 주는 본문인데, 그 실천의 대상으로 '다스리는 자들', 즉 국가 위정자를 언급한다(롬 13:3). 베드로전서 2:13-14 "[13]인간의 모든 제도를 주를 위하여 순종하되 혹은 위에 있는 왕이나 [14]혹은 그가 악행하는 자를 징벌하고 선행하는 자를 포상하기 위하여 보낸 총독에게 하라"도 제5계명의 실천 대상으로서 위정자를 언급한다. 그러므로 제5계명은 위정자와 국민의 관계에서 지켜져야 한다.

위정자는 하나님께서 세우신 권세자다. 그래서 로마서 13장은 위정자를 가리켜 "하나님의 사역자"라고 표현하고(4절), "하나님의 일꾼"이라고 표현한다(6절). 하나님은 위정자에게 권세를 주실 뿐만 아니라 임무를 맡기셨으니 모든 국민의 유익을 위해 정의와 질서를 유지하는 역할이 주어졌다. 이를 위해 심지어 국가에 칼(무력 혹은 공권력)을 주심으로써 사회질서를 유지하도록 하셨다(롬 13:4).

제5계명은 하나님이 세우신 이웃 간의 질서가 제대로 유지되도록 하시기 위해 주신 명령인데, 국가가 그 역할 중 일부를 감당하기에 국가에 순종하라는 것이다. 그러므로 모든 사람들은 국가와 위정자에 대해 순종해야 한다. 국가 권력에 순종해야 한다. 어떤 처벌이나 진노 때문이 아니라 양심을 따라 해야 한다(롬 13:5).

로마서가 기록되던 당시 이스라엘이 로마의 식민지였음에도 불구하고 국가의 권위에 순종하라고 한 것에 비추어 보아, 성도들은 비록 국가의 정당성이 의심스럽다고 해도 하나님께서 권위를 세우셨다고 여기고 순종해야 한다. 국가의 법률을 잘 지켜야 하고, 특별히 로마서 13:6-7에 언급된 것처럼 납세의 의무를 다 해야 한다.[237]

그러나 국가를 비롯한 권력은 절대적이지 않다. 국가가 부당한 것을 요구할 때 성도는 소극적인 의미에서 순종하지 않을 수 있다.[238] 정부가 하나님의 계명을 어기게 할 때는 순종할 필요가 없다. 정부가 하나님의 뜻에 반대되는 것을 명령하는 경우에는 복종해서는 안 된다.[239] 교회 역사를 보면 하나님의 뜻에 반대되는 정부의 요구에 불순종한 순교자들이 많이 있었다. 초대교회의 성도들은 로마제국의 통치 아래 있으면서 국가가 부당한 요구, 즉 성도들에게 황제 숭배를 요구했을 때 모진 박해를 무릅쓰고 기독교 신앙이 반대하는 국가의 법을 지키지

---

237) 대한민국 헌법은 국민의 4대 의무로 국방(제39조), 교육(제31조 2항), 근로(제32조), 납세(제38조)를 요구한다.

238) Douma, *The Ten Commandments*, 194-205. 존 하워드 요더(John Howard Yoder)와 같은 재침례파는 국가의 이러한 권위에 대해 부정한다. Frame, *The Doctrine of the Christian Life*, 607-609.

239) 고재수, 『개혁주의 입장에서 본 십계명 강해』, 69.

않았다.[240] 기독교 역사에서 성도들은 국기에 대한 경례를 거부한 일도 있다.[241] 그런데 이때 성도가 조직체를 구성한다거나 지나친 데모를 하는 것은 바람직하지 않다. 저항은 어디까지나 비폭력적이어야 한다. 예수님도 그 스스로 정치적 행동에 가담하지 않으셨다.[242] 그러므로 그리스도인들은 무정부주의자나 폭력 혁명가가 되어서는 안 된다.

위정자에 대해서는 벨기에 신앙고백서 제36조와 웨스트민스터 신앙고백서 제23장에서 아주 상세하게 잘 다루고 있다.

---

240) 이광호, 『로마서』(서울: 도서출판 깔뱅, 2009), 288.

241) 1973년에 있었던 '김해여고 사태'가 대표적이다. 1970년대 초에 국가가 전국의 학교에서 국기에 대한 경례를 의무화하는 법을 만들었다. 그런데, 1973년 9월에 김해여고에 다니던 대한예수교장로회(고신) 교단 소속 교회인 김해중앙교회, 활천중앙교회, 대저제일교회, 가락교회, 조눌교회의 SFC 학생들이 국기에 대한 경례를 반대했다. 경례란 '인격적 대상'에게 하는 것인데, 국기는 '비인격적 대상'이므로 사람이 경례할 대상이 아니라고 생각한 것이다. '고신' 교단이 신사참배로 생겨난 교회인 만큼 국기를 향하여 경례하는 것의 문제점에 대해 심각하게 생각한 것이다. 결국 그들 중 6명은 학교에서 퇴학을 당했다. 김해여고 사태의 대표적인 당사자는 유영화 씨로 정주채 목사(향상교회 원로목사)의 아내이다. 김해여고 외에도 인근 학교를 중심으로 이와 유사한 사건들이 있었다.

242) Douma, *The Ten Commandments*, 197, 203.

제36조 시민 정부

The Civil Government

우리는 인류의 부패the depravity of mankind 때문에 우리의 은혜로우신 gracious 하나님께서 왕과 군주와 공직자들civil officers을 세우셨음ordained을 믿습니다.[1] 하나님께서는 사람들의 방탕함the licentiousness of men이 억제되고, 모든 것이 선한 질서대로in good order 그들 가운데서 행해지게 하기 위해,[2] 세상이 법률laws과 정책policies에 따라 다스려지기를 원하십니다.[3] 하나님은 이 목적을 위해서 정부의 손에 칼(무력)을 두셔서, 악을 행하는 자들wrongdoers을 처벌하시고 선을 행하는 자들those who do what is good을 보호하십니다(롬 13:4). 이것을 억제하고 보호하는 그들의 임무는 공공질서the public order에만 제한된 것이 아니라, ※그리스도의 나라가 도래하고, 복음의 말씀이 모든 곳에서 설교되게 하여[4] 하나님께서 당신의 말씀에서 요구하신 대로 모든 사람에 의해 영광을 받으시고 예배를 받으시도록 하기 위한 교회와 교회의 사역the church and its ministry을 보호하는 것도 포함합니다.

더욱이 신분quality이나 조건condition, 지위rank를 막론하고 모든 사람은 공직자들의 다스림을 받아야 하고, 세금을 내야 하며, 그들을 경의honour와 존경respect으로 대해야 하고, 하나님의 말씀에 위배되지 않는 한[5] 모든 일에 있어서 그들에게 순종해야 합니다.[6] 우리는 그들을 위해서 기도하여, 하나님께서 그들의 모든 길을 지도하셔서 우리가 모든 면에 있어서 경건하고 정직하여 조용하고 평화로운 생활을 할 수 있도록 해야 합니다(딤전 2:1,2).

이런 이유로 우리는 재세례파와 다른 반역하는 사람들other rebellious people과 일반적으로 권세들과 공직자들을 배격하고reject 공의를 무너뜨리며 subvert[7] 이익 공동체a communion of goods를 도입하여introduce 하나님께서 사람들 가운데 세우신 질서decency를 혼란하게confound 하는 모든 자들을 정죄합니다condemn.

※ 표시된 부분에는 "모든 우상 숭배와 거짓 예배는 제거되어야 하고 금지되어야 하며, 모든 적그리스도의 왕국은 파괴되어야 하며"라는 말이 있었으나, 1905년 네덜란드 개혁교회Gereformeerde

1) 잠 8:15; 단 2:21; 요 19:11; 롬 13:1   2) 신 1:16; 신 16:19; 삿 21:25; 시 82편; 렘 21:12; 22:3; 벧전 2:13,14   3) 출 18:20   4)
시 2편; 롬 13:4a; 딤전 2:1-4   5) 행 4:19; 5:29   6) 마 17:27; 22:21; 롬 13:7; 딛 3:1; 벧전 2:17   7) 벧후 2:10; 유 8

웨스트민스터 신앙고백서

제23장　국가 위정자(爲政者)에 관하여
Of the Civil Magistrate

1. 온 세상의 최고의 주(主)이시며 왕이신 하나님께서는 자신의 영광과 공익
the public good을 위해 자기 아래 그리고 백성 위에to be under※ him over
the people 위정자들civil magistrates을 세우셨다hath ordained. 이를 위하여
그리고 선한 자들을 보호defense하고 격려encouragement하며 악행자들evil-
doers을 벌하기 위하여 그들을 칼의 권세로 무장시키셨다hath armed them
with the power of the sword.[1]

1) 벧전 2:13-14; 롬 13:1-4

2. 그리스도인이 공직자the office of a magistrate로 부름 받을 때, 그것을 맡아
수행하는 것to accept and execute은 합법적이다.[2] 그들은 직무를 수행함에
있어서 그 나라commonwealth의 건전한wholesome 법에 따라 하되, 특별히
경건과 공의와 평화를 유지하여야 하며,[3] 이러한 목적을 이루기 위해 지
금의 신약시대에도 정당하고 부득이한 경우에upon just and necessary
occasions 합법적으로 전쟁을 수행할 수 있다may lawfully wage war.[4]

2) 잠 8:15,16; 롬 13:1,2,4   3) 삼하 23:3; 시 2:10-12; 82:3-4; 딤전 2:2; 벧전 2:13   4) 눅 3:14; 딤후 2:4; 행
10:1-2; 롬 13:4; 계 17:14,16

3. 국가 위정자들the civil magistrate은 말씀선포와 성례의 시행이나 천국의 열
쇠권이 자신들에게 속한 것이라고 생각해서는 안 된다may not assume to

himself.[5] 그러나 그들에게 권세가 주어졌으니, 그것은 교회를 보존하기 위한 의무duty, 질서to take order, 일치와 화평unity and peace, 하나님의 진리를 순수하고도 완전하게 보존되도록 하는 것이다be kept pure and entire. 그리고 모든 불경건한 것들과 이단들all blasphemies and heresies을 억제하며, 예배에 있어서의 모든 부패corruptions와 폐습abuses을 저지하고 개혁하며, 하나님의 모든 규례들ordinances이 정당하게 행해지며 실시되도록 협조해야 한다duly settled, administered, and observed.[6] 이에 관련된 일들을 보다 더 효과적으로 이행하기 위해 교회 회의를 소집할 권한이 있으며he hath power to call synods, 거기에 참석해 그 회의에서 처리된 것들을 하나님의 마음에 합당하게 시행되도록 협조할 권한이 있다he hath power to be present at them, and to provide that whatsoever is transacted in them be according to the mind of God.[7]

---

5) 대하 26:18   6) 레 24:16; 왕하 18:3-4; 대하 15:12-13; 34:33; 스 7:23,25-27   7) 대하 19:8-11; 29장; 33장

4. 백성들의 의무the duty of the people는 위정자들을 위해 기도하고[8] 그들의 인격을 존중하며to honor[9] 세금과 기타 공과금을 납부하고[10] 그들의 합법적인 명령에 복종하며 양심에 따라 그들의 권위에 순종하는 것이다.[11] 불신앙infidelity이나 종교의 차이가 위정자들의 정당하고 합법적인 권위를 무효화할 수 없으며doth not make void, 그들에 대한 순종에서 자유로울 수 없다.[12] 교회의 직분자들ecclesiastical persons도 예외가 아니다.[13] 더구나, 교황the Pope은 위정자들이나 그들의 백성 중 어느 누구에게도 어떠한 권세power나 권한jurisdiction을 갖고 있지 않다. 교황이 그들을 이단이라고 판단하거나 다른 어떤 구실로든 교황은 그들의 통치권dominions이나 생명lives을 빼앗을 수 없다.[14]

---

8) 딤전 2:1,2   9) 벧전 2:17   10) 롬 13:6,7   11) 딛 3:1; 롬 13:5   12) 벧전 2:13,14,16   13) 롬 13:1; 왕상 2:25; 행 25:9-11; 벧후 2:10,11; 유 1:8-11   14) 살후 2:4; 계 13:15-17

(4) 교회에서

십계명은 다른 어디에서보다도 교회에서 지켜져야 한다.[243] 제5계명도 마찬가지다. 교회라는 현장에서 제5계명이 지켜져야 한다.

① 교회의 어른

교회에도 존경과 순종(복종)의 대상이 있다. 교회의 어른인 장로(목사와 장로)다.[244] 디모데전서 5:17은 "잘 다스리는 장로를 배나 존경할 자로 알되 말씀과 가르침에 수고하는 이들에게는 더욱 그리할 것이니라"라고 해서 목사와 장로가 존경의 대상임을 가르친다. 이 말씀에 사용된 '존경'이라는 표현이 제5계명과 연관되고, 이 본문이 기록된 디모데전서 5장은 1–3절에서 "¹늙은이를 꾸짖지 말고 권하되 아버지에게 하듯 하며 젊은이에게는 형제에게 하듯 하고 ²늙은 여자에게는 어머니에게 하듯 하며 젊은 여자에게는 온전히 깨끗함으로 자매에게 하듯 하라. ³참 과부인 과부를 존대하라"라고 해서 제5계명에 관한 내용을 다루는 점을 생각하면, 디모데전서 5:17은 제5계명의 관점으로 바라볼 필요가 있다.

뿐만 아니라 목사와 장로들이 교회에서 감당하는 일은 '부모'나 '위정자'와 비슷하다는 점을 생각할 필요가 있다. 목사는 가르치는 일에 수고한다. 목사를 가리켜 전통적으로 '교회의 교사'라고 했다(엡 4:11).[245] 교회 안에서 가르치는

---

243) 교회는 확대된 가정이다(마 12:48-50). 그래서 바울은 교회 공동체를 향하여서 '형제'라는 용어를 주로 사용하였다(살전 1:4; 2:1,9,14,17; 3:7; 4:1,13; 5:1,4,12,14,25; 살후 1:3; 2:1,13,15; 3:1,6,13). 바울이 사용한 '형제'라는 표현은 1세기 헬라 로마 사회에서 혈연관계에서만 사용되던 용어였다. 간헐적으로 다른 곳에 사용되기도 했지만 주로 이 칭호는 피를 나눈 식구들에게만 주로 적용되는 말이었다. 이상규, 『헬라 로마적 상황에서의 기독교』(서울: 한들출판사, 2006), 25-29.

244) 목사를 가리켜서 '가르치는 장로'라고 하고, 장로를 가리켜서 '다스리는 장로'라고 한다(딤전 5:17). 그리고 장로는 한자어로 長老이고, 영어로 Elder, 히브리어로 '자켄'이다. 히브리어 '자켄'은 '수염이 있는 사람' 혹은 '나이가 많은 사람'이라는 뜻이다. 이 모든 표현이 '부모' 혹은 '어른'의 개념을 담고 있다는 점을 생각할 필요가 있다.

245) 에베소서 4:11 "그가 어떤 사람은 사도로, 어떤 사람은 선지자로, 어떤 사람은 복음 전하는 자로, 어떤 사람은 목사와 교사로 삼으셨으니"의 '목사와 교사'는 두 개의 서로 다른 직분을 언급하는 것이 아니다. 원문에 따라 제대로 번역하면 '목사들 즉 교사들'이다. 벌코프는 에베소서 4:11의 "목사와 교사"라는 말은 "두 종류의 다른 직임들(two different classes of officers)을 구성하는 것이 아니라, 두 가지 연관된 기능을 지닌 한 종류의 직임(one class having two

일에 부름 받은 자이기 때문이다. 그런데 부모의 중요한 역할 중 하나도 가르치는 일이다(신 6:1-9; 엡 6:4). 가정에서 부모가 가르치는 역할을 하듯 교회에서 목사가 가르치는 역할을 한다. 또한 목사와 장로는 다스리는 일(治理)에 수고한다. 그런데 위정자는 로마서 13:3에서 '다스리는 자'로 표현된다. 그러므로 교회에서 목사와 장로는 제5계명의 실천 대상이다.

웨스트민스터 대요리문답 제124문답은 교회에 세우신 권위자가 부모임을 가르친다.

웨스트민스터 대요리문답

124문 : 제5계명에 있는 부모는 누구를 뜻합니까?

  답 : 제5계명에 있는 부모는 육신의 부모natural parents뿐만 아니라,[1] 연령[2]과 은사[3]에 있어서의 모든 윗사람superiors과 특히 하나님의 규례ordinance에 의하여 가정[4]과 교회[5]와 국가commonwealth[6]를 막론하고 우리 위의 권위의 자리에 있는 자들over us in place of authority을 뜻합니다.

1) 잠 23:22,25; 엡 6:1,2   2) 딤전 5:1,2   3) 창 4:20-22; 45:8   4) 왕하 5:13   5) 왕하 2:12; 13:14; 갈 4:19   6) 사 49:23

이처럼 교회의 부모(어른)는 목사와 장로다. 그러므로 성도는 목사와 장로를 교회의 부모로 여기고(고전 4:15; 딤전 1:2; 몬 10) 그 권위에 순종해야 한다. 목사가 비록 나이가 어리고(딤전 4:12) 세상 지식에 있어서 덜하게 여겨진다 하더라도 목사에게 부여된 말씀을 전파하는 그 직분 때문에 순종해야 한다. 목사와 장로로 구성된 당회의 치리에 순종해야 한다. 권면이나 징계를 받을 때에 순종해야 한다. 그렇다고 목사의 설교를 무조건 다 좋게 생각해야 하는 것도 아니

---

related functions)을 구성한다는 것을 분명히 보여 준다"라고 했으며, 그루뎀은 "목사-교사"(pastor-teacher)로 번역하는 것이 더 낫다고 주장했다. Berkhof, *Systematic Theology*, 586; Wayne Grudem, *Systematic Theology: An Introduction to Biblical Doctrine*(Grand Rapids: Zondervan, 1994). 노진준 역, 『조직신학(하)』(서울: 은성, 1997), 111.

고,[246] 당회의 모든 결정에 동의해야 한다는 것도 아니다. 다만 그들을 하나님께서 교회의 지도자로 세우신 뜻을 생각하면서 그들의 가르침과 다스림에 순종해야 한다. 목사에게 주어진 직분도, 장로에게 주어진 권위도 모두가 하나님께서 위임해 주신 권위다.[247] 그러므로 목사나 장로 개인에게 순종한다는 개념보다는 그들을 세우신 하나님께 순종한다는 개념이다.

순종과 존경의 대상인 목사와 장로도 마찬가지다. 윗사람으로서 아랫사람에게 해야 할 도리를 다해야 한다. 목사는 하나님의 말씀을 잘 가르치기 위해 수고해야 한다. 하나님께서 맡기신 성도들을 말씀으로 먹이고 가르치는 일에 힘써야 한다. 목사의 직무에 최선을 다해야 한다. 장로는 목사의 설교가 각 성도들의 삶에서 열매 맺는지를 확인하고 심방하는 일에 힘써야 한다. 성도들을 돌아보고 다스리는 일에 힘써야 한다. 윗사람된 목사와 장로는 아랫사람인 성도들을 노엽게 하지 말아야 한다.

목사와 장로에게 맡겨진 권위와 사역, 그리고 그들에 대해 어떻게 순종해야 하는지에 대해서는 벨기에 신앙고백서 제31조와 웨스트민스터 신앙고백서 제30장을 참고하라.

벨기에 신앙고백서

제31조 교회의 직분자들

The Officers of the Church

우리는 하나님의 말씀의 사역자들과 장로들과 집사들이 하나님의 말씀에 규정된stipulated 대로[1] 기도와 선한 질서를 따라 교회의 합법적인 선거election를 통하여 선출되어야chosen 함을 믿습니다. 그러므로 모든 사람은 부적절한

---

246) "목사에게 순종하지 않으면 병에 걸린다"는 식의 협박을 하는 설교는 오히려 제5계명을 어기는 일이고, 제3계명을 어기는 일이다.
247) 고재수, 『개혁주의 입장에서 본 십계명 강해』, 70.

방법이 개입되지 않도록not to intrude by improper means 조심해야 합니다. 오히려 각 사람은 자신을 하나님께서 부르셨다는 확실한 증거sure testimony를 가지고, 또한 그 부르심이 주님께로부터 온 것임을 확신하기 위하여 하나님께서 부르시는 때까지 기다려야 합니다.[2] 말씀의 사역자들은 그들이 어떤 지위에 있든지 간에 동등한 권세와 권위를 가지는데, 왜냐하면 그들은 모두가 교회의 유일한 우주적 감독자the only universal Bishop요 유일한 머리이신[3] 예수 그리스도의 종들이기 때문입니다.[4] 하나님의 이 거룩한 규례가 위배되거나violated 거부되지rejected 않도록 하기 위하여, 우리 모두는 말씀 사역자들과 교회의 장로들을 그들의 사역work으로 인하여 특별히 존경해야 하며,[5] 가능한 한 불평grumbling이나 다툼arguing이 없이 그들과 화평하게 지내야 한다고 선언합니다.

---

1) 행 1:23-24; 6:2-3   2) 행 13:2; 고전 12:28; 딤전 4:14; 5:22; 히 5:4   3) 마 23:8,10; 엡 1:22; 5:23   4) 고후 5:20; 벧전 5:1-4   5) 살전 5:12-13; 딤전 5:17; 히 13:17

웨스트민스터 신앙고백서

제30장 교회의 권징(勸懲)에 관하여
Of Church Censures

1. 자기 교회의 왕이요 머리이신 주 예수님께서는 국가 위정자와는 구별하여 교회 직원들Church officers의 손에 치리(治理)를 맡기셨다hath therein appointed a government.[1]

---

1) 살전 5:12; 사 9:6,7; 마 28:18-20; 행 20:17,18; 고전 12:28; 딤전 5:17; 히 13:7,17,24

2. 이 직원들에게 천국의 열쇠the keys of the Kingdom of Heaven가 맡겨졌는데, 그들은 그 효력으로 정죄하고to retain sins 사죄하는to remit sins 권세가 있으며, 회개하지 않는 자들the impenitent에게는 말씀the word과 권징censures을 사용하여 천국을 닫고to shut that kingdom, 회개하는 죄인들penitent sinners에게는 복음 사역으로 말미암아, 때로는 권징censures으로부터 해벌함absolution으로써 천국

을 열어 줄 수 있다.[2]

2) 마 16:19; 18:17-18; 요 20:21,22; 고후 2:6-8

3. 교회의 권징이 필요한 이유는 범죄한 형제를 교정하여 다시 얻고for the reclaiming and gaining of offending brethren, 다른 사람을 그와 같은 범죄로부터 막으며for deterring of others from like offenses, 전체 덩어리에 퍼질 누룩을 깨끗이 제거하며for purging out of that leaven which might infect the whole lump, 그리스도의 명예와 복음에 대한 거룩한 고백을 옹호하며for vindicating the honor of Christ, and the holy profession of the gospel, 만약 하나님의 언약과 인(印)들seals을 악하고 완고한 범죄자들notorious and obstinate offenders에 의해 더럽혀지게 내버려둔다면, 마땅히 교회에 떨어질 하나님의 진노를 막기 위해서다for preventing.[3]

3) 마 7:9; 고전 5장; 11:27; 딤전 1:20; 5:20; 유 1:23

4. 이 목적을 보다 더 효과적으로 이루기 위해 교회의 직원들the officers of the Church은 범행의 성질the nature of the crime과 당사자의 과실demerit of the person에 따라 견책(譴責)admonition, 일시적인 수찬 정지suspension from the sacrament of the Lord's Supper for a season, 출교excommunication from the Church를 행해야 한다are to proceed.[4]

4) 마 18:17; 고전 5:4,5,13; 살전 5:12; 살후 3:6,14,15; 딛 3:10

② 교회 안에서 남자와 여자의 관계

남자와 여자는 동등하다. 이는 교회에서도 마찬가지다. 그런데 디모데전서 2:11-14은 "[11]여자는 일체 순종함으로 조용히 배우라. [12]여자가 가르치는 것과 남자를 주관하는 것을 허락하지 아니하노니 오직 조용할지니라. [13]이는 아담이 먼저 지음을 받고 하와가 그 후며 [14]아담이 속은 것이 아니고 여자가 속아 죄에 빠졌음이라"라고 말씀한다. 이 말씀은 교회 안에서 남자와 여자의 질서가 어떻게 적용되어야 하는지를 가르쳐 준다.

"여자가 가르치는 것과 남자를 주관하는 것"(12절)이 적용의 내용인데, "가르치는 것"에 해당하는 것은 공적인 가르침으로서 설교하는 것이고(딤전 1:3; 3:2,4,5; 4:11,13,16; 5:17; 6:3; 딤후 2:2,24; 4:2), 이 일을 하는 사람은 가르치는 장로인 목사다. '주관한다' 는 것은 영어성경에서 '권위를 가진다'(have authority over)라는 뜻으로 되어 있는데, 다르게 말하면 '다스린다' 는 뜻으로 '치리(治理)한다' 는 의미를 갖고 있다.[248] 이 일을 하는 사람은 다스리는 장로인 치리장로다.

그렇기에 디모데전서 2:11-14에서 여자는 조용히 배워야 하고 가르치는 것과 주관하는 것이 허락되지 않았다는 말은 가르치는 장로와 다스리는 장로의 역할이 여자에게는 허락되지 않았다는 의미다. 교회 안에서 남자와 여자는 동등한 관계지만 그러면서도 질서가 있는데, 그 질서는 바로 가르치는 일과 다스리는 일을 맡은 목사와 장로의 직분에 적용되어야 한다는 것이다. 이것은 마치 남편과 아내가 동등한 관계이지만 그럼에도 불구하고 남편이 아내를 가르치는 머리인 것처럼, 교회 안에서도 이러한 일이 이루어져야 한다는 것이다.[249]

---

248) 이승구, "교회에서의 여성 사역의 문제에 대한 한 고찰,"『기독교 세계관으로 바라보는 21세기 한국사회와 교회』(서울: SFC, 2005), 242; Cormelis Van Dam, *The Elder: Today's Ministry Rooted in All of Scripture*(Phillipsburg: P&R, 2009), 208.

249) 필자는 여성의 목사, 장로 안수 가능성의 문제는 제5계명의 관점에서 생각해야 한다고 본다. 목사와 장로의 권위가 하나님에게서 온다는 점에 기초하여 하나님이 세우지 않는 권위를 사람이 세우는 것은 바람직하지 않다.

여성 목사와 직분의 문제에 대해서는 이광호, "여자 목사 제도는 성경적인가: 김세윤 교수의 주장을 우려하며",『진리와 학문의 세계』, 제11권(대구: 달구벌기독학술연구회, 2004), 7-17; 이승구, "교회에서의 여성 사역의 문제에 대한 한 고찰,"『기독교 세계관으로 바라보는 21세기 한국사회와 교회』(서울: SFC, 2005), 235-247; 임경근, "네덜란드 개혁교회의 여자 직분 문제와 한국교회의 과제,"『진리와 학문의 세계』, 제11권(경산: 달구벌기독학술연구회, 2004), 61-85; 조영엽,『여성안수, 성경적인가?』(서울: 큰샘출판사, 2004) 등을 참고하라. 네덜란드 교회들의 여성 임직의 역사와 관련해서는 임경근 박사(다우리교회 담임)의 학위논문에서 잘 다루고 있다. Koen Kyungkeun Lim, *Het spoor van de vrouw in het ambt*(Diss; Kampen: Kok, 2001).

여자에게 가르치는 일과 다스리는 일이 맡겨지지 않은 것은 여자에게 그러한 자질이 없어서가 아니다. 여자가 남자보다 부족해서가 아니다. 창조와 타락을 통해 생겨난 질서 때문이다. 또한 모든 권위의 주체가 되시는 하나님께 근거를 둔다.

9. 제5계명을 지키신 예수 그리스도

예수님은 제5계명을 지키는 일에 모범을 보여주신 분이다. 육체의 부모, 영적인 부모, 국가 위정자에게 순종하는 모범을 보이셨고, 아랫사람을 사랑과 겸손으로 대하심으로 제5계명을 지키셨다.

① 육체의 부모에게 순종

예수님은 육체의 부모에 대한 자신의 도리를 다하심으로 제5계명을 지키셨다. 예수님은 십자가에 매달려 계시는 동안 모두 일곱 말씀을 하셨는데, 그중 하나가 자신의 어머니를 제자들에게 부탁한 것이었다(요 19:26-27). 예수님은 죽는 순간에도 자신의 육체적 어머니를 염려하셨다. 당시에는 아마도 예수님의 아버지인 요셉은 이미 돌아가신 이후였던 것으로 보이는데, 홀어머니를 염려하는 아들의 모습을 보여주셨다.

② 영적인 부모에게 순종

예수님은 영적인 부모에게 순종하심으로 제5계명을 지키셨다. 예수님께서는 어린 시절 예루살렘 성전에서 자신을 잃어버린 뒤에 찾으러 온 육체의 부모에게 "어찌하여 나를 찾으셨나이까? 내가 내 아버지 집에 있어야 될 줄을 알지 못하셨나이까?"라고 대답하심으로써 자기에게 육체의 부모만이 아니라 영적인 부모인 하나님 아버지가 계심을 알려주셨다(눅 2:48). 이러한 예수님께서 십자가에 달리시기 전에 "아버지여 만일 아버지의 뜻이거든 이 잔을 내게서 옮기시옵소서. 그러나 내 원대로 마시옵고 아버지의 원대로 되기를 원하나이다"라고 기도하셨으니(눅 22:42) 영적인 부모인 하나님 아버지의 뜻에 순종하는 제5계명의 모범을 보이셨다.

③ 국가의 권위에 순종

예수님은 국가의 권위에 대해서도 순종하심으로 제5계명을 지키셨다. 예수님은 "가이사의 것은 가이사에게, 하나님의 것은 하나님께 바치라"는 말씀을 통해, 국가에 대한 마땅한 권위가 있음을 드러내 주셨다(눅 20:22-25). 당시의 '가이사'는 이스라엘의 입장에서 볼 때 자신들을 지배하는 로마의 권력이다. 다시 말하면 부당한 권력이다. 그럼에도 불구하고 예수님은 부당한 권력조차도 하나님에게서 왔음을 인정하고 그 권위에 순종하라고 가르치셨다.

이렇게 로마의 권위를 인정하신 예수님은 또한 십자가에 달리시기 전에 로마에서 유대에 보낸 총독인 빌라도의 재판장 앞에 서심으로 국가의 권위에 순종하셨다(눅 23:3). 당시의 시대적 배경을 고려해 볼 때 어떤 점에서는 불의한 권력이라고 할 수 있는 로마의 총독에게 재판을 받으셨으니 국가에 대한 권위의 순종을 몸소 보여주셨다고 할 수 있다. 그리고 비록 불의한 재판 결과였긴 하지만, 자신에게 내려진 십자가 사형을 받으셨다.

④ 윗사람으로서 아랫사람에게 보이신 섬김

예수님은 자신이 곧 하나님이시기에 가장 윗사람이심에도 불구하고 아랫사람을 사랑으로 섬기심으로 제5계명을 지키셨다. 예수님은 "인자가 온 것은 섬김을 받으려 함이 아니라 도리어 섬기려 하고 자기 목숨을 많은 사람의 대속물로 주려 함이니라"(막 10:45)라고 하셨고, 제자들의 발을 몸소 씻기셨다(요 13:4-15).

무엇보다도 자기의 모든 아랫사람인, 하나님의 택한 백성을 위하여 십자가에서 돌아가셨고, 그 사건을 통하여 우리 모두를 구원하셨으니 예수님이야말로 아랫사람에게 해야 할 윗사람의 도리가 무엇인지를 잘 보여주셨다.

10. 제5계명에 나타난 하나님의 배려와 사랑

제5계명은 순종과 복종에 관한 계명이다. 그러다 보니 사람들은 제5계명에서 하나님의 강압적인 모습을 발견하려고 한다. 권위적인 하나님이라고 표현하면서 반감을 가진다. 그러나 그렇지 않다. 제5계명에는 하나님의 배려와 사랑이 담겨 있다. 이 세상의 질서를 보존하시기 위한 하나님의 배려다.

사람들은 질서와 권위를 무시하려는 경향이 있다. 타락한 인간은 하나님의 권위와 하나님께서 주신 권위를 거부하려는 성향이 있다. 그런데 그렇게 되면 이 세상은 혼란스러워진다. 이러한 사실을 아시는 하나님은 친히 이 세상의 모든 관계에 질서를 부여하셨고, 그렇게 부여하신 질서에 따라 사람들이 살아가기를 원하셨으니 바로 제5계명이다.

특히 제5계명을 처음 받은 사람들의 상황을 생각해 보면 더욱 그러하다. 당시는 출애굽 이후 광야를 지나는 중이었다. 이때 인도자와 다스리는 자가 매우 중요하다. 인도자와 다스리는 자의 권위를 무시한다면 공동체 전체에 큰 혼란이 생길 가능성이 높다. 하나님은 이러한 상황을 잘 아시고 그들에게 질서와 권위에 관한 계명을 주셨다. 또한 이스라엘은 장차 생겨날 보편적인 교회 공동체의 원형이라고 할 수 있다. 그러므로 이스라엘은 하나님 나라의 모형으로서 그 모습을 제대로 갖추지 않으면 안 된다. 그렇기에 질서가 유지되어야 하므로 이 계명을 주신 것이다.

제5계명은 사람들 간의 관계를 위한 하나님의 배려로서 가장 기초가 된다. 그렇기에 이 세상은 제5계명을 기초로 질서를 유지해야 한다. 하나님이 정하신 질서에 대한 존경이 무너지면 사회 전체는 다시 세울 수 없을 정도로 파괴되며 사회의 근본인 안정성이 무너진다(겔 22:7; 미 7:5-6).

7장
제6계명

출애굽기 20:13
"살인하지 말라."

웨스트민스터 소요리문답

67문 : 제6계명은 무엇입니까?

  답 : 제6계명은 "살인하지 말라" 하신 것입니다.[1]

---

1) 출 20:13

웨스트민스터 대요리문답

134문 : 제6계명은 무엇입니까?

  답 : 제6계명은 "살인하지 말라" 하신 것입니다.[1]

---

1) 출 20:13

1. 제6계명의 기본적인 의미

제6계명은 "살인하지 말라"이다. 살인(殺人)은 사람을 죽이는 것이다. 사람을 죽이는 모든 행위는 금지된다. 고의로든 실수로든 사람을 죽여서는 안 된다(출 21:28-29).[250]

2. 제6계명의 의도

십계명을 제대로 이해하기 위해서는 각 계명에 담긴 의도를 파악하는 것이 중요하다. 그렇다면 제6계명에는 어떤 의도가 담겨 있을까?

---

[250] 대한민국 법률 「형법」(법률 제13719호)은 제24장(제250조-제256조)에서 '살인의 죄'를 다룬다.

(1) 생명의 기원

살인을 하면 안 된다는 것은 너무나 당연한 것으로 누구나 아는 보편적 진리
다. 살인을 해도 된다고 말하는 사람은 이 세상에 아무도 없다. 살인이 죄라는
사실은 굳이 가정과 학교 교육을 통해 따로 배우지 않아도 생득적(生得的)으로
아는 것이다. 이 세상의 그 어떤 문명사회에서도 허락하지 않는 것이다. 그럼에
도 불구하고 하나님은 제6계명을 통해 살인을 금하셨다. 왜 그러셨을까? 제6계
명에는 "하나님이 모든 생명의 주인이심"을 깨닫게 하고자 하시는 하나님의 의
도가 담겨 있다.

이러한 관점에서 볼 때 살인은 그 대상과 가족에 대한 범죄만이 아니라 생명
의 주권자이신 하나님에 대한 범죄다.

(2) 사람: 하나님의 형상으로 지음 받은 존재

제6계명은 살인을 금하고 있다. 그런데 불교에서는 살인만 금하는 것이 아니
라 살생을 금한다. 이 사실을 통해 제6계명의 의도를 알 수 있다. 제6계명은 다
른 생명보다도 특히 '사람의 생명'을 중요하게 여기는 계명이다.

제6계명의 의도는 창세기 9:6 "다른 사람의 피를 흘리면 그 사람의 피도 흘릴
것이니 이는 하나님이 자기 형상대로 사람을 지으셨음이니라"에 잘 나타나 있
다. 앞부분에 해당하는 "다른 사람의 피를 흘리면 그 사람의 피도 흘릴 것이니"
라는 말씀은 제6계명에 해당한다. 뒷부분에 해당하는 "이는 하나님이 자기 형상
대로 사람을 지으셨음이니라"라는 말씀은 그 이유를 설명하고 있다. 이 말씀을
통해 알 수 있는 제6계명의 의도는 "사람은 하나님이 자기 형상대로 지으신 존
재"라는 것이다. 제6계명은 이 세상에 존재하는 다른 여러 피조물 중에서 사람
의 가치가 남다르다는 것을 가르쳐 주는 계명이다. 제6계명은 기독교 인간론이
다.

3. 사람의 가치

제6계명은 이 세상의 모든 생명 중에서도 사람의 생명이 소중함을 가르친다. 그
렇다면 왜 사람의 생명은 다른 피조물들의 생명과 다를까? 분명 창세기 1장에

따르면 하나님은 이 세상의 모든 것들을 창조하셨다. 뿐만 아니라 니케아신경에 따르면 "눈에 보이는 것과 눈에 보이지 않는 모든 것"을 창조하셨다. 그렇다면 모든 것이 중요한 것 아닌가?

물론 모든 것이 중요하지만, 그 가운데서 특히 사람은 하나님에게 남다른 존재다. 이 사실은 하나님께서 사람을 창조하실 때 다른 피조물과는 다른 방식으로 창조하셨다는 것을 통해서 알 수 있다.

사람의 창조는 크게 4가지 중요한 특징이 있다. (1) 하나님의 창조 의지가 언급된다. (2) 하나님의 직접적인 사역에 의해 창조되었다. (3) 남자와 여자로 창조되었다. (4) 하나님의 형상과 모양을 따라 창조되었다.

(1) 하나님의 창조 의지가 언급된다.

창세기 1:26은 "하나님이 이르시되 우리의 형상을 따라 우리의 모양대로 우리가 사람을 만들고 그들로 바다의 물고기와 하늘의 새와 가축과 온 땅과 땅에 기는 모든 것을 다스리게 **하자** 하시고"라고 말씀한다. 여기에서 하나님은 "~하자"라는 선언을 하시는데, 곧 사람을 창조하겠다는 자신의 의지를 표현하셨다.

다른 피조물을 창조하실 때는 그냥 바로 창조하셨다. 빛을 창조하실 때 "내가 빛을 창조하겠노라"라고 말씀하신 뒤에 "빛이 있으라" 하지 않으셨다. "내가 땅의 짐승을 창조할 것이다"라고 말씀하신 뒤에 "땅의 짐승을 종류대로 내라" 하고 명령하지 않으셨다. 그런데 사람은 다르다. 26절에서 하나님은 사람을 창조하시고자 하시는 자기 의지를 천명하신다. 그 후 27절에서 그 의지와 말씀에 따라 사람을 창조하신다.

물론 하나님의 창조는 어떤 것이든 모두 다 영원 전 하나님의 작정에 따라 이루어진 것이긴 하지만, 사람을 창조하실 때는 다른 것들을 창조하실 때와는 달리 하나님께서 어떤 방식대로 어떤 목적을 위해 창조하실 것인지를 천명해 주시는 표현을 기록하고 있다.[251] 이런 점에서 사람의 창조는 다른 피조물들과 구별된다.

---

251) 이승구, 『기독교세계관이란 무엇인가?』, 125; Murray, 『조직신학 Ⅱ』, 14; Anthony A. Hoekema, *Created in God's Image*(Grand Rapids: Eerdmans, 1986). 류호준 역, 『개혁주의 인간론』(서울: CLC, 1990), 25.

(2) 하나님의 직접적인 사역에 의해 창조되었다.

하나님의 피조물 중 식물과 동물의 창조를 보면, "땅은 풀과 씨 맺는 채소와 각기 종류대로 씨 가진 열매 맺는 나무를 내라"(창 1:11)라고 말씀하고, "물들은 생물을 번성하게 하라. 땅 위 하늘의 궁창에는 새가 날으라"(창 1:20)라고 하며, "땅은 생물을 그 종류대로 내되 가축과 기는 것과 땅의 짐승을 종류대로 내라"(창 1:24)라고 한다.

그런데 사람의 창조를 표현하고 있는 창세기 1:27에서는 "하나님이 자기 형상 곧 하나님의 형상대로 사람을 창조하시되 남자와 여자를 창조하시고"라고 말씀한다. 앞의 표현들에는 간접적인 느낌의 뉘앙스들이 있지만, 사람의 창조는 그렇지 않다.[252] 사람은 하나님의 직접적인 사역에 의해 창조되었다.

(3) 남자와 여자로 창조되었다.

창세기 1:27은 "…남자와 여자를 창조하시고"라고 되어 있다. 하나님은 분명 식물도 암수로, 동물도 암수로 창조하셨다. 그런데 유독 사람의 창조에 대해서만 "남자와 여자"라는 언급을 하고 있다.

(4) 하나님의 형상과 모양을 따라 창조되었다.

사람은 다른 피조물들과 달리 "하나님의 형상과 모양을 따라" 창조되었다. 다른 피조물들은 "각기 종류대로" 혹은 "그 종류대로"(after its kinds or to its kind) 창조되었다(창 1:11,12,21,24,25). 그런데 오직 사람에 대해서만 하나님의 형상을 따라(in God's image) 하나님의 모양대로(after God's likeness) 창조하셨다(창 1:26)라는 표현이 사용되었으니, 이것은 사람의 특별한 위치를 가리키는 표현이다.[253]

---

252) Berkhof, *Systematic Theology*, 182; Murray, 『조직신학 Ⅱ』, 14.
253) 종교개혁 이전에는 '형상'과 '모양'은 서로 다른 뜻이라고 생각을 했다. 그러나 종교개혁자들이 이 생각이 잘못되었음을 잘 지적해 주었으니, '형상과 모양'이라는 표현은 상호 교차적으로 사용되는 것이다. 왜 그럴까? ① 창세기 1:26에는 형상과 모양이라는 두 개의 단어가 사용되지

지금까지 살펴본 것처럼 사람은 다른 피조물과 구별되는 존재다. 하나님은 자신이 창조하신 것들 중 특별히 사람에게 관심을 갖고 계신다. 그래서 전통적으로 사람을 가리켜서 "하나님의 창조의 면류관"(the crown of God's handiwork)이라고 한다.

위의 4가지 특성 중 특별히 주목할 것은 사람이 하나님의 형상으로 창조되었다는 것이다. 그런데 제6계명을 설명하고 있는 창세기 9:6에서 "다른 사람의 피를 흘리면 그 사람의 피도 흘릴 것이니 이는 하나님이 자기 형상대로 사람을 지으셨음이니라"라고 말씀한다.

이러한 사실에 근거해 볼 때 제6계명의 의도는 "사람은 이 세상의 그 어떤 피조물과 달리 하나님의 형상을 따라 지음 받은 가장 가치 있는 존재다"라는 선언이다. 사람에 대한 바른 가치를 갖도록 하는 것이 제6계명의 근본의도다.

4. 제6계명의 긍정명령

제6계명은 부정명령이다. 그렇다면 제6계명의 긍정명령은 무엇일까? 제6계명은 살인을 금하는 것을 넘어서 사람의 생명이 다른 피조물과 달리 중요하다는 사실을 가르쳐 준다. 그러므로 제6계명은 단순히 사람을 죽이는 행위를 하지 않는 것으로 끝나지 않는다. 제6계명의 긍정적이고 적극적인 명령은 바로 사람의 생명을 존중하는 모든 일을 해야 한다는 것이다.[254] 제6계명에서 요구하는 것은 사람의 생명과 그 가치를 인정하고 생명의 신성함을 수호하며, 육체의 건강을 보존

만, 창세기 1:27에는 "형상대로"만 나온다. 이것은 형상과 모양이 다르지 않다는 것을 보여준다. 만약 형상과 모양이 다르다면 창세기 1:27에서도 창세기 1:26과 동일하게 "하나님의 형상을 따라 하나님의 모양대로"라고 했어야 할 것이다. ② 창세기 5:1에는 "…하나님이 사람을 창조하실 때에 하나님의 모양대로 지으시되"라고 되어 있다. 창세기 1:27에는 "형상대로"라는 말만 나와 있는데, 창세기 5:1은 "모양대로"라는 말만 나와 있으니, 이렇게 표현했다는 것은 형상과 모양이 의미가 다르지 않다는 것을 보여준다. ③ 창세기 5:3에는 "…자기의 모양 곧 자기의 형상…"이라고 되어 있어서 모양이 곧 형상이라는 사실을 가르쳐 주고 있다. 이처럼 "하나님의 형상과 모양대로"라는 말은 "하나님의 형상대로"라는 말로 줄일 수 있다.
그래서 웨스트민스터 소요리문답 제10답에서는 "모양대로"를 전혀 언급하지 않고 "하나님께서는 사람을 남자와 여자로 창조하시되, **자기 형상대로** 지식과 의와 거룩함이 있게 하사, 피조물을 다스리게 하셨습니다"라고 고백한다.
254) '생명'과 반대되는 개념인 '죽음'은 기독교 신자에게 결코 그 자체로 나쁜 것은 아니다. 성도가

하는 일이다. 이에 대해서는 하이델베르크 요리문답 제107문답과 웨스트민스터 소요리문답 제68문답이 잘 설명해 주고 있다.

하이델베르크 요리문답

107문 : 앞에서 말한 방식으로 우리 이웃을 죽이지 않으면, 그것으로 이 계명을 다 지킨 것입니까?

답 : 아닙니다. 하나님께서는 시기와 증오와 분노를 정죄하심으로써 우리가 우리 이웃을 자기 자신처럼 사랑하여,[7] 인내patient와 화평peace-loving과 온유gentle와 자비merciful와 친절friendly을 보이고,[8] 우리가 할 수 있는 한 그들을 해악harm으로부터 보호하며, 심지어 원수에게도 선good을 행하라고 하셨습니다.[9]

7) 마 7:12; 마 22:39; 롬 12:10   8) 마 5:5,7; 눅 6:36; 롬 12:18; 갈 5:22-23; 6:1-2; 엡 4:1-3; 골 3:12; 벧전 3:8
9) 출 23:5; 마 5:44-45; 롬 12:20-21

웨스트민스터 소요리문답

68문 : 제6계명에서 요구된 것은 무엇입니까?

답 : 제6계명이 요구하는 것은 모든 합법적인 노력으로all lawful endeavours 자기 자신의 생명[1]과 다른 사람의 생명[2]을 보존하라는 것입니다.

1) 엡 5:28-29   2) 왕상 18:4

죽어서 하늘(heaven)에 있을 때의 상태는 기쁘고 즐거우며(시 16:10-11), 영혼은 더 이상의 성화가 일어날 수 없는 완전한 성화, 즉 영화의 상태에 있다(히 12:23). 성도에게 있어서 죽음은 유익한 것이다(시 116:15; 빌 1:20-21). 영혼이 더 이상 죄를 범할 가능성이 없는 가장 온전한 영혼의 상태에 이르는 것이 성도의 죽음이다.

제6계명은 사람을 죽이는 행위만을 금하는 것이 아니다. 모든 합법적인 노력으로 사람의 생명을 보존하라는 것이다. 그렇기에 아무리 작은 부분에서라도 생명을 경시하고 소홀히 한다면 제6계명을 범하는 것이 된다. 사람에게 상처를 입히는 것도 제6계명을 범하는 것이 된다. 사람의 생명에 지장을 주는 모든 행위가 제6계명을 어기는 행위다. 제6계명은 '기독교 생명 윤리'를 다루는 계명이다. 더 나아가 죽음에 이르게 하는 모든 행위, 심지어 인격적인 모욕까지도 살인의 범주에 들어간다.[255]

제6계명이 살인만 금하는 것이 아니라 생명을 보존하라는 계명임에도 불구하고 "살인하지 말라"라는 극단적인 표현을 사용한 것은 '살인'이라는 결과를 금하심으로써 그 결과에 기여하는 모든 원인을 금하고자 하시는 것이다. 또한 살인이라는 용어 아래 그것과 관련되는 모든 죄를 포괄하심으로써 그 죄의 심각성을 보여주시고, 그리하여 우리로 하여금 그 죄들을 더 효과적으로 삼가게 하고자 하시는 것이다.[256]

5. 제6계명의 실천

(1) 마음과 혀로 범하는 살인

세상에서 말하는 살인과 달리 성경이 가르치는 살인은 더 광범위하다. 살인이라는 실제적인 행위뿐만 아니라, 인간을 무시하는 모든 행위가 살인이다. 제6계명은 궁극적으로 사람의 가치를 중요하게 여기라는 명령인데, 사람을 무시한다면 그것이 곧 살인이다.

이에 대해서는 예수님께서 산상수훈을 통해 잘 설명해 주셨다. 마태복음 5:21-22에서 "[21]옛 사람에게 말한 바 살인하지 말라. 누구든지 살인하면 심판을 받게 되리라 하였다는 것을 너희가 들었으나[22]나는 너희에게 이르노니 형제에게

---

255) "십계명을 가장 잘 설명한 해설서라고 할 수 있는 웨스트민스터 대요리문답의 경우에도 살인 자체를 크게 주목하지 않는다." 유해무, 『헌법해설: 웨스트민스터 신앙고백서, 대소교리문답서』, 219. 유해무는 대요리문답의 십계명 해설이 탁월하다고 평가한다. 유해무, 『헌법해설: 웨스트민스터 신앙고백서, 대소교리문답서』, 89, 112, 202.

256) Ursinus, *The Commentary on the Heidelberg Catechism*, 583-584.

노하는 자마다 심판을 받게 되고 형제를 대하여 라가라 하는 자는 공회에 잡혀 가게 되고 미련한 놈이라 하는 자는 지옥 불에 들어가게 되리라"라고 하셨는데, 이 말씀의 의미는 "십계명 중 제6계명에서 살인하지 말라고 되어 있고 살인할 경우에는 심판을 받게 될 것이라고 되어 있는데, 살인이라는 행위만 살인이 아니라 형제에게 노(怒)하는 자, 형제에게 라가라 하거나 미련한 놈이라고 하는 자도 심판을 받게 되니 그 이유는 그것 역시 살인이기 때문이다"이다.[257] '라가' 라는 말은 개역개정의 난외주에 나오는 설명대로 '히브리인의 욕설'이다. 우리말로 하면 '멍청한 놈'(empty-head, numskull, fool) 정도의 뜻을 갖고 있다. 형제에게 이러한 욕설을 하는 자는 공회에 잡혀 가서 심판을 받게 되고 지옥 불에 들어가게 될 것이라고 하는데, 문자적으로 그러하다는 말이 아니라 형제에게 욕을 하는 것이 살인하는 것과 같다는 의미다. 예수님은 형제에게 화를 내거나, 형제에게 욕을 하는 것이 살인이라고 말씀하셨다(마 5:21-22). 뿐만 아니라 요한일서 3:15은 "그 형제를 미워하는 자마다 살인하는 자니"라고 말씀한다. 야고보서 3:8은 "혀는 능히 길들일 사람이 없나니 쉬지 아니하는 악이요 죽이는 독이 가득한 것이라"라고 말씀함으로써 사람이 하는 말이 곧 '살인'이 될 수 있음을 강조한다.

하이델베르크 요리문답 제105-106문답에서도 살인의 넓은 범위를 잘 설명해 주고 있다.

하이델베르크 요리문답

105문 : 제6계명에서 하나님께서 원하시는 것은 무엇입니까?

답 : 내가 **이웃의 명예를 훼손하거나**belittle 그들을 **미워하거나**hate 해치거나insult **죽이지**kill 않기를 원하십니다.[1] 나는 **생각**thoughts이나 말words이나 **몸짓**look or gesture으로 무엇보다도 행동deeds으로 그리해서는 안 되고, 다른 사람을 시켜서 해도 안 되며, 오히려 **모든 복수심**revenge**을 버려야 합니다.**[2] 더 나아가 자기 자신을 해쳐서도 안 되고

---

257) 예수님의 이 가르침은 원래는 그렇지 않았으나 예수님이 새롭게 해석하시는 것이 아니라, 구약 율법의 원래 의미를 가르치시는 것이다. 이광호, 『에세이 산상수훈』(서울: 칼빈아카데미, 2005), 84.

부주의하게recklessly 위험에 빠뜨려서도 안 됩니다.³⁾ 그러므로 살인을
막기prevention 위해서 국가는 또한 칼을 가지고 있습니다.⁴⁾

---

1) 창 9:6; 마 5:21-22; 26:52   2) 잠 25:21-22; 마 18:35; 롬 12:19; 엡 4:26   3) 마 4:7; 골 2:23   4) 창 9:6; 출 21:14; 롬 13:4

106문 : 그런데 이 계명은 살인에 대해서만 이야기합니까?
　　답 : 아닙니다. 하나님께서는 살인을 금함forbid으로써 **살인의 뿌리가 되
　　는 시기envy, 증오hatred, 분노anger, 복수심vindictiveness 등을 미워
　　하시며,**⁵⁾ **이 모든 것들을 살인으로 여기신다고 가르칩니다.**⁶⁾

---

5) 시 37:8; 잠 14:30; 롬 1:29; 갈 5:19-21; 약 1:20; 요일 2:9-11   6) 요일 3:15

제6계명의 의도가 사람의 가치에 대한 분명한 인정을 의미하므로, 이웃을 모욕하거나 이웃에 대하여 화를 품는 것은 살인에 해당한다. 비록 살인이라는 실제적인 행위는 아니지만 마음으로 사람에 대해서 분을 품고 멸시하고 모욕하는 것은 살인이나 다를 바가 없다. 손으로 하는 살인뿐 아니라 마음으로 하는 분노와 증오심도 살인에 해당한다.

어떤 사람을 두고는 "저 사람이 이 세상에서 사라졌으면 좋겠다"라는 마음을 품는 것도 살인이다. 하나님이 그 사람을 태어나게 하셨는데, 하나님이 아직 그 사람의 생명을 허락하고 계신데, 그 사람이 없었으면 좋겠다고 하는 것이기 때문이다.

어떤 사람이 갖고 있는 존재의 의미와 가치와 권리를 무시하는 것, 사람의 생명에 대하여 정당한 평가를 하지 못하는 것은 살인이다. 하나님의 형상을 따라 창조된 사람에 대한 모욕은 살인이다.

이처럼 살인은 총이나 칼과 같은 흉기로만 할 수 있는 것이 아니다. 말과 혀로, 그리고 마음으로도 할 수 있다.

(2) 낙태(落胎, abortion)

① 낙태에 대한 일반적인 태도

사람은 죽이면 안 된다. 그렇다면 태아(胎兒)는 죽여도 되는가? 상당히 많은 사람이 태아를 죽인다. 살인한 사람에 대해서는 분노하면서, 태아를 죽인 사람에 대해서는 그럴 수도 있다고 쉽게 용납한다. 어린 자녀를 죽인 부모의 살인 사건에는 분노하지만, 태아를 죽인 임산부에 대해서는 가볍게 여긴다.

심지어 이러한 행위를 '낙태'(落胎)라고 표현하는데, 낙(落)은 '죽인다' 는 개념보다는 '버린다' 혹은 '떨어뜨린다' 정도의 의미를 갖고 있다. 또한 '지운다, 뗀다' 라고 표현하기도 하는데, 이러한 표현에는 태아를 사람이 아니라 일종의 혹(lump)이나 상처(傷處) 정도로 생각하는 경향이 담겨 있다.

② 낙태는 살인인가?

그렇다면 낙태는 정당한가? 낙태는 살인이 아닌가?[258] 이 문제는 '사람' 의 정의를 어느 시점으로 정하느냐에 달려 있다. 다시 말해 "과연 언제부터 사람은 하나님의 형상과 같다고 볼 수 있느냐?" 하는 질문에 대한 답에 따라 살인이냐 아니냐가 결정된다.

성경은 과연 언제부터 사람이라고 보는가? 시편 139:13-16에서 그 답을 찾을 수 있다. 시편 139:13은 "주께서 내 내장을 지으시며 나의 모태에서 나를 만드셨나이다"라고 해서 하나님께서 이미 모태(母胎)에서부터 사람을 창조하셨다고 언급한다. 시편 139:16은 "내 형질이 이루어지기 전에 주의 눈이 보셨으며 나를 위하여 정한 날이 하루도 되기 전에 주의 책에 다 기록이 되었나이다"라고 말함으로써 우리의 몸이 그 모습을 갖추기 전부터 이미 하나님께서 우리를 향한 일을 시작하셨다고 말씀한다. 창세기 25:21-22은 "²¹이삭이 그의 아내가 임신하지 못하므로 그를 위하여 여호와께 간구하매 여호와께서 그의 간구를 들으셨으므로 그의 아내 리브가가 임신하였더니 ²²그 아들들이 그의 태 속에서 서로 싸우는지

---

258) 교회는 1세기부터 이미 낙태를 죄악으로 보았다. *Catechism of the Catholic Church*, para. 2271; *ΔΙΔΑΧΗ ΤΩΝ ΔΩΔΕΚΑ ΑΠΟΣΤΟΛΩΝ*. 정양모 역주, 『열두 사도들의 가르침: 디다케』(왜관: 분도출판사, 1993), 31.

라. 그가 이르되 이럴 경우에는 내가 어찌할꼬 하고 가서 여호와께 묻자온대"라는 말씀을 통해서 태 속에 있는 아이가 사람과 같은 행동을 하고 있음을 보여주고 있다. 이 외에도 성경에는 아직 태어나지 않은 태아(胎兒)가 사람이라는 암시를 주는 본문들이 많다(출 21:22-25; 삿 13:3-5; 욥 3:3; 31:15; 시 22:9; 51:5; 사 44:2,24; 렘 1:5; 호 12:3; 눅 1:35). 이러한 말씀들을 통해서 알 수 있는 사실은 태아도 사람이라는 것이다. 수태되는 순간부터 사람이라고 보아야 한다.[259]

전통적으로 기독교는 위에 언급된 본문들에 근거하여 사람의 시작을 "수정란이 형성되는 순간부터"라고 보았다. 최대한으로는 수정(fertili-zation)된 모든 수정란(zygote)은 다 인간으로서의 생명으로 여겨야 하고, 최소한으로는 수정되어 어머니 태에 착상된(nidation) 수정란부터 온전한 인간으로서의 생명으로 여겨야 한다는 것이 정통 기독교의 입장이다. 과학적으로도 수정된 배아는 독립된 유전자 배열과 구조를 갖고 있다. 그렇기에 태아는 분명 사람이요 생명이다.[260]

③ 낙태 옹호자들의 입장

아직 태어나지 않은 아이(unborn child)라 하더라도 태아는 사람이므로 죽여서는 안 된다. 낙태는 분명한 살인이다. 그럼에도 불구하고 낙태를 하는 이유는 크게 3가지다.

첫째, 태아를 사람이 아니라고 생각하기 때문이다. 낙태를 찬성하는 사람들은 태아 중에서도 초기 태아는 자의식이 없기에 잠재적인 인간일 수는 있으나 진정한 인간으로는 볼 수 없다고 생각한다. 인간으로 인정받기 위해서는 최소한의 인간됨을 인정할 수 있는 요소가 갖추어져야 하는데, 그것은 느끼고 생각할 수 있는 자의식(self-consciousness)이 있어야 한다는 것이다. 그러므로 뱃속의 생명이 인간으로 인정되기 위해서는 최소한 뇌가 조성되고 뇌의 기능이 시작되

---

259) 인간 생명의 개념과 그 시작에 대한 상세한 논의로 다음을 참고하라. 이승구, 『인간복제, 그 위험한 도전』(서울: 예영커뮤니케이션, 2006), 17-54; 이상원, 『기독교 윤리학: 개혁주의적 관점에서 본 이론과 실제』(서울: 총신대학교출판부, 2010), 176-197.
260) 이승구, 『인간복제, 그 위험한 도전』, 37; 신원하, 『교회가 꼭 대답해야 할 윤리 문제들』(서울: 예영커뮤니케이션, 2001), 72; 로마가톨릭도 낙태의 문제를 중요하게 취급한다. *Catechism of the Catholic Church*, para. 2270, 2273, 2274.

는 단계를 지나야 한다고 본다.[261] 둘째, 사람의 생명을 사람이 주관할 수 있다고 생각하기 때문이다. 나와 나의 배우자가 성관계를 통해 임신케 한 것이니, 그 태아를 죽이는 것도 나와 내 배우자의 자유요 권리라고 생각하는 것이다. 셋째, 산모의 인권을 강조하기 때문이다. 특히 불가피하게 임신한 경우, 태아는 죽이면 그만이지만 산모에게는 그의 삶이 있다고 주장한다. 아이러니한 것은 자유주의적 세속주의자들은 전쟁이나 사형은 적극 반대하면서도 낙태는 인정한다는 것이다.[262]

④ 특수한 상황의 태아에 대해서는 어떻게 해야 하는가?

위에 언급한 것 중 산모의 인권을 강조하는 경우는 대개 특수한 상황으로 태아가 생겨났을 때다. 예컨대, 결혼 전에 이루어진 성관계를 통한 임신, 강간이나 근친상간처럼 비윤리적인 방식을 통한 임신의 경우다. 또한 태아에게 장애가 발견되었을 경우다.

하지만 원치 않는 임신과 원하는 임신이란 존재하지 않는다. 임신과 출산은 부부의 가족계획으로 이루어지는 것이 아니다. 모두가 하나님께서 허락하신 임신이다. 아무리 노력해도 임신하지 못하는 부부가 있고, 대단한 노력을 하지 않았는데도 임신하는 부부가 있다는 사실만으로도 임신은 사람의 의지와 노력에 따른 것이 아니라 전적으로 창조의 하나님의 사역임이 분명하다. 태아가 사람이 된 것은 그 부모에 의해 결정된 것이 아니라 생명의 주관자이신 하나님의 절대 주권에 의한 것이다. 수많은 성적 관계가 있더라도 하나님은 생명을 창조하지 않으실 수 있다. 성관계가 사람을 잉태케 하는 것이 아니라 하나님의 기묘하신 창조의 섭리가 잉태케 한다.

그러므로 비윤리적 상황에 의한 임신이라 하더라도 하나님께서 생명을 허락하셨다는 사실만으로 태아의 생명은 존엄한 가치를 가지고 있다. 심지어 강간이나 근친상간에 의한 임신이라 할지라도 낙태해서는 안 된다. 기독교 안에서도 강간이나 근친상간에 의한 임신은 낙태를 해도 된다고 말하는 사람들이 있다. 그러나 제아무리 강간이나 근친상간에 의한 임신이라 할지라도 낙태는 허용될

---

261) 신원하, 『교회가 꼭 대답해야 할 윤리 문제들』, 71.
262) Frame, *The Doctrine of the Christian Life*, 717; Douma, *The Ten Commandments*, 220.

수 없다.[263] 모든 생명이 하나님의 섭리 가운데 생겨난 것이다. 사람의 가치는 그 사람이 어떤 방식으로 잉태되었느냐에 달린 것이 아니다. 외부적 환경이 그 사람의 가치를 결정하는 것이 아니다. 하나님의 형상으로 지음 받았다는 사실 자체가 이미 그 사람의 기본적인 가치를 결정한다.

만약 상황과 환경에 따라 낙태를 결정할 수 있다면, 그 기준은 무엇이겠는가? 어떤 부부가 가난한 상황에서 임신했다면 낙태를 해도 되는가? 어느 부부가 올해가 아닌 내년에 임신할 계획이었는데 올해 임신했다면 낙태를 해도 되는가?

태아에게 장애가 발견되었을 경우도 마찬가지다. 태아에게 장애가 있다고 확인되었을 경우 낙태해도 된다는 주장은 이미 이 세상에 태어나서 존재하는 장애인을 죽여도 된다는 논리와 같다. 우리 주변의 장애인을 동일한 이웃으로 대하듯, 장애가 있는 태아도 동일한 생명으로 대해야 한다.

⑤ **결론**

태아는 사람이다. 그러므로 태아를 죽이는 것은 살인이다. 낙태라는 표현도 바람직하지 않다. '지운다, 뗀다'는 표현도 바람직하지 않다. 이는 낙태도 아니요, 아기를 지우는 일도 떼는 일도 아니며, 명백한 살인이다. 태아 살인이다.[264]

낙태를 하지 않는 것뿐만 아니라 낙태 반대운동[265]과 같은 일에 적극 참여하는 것도 제6계명을 지키는 일이다.

---

263) Frame, *The Doctrine of the Christian Life*, 725; 이광호, 『에세이 산상수훈』, 88.

264) 우리나라의 경우 2019년 4월까지만 하더라도 대한민국 법률 「형법」(법률 제13719호) 제27장(제269조-제270조)에서 '낙태의 죄'를 다뤘다. 하지만, 2019년 4월 11일 헌법재판소는 [2017헌바127 형법 제269조 제1항 등 위헌소원]에 따라 재판관 4(헌법불합치) 3(단순위헌) 2(합헌)의 의견으로, 임신한 여성의 자기낙태를 처벌하는 형법 제269조 제1항, 의사가 임신한 여성의 촉탁 또는 승낙을 받아 낙태하게 한 경우를 처벌하는 형법 제270조 제1항 중 '의사'에 관한 부분은 모두 헌법에 합치되지 아니하며, 위 조항들은 2020년 12월 31일을 시한으로 입법자가 개정할 때까지 계속 적용된다는 헌법불합치 결정을 선고하였다. 한편, 미국은 이미 낙태가 합법이다. 2018년 5월 26일 아일랜드는 국민투표를 통해 낙태죄 폐지를 결의했다. 찬성 66.4%, 반대 33.6%였다. 전 국민의 84%(2018년 유엔 통계)가 가톨릭 신자인 아일랜드에서 낙태가 폭넓게 허용된 것이다. 이 표결에 근거해 법이 개정되면 아일랜드 여성들은 임신 12주까지 자유롭게 임신중절 수술을 받을 수 있게 된다. 중절 수술 전 사흘간 시간을 두고 한 번 더 고민할 수 있도록 하고, 의료진이 종교적 신념에 따라 다른 의사에게 환자를 소개할 수 있도록 하는 규정도 포함될 예정이다. 아일랜드는 앞서 2015년 세계 최초로 국민투표를 통해 동성결혼을 합법화했다. 전 세계적인 이러한 흐름은 매우 우려된다.

265) http://www.prolife.or.kr

(3) 자살(自殺, suicide)

① 자살

자살은 인간역사에서 늘 있어 왔다. 프랑스의 사회학자 에밀 뒤르켐(Emil Durkheim)의 『자살론』(*Le Suicide*, 1897년)이라는 책은 매우 유명하다. 성경에서도 자살한 사람을 볼 수 있다. 가룟 유다(마 27:3 이하), 사울 왕(삼상 31:4), 아히도벨(삼하 17:23), 시므리(왕상 16:18 이하) 등이다.[266]

현대인들은 자살을 '자유로운 행동'이라고 생각한다. 삶을 마감하는 방식을 그 사람의 자유라고 생각한다. 즉, 자신이 선택할 수 있다고 보는 것이다. 이러한 생각은 "내 것은 내 마음대로 해도 된다"는 생각에서 출발한 것으로 "내 인생이니까 내가 마음대로 할 수 있고 그 누구도 간섭할 수 없다"는 것으로 이어져 결국 죽음도 스스로의 몫으로 보게 한다. 그렇다면 과연 자신의 생명은 자신의 것인가?

② 자살에 대한 성경의 가르침

성경은 자살을 금한다. 물론 성경 본문에 "자살하지 말라"고 구체적으로 언급하고 있는 곳은 없다. 자살이 죄라고 기록된 성경 본문이 따로 있는 것도 아니다. 하지만 자살에 대한 명시적인 가르침이 없다고 해서 성경이 자살에 대해 침묵하고 있다고 생각해서는 안 된다.[267]

제6계명 "살인하지 말라"(출 20:13)는 말씀의 '인'(人)은 기본적으로 '사람'이다. 사람에는 다른 사람(他人)은 물론이거니와 자기 자신(自身)도 포함된다. 그러므로 살인의 '인'에는 이미 '나와 너, 그리고 모든 사람'이 포함된다. 그렇기에 굳이 성경에서 "자살하지 말라"라고 말씀할 필요가 없다. "살인하지 말라"는 명령이 타살(他殺)과 자살(自殺)을 모두 금하고 있기 때문이다.

자살은 타살과 마찬가지로 하나님께서 주신 생명을 빼앗는 행위다. 자신의 생명은 자신의 것이 아니라 하나님의 것이므로 자살은 범죄다. 다른 사람의 생명

---

266) Douma, *The Ten Commandments*, 224; Frame, *The Doctrine of the Christian Life*, 738; 이상원, 『기독교 윤리학』, 503-508. 이상원은 좀 더 자세하게 구체적으로 다루고 있다.
267) 이상원, 『기독교 윤리학』, 508.

을 빼앗는 것이 죄악인 것처럼 나의 생명을 빼앗는 것 역시 죄악이다. 자살은 단순히 자기의 생명을 취한 것이 아니라, 하나님의 것을 취한 것이다. 인간은 자기의 생명을 위임받은 청지기이지 자의적으로 처리할 수 있는 권리를 가진 주권자가 아니다.[268]

자살은 하나님의 은혜와 그리스도 안에 있는 소망을 거부하는 일이기 때문에 죄다. 힌두교나 불교에서는 사람이 윤회한다고 생각한다. 그러나 성경은 사람이 이 세상에서 살 수 있는 기회는 단 한 번밖에 없다고 가르친다. 이런 점에서 자살은 오직 한 번의 기회를 스스로 버리는 위험한 일이다. 자살은 하나님께서 우리에게 베풀어 주실 수 있는 한 번의 기회를 거절하는 죄다.

하이델베르크 요리문답 제105문답과 웨스트민스터 소요리문답 제69문답은 제6계명이 자신의 생명에 대한 것도 포함하고 있음을 가르쳐 준다.

하이델베르크 요리문답

105문 : 제6계명에서 하나님께서 원하시는 것은 무엇입니까?

답 : 내가 이웃의 명예를 훼손하거나belittle 그들을 미워하거나hate 해치거나insult 죽이지kill 않기를 원하십니다.[1] 나는 생각thoughts이나 말words이나 몸짓look or gesture으로 무엇보다도 행동deeds으로 그리해서는 안 되고, 다른 사람을 시켜서 해도 안 되며, 오히려 모든 복수심revenge을 버려야 합니다.[2] 더 나아가 자기 자신을 해쳐서도 안 되고 부주의하게recklessly 위험에 빠뜨려서도 안 됩니다.[3] 그러므로 살인을 막기prevention 위해서 국가는 또한 칼을 가지고 있습니다.[4]

1) 창 9:6; 마 5:21-22; 26:52   2) 잠 25:21-22; 마 18:35; 롬 12:19; 엡 4:26   3) 마 4:7; 골 2:23   4) 창 9:6; 출 21:14; 롬 13:4

---

268) 신원하, 『교회가 꼭 대답해야 할 윤리 문제들』, 120.

자살이 왜 죄가 되는지에 대해서는 이웃과의 관계에서도 생각해 볼 필요가 있다. 왜냐하면 제6계명은 네 이웃을 사랑하라는 계명의 한 부분이기 때문이다. 그러므로 자살이 주위 사람에게 미치는 영향을 생각해야 한다.

자살은 자살자의 의지와 상관없이 가족, 친구, 동료, 이웃에게 엄청난 충격과 고통을 준다. 자살 당사자는 자신의 고통을 회피하였을지 모르지만, 남아 있는 자녀와 부모나 친구들은 그 사건으로 심한 정신적 타격과 고통을 받게 된다.[269]

이런 점에서 자살은 단순히 자기 목숨을 끊은 것이 아니라, 이웃에 대한 범죄 행위다. 자살은 이웃을 실망시키고, 이웃을 고통스럽게 만든다는 점에서 제6계명에 위배된다.

③ 자살을 생각한다면?

그리스도인이 자살을 염두에 둔다면 어떻게 하는 것이 좋을까? 자살을 계획하고 결심하고 있는 순간, 힘들고 절망적이라 할지라도 하나님께 소망을 두어야 한다. 하나님은 우리의 삶을 어떻게 인도하실지 모른다. 하나님의 생각은 셀 수 없고 무궁하며, 그분의 사랑은 끝이 없다. 하나님의 은혜는 무의미하고 절망적인 것처럼 보이는 삶도 감사와 소망의 삶으로 변화시킬 수 있는 능력이 있다.

____

269) 신원하, 『교회가 꼭 대답해야 할 윤리 문제들』, 123; _Catechism of the Catholic Church_, para. 2281.

그러므로 잠시나마 어려운 일이 닥치고 도무지 피하기 어려운 고통이 다가온다 하더라도 좌절하지 말고 포기하지 말아야 한다. 함부로 자신의 생명을 끊으려 해서는 안 된다. 오히려 하나님께서 우리의 삶을 어떻게 바꾸실지 기대해야한다. 자살을 택하기보다 하나님께서 베풀어 주실 은혜를 생각해야 한다. 생명을 주신 하나님께서 다른 모든 것도 넉넉히 채워 주실 것이다.

④ 자살하면 구원받지 못하는가?

십계명이 금하고 있는 다른 수많은 죄와 달리, 자살에 대해서는 구원의 여부를 놓고 많은 토론이 있다. 그런데 이 주제는 다루기 매우 조심스러운 내용이다.[270] 왜냐하면 상당수의 기독교 신앙인들이 "예수를 믿는 사람이라 하더라도 자살한 사람은 무조건 지옥에 간다"는 이상한 확신을 갖고 있기 때문이다.

자살은 분명 죄다. 제6계명이 금하고 있는 범죄다. 하지만 자살하면 구원받지 못한다는 식의 접근은 바람직하지 않다.[271]

자살하면 절대로 구원받지 못한다는 논리는 제4, 5계명을 어겨도 구원받지 못한다는 논리의 지지를 받아야 한다. 제6계명을 범한 자살한 사람이 구원받지 못한다고 주장한다면, 제1계명부터 제10계명까지 어느 것 하나라도 범한 사람은 구원받지 못한다고 주장해야 한다. 형제를 미워하는 자마다 살인한 자(요일 3:15)라고 성경이 가르치고 있으니 형제를 미워해 본 적이 있는 사람은 다 구원받지 못한다는 논리가 성립되어야만 한다. 그래야만 자살한 사람이 구원받을 수 없다고 말할 수 있다.

그럼에도 불구하고 어떤 사람들은 "자살한 사람은 회개할 기회가 없으니 구원받을 수 없다"고 말한다. 이 주장에 대해서는 다음과 같은 반론이 가능하다. (i) 이 세상에 노환(老患)으로 죽는 사람 외에 거의 대부분은 자기가 언제 죽을지 알

---

270) 자살을 사후의 구원문제와 관련시켜서 제시하는 생각은 신플라톤주의에 기인한 것이다. 그리고 루터, 칼뱅 등은 자살을 구원의 문제와 연결시키지 않았다. 이상원, 『기독교 윤리학』, 512-515; Frame, *The Doctrine of the Christian Life*, 739.

271) 사무엘상 31:4에 따르면 사울은 자살했다. 그런데 사무엘하 1장에 나오는 '활의 노래'에서는 사울 왕을 하나님의 용사로 칭송하면서 기리고 있다. 그러므로 사울이 지옥에 갔다고 단정 지을 수 없다. 송영목, "자살과 그리스도인", 『갱신과 부흥』, vol. 1(부산: 고신대학교 개혁주의 학술연구원, 2008), 59.

지 못하고 죽는데, 그렇다면 그 사람들도 회개할 기회가 없으니 모두 구원받지 못하는가? 이 세상에 그 누구도 죽기 직전에 자신의 모든 죄를 회개하고 죽는 사람은 없다. 무엇보다도 구원은 회개가 근거가 되는 것이 아니라 믿음이 근거가 된다는 점을 생각해야 한다.[272] (ii) 아주 신실한 그리스도인이 평소에는 주일을 어기는 일이 없는데, 고민 끝에 주일 공예배를 불참하고 친척의 결혼식에 참석하였다. 그런데 집에 돌아오는 길에 교통사고로 즉사하였다. 이 사람은 주일을 어김으로써 제1-4계명을 모두 어겼는데 그럼 구원받지 못하는가? 즉사했기에 회개할 기회도 없었는데 말이다.

또 어떤 사람들은 "참된 신자라면 자살을 할 수 없다. 그러므로 구원받지 못한다"라고 주장한다. 이 주장에 대해서는 다음과 같은 반론이 가능하다. 참된 신자가 자살할 수 없다면, 참된 신자는 간음할 수 있는가? 참된 신자는 도둑질할 수 있는가? 참된 신자는 제1계명이나 제2계명을 어길 수 있는가? 성경에는 아론, 다윗 등이 제2계명, 제7계명을 어긴 내용이 기록되어 있다.

그렇다고 자살이 죄가 아니라는 말은 아니다. 자살은 분명 죄다. 자살은 제6계명을 범한 것이다. 그러나 "자살하면 구원받지 못한다"는 식으로 단순하게 이해해서는 안 될 것이다. 십계명의 다른 죄는 가볍게 여기고 자살만 심각한 죄로 생각하는 것은 잘못이다.

⑤ 자살자를 바라보는 성도의 바른 태도

그리스도인은 자살한 사람을 획일적으로 정죄하려는 태도를 갖기보다 왜 이 시대에 자살하는 사람이 많은지 생각하면서 좀 더 성숙한 태도를 가져야 한다. 자살하는 이들을 욕하고, 그들의 구원 문제를 논쟁하는 정도에서 머무르는 것은 바람직하지 않다. 이 시대에 자살이 많은 것이 우리가 이웃 사랑을 제대로 실천하지 못하였기 때문은 아닌지 생각해야 한다. 이러한 풍토에 대한 책임이 나에게는 없는지 생각해야 한다. 왜냐하면 자살의 문제는 개인의 문제이기도 하지만 사회 구조적인 문제이기도 하기 때문이다.

---

272) 믿음과 회개의 관계에 대해서는 John Colquhoun, *Repentance*, 홍상은 역, 『참된 회개』(서울: 지평서원, 2007)를 참고하라.

특히 교회 공동체 안에서 자살을 하는 사람이 없도록 해야 할 것이다. 오늘날 한 교회에 속한 성도들 간에도 상호 돌봄이 없는 경우가 많다. 그러나 진정한 성도의 교제가 있다면 성도의 자살을 완전히 막지는 못하더라도 최소화할 수 있다. 한 교회에 속한 성도 중에서 그러한 극단적인 선택을 하는 사람이 없도록 늘 서로 돌아보아야 한다(롬 12:10; 고전 12:25; 살전 4:18; 히 3:13; 10:24; 벧전 1:22; 요일 4:7).[273] 무엇보다도 교회는 생명의 소중함, 생명의 참된 의미를 온 세상에 증거해야 한다.[274]

그렇다고 자살을 미화해서는 안 된다. 특히 유명인의 자살을 미화하려는 태도는 바람직하지 않다.

⑥ 자살하지 않는 것을 넘어 자신의 생명을 보존해야 함

제6계명이 자살을 금하고 있는 것을 통해 알 수 있듯이, 제6계명은 다른 사람의 생명뿐 아니라 자기 자신의 생명에 대해서도 가르치고 있다. 그러므로 자기 자신의 생명을 해하는 자살뿐 아니라, 자살생각,[275] 병에 걸렸는데도 치료를 받지 않는다든지, 자신의 처지에 대해 지나치게 슬퍼하는 것도 제6계명을 어기는 것이다.[276]

---

273) 대한민국 법률 「형법」(법률 제13719호) 제252조(촉탁, 승낙에 의한 살인 등) 2항은 "사람을 교사 또는 방조하여 자살하게 한 자도 1년 이상 10년 이하의 징역에 처한다"고 해서 자살교사 및 자살방조를 금하고 있다.
274) 이승구, "한국사회의 다양한 사회적 문제들에 대한 기독교적 반응," 「기독교 세계관으로 바라보는 21세기 한국사회와 교회」(서울: SFC, 2005),111-112.
275) 자살학 용어로서, '죽고 싶다'는 생각, 지속적이거나 급격한 자살충동, 구체적인 자살계획까지를 모두 일컫는다.
276) Watson, 「십계명 해설」, 248.

(4) 안락사(安樂死, euthanasia)

① 안락사

안락사는 회복이 불가능한 극심한 고통이 뒤따르는 질병상태 또는 기타 이에
준하는 비상한 질병상태에 처한 환자가 고통에서 벗어나기 위한 목적으로 직접
혹은 후견인(보호자)을 통하여 자신의 생명을 종결시켜 달라고 요구할 때, 의사
가 직접 환자의 생명을 종결시켜 주거나 아니면 환자가 죽을 수 있도록 장치나
약을 준비해 줌으로써 환자가 자살하는 행위를 도와주는 것을 말한다.

안락사는 분명 살인이다. 그럼에도 불구하고 사람들은 이 죽음을 미화시킨다.
'편안하고 즐거운 죽음'이라는 뜻의 한자어 '안락사'(安樂死)라는 표현이나, '안
락한 죽음 혹은 아름다운 죽음'이라는 뜻의 영어 euthanasia라는 표현은 '안락
사'가 살인이 아니라 '좋은 죽음'이라는 잘못된 미화(美化)를 보여준다. 요즘에
는 '자비사'(慈悲死, mercy killing)라고 해서 안락사를 가리켜 고의적인 살인이
아니라 고통 받는 환자를 도우는 일이라고도 말하며, '존엄사'(尊嚴死)라고까지
해서 이 죽음의 가치를 존귀하게 만들어 버린다.[277]

② 안락사 찬성론자들의 입장

안락사를 찬성하는 이유는 크게 두 가지다.

첫째, 뇌사(腦死)나 식물인간상태(persistent vegetative state)는 의식이 없
는 상태인데 그것은 곧 사람이 죽은 것과 같다는 논리다. 찬성론자들은 자기 의
사를 표시하지 못하는 환자는 인간이라기보다 동물에 가깝다고 말한다. 그래서
비록 호흡이 있어도 의식 활동을 하지 못하고 다른 사람과 인격적인 관계를 맺
지 못하는 사람은 인간이라고 보기 어렵다고 한다.[278] 이런 생각에는 두 가지 가
치관이 담겨 있는데, 첫째는 사람의 영혼이 '뇌'에 있다는 생각, '영혼'이 있다
면 '의식'도 있어야만 존재한다는 가치관이 담겨 있다. 그래서 뇌의 기능이 상실
된 뇌사나 식물인간상태는 의식이 없는 것으로 영혼이 없는 것과 같은 죽은 상
태로 생각하는 것이다. 뇌의 죽음이 곧 영혼의 죽음이라고 생각하는 것이다. 둘

---

277) 이상원, 『기독교 윤리학』, 428-430; 신원하, 『교회가 꼭 대답해야 할 윤리 문제들』, 111;
　　　Catechism of the Catholic Church, para. 2277.
278) 신원하, 『교회가 꼭 대답해야 할 윤리 문제들』, 102.

째로, 사람의 생명의 가치가 의식 활동을 통한 다른 사람과의 인격적 관계에 있다는 가치관이 담겨 있다. 다른 사람과 인격적 관계를 맺지 못하면 사람이 아니라고 생각한다.

둘째, "고통을 당하면서 괴롭게 사는 것은 인간답지 못하다. 그렇게 사느니 차라리 죽는 게 낫다"는 논리다. 찬성론자들은 "비록 영혼이 있어도 고통만 받는다면 그것이 무슨 의미가 있느냐?"고 주장한다.

③ 안락사에 대한 성경의 가르침

위 내용을 정리하면 다음의 세 가지 질문이 생긴다. 첫째, 사람의 영혼은 뇌에 있는가? 그래서 뇌의 기능이 정지되면 영혼도 사라지는가? 의사를 표현하지 못하면 진정한 인간으로서의 가치를 잃는가? 둘째, 사람의 생명의 가치는 다른 사람과의 인격적 관계에 달려 있는가? 그래서 다른 사람과 인격적 관계를 누리지 못하는 사람은 사람이 아니라고 보아야 하는가? 셋째, 고통 받는 사람은 가치 없는 존재인가?

제6계명은 기독교 인간론이다. 그러므로 인간에 대한 성경의 가르침을 통해 이 질문에 대한 답을 찾아야 한다.

첫째, 사람의 영혼은 어디에 있는가? 아무도 알 수 없다. 어떤 사람은 뇌에 있다고 말하고, 어떤 사람은 심장에 있다고 말하지만, 과학적으로 증명하기 어렵다. 영혼이 인체의 어디에 있는지 알 수 없다. 성경도 말해 주지 않는다. 다만 인간의 영혼의 발생을 기록하고 있는 창세기 2:7을 통해 생각해 보아야 한다. "여호와 하나님이 땅의 흙으로 사람을 지으시고 생기를 그 코에 불어넣으시니 사람이 생령이 되니라"(창 2:7)에 따르면 하나님은 땅의 흙으로 사람을 지으신 뒤에 그 코에 생기를 불어넣으셨다. 그 결과 사람이 생령이 되었다. '생령'이란 '살아 있는 생명체'(生靈, a living soul)라는 뜻이다. 그래서 개역개정의 난외주에는 '히. 생물'이라고 기록하고 있다. '생기'는 '영'을 말한다. 그러므로 코에 생기를 넣었다는 것은 '영혼'을 불어넣었다는 뜻이다. 정리하면, 흙으로 사람의 신체가 만들어지고 생기(영혼)를 불어넣으니 '생명'이 되었다. 이런 점에서 볼 때 '영혼'은 의식보다는 '생명'에 가깝다고 볼 수 있다. 그래서 사람에게서 의식이 아니라 생명이 떠나야만 비로소 영혼이 떠났다고 말할 수 있다.

뇌사상태나 식물인간상태는 비록 의식은 없지만 영혼이 없는 것은 아니다. 생명이 유지되고 있다면 그 사람은 분명 영혼을 가진 사람이다. 다만 의식이 없어서 겉으로 표현하지 못할 뿐이다.

뇌사상태에 빠진 사람을 함부로 죽여서는 안 된다. 뇌의 건강 여부에 따라 사람의 영혼의 존재가 결정되는 것이 아니라, 호흡이 있느냐 없느냐에 따라 영혼의 존재가 결정된다. 뇌기능은 정지되었어도 음식물과 산소를 공급함으로써 신진대사가 이루어진다면, 생명은 유지되는 것이고 그 사람에게는 영혼이 있는 것이다. 뇌를 통한 사람의 의식이 보이지 않아도 그 사람이 호흡을 하고 있고 생명을 갖고 있다면 여전히 살아 있는 사람이다. 호흡이 끊어지기 전까지는 하나님의 형상으로 지음 받은 존재다.

둘째, 사람은 다른 사람과의 인격적 관계를 누려야만 존재 가치가 있는가? 그렇지 않다. 첫 사람이었던 아담은 여자가 창조되기 전까지 혼자였다. 그는 비록 잠시이긴 하지만 다른 사람과 아무런 인격적 관계를 누리지 않은 시기가 있었다. 그렇다고 그를 사람이 아니었다고 할 수 있는가? 그렇지 않다. 비록 하나님은 그가 혼자 사는 것이 좋지 못하다고 판단하셨지만(창 2:18), 그렇다고 해서 그가 혼자 사는 것을 무가치하다고 보지 않으셨다. 아담은 자신이 창조되는 그 순간부터 사람으로서 이 세상에 존재할 가치가 있었다. 무인도에 있는 사람도 마찬가지다. 다른 사람과 인격적 관계를 누리지 못하지만 분명히 사람이다.

사람이 다른 사람과 관계하는 것은 매우 중요하다. 하지만 그렇지 않다고 해서 그 사람이 살아야 할 가치가 없다고 할 수는 없다. 사람은 하나님으로부터 생명이 부여되었다는 것만으로 가치를 가진다. 이웃과의 관계는 그다음의 문제다. 생명의 의미는 하나님과의 관계가 가장 우선이다. 비록 다른 사람과의 인격적 관계가 단절되어 있다 하더라도, 비록 완전하지는 않지만 하나님과의 관계만으로도 그 생명은 가치가 있다. 뇌사상태나 식물인간상태에 있는 사람은 하나님께서 그들에게 호흡을 주시는 한, 생명으로 충분한 가치를 지닌다.

셋째, 고통 받는 사람은 가치 없는 존재인가? 그렇지 않다. 고통 받는 그때에도 사람은 존재 가치가 있다. 성경에서 가장 고통 받았던 대표적인 인물인 '욥'을 통해서 이 문제를 생각해 볼 수 있다. 욥은 아주 심각한, 말로 표현하기 어려운 고통에 빠졌던 사람이다(욥 1:13-19). 그러나 욥은 낙망하기보다 그가 당한 일을 '하나님의 뜻'이라고 생각했다(욥 1:21). 이후에 욥은 온몸에 종기가 나는 심각한 질병에 걸렸다(욥 2:7-8). 그때 욥의 아내는 "차라리 하나님을 욕하고 죽으라"고 했다(욥 2:9). 욥의 아내가 한 이 말에는 오늘날 안락사를 찬성하는 사람들의 생각과 비슷한 관점이 담겨 있다. "그렇게 고통스럽게 살 바에야 차라리 죽는 게 낫다"는 관점이다. 그러나 욥은 자신의 아내에게 말하기를 "우리가 하나님께 복을 받았은즉 화도 받지 아니하겠느냐"라고 했다(욥 2:10). 이러한 표현을 통해 욥은 고통 받는 삶도 삶이며, 이 세상의 고통은 무의미하지 않다는 점을 잘 강조해 주었다. 고통으로 신음하는 인간이라고 해서 인간다움, 즉 하나님의 형상이 아니라고 할 수 없다. 고통도 삶의 한 부분이다.

고대 그리스의 에피쿠로스 학파(행 17:18)는 쾌락 추구야말로 삶의 목적이라고 생각했다. 그들은 삶에 반드시 쾌락이 있어야 한다고 보았다. 그렇지 않은 삶은 진정한 삶이 아니라고 하면서 육체의 고통과 마음의 괴로움에서 벗어나는 것이 행복한 삶의 궁극적 목표라고 생각했다. 그러나 성경은 그렇게 가르치지 않는다. 삶에는 쾌락도 있고 슬픔도 있다. 우리의 삶에 기쁨만 존재하는 것은 아니다. 고통도 있다. 하나님은 때때로 고통을 주신다. 그렇게 함으로써 우리를 단련시키시고 정금같이 나오게 하신다(욥 23:10). 모든 고통에는 하나님의 뜻이 있다. 고통은 때로 하나님이 당신의 자녀에게 은혜를 주시는 신비한 방편이다.

안락사의 문제는 이러한 관점에서 생각해야 한다. 뇌사상태나 식물인간상태는 분명 당사자와 가족에게는 말로 표현하기 어려운 고통이요, 죽음을 눈앞에 둔 고통이다. 하지만 그렇다고 해서 살인이라는 방식으로 이 문제를 해결하려고 해서는 안 된다. 고통스럽게 죽음을 맞이하는 것도 하나님의 뜻이다.

"고통스럽게 있느니 차라리 죽게 하는 것이 환자의 권리다"라는 안락사의 논리는 전혀 성경적이지 않다. 최악의 상황이라 하더라도 하나님께서 아직 데려가지 않으셨다면 살아야 한다. 안락사는 하나님의 섭리와 그것을 통해 보여주시고자 하는 하나님의 뜻을 인간 스스로 거절하려는 행동이다. 살인이 고통 완화의 수단이 될 수 없다.[279]

또한 "그렇게 사느니 차라리 죽는 게 낫다"라는 논리는 "그렇게 사느니"의 기준이 무엇인지, 견디기 힘든 고통의 기준을 누가 어떻게 정할 수 있는지의 문제로 이어질 수 있다. 이 문제는 자살에 있어서도 마찬가지다. "이 정도면 죽는 게 낫다"는 말의 기준은 불분명할 수밖에 없고, 그 기준이란 사람마다 천차만별이다. 죽음이라는 극단적인 방법을 선택하려는 사람들 대부분이 하나씩 하나씩 그 기준을 양보하게 될 것인데, 그렇게 되면 진리의 기준이 사라진다.

---

279) 이상원, 『기독교 윤리학』, 433.

④ 의술의 발전에 대한 하나님의 섭리

안락사의 문제는 과거에는 생각해 보지 못한 문제다. 이 주제는 과거 제6계명을 다루던 주석가들이 다룰 수 없었던 주제이기 때문이다.[280] 의술이 발전하면서 생겨난 문제이기 때문이다. 그러므로 의술의 발전에 대한 하나님의 섭리를 생각해 볼 필요가 있다. 의술은 생명을 살리라고 주신 하나님의 일반은총(common grace)이다.[281] 그런데 의술은 생명의 증진에 그 목적이 있지, 생명의 종결을 앞당기기 위해서 주어진 것이 아니다.[282]

⑤ 웨스트민스터 대요리문답 제136문답

이 주제는 최근의 주제이지만, 17세기에 작성된 웨스트민스터 대요리문답은 오늘날에도 유효하게 도움이 된다.

---

280) Douma, *The Ten Commandments*, 220. 한국에서 이에 관한 논의는 2008년 11월 연세대학교 의과대학 부설 세브란스 병원에 입원 중인 김 모 씨의 보호자들인 그의 자녀들이 어머니가 9개월 동안 식물인간상태(persistent vegetative state)에서 인공호흡기와 항생제, 인공영양공급을 통해서 생명을 이어오던 것에 대해 치료 중지를 해줄 것을 서울서부지방 법원에 요청한 것을 통해 시작되었다. 당시 서울서부지법은 인공호흡기를 떼어 낼 수 있도록 허용 판결을 내렸다. 이에 대해 기독교 병원 세브란스는 서울고등법원에 2009년 2월 항소를 했다. 그러나 고등법원과 대법원은 김 모 씨의 보호자들의 손을 들어 주었다. 그 결정에 따라 2009년 6월 23일 세브란스 병원은 대법원의 결정에 따라 환자에게서 호흡기를 떼어 냈다. 그런데 호흡기를 떼어 내는 시간에 환자의 가족들은 목사의 인도로 찬송가를 부르고 있었다. 그들은 기독교인이었던 것이다. 이와 관련해서는 이상원, 『기독교 윤리학』, 445-452에 잘 설명되어 있다.

281) 신원하, 『교회가 꼭 대답해야 할 윤리 문제들』, 101.

282) 이상원, 『기독교 윤리학』, 435.

⑥ 결론

　세상은 안락사를 환자의 입장에서는 자기 생명에 대해 결정할 권리(self-determination)라고 생각하고, 환자의 보호자의 입장에서는 환자를 보호해야 하는 자의 고통과 경제적 부담을 덜어 주는 일이라고 생각한다.

　하지만 성경적 관점에서 안락사는 환자의 입장에서 보면 '의사의 도움을 받아서 행하는 자살'(physician-assisted suicide)이요, 의사와 보호자의 입장에서 보면 '살인' 혹은 '살인방조행위' 다.[283]

---

283) 이상원, 『기독교 윤리학』, 429.

(5) 전쟁

① 전쟁도 살인 아닌가?

제6계명에 의하면 그 어떤 경우라도 사람을 죽이는 것은 용납될 수 없다. 그렇다면 전쟁에서 사람을 죽이는 것은 어떻게 보아야 할까? 안락사와 자살도 허용되지 않는데 전쟁도 마찬가지 아닐까? 그렇다면 그리스도인은 군복무를 해서도 안 되는 것 아닐까?

'여호와의 증인'은 집총거부(執銃拒否)를 한다. 성경에서 살인을 금하고 있으니 살인의 수단이 되는 총을 집는 것 자체를 거부하는 것이다. 그래서 군대에도 가지 않는다. 군대의 존재 목적 자체가 전쟁에 있으니, 전쟁을 살인으로 본다면 군대를 가는 것 역시 옳지 않다고 생각하는 것이다. 최근에는 양심적 병역거부(Conscientious Objection to Military Service)라고 해서 군대에 가지 않는 사람들이 있다. 종교적 이유는 아니지만, 전쟁을 통한 살인에 반대하여 군복무를 거부하는 이들이다.

② 전쟁에 대한 기독교의 입장 3가지

전쟁과 관련해서 기독교에는 3가지 견해가 있다. 평화주의(Pacifism), 정당전쟁론(正當戰爭論, Just War Theory), 대의전쟁론 또는 성전론(聖戰論, Holy War Theory)이다.[284]

평화주의(Pacifism)는 그 어떤 이유로도 전쟁을 하면 안 된다는 주장이다. 이들은 평화가 최고의 이념이기 때문에 절대로 전쟁을 해서는 안 된다고 본다. 하나님은 평화를 아주 중요하게 여기시고, 예수님을 평화의 왕이라고 하는 것처럼 어떤 이유가 있어도 함부로 평화를 깨뜨려서는 안 된다고 생각한다.

이러한 생각은 초기 기독교에서 주로 나타났는데, 이그나티우스(Ignatius of Antioch, ?-약 110년)는 "예수님께서 온갖 모욕과 고통을 당하시고 십자가에 못 박히시기까지 하셨음에도 불구하고 오히려 그들을 위해서 기도하셨던 것을

---

284) 이와 관련해서 신원하, 『전쟁과 정치: 정의와 평화를 향한 기독교 윤리』(서울: 대한기독교서회, 2003)를 참조하라. 특별히 제5장을 보라. 그리고 Frame, *The Doctrine of the Christian Life*, 706-713; Douma, *The Ten Commandments*, 239-241; 이상원, 『기독교 윤리학』, 370-416에서도 동일한 논의를 하고 있다.

본받아야 한다"고 하면서 전쟁보다는 평화가 가장 중요하다고 말했다. 테르툴리아누스(Quintus Septimius Florens Tertullianus, 약 155년-약 230년)는 "모든 인간은 하나님의 형상으로 지음 받았으므로 제6계명을 어겨서는 안 되고, 그러므로 사형이나 전쟁도 절대로 용납할 수 없다"라고 했다. 현대에 와서는 존 요더(John Howard Yoder)와 같은 재세례파가 평화주의의 입장을 취한다.

정당전쟁론(正當戰爭論, Just War Theory)은 가급적 전쟁은 안 하는 것이 좋지만, 절대로 안 되는 것이 아니라 특별한 정당한 사유가 있다면 가능하다는 주장이다. 이 이론에 의하면, 정당한 사유라는 것은 여러 가지 조건을 만족시켜야만 한다. (i) 정당한 원인이 있어야 한다. 즉 상대방이 먼저 침공했기 때문에 그것을 방어하기 위한 것일 경우에만 정당전쟁이다. (ii) 전쟁은 단순한 복수의 목적이 아니라 평화를 회복하려는 의도가 있어야 한다. (iii) 정의의 수호를 목적으로 해야 한다. (iv) 합법적인 기관과 사람에 의해 수행되어야 한다. (v) 최후의 수단이 되어야 한다. (vi) 민간인을 공격해서는 안 된다, 등이다.[285] 이럴 경우에만 전쟁이 가능한 것이고 그 외에는 해서는 안 된다.

이 견해는 아우구스티누스(Sanctus Aurelius Augustinus, 354년-430년)가 주장해 오던 것으로 영토, 국민, 권리를 수호하기 위해 방어적 목적을 가지고 전쟁을 하는 것은 용납된다고 본다.[286] 이 견해는 이후에 루터나 칼뱅 등의 종교개혁자들이 계속해서 이어왔으며 기독교의 주류 입장이다. 대표적으로 칼뱅은 『기독교 강요』 제4권 제20장 11절에서 '정부의 전쟁수행권'(On the right of the government to wage war)이라는 주제를 다루고 있는데, "왕과 국민은 때로 공적인 보복을 수행하기 위해 무기를 들어야 한다. 그러므로 우리는 이런 근거로 수행되는 전쟁을 합법적이라고 판단할 수 있다"라고 말한다.[287]

대의전쟁론은 상대방이 선제공격 하지 않았다 하더라도 어떤 대의, 즉 큰 목적을 갖고 있는 전쟁은 용납할 수 있다는 견해다. 이 견해는 과거 십자군 전쟁을 하는 사람들이나 이슬람에 속한 사람들이 주로 주장하는 견해로, 성전론(聖戰論, Holy War Theory)이라고도 한다.

---

285) 이상원, 『기독교 윤리학』, 393; 신원하, 『시대의 분별과 윤리적 선택』, 115-116.
286) 로마가톨릭도 정당전쟁론을 따른다. *Catechism of the Catholic Church*, para. 2308, 2309.
287) 이 주장은 당시 재세례파의 전쟁 부정론을 염두에 둔 주장이다.

③ 전쟁에 대한 성경의 가르침

기독교 역사상 있었던 3가지 입장 중에 어떤 것이 가장 성경적일까? 이 문제는 특정 성경구절로 해결할 수 없다. 성경에는 전쟁에 관한 특별한 말씀을 하고 있는 곳이 거의 없다.

그래서 개혁주의 신학이 취한 입장인 정당전쟁론이 성경적이라는 전제에서 다음과 같은 문제를 생각해 보자.

첫째, 이 세상에 전쟁 자체가 없을 수는 없다. 이상적으로 생각하면 평화주의가 최고다. 그 어떤 경우에도 전쟁이 일어나지 않는다면 정말 좋을 것이다. 그런데 과연 그런 사회가 가능한가? 전혀 그렇지 않다. 이 세상에는 기독교인과 비기독교인이 항상 공존한다. 그렇기에 전쟁은 있기 마련이다. 또한 세상사람 모두가 기독교인이라 하더라도 전쟁은 사라지지 않는다. 왜냐하면 기독교인이라도 악할 수 있기 때문이다. 그리고 모든 기독교인이 성경대로 사는 것은 아니기 때문이다. 전적으로 부패한 인간의 죄성을 생각한다면 전쟁이 없는 세상은 불가능하다. 그러므로 정당전쟁론이 성경적으로 좀 더 낫다고 볼 수 있다.

둘째, 성경에서도 종종 전쟁이 언급되고 있다. 구약성경에 보면 전쟁기록이 많다. 물론 구약의 이스라엘이라는 독특한 상황을 현대 사회에 보편적으로 적용하기는 어려울 것이다. 구약시대의 전쟁은 하나님의 특별한 구원역사와 관련 있다. 따라서 무조건 적용할 수는 없다.[288] 하지만 분명 하나님은 종종 전쟁을 명령하셨다. 특별히 신명기 20장의 경우 전쟁과 관련한 규범을 기록하고 있다. 그러므로 평화주의는 받아들이기 어렵다. 대의전쟁론이든 정당전쟁론이든 둘 중 하나가 옳을 것이다.

셋째, 정당전쟁론이 전쟁 찬성론은 아니다. 기본적으로는 평화주의 이념에 동의한다. 전쟁이 없다면 가장 좋을 것이나 현실은 그렇지 않다. 그런데 없다고 가정하고 정당전쟁론을 주장한다면 그것 역시 평화주의와 다를 바가 없다. 모든 국가가 다른 나라를 침공하지 않는다면 당연히 이 세상에 전쟁은 없을 것이다. 모두가 정당전쟁론을 지지한다면 그것이 결국 평화로 이어지게 될 것이다.

이러한 원리에 따라 기독교회는 역사적으로 '정당전쟁론'을 지지해 왔다. 비록 살인을 하면 안 되지만, 그래서 '평화주의'를 궁극적으로 지향하긴 하지만,

---

288) 이광호, 『에세이 산상수훈』, 88; 이상원, 『기독교 윤리학』, 409.

현실적으로 평화주의가 불가능하기 때문에 정당한 사유에 따라 평화를 유지하기 위한 목적으로 전쟁을 하는 것은 가능하다고 본 것이다. 오늘날의 국제법도 기독교의 전쟁에 대한 관점에 근거해서 정당전쟁론을 받아들이고 있다.

④ 웨스트민스터 신앙고백서와 웨스트민스터 대요리문답의 가르침

웨스트민스터 신앙고백서 제23장 제2절과 웨스트민스터 대요리문답 제136문답은 칼뱅의 『기독교 강요』 제4권 제20장 11절에 나오는 내용을 그대로 받아들여서 다음과 같이 고백한다.

웨스트민스터 신앙고백서

제23장　국가 위정자(爲政者)에 관하여
Of the Civil Magistrate

2. 그리스도인이 공직자the office of a magistrate로 부름 받을 때, 그것을 맡아 수행하는 것to accept and execute은 합법적이다.[2] 그들은 직무를 수행함에 있어서 그 나라commonwealth의 건전한wholesome 법에 따라 하되, 특별히 경건과 공의와 **평화를 유지하여야 하며**,[3] 이러한 목적을 이루기 위해서 지금의 신약시대에도 정당하고 부득이한 경우에upon just and necessary occasions **합법적으로 전쟁을 수행할 수 있다**may lawfully wage war.[4]

2) 잠 8:15,16; 롬 13:1,2,4　　3) 삼하 23:3; 시 2:10-12; 82:3-4; 딤전 2:2; 벧전 2:13　　4) 눅 3:14; 딤후 2:4; 행 10:1-2; 롬 13:4; 계 17:14,16

136문 : 제6계명에서 금지된 죄들은 무엇입니까?

답 : 제6계명에서 금지된 죄들은 공적 재판publick justice,[1] **합법적인 전쟁** lawful war,[2] 정당방위necessary defence[3]를 **제외하고** 우리 자신이나[4] 다른 사람의[5] 생명을 빼앗아 가는 모든 것입니다. 또한 합법적이고 필수적인 생명 보존의 방편means of preservation of life을 소홀히 하는 것neglecting이나 철회하는 것withdrawing,[6] 죄악 된 분노,[7] 증오,[8] 시기envy,[9] 복수심desire of revenge,[10] 모든 과도한 격정passions,[11] 혼란케 하는 염려distracting cares,[12] 음식료meat, drink와[13] 노동과[14] 오락[15]의 무절제한 사용immoderate use과 격동시키는 말provoking words[16]과 압박,[17] 다툼quarrelling,[18] 구타, 상해[19]와 무엇이든지 사람들의 생명을 파멸로 이끄는 것들입니다.[20]

---

1) 민 35:31,33　2) 렘 48:10; 신 20장　3) 출 22:2,3　4) 행 16:28　5) 창 9:6　6) 마 25:42,43; 약 2:15,16; 전 6:1,2　7) 마 5:22　8) 요일 3:15; 레 19:17　9) 잠 14:30　10) 롬 12:19　11) 엡 4:31　12) 마 6:31,34　13) 눅 21:34; 롬 13:13　14) 전 12:12; 2:22,23　15) 사 5:12　16) 잠 15:1; 12:18　17) 겔 18:18; 출 1:14　18) 갈 5:15; 잠 23:29　19) 민 35:16,17,18,21　20) 출 21:18-36

⑤ 결론

전쟁은 안 하는 것이 좋다. 그 어떤 경우에도 사람을 죽이는 것이 옳다고 말할 수는 없다. 분명히 전쟁은 악한 것이다. 전쟁은 생명과 인체에 엄청난 손실을 가져다주며 수많은 고아와 과부를 양산해 내고, 엄청난 경제적 재난을 가져다준다. 그렇기에 절대로 전쟁은 일어나지 않는 것이 좋다.

그러나 이 세상은 악하여서 완전한 평화가 없다. 누군가는 전쟁을 일으킨다. 이때 자기 방어로서의 전쟁은 어쩔 수 없다. 자기 방어로서의 전쟁에 참여하게 될 경우 그리스도인 군인은 마땅히 전쟁에 참여해야 한다. 그 전쟁은 사람을 죽이는 것 자체가 목적이 아니라 더 이상의 살인이 확대되는 것을 막기 위한 최선의 조치다.

(6) 사형

① 사형에 대한 기독교의 입장 두 가지

기독교 안에서 사형에 대한 입장은 두 가지다. 찬성론과 반대론. 찬성론자들은 사형 제도가 흉악한 범죄를 억제하는 효과가 있어서 꼭 필요하다고 한다. 사형 제도가 있어야 사람들이 함부로 살인을 하면 안 된다는 사실을 깊이 깨닫고 살인이 최소화된다는 것이다. 반대론자들은 살인하지 말라고 했으니 사형도 해서는 안 된다고 주장한다. 비록 흉악한 범죄자라 할지라도 그 사람의 기본권인 생명을 빼앗아 가는 것은 바람직하지 않다고 본다. 그러면서 사형 제도가 있다 해도 범죄를 억제하는 효과가 별로 크지 않다고 주장한다.[289]

② 사형에 대한 성경의 가르침

제6계명의 중요한 원리가 되는 창세기 9:6 "다른 사람의 피를 흘리면 그 사람의 피도 흘릴 것이니 이는 하나님이 자기 형상대로 사람을 지으셨음이니라"는 사형 제도에 대한 암시를 주고 있다. 이 구절은 크게 2가지 내용으로 되어 있다. 첫째, 사람을 죽이면 안 된다. 왜냐하면 사람은 하나님이 자기 형상대로 지으셨기 때문이다. 둘째, 사람을 죽이면 그 사람을 죽일 것이다. 사람을 죽이지 말라고 해 놓고 사람을 죽인 사람에 대해서는 사형을 시키겠다고 말한다. 이것은 사람을 죽이지 말라는 명령을 강제화하기 위해서 사형과 같은 제도를 허락했다는 뜻이다.

레위기 24:17 "사람을 쳐 죽인 자는 반드시 죽일 것이요" 역시 마찬가지다. 살인을 엄격히 금하되, 그 금하는 방법이 곧 사형이라는 제도를 통해서임을 보여 주고 있다. 이 외에도 구약성경 가운데 민수기 35:16-21,30-33; 신명기 17:6을 포함한 수많은 구절들에서 사형제도를 인정하고 있다.[290] 그런데 문제는 구약의 이러한 구절들을 오늘날 그대로 적용할 수 없다는 점이다. 도덕법적 요소도 있지만, 시민법적 요소가 있기 때문이다.

---

289) 이에 대한 논의로 이승구, "사형제, 존치냐 폐지냐," 『광장의 신학』(수원: 합신대학원출판부, 2010), 103-164을 보라.

290) 형벌 혹은 처벌은 출애굽기 21:22-29; 레위기 24:17-23; 민수기 35:30-31; 신명기 13장에서 분명히 명령하고 있다. 사형(capital punishment)에 대해서는 살인(레 24:17; 민 35:16-

그래서 신약성경의 증거를 찾아야 하는데, 로마서 13:4 "그는 하나님의 사역자가 되어 네게 선을 베푸는 자니라. 그러나 네가 악을 행하거든 두려워하라. **그가 공연히 칼을 가지지 아니하였으니** 곧 하나님의 사역자가 되어 악을 행하는 자에게 진노하심을 따라 보응하는 자니라"라는 말씀에 의하면 국가에 칼을 사용할 수 있는 권한이 있다고 가르친다. 그리고 칼을 사용하게 하신 이유가 악을 행하는 자로 하여금 두려워하게 하고, 악을 행하는 자에게 보응할 수 있도록 하기 위함이라고 가르치고 있으니, 악한 자에 대하여 사형이라는 제도를 사용할 수 있음을 말하는 것이다.[291]

③ 개혁주의 고백문서의 가르침

사형 제도의 정당성에 대해서는 웨스트민스터 신앙고백서 제23장 제1절, 웨스트민스터 대요리문답 제136문답, 하이델베르크 요리문답 제105문답에서도 잘 설명해 주고 있다.

21,30-33; 신 17:6), 간음(레 20:10; 신 22:21-24), 근친상간(레 20:11-14), 수간(출 22:19; 레 20:15-16), 동성애(레 18:22; 20:13), 강간(레 21:9; 신 22:25), 거짓 증거(신 19:16-20), 인신매매(출 21:16; 신 24:7), 마술사(출 22:18), 인신제사(레 20:2-5), 부모를 때리거나 저주할 경우(출 21:15,17; 레 20:9), 패역한 아들(신 21:18-21), 신성모독(레 24:11-14,16,23), 안식일 위반(출 35:2; 민 15:32-36), 거짓 선지자(신 13:1-10), 제1계명 위반(출 22:20), 제사장을 모독할 경우(신 17:12) 등과 같은 상황에서는 합법하다고 언급하고 있다. Rousas J. Rushdoony, *The Institutes of Biblical Law*(Nutley: Craig Press, 1973), 77의 것을 Frame, *The Doctrine of the Christian Life*, 701에서 재인용.

291) 사형 제도와 그리스도의 구속 사역에 관한 언급으로 다음을 참조하라. 이상원, 「기독교 윤리학」, 427.

웨스트민스터 신앙고백서

제23장 국가 위정자(爲政者)에 관하여
Of the Civil Magistrate

1. 온 세상의 최고의 주(主)이시며 왕이신 하나님께서는 자신의 영광과 공익 the public good을 위해 자기 아래 그리고 백성들 위에to be under him over the people 위정자들civil magistrates을 세우셨다hath ordained. 이를 위하여 그리고 선한 자들을 보호defense하고 격려encouragement하며 **악행자들**evil-doers을 벌하기 위하여 그들을 칼의 권세로 무장시키셨다hath armed them with the power of the sword.[1]

---

1) 벧전 2:13-14; **롬** 13:1-4

웨스트민스터 대요리문답

136문 : 제6계명에서 금지된 죄들은 무엇입니까?

답 : 제6계명에서 금지된 죄들은 **공적 재판**publick justice,[1] 합법적인 전쟁 lawful war,[2] 정당방위necessary defence[3]**를** 제외하고 우리 자신이나[4] 다른 사람의[5] 생명을 빼앗아 가는 모든 것입니다. 또한 합법적이고 필수적인 생명 보존의 방편means of preservation of life을 소홀히 하는 것neglecting이나 철회하는 것withdrawing,[6] 죄악 된 분노,[7] 증오,[8] 시기 envy,[9] 복수심desire of revenge,[10] 모든 과도한 격정passions,[11] 혼란케 하는 염려distracting cares,[12] 음식료meat, drink와[13] 노동과[14] 오락[15]의 무절제한 사용immoderate use과 격동시키는 말provoking words[16]과 압박,[17] 다툼quarrelling,[18] 구타, 상해[19]와 무엇이든지 사람들의 생명을 파멸로 이끄는 것들입니다.[20]

---

1) 민 35:31,33   2) 렘 48:10; 신 20장   3) 출 22:2,3   4) 행 16:28   5) 창 9:6   6) 마 25:42,43; 약 2:15,16; 전

6:1,2   7) 마 5:22   8) 요일 3:15; 레 19:17   9) 잠 14:30   10) 롬 12:19   11) 엡 4:31   12) 마 6:31,34   13) 눅 21:34; 롬 13:13   14) 전 12:12; 2:22-23   15) 사 5:12   16) 잠 15:1; 12:18   17) 겔 18:18; 출 1:14   18) 갈 5:15; 잠 23:29   19) 민 35:16-18,21   20) 출 21:18-36

하이델베르크 요리문답

105문 : 제6계명에서 하나님께서 원하시는 것은 무엇입니까?

답 : 내가 이웃의 명예를 훼손하거나belittle 그들을 미워하거나hate 해치거나insult 죽이지kill 않기를 원하십니다.[1] 나는 생각thoughts이나 말words이나 몸짓look or gesture으로 무엇보다도 행동deeds으로 그리해서는 안 되고, 다른 사람을 시켜서 해도 안 되며, 오히려 모든 복수심revenge을 버려야 합니다.[2] 더 나아가 자기 자신을 해쳐서도 안 되고 부주의하게recklessly 위험에 빠뜨려서도 안 됩니다.[3] 그러므로 **살인을 막기**prevention 위해서 국가는 또한 칼을 가지고 있습니다.[4]

1) 창 9:6; 마 5:21-22; 26:52   2) 잠 25:21-22; 마 18:35; **롬 12:19**; 엡 4:26   3) 마 4:7; 골 2:23   4) **창 9:6**; 출 21:14; **롬 13:4**

하이델베르크 요리문답 제105문답의 경우 문맥을 잘 살펴볼 필요가 있다. 앞부분에서 살인하지 말라고 하면서 "오히려 모든 복수심을 버려야 합니다"라고 하는데, 살인을 금하는 내용에서는 "살인을 막기 위해서 국가는 또한 칼을 가지고 있습니다"라고 말한다. 이러한 문맥을 통해서 알 수 있는 것은 '사사롭게' 어떤 사람의 죄를 물을 수 있는 것이 아니라는 점이다. 사형 제도는 반드시 공적 기관인 국가를 통해 이루어져야 한다. 예컨대, 나의 가족이 누군가에게 살해당했는데 내가 직접 보복한답시고 살인하면 보복살인이 끊임없이 이어질 것이고 결국 사회는 엉망이 될 것이다. 따라서 국가가 대신 그 역할을 하도록 하나님께서 허락하셨다. 따라서 사형은 웨스트민스터 대요리문답 제136문답의 설명처럼 공적 재판에 의해 이루어져야 한다.

로마서 12:19은 "내 사랑하는 자들아, **너희가 친히 원수를 갚지 말고 하나님의 진노하심에 맡기라.** 기록되었으되 원수 갚는 것이 내게 있으니 내가 갚으리라고 주께서 말씀하시니라"라고 말씀한다. 그런데 그 말에 이어지면서 로마서 13:4에서 "그는 하나님의 사역자가 되어 네게 선을 베푸는 자니라. 그러나 네가 악을 행하거든 두려워하라. **그가 공연히 칼을 가지지 아니하였으니** 곧 하나님의 사역자가 되어 악을 행하는 자에게 진노하심을 따라 보응하는 자니라"라고 말씀한다. 이 말은 원수의 악행은 반드시 거기에 상응하는 형벌을 받아야 하지만, 개인적으로 원수에게 손을 대지는 말라는 것이다. 대신 하나님이 친히 맡기신 국가를 통해서 이 일을 하시겠다는 의미를 갖고 있다. 이와 같은 구절에 근거해서 하이델베르크 요리문답은 국가에게 사형 제도가 위임되었다고 말한다.

④ 결론

사형 제도는 흉악한 범죄를 억제하는 효과가 있고, 살인이 죄라는 사실을 깨닫도록 만드는 율법의 기능과 동일한 역할을 한다. 따라서 정통 기독교는 사형을 인정한다.

제6계명은 궁극적으로는 사람을 죽이면 안 된다고 말하지만 예외도 있음을 기억해야 한다. 그런데 이 예외들도 더 많은 사람이 죽는 것을 막기 위한 예외라는 점을 기억해야 한다. 전쟁과 사형은 '살인'을 막기 위한 공식적 살인일 뿐이다. 살인을 '최대한' 막기 위한 제도일 뿐 그것 역시도 '최소한'으로 사용되어야 한다.

(7) 살인 방조

살인하거나 자살하지 않더라도 다른 사람이 죽음의 처지에 놓여 있을 때 그를 건지지 않는 것 역시 제6계명을 어기는 일이다. 잠언 24:11은 "너는 사망으로 끌려가는 자를 건져주며 살육을 당하게 된 자를 구원하지 아니하려고 하지 말라"라고 말씀한다. 적극적으로 누군가를 죽이는 것도 살인이지만, 죽어 가는 사람을 그냥 내버려두는 것도 살인이다. 이에 대해서는 하이델베르크 요리문답 제107문답을 참고할 필요가 있다.

살인 방조의 예를 들면, 길을 가다 어떤 사람이 차에 부딪힐 상황이 발생했는
데 그 사람을 충분히 구해 줄 수 있음에도 불구하고 무시하는 것, 지하철을 기다
리며 서 있는데 옆 사람이 갑자기 선로로 뛰어들려 할 때 알면서도 막지 않는
것, 한겨울에 술에 만취한 상태로 길에서 자고 있는 사람을 보고도 못 본 체하고
지나가는 것 등이 있다.[292]

(8) 담배, 술, 약물중독 등

낙태, 자살, 안락사, 전쟁, 사형의 경우는 직접적으로 사람을 죽음에 빠뜨리는
것이다. 그런데 제6계명은 직접적인 살인 행위뿐만 아니라 죽음에 이르게 하는
모든 행위를 다루며, 생명을 보존하기 위한 모든 노력을 다룬다.

이런 점에서 담배, 술, 약물중독, 그 밖에 사람의 건강을 해치거나 죽음에 이
르게 하는 모든 것도 포함된다.[293]

---

292) 대한민국 법률 「형법」(법률 제13719호) 제252조는 살인 및 자살 방조를 금하고 있다.
293) 가톨릭교회교리서는 술, 담배의 과잉을 금하고 있다. *Catechism of the Catholic Church*,
para. 2290.

담배의 경우 성경에서 직접 언급하지 않는다. 그 이유는 담배가 성경이 기록된 이후에 생겼기 때문이다.[294]

술의 경우 성경에 자주 언급된다. 신명기 21:20-21 "[20]그 성읍 장로들에게 말하기를 우리의 이 자식은 완악하고 패역하여 우리 말을 듣지 아니하고 방탕하며 술에 잠긴 자라 하면 [21]그 성읍의 모든 사람들이 그를 돌로 쳐 죽일지니 이같이 네가 너희 중에서 악을 제하라. 그리하면 온 이스라엘이 듣고 두려워하리라", 잠언 20:1 "포도주는 거만하게 하는 것이요 독주는 떠들게 하는 것이라. 이에 미혹되는 자마다 지혜가 없느니라", 잠언 23:20-21 "[20]술을 즐겨하는 자들과 고기를 탐하는 자들과도 더불어 사귀지 말라. [21]술 취하고 음식을 탐하는 자는 가난하여질 것이요…", 잠언 23:31 "포도주는 붉고 잔에서 번쩍이며 순하게 내려가나니 너는 그것을 보지도 말지어다." 이 말씀들은 술이 미치는 해악에 대해 말씀해 주고 있다.

고린도전서 5:11 "이제 내가 너희에게 쓴 것은 만일 어떤 형제라 일컫는 자가 음행하거나 탐욕을 부리거나 우상 숭배를 하거나 모욕하거나 술 취하거나 속여 빼앗거든 사귀지도 말고 그런 자와는 함께 먹지도 말라 함이라"에서 사도는 '술 취하는 것'을 우상 숭배나 음행과 같은 수준으로 판단하고 있다. 고린도전서 6:9-10 "[9]불의한 자가 하나님의 나라를 유업으로 받지 못할 줄을 알지 못하느냐. 미혹을 받지 말라. 음행하는 자나 우상 숭배하는 자나 간음하는 자나 탐색하는 자나 남색하는 자나 [10]도적이나 탐욕을 부리는 자나 술 취하는 자나 모욕하는 자나 속여 빼앗는 자들은 하나님의 나라를 유업으로 받지 못하리라"는 '불의한 자'에 대하여 말씀하고 있는데, 그중에 하나로 10절에서 '술에 취하는 자'를 말씀하고 있다. 그리고 음행(제7계명), 우상 숭배(제2계명), 간음(제7계명), 탐색(제7계명), 도적(제8계명), 탐욕(제10계명)과 같은 수준으로 언급하고 있다. 이렇게 십계명에 해당하는 것들을 '술 취함'과 함께 열거하고 있다는 점은 굉장히 의미가 있다. 게다가 아주 강하게 "하나님의 나라를 유업으로 받지 못하리라"라고 말씀한다. 갈라

---

294) 담배는 1492년 11월 콜럼버스의 선원 2명이 쿠바 내륙을 탐사하면서 마른 잎사귀를 피우는 원주민들을 만나서 처음 피우면서 시작된 것으로 알려져 있다. 유럽사회에 본격적으로 담배가 등장한 것은 1500년대 중반이다. Sander L. Gilman·Zhou Xun, *Smoke: A Global History of Smoking*(London: Reaktion Books, 2004). 이수영 역, 『흡연의 문화사: 담배라는 창으로 내다본 역사와 문화』(서울: 이마고, 2006), 11-13.

디아서 5:19-21 "¹⁹육체의 일은 분명하니 곧 음행과 더러운 것과 호색과 ²⁰우상 숭배와 주술과 원수 맺는 것과 분쟁과 시기와 분냄과 당 짓는 것과 분열함과 이단과 ²¹투기와 술 취함과 방탕함과 또 그와 같은 것들이라. 전에 너희에게 경계한 것같이 경계하노니 이런 일을 하는 자들은 하나님의 나라를 유업으로 받지 못할 것이요"는 고린도전서 6:9-10의 말씀과 동일한 내용을 다루고 있다. 육체의 일에 대해서 말씀하면서 21절에서 '술취함'을 이야기하는데 그 앞에 보면 음행, 호색, 우상 숭배, 이단과 동등한 수준으로 말씀하고 있다.

이러한 본문들은 술 취하는 것이 죄라는 점을 분명히 한다. 그리고 '술 취함'뿐만 아니라 술이 가진 해악에 대해서도 말씀하고 있다.

하이델베르크 요리문답 제87문답은 고린도전서 6:9-10과 갈라디아서 5:19-21에 근거해서 다음과 같이 고백한다.

하이델베르크 요리문답

87문 : 감사치도 않고ungrateful 회개하지 않는impenitent 삶을 계속 살면서 하나님께로 돌이키지 않는 사람들도 구원을 얻을 수 있습니까?

답 : 결코 구원을 받을 수 없습니다. 성경은 음란한 자unchaste, 우상 숭배 자idolater, 간음하는 자adulterer, 도둑질하는 자thief, 탐욕을 부리는 자covetous, **술 취하는 자**drunkard, 욕하는 자slanderer, 강도질하는 자robber나 그와 같은 죄인들은 하나님 나라를 유업inherit으로 받지 못한다고 말씀합니다.[5]

5) 고전 6:9-10; 갈 5:19-21; 엡 5:5-6; 요일 3:14-15

웨스트민스터 대요리문답 제135-136문답에 의하면 제6계명은 생명을 보존하기 위한 모든 노력을 다하는 것이다. 이를 위해서 음식, 음료, 약, 오락 등을 절제 있게 사용할 것을 가르치고 있다. 이때 '음료'라는 말이 영어로 drink라고 되어 있는데, 제136문답의 근거구절인 누가복음 21:34; 로마서 13:13을 보면 '술'을 지칭하는 것임을 알 수 있다. 또한 오락에 담배와 술이 포함될 수 있다. 왜냐하면 담배와 술은 유흥(遊興, amusement)으로써 일종의 오락(recreations)이기 때문이다.

웨스트민스터 대요리문답

135문 : 제6계명에서 요구된 의무들은 무엇입니까?

답 : 6계명에서 요구된 의무들은 우리 자신과[1] 다른 사람의[2] 생명을 보존하기preserve 위해 모든 주의 깊은 연구studies와 합법적인 노력lawful endeavours을 다하는 것인데, 그것은 누구의 생명이든지 부당하게 빼앗아 가려는which tend to the unjust taking away the life of any 모든 생각thoughts과 의도purposes를 저항하고by resisting,[3] 모든 격정all passions을 억제하고subduing,[4] 그런 모든 기회occasions[5]와 유혹temptations[6]과 행위practices를[7] 피하는 것avoiding, 그리고 폭력violence에 대한 정당방위just defence와,[8] 하나님의 섭리the hand of God를 참고patient 견디는 것bearing,[9] 마음을 평온하게 하고quietness of mind,[10] 영혼을 즐겁게 하며cheerfulness of spirit,[11] 음식meat과[12] 음료drink와[13] 약physick과[14] 수면sleep과[15] 노동labour과[16] 오락recreations을[17] 절제 있게 사용하고a sober use, 자비로운 생각charitable thoughts,[18] 사랑,[19] 긍휼compassion,[20] 온유meekness, 양선gentleness,[21] 친절kindness, 화평peaceable,[22] 부드럽고 예의 있는 말과 행동mild and courteous speeches and behaviour,[23] 관용forbearance, 화해하려는 자세readiness to be reconciled, 해를 입은 것에 대한 관용과 용서patient bearing and forgiving of injuries, 악을 선으로 갚음requiting good for evil과[24] 곤궁에 빠진 자들을 위로하고 구제함comforting and succouring the distressed과 죄 없는 자들을 보호하고 옹호함protecting and defending the innocent[25]으로써 하는 것입니다.

---

1) 엡 5:28-29 2) 왕상 18:4 3) 렘 26:15-16; 행 23:12,16,17,21,27 4) 엡 4:26,27 5) 삼하 2:22; 신 22:8 6) 마 4:6,7; 잠 1:10,11,15,16 7) 삼상 24:12; 삼상 26:9-11; 창 37:21,22 8) 시 82:4; 잠 24:11,12; 삼상 14:45 9) 약 5:7-11; 히 12:9 10) 살전 4:11; 벧전 3:3,4; 시 37:8-11 11) 잠 17:22 12) 잠 25:16,27 13) 딤전 5:23 14) 사 38:21 15) 시 127:2 16) 전 5:12; 살후 3:10,12; 잠 16:26 17) 전 3:4,11 18) 삼상 19:4,5; 22:13,14 19) 롬 13:10 20) 눅 10:33,34 21) 골 3:12,13 22) 약 3:17 23) 벧전 3:8-11; 잠 15:1; 삿 8:1-3 24) 마 5:24; 엡 4:2,32; 롬 12:17,20,21 25) 살전 5:14; 욥 31:19,20; 마 25:35,36; 잠 31:8,9

136문 : 제6계명에서 금지된 죄들은 무엇입니까?

답 : 제6계명에서 금지된 죄들은 공적 재판publick justice,[1] 합법적인 전쟁 lawful war,[2] 정당방위necessary defence[3]를 제외하고 우리 자신이나[4] 다른 사람의[5] 생명을 빼앗아 가는 모든 것입니다. 또한 **합법적이고 필수적인 생명 보존의 방편**means of preservation of life을 소홀히 하는 **것**neglecting이나 철회하는 것withdrawing,[6] 죄악 된 분노,[7] 증오,[8] 시기envy,[9] 복수심desire of revenge,[10] 모든 과도한 격정passions,[11] 혼란케 하는 염려distracting cares,[12] **음식료**meat, drink와[13] 노동과[14] 오락[15]의 **무절제한 사용**immoderate use과 격동시키는 말provoking words[16]과 압박,[17] 다툼quarrelling,[18] 구타, 상해[19]와 무엇이든지 사람들의 생명을 파멸로 이끄는 것들입니다.[20]

---

1) 민 35:31,33   2) 렘 48:10; 신 20장   3) 출 22:2,3   4) 행 16:28   5) 창 9:6   6) 마 25:42,43; 약 2:15,16; 전 6:1,2   7) 마 5:22   8) 요일 3:15; 레 19:17   9) 잠 14:30   10) 롬 12:19   11) 엡 4:31   12) 마 6:31,34   **13)** 눅 **21:34; 롬 13:13**   14) 전 12:12; 2:22,23   15) 사 5:12   16) 잠 15:1; 12:18   17) 겔 18:18; 출 1:14   18) 갈 5:15; 잠 23:29   19) 민 35:16-18,21   20) 출 21:18-36

담배와 술이 건강에 어떤 영향을 미치는지를 생각해 보면 제6계명과 연관 지을 수 있다. 술은 건강에 해롭다. 지나친 음주는 질병으로 이어진다. 장기간의 음주는 신체적 노화, 세포손상, 장기손상, 심근경색증, 고혈압, 부정맥, 뇌졸중(중풍), 간암, 구강암, 식도암, 알콜성 치매, 정신병적 증상, 뇌기능 장애 등을 일으킨다. 음주운전은 교통사고를 일으킨다.[295]

담배도 마찬가지다. 흡연은 폐암을 비롯한 여러 가지 질병을 유발한다. 기도암, 천식, 폐렴, 폐결핵, 기관지염과 같은 다양한 호흡기 질환, 백내장, 중이염, 충치, 골다공증, 심장질환, 고혈압, 동맥경화, 부정맥, 협심증, 심근경색, 뇌혈관 질환, 위궤양 등을 발생시킨다. 그래서 담배의 포장에는 흡연이 건강에 큰 위험을 가져다준다고 경고하고 있다. 뿐만 아니라 간접흡연이 미치는 영향도 매우

---

295) 디모데전서 5:23에서 사도 바울은 디모데의 건강과 관련하여 "이제부터는 물만 마시지 말고 네 위장과 자주 나는 병을 위하여는 포도주를 조금씩 쓰라"고 권면한다. 의술이 발전하지 않았던 시대인 성경 기록 시대에는 약간의 포도주가 건강에 도움이 되었다. 여기에서 핵심은 '포도주를 마시는 것'에 있는 것이 아니라 '건강을 위한 바울의 염려'에 있음을 기억해야 한다.

크다. 이런 점에서 담배는 우리 자신과 다른 사람의 생명을 보존하는 데 큰 방해
가 된다.[296)

담배와 술뿐 아니라 각종 약물중독(마리화나, 필로폰과 같은 마약류) 등도 제6
계명에 해당한다.

(9) 차별과 인권

사람의 신체를 죽이는 것만 아니라 사람의 영혼을 죽이는 인격 살인도 '살인'
이다. 이런 점에서 차별은 제6계명을 범하는 일이다.

야고보서 2:1-9에는 차별을 금하는 내용이 나온다. 1절 하반부에서 "사람을
차별하여 대하지 말라"고 말씀한다. 그러면서 2-3절에서 구체적인 예를 제시한
다. 회당에서 부자와 가난한 사람이 있는데 부자에게는 좋은 자리에 앉으라고
하고 가난한 사람에게는 거기 서 있으라고 하든지 아니면 내 발등상 아래에 앉
으라고 하면 그것은 서로 차별하는 것이라고 말씀한다. 좀 더 이해하기 쉽게 비
유하면, 교회에 부자가 있고 가난한 사람이 있는데, 부자는 아주 비싼 의자에 앉
게 하고 가난한 사람은 바닥에 앉게 하면 그것은 가난한 사람을 차별하는 것이
라는 말씀이다. 그러면서 4절에서 "너희끼리 서로 차별하며 악한 생각으로 판단
하는 자가 되는 것이 아니냐?"라고 말씀한다.[297)

이 구절이 십계명과 연관된다는 사실은 이어지는 본문을 통해서 알 수 있다.
8-9절은 "[8]…네 이웃 사랑하기를 네 몸과 같이 하라 하신 최고의 법을 지키면
잘하는 것이거니와 [9]만일 너희가 사람을 차별하여 대하면 죄를 짓는 것이니 율법
이 너희를 범법자로 정죄하리라"라고 말씀하고, 11절은 "간음하지 말라 하신 이
가 또한 살인하지 말라 하셨은즉 네가 비록 간음하지 아니하여도 살인하면 율법

---

296) 과거의 그리스도인들이 흡연한 것에 대해서는 어떻게 생각해야 할까? 2차 세계대전 이전만 하
　　더라도 흡연의 위험성에 대해서는 크게 밝혀지지 않았다는 점을 참고할 필요가 있을 것이다.
　　흡연과 폐암의 연관성이 밝혀진 것은 1950년대 이후다. Sander L. Gilman·Zhou Xun, 『흡
　　연의 문화사』, 514-523.

297) 이 외에도 차별을 금하는 본문으로, 로마서 10:12 "유대인이나 헬라인이나 차별이 없음이라 한
　　분이신 주께서 모든 사람의 주가 되사 그를 부르는 모든 사람에게 부요하시도다", 골로새서
　　3:11 "거기에는 헬라인이나 유대인이나 할례파나 무할례파나 야만인이나 스구디아인이나 종이
　　나 자유인이 차별이 있을 수 없나니 오직 그리스도는 만유시요 만유 안에 계시니라" 등이 있다.

을 범한 자가 되느니라"라고 말씀한다. 뿐만 아니라 야고보서 3:6 이하에는 제6계명에 대한 언급이 나온다.

차별은 제6계명을 어기는 일이다.[298] 사람을 차별하는 것은 그 자체로 하나님의 형상과 모양대로 지음 받은 동등한 사람에 대한 인격 살인이기 때문이다. 부하냐 가난하냐 하는 것은 단지 그 사람의 경제적 상황을 이야기하는 것 그 이상도 이하도 아닌데, 두 부류의 사람을 차별하는 것은 모두 하나님의 형상으로 지음 받은 자임에도 불구하고 그렇지 않게 대하는 것이니 곧 살인과 같다.

더 나아가 사람의 기본권과 인권을 박탈하는 행위도 살인이다. 사람의 인권과 기본권에 대해 정당한 인식을 갖지 않는 것도 살인이다. 정치적 인권 유린, 이윤을 위해 안전을 무시하는 태도, 건강을 해치는 작업환경 방치, 위험에 빠진 조난자들을 방치하는 것 등은 모두 다 제6계명을 어기는 일이다.

이와 관련하여 웨스트민스터 대요리문답 제135-136문답의 가르침을 참고할 필요가 있다.

웨스트민스터 대요리문답

135문 : 제6계명에서 요구된 의무들은 무엇입니까?

답 : 제6계명에서 요구된 의무들은 우리 자신과[1] 다른 사람의[2] 생명을 보존하기preserve 위해 모든 주의 깊은 연구studies와 합법적인 노력lawful endeavours을 다하는 것인데, 그것은 누구의 생명이든지 부당하게 빼앗아가려는which tend to the unjust taking away the life of any 모든 생각 thoughts과 의도purposes를 저항하고by resisting,[3] 모든 격정all passions 을 억제하고subduing,[4] 그런 모든 기회occasions[5]와 유혹temptations[6]과 행위practices를[7] 피하는 것avoiding, 그리고 폭력violence에 대한 정당방위just defence와,[8] 하나님의 섭리the hand of God를 참고patient 견디는 것bearing,[9] 마음을 평온하게 하고quietness of mind,[10] 영혼을 즐겁게 하

---

298) 대한민국 헌법 제11조 제1항은 "모든 국민은 법 앞에 평등하다. 누구든지 성별·종교 또는 사회적 신분에 의하여 정치적·경제적·사회적·문화적 생활의 모든 영역에 있어서 차별을 받지 아니한다"라고 규정하고 있다.

며cheerfulness of spirit,[11] 음식meat과[12] 음료drink와[13] 약physick과[14] 수면 sleep과[15] 노동labour과[16] 오락recreations을[17] 절제 있게 사용하고a sober use, **자비로운 생각charitable thoughts,[18] 사랑,[19] 긍휼compassion,[20] 온유 meekness, 양선gentleness,[21] 친절kindness, 화평peaceable,[22] 부드럽고 예 의 있는 말과 행동mild and courteous speeches and behaviour,[23] 관용 forbearance, 화해하려는 자세readiness to be reconciled,** 해를 입은 것에 대한 관용과 용서patient bearing and forgiving of injuries, 악을 선으로 갚 음requiting good for evil과[24] **곤궁에 빠진 자들을 위로하고 구제함** comforting and succouring the distressed과 **죄 없는 자들을 보호하고 옹 호함**protecting and defending the innocent[25]으로써 하는 것입니다.

---

1) 엡 5:28-29 2) 왕상 18:4 3) 렘 26:15-16; 행 23:12,16,17,21,27 4) 엡 4:26,27 5) 삼하 2:22; 신 22:8 6) 마 4:6,7; 잠 1:10,11,15,16 7) 삼상 24:12; 삼상 26:9-11; 창 37:21,22 8) 시 82:4; 잠 24:11,12; 삼상 14:45 9) 약 5:7-11; 히 12:9 10) 살전 4:11; 벧전 3:3,4; 시 37:8-11 11) 잠 17:22 12) 잠 25:16,27 13) 딤전 5:23 14) 사 38:21 15) 시 127:2 16) 전 5:12; 살후 3:10,12; 잠 16:26 17) 전 3:4,11 18) 삼상 19:4,5; 22:13,14 19) 롬 13:10 20) 눅 10:33,34 21) 골 3:12,13 22) 약 3:17 23) 벧전 3:8-11; 잠 15:1; 삿 8:1-3 24) 마 5:24; 엡 4:2,32; 롬 12:17,20,21 25) 살전 5:14; 욥 31:19,20; 마 25:35,36; 잠 31:8,9

136문 : 제6계명에서 금지된 죄들은 무엇입니까?

답 : 제6계명에서 금지된 죄들은 공적 재판publick justice,[1] 합법적인 전쟁 lawful war,[2] 정당방위necessary defence[3]를 제외하고 우리 자신이나[4] 다른 사람의[5] 생명을 빼앗아 가는 모든 것입니다. 또한 합법적이고 필수적인 생명 보존의 방편means of preservation of life을 소홀히 하는 것neglecting이나 철회하는 것withdrawing,[6] **죄악 된 분노,[7] 증오,[8] 시 기envy,[9] 복수심desire of revenge,[10]** 모든 과도한 격정passions,[11] 혼 란케 하는 염려distracting cares,[12] 음식료meat, drink와[13] 노동과[14] 오락 [15]의 무절제한 사용immoderate use과 **격동시키는 말provoking words[16] 과 압박,[17] 다툼quarrelling,[18] 구타, 상해[19]와** 무엇이든지 사람들의 생 명을 파멸로 이끄는 것들입니다.[20]

---

1) 민 35:31,33 2) 렘 48:10; 신 20장 3) 출 22:2,3 4) 행 16:28 5) 창 9:6 6) 마 25:42,43; 약 2:15,16; 전 6:1,2 7) 마 5:22 8) 요일 3:15; 레 19:17 9) 잠 14:30 10) 롬 12:19 11) 엡 4:31 12) 마 6:31,34 13) 눅 21:34; 롬 13:13 14) 전 12:12; 2:22,23 15) 사 5:12 16) 잠 15:1; 12:18 17) 겔 18:18; 출 1:14 18) 갈 5:15; 잠 23:29 19) 민 35:16-18,21 20) 출 21:18-36

(10) 영혼구원

살인(殺人)에서 인(人)은 육체뿐 아니라 영혼도 포함한다. 왜냐하면 사람은 육체와 영혼으로 구성된 영육통일체(psycho-somatic unity)이기 때문이다(창 2:7). 이런 점에서 영혼이 사망을 향하여 달려가는 것을 내버려두는 것 역시 살인 방조에 해당한다.

야고보서 5:19-20은 "¹⁹내 형제들아, 너희 중에 **미혹되어 진리를 떠난 자**를 누가 돌아서게 하면 ²⁰너희가 알 것은 **죄인**을 미혹된 길에서 돌아서게 하는 자가 **그의 영혼을 사망에서 구원할 것이며** 허다한 죄를 덮을 것임이라"라고 말씀한다. 이 말씀의 의미를 반대로 해석하면, 진리를 떠난 자, 미혹된 길에 서 있는 자들을 진리로 돌이키며 미혹된 길에서 돌아서게 하지 않는 것은 그들을 사망으로 가도록 내버려두는 것이고 결국 살인 방조죄에 해당한다. 이처럼 죽어 가는 영혼에 대한 무관심은 살인 방조죄가 될 수 있다.

(11) 지나친 동물사랑

동물을 사랑하는 것은 좋은 일이다. 그러나 '지나친 동물사랑'은 제6계명을 어기는 일이 될 수 있다. 사람이 아닌 존재를 사람과 동등한 수준으로 존엄하게 여기는 것은 제6계명을 어기는 일이다. 미생물이나 무생물 혹은 동물이나 식물에 인격을 부여하는 것도 제6계명을 어기는 일이다. 예컨대, 애완동물을 키우면서 그 동물을 자신의 자녀처럼 여긴다면 그 동물에 인격을 부여하는 것이 된다. 국기(國旗)와 같이 인격이 없는 사물에 인격을 부여하는 것도 제6계명을 어기는 일이다.

왜냐하면, 제6계명은 사람만이 유일하게 하나님의 형상과 모양을 따라 창조된 존재(창 1:26-27)라는 사실을 지키는 것과 관련이 있는데, "각기 종류대로" 혹은 "그 종류대로"(after its kinds or to its kind) 창조된 동식물(창 1:11,12,21,24,25)에 대해 사람과 동등한 것으로 여긴다면 그것은 사람의 가치를 떨어뜨리는 것이 되기 때문이다.²⁹⁹⁾

---

299) Clowney, 『예수님은 십계명을 어떻게 해석하셨는가?』, 123, 125.

선교사, 의사, 음악가, 철학자이면서 루터교 출신 자유주의 신학자인 슈바이처(Albert Schweitzer, 1875-1965)는 여름에 아무리 더워도 문을 닫고 일하라고 했다. 왜냐하면 모기나 파리가 들어와 전등 주변에 모여 죽는 것을 방지하기 위해서였다.[300] 그러나 이러한 생각은 동물의 생명을 사람의 생명처럼 여기는 것으로 바람직하지 않다. 사람 이외의 생명에 대해 사람의 생명 수준으로 가치를 높게 평가하는 것은 제6계명을 범하는 일이다.

6. 제6계명과 예배

십계명을 지키는 일차적인 곳은 예배가 행해지는 곳이다. 예배를 통해 제1계명부터 제10계명까지 지켜야 한다. 예배에서 시작된 십계명 준수는 예배당을 넘어 각자의 삶의 영역에서 계속되어야 한다. 제6계명 역시 마찬가지다. 예배의 현장은 제6계명이 성취되는 현장이다. 좀 더 확대하면 교회 공동체에서 제6계명이 성취되어야 한다.

마태복음 5:23-25에서 예수님은 "[23]그러므로 예물을 제단에 드리려다가 거기서 네 형제에게 원망들을 만한 일이 있는 것이 생각나거든 [24]예물을 제단 앞에 두고 먼저 가서 형제와 화목하고 그 후에 와서 예물을 드리라. [25]너를 고발하는 자와 함께 길에 있을 때에 급히 사화하라. 그 고발하는 자가 너를 재판관에게 내어 주고 재판관이 옥리에게 내어 주어 옥에 가둘까 염려하라"라고 해서 예배의 현장에서 이웃과의 불화를 해결할 것을 강조한다. 이웃과의 불화는 결국 제6계명이므로(WLC 제135문답), 예배와 제6계명의 관계를 볼 수 있다. 특히 예배의 한 요소인 성찬은 위로는 하나님 오른편에 앉아 계신 예수 그리스도와의 관계이면서 아래로는 함께 참여하는 성도와의 관계이므로 제6계명이 선행돼야만 예배가 바르게 드려질 수 있다.

예배의 기본적인 대상은 구원받은 자들이다. 그러나 예배에는 복음에 관심을 가진 사람, 교회로 초청받은 사람들도 함께 참여한다. 또한 복음을 듣고 일정 기간 교회에 출석하였으나 아직 '중생' 하지 않은 이들도 있다. 이러한 자들에게 예

---

300) 강영안, 『강영안 교수의 십계명 강의』, 218. 슈바이처는 '생명에 대한 경외' 라는 그의 고유한 철학이 인류의 형제애를 발전시키는 데 기여한 공로로 1952년 노벨평화상을 수상하기도 했다.

배는 영혼을 살리는 시간이다(고전 1:21; 딤후 4:2,5). 예배를 통해 아직 거듭나지 않은 사람들, 아직 복음을 알지 못하는 사람들이 복음을 깨닫고 회심하는 역사가 일어난다(WLC 제159문답). 예배는 죽은 영혼을 살리는 시간이라는 측면에서 제6계명을 성취하는 현장이다.

7. 제6계명을 지키신 예수 그리스도

예수님은 제6계명을 지키는 일에 모범을 보여주신 분이다. 죽어 가는 자들을 살리시고, 차별하지 않으시고, 사형 제도를 인정하시고, 자살이나 안락사를 선택하지 않으시며, 영혼을 구원하심으로써 제6계명을 지키셨다.

① 사람을 살리심

예수님은 죽어 가는 자들을 살리심으로 제6계명을 지키셨다. 예수님은 공생애 가운데에 수많은 사람의 병을 고치셨고, 죽음 문턱에 있던 자를 살리셨고, 때로는 이미 죽은 자를 살리기도 하셨다(마 8:1-4,14; 9:18-26; 막 5:21-43; 요 11:38-44).

② 차별하지 않으심

예수님은 사람을 차별하지 않으심으로 제6계명을 지키셨다. 부자였던 삭개오의 집에 찾아가셨고(눅 19:2), 거지였던 나사로에게도 은혜를 베푸셨다(눅 16:20). 세리인 마태의 집에서 죄인들과 함께 음식을 잡수셨고(마 9:9-13), 어린아이가 예수님께로 나아오는 것을 막는 제자들을 꾸짖으셨다(마 19:13-15).

③ 사형 제도를 인정하심

예수님은 사형 제도를 인정하심으로 제6계명을 지키셨다. 예수님은 당시 로마의 사형 제도인 십자가 형벌을 당하셨다. 그런데 예수님은 사형 제도가 잘못되었다고 말씀하지 않으셨다. 자신과 함께 달렸던 강도들의 죽음에 대해 "이것은 잘못된 제도입니다"라고 항변하지 않으셨다. 만약 예수님이 이 제도가 잘못되었다고 생각하셨다면, "여기에 나와 함께 있는 강도들이 비록 큰 죄를 지었다 하더라도 이 사람들을 죽이는 것은 잘못되었소"라고 외치셨을 것이다.

④ 자살이나 안락사를 선택하지 않으심

예수님은 자살이나 안락사를 선택하지 않으심으로 제6계명을 지키셨다. 예수님이 십자가에 달리셨을 때 엄청난 고난을 받으셨다. 당시의 사형 제도였던 십자가 형벌은 사람이 이 세상에서 경험할 수 있는 가장 심한 고통을 주는 것이었다.

그러나 예수님은 그 고통을 피하기 위해 자살을 하거나 안락사를 원하지 않으셨다. "나의 이 고통이 너무나 괴로우니 차라리 빨리 나를 죽여 달라"고 하지 않으셨다. 오히려 그 고통마저도 달게 받으심으로 인간이 당하는 고통을 친히 경험하셨다. 예수님은 죽음을 재촉하지 않으시고 하나님의 뜻에 모두 맡기심으로써 제6계명을 온전히 지키셨다.

⑤ 영혼을 구원하심

예수님은 영혼을 구원하심으로 제6계명을 지키셨다. 로마서 8:11은 "예수를 죽은 자 가운데서 살리신 이의 영이 너희 안에 거하시면 그리스도 예수를 죽은 자 가운데서 살리신 이가 너희 안에 거하시는 그의 영으로 말미암아 너희 죽을 몸도 살리시리라"라고 말씀한다. 예수님은 자신의 죽음으로 우리를 살리셨다. 자신이 죽기까지 영혼을 향한 사랑을 보여주셨고 생명을 살리셨다. 예수님은 우리의 몸과 영혼을 살리셨다. 예수님은 자기의 목숨을 버려 우리의 생명을 구원하심으로써 제6계명이 말씀하고 있는 생명사랑을 몸소 실천하셨다.

그런데 예수님은 다른 사람은 살리고 자신은 죽는 방식으로 제6계명을 실천하신 것이 아니라 "죽은 자들 가운데서 다시 살아나심"으로 제6계명을 실천하셨다.

8. 제6계명에 담긴 하나님의 배려와 사랑

제6계명은 단순히 살인이라는 범죄를 막기 위한 것이 아니다. 제6계명에는 사람의 생명을 보존하시려는 하나님의 배려와 사랑이 담겨 있다. 하나님은 제6계명을 통해 사람의 생명이 얼마나 소중한지를 가르쳐 주신다. 또한 아무리 고통스러운 환경에 있다 하더라도 생명의 소중함을 포기해서는 안 된다고 가르쳐 주신다. 또한 사사로운 보복과 복수가 아닌 공적 기관이 집행하는 처벌을 통해 혼란스러운 세상이 되는 것을 막으시는 하나님의 섭리가 담겨 있다.

하나님은 처음 사람을 만드실 때부터 혼자 살도록 창조하지 않으시고 하나의 사회를 형성하여 그 사회의 일원으로 존재하도록 창조하셨다. 하나님은 사람들이 사회를 구성하고 그 안에서 협력하여 함께 존재의 목적을 이루어 나가도록 하셨다. 그런데 그 사회의 일원으로 공존하는 사람들 사이에서 그 사람과 함께 공동체를 이루지 않겠다는 강한 표시가 바로 살인이다.[301] 이에 대해 하나님은 제6계명을 통해 우리 모두를 보호하시고 무엇보다도 교회를 보호하신다.

---

301) 송영찬, 『시내산 언약과 십계명』, 261-262; 김홍전, 『십계명 강해』, 168.

8장
제7계명

출애굽기 20:14

"간음하지 말라."

웨스트민스터 소요리문답

70문 : 제7계명은 무엇입니까?

　답 : 제7계명은 "간음하지 말라" 하신 것입니다.[1]

———————

1) 출 20:14

웨스트민스터 대요리문답

137문 : 제7계명은 무엇입니까?

　답 : 제7계명은 "간음하지 말라" 하신 것입니다.[1]

———————

1) 출 20:14

관련 성경구절

창세기 1:27; 2:18-25; 4:17; 19:1-11; 34:14; 39:9; 출애굽기 20:14; 레위기

18:1-30; 20:10; 신명기 5:18; 7:1-4; 22:13-30; 24:1-5; 사사기 3:5-7; 사
무엘하 11장; 12:13; 열왕기상 11:1-4; 느헤미야 13:25-27; 잠언 5장; 6:20-
7장; 9:13-18; 11:22; 23:27-28; 전도서 9:9; 이사야 54:5; 62:5; 예레미야
3:8; 에스겔 16:8; 말라기 2:11-15; 마태복음 5:27-32; 15:19-20; 마태복음
19:3-9; 마가복음 10:1-12; 로마서 2:22; 13:9; 고린도전서 5:1-13; 6:9,15-
20; 7:2-3,9,11; 고린도후서 6:14-18; 11:2; 에베소서 5:3,22-33; 데살로니
가전서 4:3-8; 디모데전서 1:9-10; 2:9; 디모데후서 2:22; 히브리서 13:4;
야고보서 2:11; 요한계시록 21:8

관련 신조
하이델베르크 요리문답 제108-109문답
웨스트민스터 신앙고백서 제24장
웨스트민스터 대요리문답 제137-139문답
웨스트민스터 소요리문답 제70-72문답

1. 제7계명의 기본적인 의미

제7계명은 간음을 금한다. 간음(姦淫)이란 부부가 아닌 남녀의 성(性)관계를 뜻한
다. 그러므로 부부가 아닌 남녀는 성적인 관계를 가져서는 안 된다. 오직 부부
사이에서만 합법적인 성관계가 가능하다. 성은 하나님께서 부부에게 주신 선물
이다.

2. 제7계명을 이해하기 위한 전제: 성경이 가르치는 결혼

간음(姦淫)이란 부부가 아닌 남녀의 성관계를 뜻한다. 그런데 부부(夫婦)는 결혼
을 통해서 이루어진다. 이런 점에서 간음이란 결혼관계를 벗어난 성관계를 말한
다. 그러므로 제7계명을 이해하기 위해서는 결혼과 성(性, Sex)에 대한 이해가

---

302) 로마가톨릭도 제7계명(그들에게는 제6계명)을 성 윤리 전반으로 이해한다. *Catechism of the Catholic Church*, para. 2336.

분명해야 한다. 제7계명은 기독교 결혼, 기독교 성윤리를 다룬다.[302] 그렇다면 성경은 결혼에 대해 어떻게 가르치는지 생각해 보자.

(1) 결혼은 하나님께서 친히 제정하신 제도

세상은 결혼 제도를 '사람'이 만든 것으로 이해한다. 세상 사람들이 생각하는 결혼에 관한 정의를 열거해 보면 다음과 같다. "두 성인 간에 일어나는 성적 접촉이 사회적으로 공인된 결합체" "서로 사랑하는 두 사람이 가정을 꾸리고, 그 관계를 통해 개인적이고 성적인 만족을 얻으려고 생겨난 공동체" "남녀 사이에서 앞으로 새로 태어나게 될 아이의 사회구성원으로서의 정당성을 확립하는 데 기여하는 일종의 관습적 거래" 등이다.

반면, 성경은 결혼 제도가 하나님께서 친히 제정하신 것이라고 가르친다. 창세기 1:27 "하나님이 자기 형상 곧 하나님의 형상대로 사람을 창조하시되 남자와 여자를 창조하시고"에 의하면 하나님은 이 세상을 창조하실 때 사람을 창조하셨고, 이때 남자와 여자를 창조하셨다(WSC 제10문답). 그런데 남자와 여자를 동시에 창조하지 않으시고 남자를 창조하신 뒤에 시간적 간격을 두시고 여자를 창조하셨으니,[303] 두 창조 사이에 창세기 2:18에서 "사람이 혼자 사는 것이 좋지 아니하니 내가 그를 위하여 돕는 배필을 지으리라"라고 말씀하셨다. 이렇게 남자를 창조하시고 난 뒤에 여자를 창조하신 하나님은 두 사람을 따로 두지 않으셨으니, 창세기 2:22에서 여자를 창조하시고 그를 아담에게로 이끌어 오신 뒤에 창세기 2:24에서 남자와 여자를 결혼시키신다. 남자와 여자가 결혼하도록 하나님께서 친히 주관하신 것이다.

그러므로 성경의 가르침에 따르면 결혼은 단순히 사람과 사람 사이의 계약이 아니다. 사람들의 필요에 따라, 상호 합의에 따라 성립되는 것이 아니다. 결혼은 하나님께서 친히 제정하신 최초의 제도다. 그래서 결혼은 신성하다. 결혼은 거룩하다.

---

303) 창세기 1:27만을 보면 마치 하나님이 남자와 여자를 동시에 혹은 거의 시간적 격차를 두지 않고 창조하신 것처럼 보인다. 그러나 인간 창조를 자세히 설명하고 있는 창세기 2:18-25을 보면 그렇지 않다는 것을 알 수 있다.

(2) 결혼 제도의 궁극적인 목적

세상은 결혼의 이유와 목적을 사랑, 성, 행복 등으로 생각한다. 세상 사람들에게 "결혼을 왜 하느냐?"라고 물으면 "사랑하니까"라고 답한다. 그리고 "결혼을 통해서 무엇을 할 것이냐?"라고 하면 특별한 목적이 없이 그저 두 사람이 사랑하고 아이 낳고 이 세상에서 잘 먹고 잘 사는 것 정도로 생각한다. 혹은 '통과의례'라고 해서 사람이 살면서 의당(宜當) 해야만 하는 것으로 생각한다. 왕정시대의 경우 결혼은 국가의 존속을 위한 것이었고 때로는 신분상승을 위한 것이었다. 농경시대의 경우 결혼은 입(口)을 줄이고, 노동인구를 늘리기 위한 수단이기도 했다.[304] 문화인류학의 관점에서는 부족사회에서 그 부족사회를 유지하기 위한 수단으로 여겨서 생겨났다고 보기도 한다.

반면, 성경은 결혼의 이유와 목적을 하나님 나라의 확장을 위한 것이라고 가르친다. 창세기 1:27에는 하나님이 남자와 여자를 만드셨다고 되어 있는데, 이어지는 28절에는 "하나님이 그들에게 복을 주시며 하나님이 그들에게 이르시되 생육하고 번성하여 땅에 충만하라, 땅을 정복하라, 바다의 물고기와 하늘의 새와 땅에 움직이는 모든 생물을 다스리라 하시니라"고 해서 하나님이 '그들'(남자와 여자)에게 명령을 주신다. 그리고 이 명령이 남자와 여자의 결혼을 통해서 성취되고 이루어져 간다.

이처럼 하나님께서 두 사람을 결혼시키신 이유는 단순히 "혼자 살면 보기 싫으니까"가 아니다(참조. 창 2:18). 결혼은 서로 육체적인 쾌락을 얻고 즐거움을 나누라고 주어진 제도가 아니다.[305] 결혼은 하나님 나라의 사명을 완수하는 방편이다. 결혼을 통하여 하나님께서는 "생육하고 번성하여 땅에 충만하라"(창 1:28)는 명령을 성취해 나가기를 원하신다.

개혁주의 신앙고백서 가운데 유일하게 결혼에 대해 한 '장'을 할애하여 다루고 있는 웨스트민스터 신앙고백서 제24장은 제2절에서 결혼의 목적을 잘 설명해 주고 있다.

---

304) Anthony Giddens, *Transformation of Intimacy: Sexuality, Love and Eroticism in Modern Societies*(Cambridge: Polity Press, 1992). 황정미·배은경 공역, 『현대사회의 성 사랑 에로티시즘: 친밀성의 구조변동』(서울: 새물결, 1996), 77.

305) 물론 결혼의 목적 가운데에 성적인 욕구 충족도 포함되어 있는 것은 사실이다(고전 7:2). Douma, *The Ten Commandments*, 256-257. 그러나 그것이 주된 목적은 아니다.

웨스트민스터 신앙고백서
제24장   결혼과 이혼에 관하여
Of Marriage and Divorce

2. 결혼은 남편과 아내가 서로 돕기 위해서for the mutual help of husband and wife,[2] 합법적인 방식을 통한 인류의 번성과 거룩한 자손들을 통한 **교회의 확장을 위해서**for the increase of mankind with a legitimate issue, and of the Church with an holy seed,[3] 부정(不貞)을 막기 위해서for preventing of uncleanness **제정되었다**was ordained.[4]

---

2) 창 2:18   3) 말 2:15   4) 고전 7:2,9

웨스트민스터 신앙고백서 제24장 제2절은 결혼의 목적을 3가지로 언급한다. ① 남편과 아내가 서로 돕기 위해서 ② 합법적인 방식을 통한 인류의 번성과 거룩한 자손들을 통한 교회의 확장을 위해서 ③ 부정(不貞)을 막기 위해서.[306]

(3) 결혼은 하나님이 짝지어 주신 결과

세상은 배우자를 자신이 '선택' 한다고 믿는다. '연애결혼' 의 등장 이후 더욱 이러한 생각이 굳어졌다. 연애가 보편화되고 연애가 곧바로 결혼과 직결되는 것이 아니라 결혼과 상관없는 수많은 연애를 경험한 뒤 자신의 '선택' 에 따라 설혼을 하다 보니, 배우자는 자신의 선택의 결과라고 생각하는 것이다.[307] 그리고 결국은 내가 선택하니, 내가 취소할 수도 있다고 생각한다.

---

306) 손재익, "개혁파 장로교 신자의 바람직한 결혼 절차," 『담임목사가 되기 전에 알아야 할 7가지』 (서울: 세움북스, 2016), 249-250.
307) 부모가 짝지어 주던 시절에는 배우자를 부모가 짝지어 준다고 믿었다.

반면, 성경은 배우자를 하나님이 짝지어 주신다고 가르친다. '내'가 선택하는 것이 아니라 '하나님'이 짝지어 주신다. 이 사실은 최초의 결혼에 잘 나타나 있다. ① 남자를 먼저 창조하신 하나님은 "사람의 혼자 사는 것이 좋지 아니하니 내가 그를 위하여 돕는 배필을 지으리라"라고 하신 뒤에 '돕는 배필'을 창조하신다(창 2:18). "그를 위하여"라고 번역된 말은 '그에게 딱 맞는'이라는 뜻을 갖고 있다.[308] 하나님께서 친히 남자에게 딱 맞는 짝을 지어 주시겠다는 선언이다. ② 그런데 하나님은 여자를 바로 창조하지 않으신다. 남자와 전혀 어울리지 않는 들짐승과 새를 창조하신다. 그러고는 들짐승과 새들을 남자에게로 이끌어 가신다(19절). 하나님께서 이끌어 오신 동물들에게 남자는 이름을 지어 준다(19-20절). 뒤이어 "아담이 돕는 배필이 없으므로"(20절)라는 언급이 나온다. 남자는 동물들의 이름을 지어 주면서 "혹시나 이 동물이 나의 돕는 배필인가?"라는 생각을 해야 했던 것이다. 하지만 돕는 배필이 없었다. ③ 이러한 과정을 거친 뒤에 하나님께서 남자의 배우자인 여자를 창조하신다(21-22절). 여자를 창조하신 뒤에 하나님은 동물을 창조하신 뒤에 하셨던 것(19절)처럼 여자를 아담에게로 이끌어 오신다(22절). ④ 이렇게 데려온 여자를 본 아담은 "이는 내 뼈 중의 뼈요 살 중의 살이라. 이것을 남자에게서 취하였은즉 여자라 부르리라"라고 말한다 (23절). 19절에서 수많은 동물들의 이름을 지어 주던 아담이, 동물들을 보면서 자기의 돕는 배필이 아닐까 하고 이름을 지어 주었던 아담이, 드디어 하나님이 자신의 갈빗대에서 취한 어떤 동물을 데려오시니 그의 이름을 지어 준다. 그렇게 지어 준 이름이 '여자'인데, 23절의 표현처럼 "남자에게서 취하였은즉 여자라 칭하리라"라고 하니, 남자를 뜻하는 히브리어 '이쉬'와 여자를 뜻하는 히브리어 '이솨'는 비슷한 이름이다. 이러한 이름을 통해서 남자는 "이 사람이 바로 하나님께서 내게 짝지어 주신 자다"라는 고백을 담았다. 게다가 한글성경에는 번역되지 않았지만, 아담은 "이번에야 말로"라는 뜻의 히브리어 '하파임'을 통해 이 여자야말로 하나님이 주시고자 한 '나에게 딱 맞는 돕는 배필'이라는 고백을 했다.[309] 이러한 과정을 거친 뒤에 두 사람은 한 몸을 이룬다.

---

308) Robertson, 『성의 시작』, 15, 17. '돕는 배필'이라는 단어를 NIV에서는 a helper라고 쓰고 있는데, KJV에서는 meet로 쓰고 있다. meet는 '어울리다, 알맞다'라는 뜻을 갖고 있다.
309) 김영철, 『주님의 주님되심』, 145.

요약하면 ① 하나님께서 돕는 배필을 지으실 때 "그를 위하여"라고 말씀하셨고, ② 하나님께서 돕는 배필을 지으시겠다고 선언하신 뒤 곧바로 돕는 배필을 짓지 않으시고 동물들을 창조하시고 그것들을 아담에게로 이끌어 오신 뒤에 돕는 배필을 지으셨으며, ③ 하나님께서 여자를 지으신 뒤에 아담에게로 이끌어 오신 일, ④ 여자를 본 아담이 "이는 내 뼈 중의 뼈요 살 중의 살이라"고 하였고 '여자'라고 이름 지은 일 등은 하나님께서 친히 짝지어 주신다는 것을 잘 보여준다.

그러므로 배우자는 사람이 선택하는 것이 아니다. 하나님께서 짝지어 주신다. 이것을 창세기 2:18-24이 잘 보여주고 있다. 그런데 창세기 2:18-24에는 "하나님이 짝지어 주셨다"는 말이 직접 나오지는 않는다. 하지만 이 본문에 그러한 의미가 있다는 사실이 예수님의 가르침에 잘 드러난다. 마태복음 19:4-6 "⁴예수께서 대답하여 이르시되 사람을 지으신 이가 본래 그들을 남자와 여자로 지으시고 ⁵말씀하시기를 그러므로 사람이 그 부모를 떠나서 아내에게 합하여 그 둘이 한 몸이 될지니라 하신 것을 읽지 못하였느냐. ⁶그런즉 이제 둘이 아니요 한 몸이니 그러므로 하나님이 짝지어 주신 것을 사람이 나누지 못할지니라"는 말씀은 창세기 1:27과 창세기 2:18-24에 대한 설명이다. 예수님은 4절에서 창세기 1:27을 인용하신다. 5절에서는 창세기 2:24을 인용하신다. 그렇다면 6절은 무엇을 인용하신 것일까? 창세기 2:18-23까지의 내용이 바로 "하나님의 짝지어 주심"이라는 사실을 잘 아시는 예수님께서 6절에서 이렇게 말씀하신 것이다.

배우자는 하나님께서 짝지어 주신다는 사실은 웨스트민스터 신앙고백서 제24장 제6절에도 잘 나타나 있다.

웨스트민스터 신앙고백서

제24장　결혼과 이혼에 관하여

Of Marriage and Divorce

6. 인간의 부패성corruption은 **하나님께서 결혼으로 짝지어 주신 사람들을**those whom God hath joined together in marriage **부당하게**unduly **나누려는**to put asunder **논거들을 연구하려는**study arguments **경향이 있다**apt to. 그러나 간

음adultery 혹은 교회나 국가의 법정civil magistrate도 구제할 수 없는 고의적인 유기willful desertion 외에는 결혼의 결합bond을 파기할 수 있는 충분한 이유cause sufficient of dissolving가 없다.[14] 이혼할 때에는 공적이고 질서 있는 절차를 밟아야 하며, 관련된 당사자들의 의지will와 결정discretion에만 맡겨서는 안 된다.[15]

---

14) 마 19:8,9; 고전 7:15; **마 19:6** 15) 신 24:1-4 (스 10:3)

웨스트민스터 신앙고백서 제24장 제6절은 이혼에 관한 내용이다. 그런데 이혼에 대해서 설명하면서 결혼의 특성을 "하나님께서 결혼으로 짝지어 주신"이라고 표현한다. 이렇게 함으로써 결혼의 선택이 사람에 의한 것이 아니라 하나님에 의한 것임을 강조하고 있다.

(4) 결혼은 한 남자와 한 여자가 한 몸을 이루는 것

창세기 2:24 "이러므로 남자가 부모를 떠나 그의 아내와 합하여 둘이 한 몸을 이룰지로다"는 결혼에 관한 중요한 원리를 제시해 준다. 이 말씀이 모든 결혼에 대한 원리를 제공한다는 사실은 "부모를 떠나"라는 표현을 통해 알 수 있다. 최초의 결혼 당사자인 아담과 여자는 부모가 없다. 그럼에도 이 표현이 있는 이유는 이 말씀이 아담과 여자뿐 아니라 오고 오는 모든 남녀의 결혼에 대한 원리를 제시하고 있음을 보여준다.

창세기 2:24은 몇 가지 중요한 원리를 제공해 준다.

첫째, 결혼은 한 남자와 한 여자가 하는 것이다. 둘이 한 몸이라고 했고, '남자와 여자가 합하여'라고 되어 있으니 남자와 남자일 수 없다. 또 여자와 여자일 수 없다. 한 남자와 여러 여자일 수 없고, 한 여자와 여러 여자일 수 없다. 오직 한 남자와 한 여자 사이에만 가능하다.[310] 이에 대해서는 웨스트민스터 신앙고백서 제24장 제1절에도 잘 나타나 있다.

제24장　결혼과 이혼에 관하여
Of Marriage and Divorce

1. 결혼은 한 남자와 한 여자 사이에 이루어지는 것이다is to be. 그래서 남자가 동시에at the same time 두 사람 이상의 아내를 두는 것이나, 여자가 동시에 두 사람 이상의 남편을 두는 것은 합법적이지 않다.[1]

---

1) 창 2:24; 마 19:5,6; 잠 2:17 (고전 7:2; 마 10:6-9)

웨스트민스터 신앙고백서 제24장 제1절의 첫 번째 문장에 나오는 "이루어지는 것이다"는 영어 원문에 is to be라고 되어 있다. 이 말은 이렇게 해야만 한다는 의미다. 이렇게 해도 되고 저렇게 해도 되는 것이 아니다.

둘째, 결혼은 부부가 한 몸을 이루는 것이다(참조. 겔 16:8; 말 2:14). 결혼은 1+1=1이라는 공식이 성립되는 제도다. 특히, 창세기 2:24에 나오는 '합하여'(히. 따바크)라는 표현은 cleave, cling, stick to, stick with라는 뜻으로, '어떤 사람에게 풀칠하여 달라붙다는 뜻'을 갖고 있다. 그래서 부부는 절대로 떨어질 수 없다. 결혼을 통해서 한 몸이 된 후에는 이제 더 이상 둘은 존재하지 않는다. 오직 하나만 존재한다(마 19:6).[311]

이러한 결합은 다른 사람들로부터 두 사람을 떼어놓는다. 두 사람 사이에 그 누구도 들어올 수 없다. 그래서 부부라는 관계는 배타성(排他性)을 갖는다. 하나님께서 제정하신 결혼 제도로 말미암아 맺어진 남편과 아내 사이에는 그 누구도 들어올 수 없다. 부모도 자식도 친구도 이웃도 그 사이에 들어갈 수 없다. 오직 한 남편과 한 아내만이 있을 뿐이다.

---

310) 손재익, "개혁파 장로교 신자의 바람직한 결혼 절차," 250-253.
311) Engelsma, 『이혼』, 23-24.

세상은 "부부는 돌아서면 남"이라고 가르친다. 그러나 성경은 "부부는 한 몸"이라고 가르친다. 이 한 몸 됨은 사람이 나눌 수 없다(마 19:6).

(5) 신자의 결혼은 신자 간에 이루어져야 함

하나님께서 결혼을 제정하신 이유는 육체적인 쾌락이나 즐거움을 나누라는 것이 아니다. 혼자 살면 재미없으니 두 사람이 즐겁게 살라고 제정하신 것도 아니다. 단순히 생육과 번성을 하라고 제정하신 것도 아니다.[312] 결혼을 제정하신 궁극적인 이유는 거룩한 자손을 통한 교회의 확장에 있다. 결혼은 하나님께서 사람을 통하여 성취하고자 하시는 구원의 계획을 가장 유효하게 완수하는 제도다(창 1:28; WCF 제24장 제2절). 그러므로 그리스도인은 결혼을 통해 가정을 이루고, 가정을 통해 경건한 자손을 확장시킬 뿐만 아니라, 거룩한 교회를 확장시켜야 한다.[313]

이러한 목적을 이루기 위해서 신자는 반드시 신자와 결혼해야 한다.[314] 불신자와 결혼해서는 하나님께서 세우신 결혼 제도의 목적을 달성할 수 없다. 그래서 성경은 신자가 신자와 결혼할 것을 여러 곳에서 가르치고 있다.

창세기 34:14 "야곱의 아들들이 그들에게 말하되 우리는 그리하지 못하겠노라. **할례 받지 아니한 사람에게 우리 누이를 줄 수 없노니** 이는 우리의 수치가 됨이니라", 신명기 7:1-4 "¹네 하나님 여호와께서 너를 인도하사 네가 가서 차지할 땅으로 들이시고 네 앞에서 여러 민족 헷 족속과 기르가스 족속과 아모리 족속과 가나안 족속과 브리스 족속과 히위 족속과 여부스 족속 곧 너보다 많고 힘이 센 일곱 족속을 쫓아내실 때에 ²네 하나님 여호와께서 그들을 네게 넘겨 네게 치게 하시리니 그 때에 너는 그들을 진멸할 것이라. 그들과 어떤 언약도 하지 말 것이요 그들을 불쌍히 여기지도 말 것이며 ³또 **그들과 혼인하지도 말지니 네 딸을 그들의 아들에게 주지 말 것이요 그들의 딸도 네 며느리로 삼지 말 것은 ⁴그가 네 아들을 유혹하여 그가 여호와를 떠나고 다른 신들을 섬기게 하므로** 여호와께서 너희에

---

312) 출산과 육아만을 지향하는 결혼에 대해 바른 의견을 제시하는 곳으로 다음을 참조하라. Stanley Grenz, *Sexual Ethics: A Biblical Perspective*(Louisville: Westminster John Knox Press, 1990). 남정우 역, 『성 윤리학: 기독교적 관점』(서울: 살림, 2003), 122-124.
313) 김홍전, 『혼인, 가정과 교회』, 109; 송영찬, 『세례와 성찬』, 27; Engelsma, 『이혼』, 96.
314) 손재익, "개혁파 장로교 신자의 바람직한 결혼 절차," 253-254.

게 진노하사 갑자기 너희를 멸하실 것임이니라", 사사기 3:5-7 "5그러므로 이스라엘 자손은 가나안 족속과 헷 족속과 아모리 족속과 브리스 족속과 히위 족속과 여부스 족속 가운데에 거주하면서 6그들의 딸들을 맞아 아내로 삼으며 자기 딸들을 그들의 아들들에게 주고 또 그들의 신들을 섬겼더라. 7이스라엘 자손이 여호와의 목전에 악을 행하여 자기들의 하나님 여호와를 잊어버리고 바알들과 아세라들을 섬긴지라", 열왕기상 11:1-4 "1솔로몬 왕이 바로의 딸 외에 **이방의 많은 여인을 사랑하였으니** 곧 모압과 암몬과 에돔과 시돈과 헷 여인이라. 2**여호와께서 일찍이 이 여러 백성에 대하여 이스라엘 자손에게 말씀하시기를 너희는 그들과 서로 통혼하지 말며 그들도 너희와 서로 통혼하게 하지 말라. 그들이 반드시 너희의 마음을 돌려 그들의 신들을 따르게 하리라 하셨으나** 솔로몬이 그들을 사랑하였더라. 3왕은 후궁이 칠백 명이요 첩이 삼백 명이라. 그의 여인들이 왕의 마음을 돌아서게 하였더라. 4솔로몬의 나이가 많을 때에 그의 여인들이 그의 마음을 돌려 다른 신들을 따르게 하였으므로 왕의 마음이 그의 아버지 다윗의 마음과 같지 아니하여 그의 하나님 여호와 앞에 온전하지 못하였으니", 느헤미야 13:25-27 "25내가 그들을 책망하고 저주하며 그들 중 몇 사람을 때리고 그들의 머리털을 뽑고 이르되 **너희는 너희 딸들을 그들의 아들들에게 주지 말고 너희 아들들이나 너희를 위하여 그들의 딸을 데려오지 아니하겠다고 하나님을 가리켜 맹세하라** 하고 26또 이르기를 **옛적에 이스라엘 왕 솔로몬이 이 일로 범죄하지 아니하였느냐.** 그는 많은 나라 중에 비길 왕이 없이 하나님의 사랑을 입은 자라. 하나님이 그를 왕으로 삼아 온 이스라엘을 다스리게 하셨으나 **이방 여인이 그를 범죄하게 하였나니** 27**너희가 이방 여인을 아내로 맞아 이 모든 큰 악을 행하여 우리 하나님께 범죄하는 것을** 우리가 어찌 용납하겠느냐", 말라기 2:11-12 "11유다는 거짓을 행하였고 이스라엘과 예루살렘 중에서는 가증한 일을 행하였으며 유다는 여호와께서 사랑하시는 그 성결을 욕되게 하여 **이방 신의 딸과 결혼하였으니** 12이 일을 행하는 사람에게 속한 자는 깨는 자나 응답하는 자는 물론이요 만군의 여호와께 제사를 드리는 자도 여호와께서 야곱의 장막 가운데에서 끊어 버리시리라."

그중에서도 고린도후서 6:14-18에 주목할 필요가 있다. 고린도후서 6:14은 "너희는 믿지 않는 자와 멍에를 함께 메지 말라…"(Do not be **yoked together** with unbelievers…)고 말씀하는데, '멍에'는 두 마리 이상의 소가 함께 밭을 갈 때에 등에 끼우는 것이다. 이를 염두에 두고 이 본문의 의미를 생각하면, 두 소가 하나의 멍에로 함께 일하는 것처럼 믿는 자와 믿는 자가 함께 일해야 하지,

믿지 않는 자와 함께 일할 수 없다는 것이다. 그렇다면 여기에서 말하는 '일'은 무슨 일인가? 사업을 함께 하는 것(同業)을 말하는가? 그렇지 않다. 결혼을 의미한다. 이 사실은 고린도후서 6:14이 신명기 22:10 "너는 소와 나귀를 겨리하여 갈지 말며"(Do not plow with an ox and a donkey **yoked together**)를 인용했다는 것을 통해 알 수 있다.[315] 신명기 22:10의 말씀은 소와 나귀에 대한 교훈이 아니라 신명기 22:13 이하를 통해 알 수 있듯이 결혼에 관한 교훈이다. 바울은 고린도후서 6:14에서 불신자와의 결혼을 금지하면서 의도적으로 신명기 22:10을 언급하고 있다.

이러한 점을 생각하면서 고린도후서 6:14을 다르게 표현하면 "믿는 자가 어떻게 믿지 않는 자와 함께 결혼하여 하나님의 존재방식을 이 땅에 드러내고, 어떻게 하나님의 영광을 드러내며, 어떻게 생육하고 번성하고 땅에 충만하며 땅을 정복하는 일을 하겠느냐?"라고 할 수 있다.

고린도후서 6:14-18은 불신자와의 결혼이 불가함을 강조하기 위해 의와 불법[316], 빛과 어두움[317], 그리스도와 벨리알[318], 믿는 자와 믿지 않는 자, 하나님의 성전과 우상 등 다섯 가지의 병렬대조(juxtaposition)를 사용하고 있다.

게다가 "어찌 함께 하며"(14절) "어찌 사귀며"(14절) "어찌 조화되며"(15절) "어찌 상관하며"(15절) "어찌 일치가 되리요"(16절)와 같은 언약적인 표현들을 사용하면서 불신결혼이 하나님과의 언약을 깨뜨리는 것임을 강조한다. 나아가 이 표현들은 모두 창세기 2:24에서 표현된 '합하여'라는 말과 비슷한 방식으로 표현되고 있다. 더 나아가 16절에서 인용하는 "나는 그들의 하나님이 되고 그들은 나의 백성이 되리라"와 18절에서 인용하는 "너희에게 아버지가 되고 너희는 내게 자녀가 되리라"는 개역개정과 NIV 난외주의 언급대로 언약을 말할 때에

---

315) '겨리하여'(yoked together)는 '멍에를 메다'(yoked together)라는 뜻이다. 그래서 신명기 22:10에 대한 공동번역 성경과 표준새번역 성경은 '겨리'라는 말이 '멍에'라고 번역되어 있다.

316) 이 관계에 대해서는 시 45:7; 히 1:9; 요일 3:4; 살후 2:3-10; 딛 2:14을 참조하라. Philip E. Hughes, *The Second Epistle to the Corinthians*, NICNT(Grand Rapids: Eerdmans, 1962), 247.

317) 이 관계에 대해서는 골 1:13; 요 8:12; 9:5; 마 4:16; 요 3:19; 요일 1:5; 벧전 2:9을 참조하라. Hughes, *The Second Epistle to the Corinthians*, 247.

318) 고린도후서 6:15의 '벨리알'(헬라어)은 무가치, 사악이라는 뜻의 히브리어 '벨리알'의 음역이며, 사탄의 이름이다.

주로 인용되는 구절이다(출 29:45-46; 레 26:12; 삼하 7:14; 대상 17:13; 28:6; 렘 32:38; 겔 37:27). 그리스도인에게 결혼이란 '언약' 적 의미가 있음을 생각할 때에 이 본문은 신자와 불신자의 결혼은 언약적이지 않다는 것을 강조한다. 그리스도인은 기본적으로 하나님과의 언약을 분명히 해야 하며, 하나님과 언약을 맺은 그리스도인은 하나님과 언약을 맺은 그리스도인과 결혼해야 한다.[319]

신자의 결혼 조건에 대해서는 웨스트민스터 신앙고백서 제24장 제3절에서도 설명하고 있다.

웨스트민스터 신앙고백서

제24장　결혼과 이혼에 관하여
Of Marriage and Divorce

3. 판단력judgment을 가지고 자기의 동의를 표할 수 있는 모든 사람들이 결혼하는 것은 합법적이다.[5] 그러나 오직 주 안에서 결혼하는 것to marry only in the Lord이 신자의 의무duty이다.[6] 그러므로 참된 개혁 신앙을 고백하는 사람은 불신자infidels, 로마가톨릭 신자Papist, 그 외의 우상 숭배자 other idolaters와 결혼해서는 안 된다should not marry. 또한 경건한 자는 그 생활에 있어서 심각하게 악한 사람notoriously wicked이나 저주받을 만한 damnable 이단사상을 주장하는maintain 사람과도 결혼하여 멍에를 같이 해서는 안 된다neither should be unequally yoked.[7]

---

5) 이 13:4, 딤전 4:3, 고전 7:36-38, 창 24:57,58　6) 고전 7:39　7) 출 34:14; 신 34:10; 느 7:0,4; 왕상 11:4; 느 13:25-27; 말 2:11,12; 고후 6:14

---

319) 제7계명을 결혼 준비와 배우자 선택에 관한 것과 연결시키는 것으로 다음을 참조하라. Douma, *The Ten Commandments*, 263-265.

웨스트민스터 대요리문답 제139문답은 불법적인 결혼의 시행이 제7계명을 어기는 것임을 언급하면서, 불신자와의 결혼을 금하는 본문인 말라기 2:11-12을 근거로 제시하고 있다.

불신자와의 결혼 문제는 1980년대 이후부터 한국교회에서 가볍게 취급되지만, 조선예수교장로회 제6회(1917년) 총회는 "로마교인과 결혼하는 일은 위태한 즉 당회가 성혼 안 되도록 권면하고 임의 성혼한 것이면 죄에 빠지지 아니하도록 권면할 일"이라고 결의하였고, 조선예수교장로회 제20회(1931년) 총회는 "경기노회가 헌의한 신자의 자녀가 불신자라도 믿기로 결심한 자로 더불어 결혼하는데 주례 여하에 대하여는 성경과 총회 제14회록 32페이지 말행에 기재된 결의에 의하여 말로만 결심한 자에게 교회예식 대로 할 수 없사오며"라고 결의했다. 한국 최초의 장로교회인 '새문안교회'의 초기 당회록에는 불신자와 결혼한 자를 권징한 사실이 기록되어 있고, 순교자 주기철 목사가 목회한 바 있는 '부산초량교회'는 불신자와 결혼한 자를 중점적으로 징계했고, 1931년에는 불신자와 결혼한 사람들에 대해 4건을 권징했다. 경남지역에서 가장 오래된 교회 중 하나인 마산문창교회와 창원가음정교회는 불신자와 결혼한 자와 그 부모에 대해 권징한 바 있다.[320] 지금도 장로교 헌법에는 불신자와의 결혼을 금하고 있으니, 대한예수교장로회 (고신) 총회 헌법(2011년판) 헌법적 규칙 제6조 (결혼식) 제2항 '결혼예식의 주례', 대한예수교장로회 (합동) 총회 헌법(2006년판) 예배모범 제12장 혼례식 제2항, 대한예수교장로회 (합신) 총회 헌법(2010년판) 예배모범 제18장 혼인예식 제2항에서 규정하고 있다.

3. 성경이 가르치는 간음

세상은 간음을 좁은 범위에서 생각한다. 결혼한 부부가 자신의 배우자 외에 다른 사람과 성관계를 갖는 것만 간음으로 이해한다.

그러나 성경이 가르치는 간음의 개념은 보다 넓다. 간음은 하나님께서 제정하신 결혼의 원리에서 벗어난 모든 것이다. 하나님께서 친히 제정하셨기에 신성한 결혼을 무가치하게 여기는 것은 간음이다(히 13:4). 하나님이 아니라 사람이 결혼 제도를 세우려고 하는 행위는 간음이다. 결혼 제도의 궁극적인 목적을 실천하지 않는다면 간음이다. 하나님이 짝지어 주신 배우자를 사랑하지 않는다면 간음이다. 하나님이 짝지어 주신 배우자로 만족하지 않는다면 간음이다. 한 남자와 한 여자가 한 몸을 이루는 방식이 아닌 다른 형태의 결혼은 간음이다. 부부의 배타성을 깨뜨리는 모든 시도, 한 몸 된 부부를 갈라놓으려는 모든 시도가 간음이다.

---

320) 최덕성, 『한국교회 친일파 전통』(서울: 본문과 현장사이, 2000), 364-369.

십계명은 '언약문서' 다. 그러므로 제7계명도 언약의 관점에서 생각해야 하는데, 간음은 결혼[321]으로 말미암아 맺어진 부부의 관계를 깨뜨리는 것이요, '부부 관계로 말미암아 형성된 언약' 을 깨뜨리는 것이다.

4. 간음은 왜 죄인가?

간음이 죄인 이유는 하나님께서 친히 제정하신 결혼 제도를 허무는 일이기 때문이다. 간음은 결혼의 신성함을 파괴하는 일이다. 간음은 하나님의 짝지어 주심에 대한 도전이며, 하나님이 짝지어 주신 배우자 이외에 다른 사람을 자신이 스스로 선택하려는 일이다. 간음은 그 누구도 들어올 수 없는 두 사람의 한 몸 됨에 다른 사람을 들어오게 만드는 일이다. 간음은 하나님께서 하나 되게 하신 두 사람의 한 몸 됨을 허무는 일이다. 간음은 하나님께서 세우신 결혼 제도의 소중함과 그 결혼 제도를 통하여서 세우신 가정을 지키시려는 하나님의 선하신 뜻과 목적에 위배된다.

그래서 간음은 다른 모든 죄와 마찬가지로 궁극적으로는 하나님에 대한 죄요, 하나님의 위치에 자신이 앉으려는 시도다(제1계명). 간음은 하나님께 대한 범죄며 여호와와 맺은 언약관계를 깨뜨리는 일이다. 그래서 다윗은 '밧세바' 와의 간음에 대해 "다윗이 나단에게 이르되 **내가 여호와께 죄를 범하였노라**"라고 고백했다(삼하 12:13). 보디발의 아내의 유혹을 받은 요셉은 그것을 뿌리치면서 "이 집에는 나보다 큰 이가 없으며 주인이 아무것도 내게 금하지 아니하였어도 금한 것은 당신뿐이니 당신은 그의 아내임이라. 그런즉 **내가 어찌 이 큰 악을 행하여 하**

---

321) '결혼' (結婚)이라는 표현과 '혼인' (婚姻)이라는 표현 중 어떤 표현이 적합할까? 한글성경은 '혼인' 이라는 표현을 주로 사용한다(마 22:2; 요 2:1; 딤전 4:3; 히 13:4 등). 그리고 김홍전 박사의 영향을 받은 개혁주의 진영의 사람들은 주로 혼인이라는 표현을 사용한다. 그 이유는 결혼 (結婚)이라는 표현은 일본식이라는 김홍전 박사의 생각[김홍전, 『혼인, 가정과 교회』(서울: 성약, 1994), 66] 때문이다. 그러나 결혼이라는 단어는 이미 18세기의 『명듀보월빙』이나 『성교절요』(1864)에 사용되는 것으로 그 표현이 '일본식' 이라는 것은 그다지 신빙성이 없다.
　필자는 '결혼' 이라는 표현이 더 좋다고 본다. 왜냐하면 '혼인' (婚姻)이라는 말은 '아내의 친정' 이라는 뜻의 '혼' (婚)과 '사위의 집' 이라는 뜻의 '인' (姻)이 결합된 것이지만, '결혼' (結婚)이라는 말은 '혼약을 맺다' 라는 뜻을 갖고 있어서 결혼 제도의 '언약 (言約)적 의미를 잘 드러내 주는 표현이기 때문이다. 언약(言約)이라는 말의 '약 (約)이라는 말이 묶는다는 의미를 갖고 있다는 점을 생각해 보면 그 이유를 잘 알 수 있다.

나님께 죄를 지으리이까"(창 39:9)라고 말했다.

5. 제7계명과 제6, 8, 10계명

간음은 제6계명인 살인보다 더 심각할 수 있다. 왜냐하면 살인은 한 사람의 생명력을 박탈하는 범죄지만, 간음은 한 가정의 생명력을 박탈하는 죄이기 때문이다.[322] 또한 부부는 한 몸인데, 간음은 한 몸을 나누는 행위이므로 살인이다.

제7계명은 제8계명과도 연결된다. 왜냐하면 남의 남편이나 아내를 취하는 것은 남의 것을 도둑질하는 것과 같기 때문이다. 요셉은 보디발의 아내에게 "이 집에는 나보다 큰 이가 없으며 주인이 아무것도 내게 금하지 아니하였어도 금한 것은 당신뿐이니 **당신은 그의 아내임이라.** 그런즉 내가 어찌 이 큰 악을 행하여 하나님께 죄를 지으리이까"(창 39:9)라고 말했다. 그러므로 간음은 다른 사람의 남편이나 다른 사람의 아내를 취하는 것으로 도둑질에 해당한다.

간음은 제10계명과도 연결된다. 제10계명은 "네 이웃의 집을 탐내지 말라. **네 이웃의 아내**나 그의 남종이나 그의 여종이나 그의 소나 그의 나귀나 무릇 네 이웃의 소유를 **탐내지 말라**"고 한다.

6. 제7계명의 실천

제7계명 실천의 기본은 결혼을 귀하게 여기는 것이다(히 13:4). 결혼에 대한 바른 인식, 결혼에 대한 존중이야말로 간음하지 않는 것의 시작이다. 하나님께서 친히 제정하신 결혼 제도가 갖고 있는 정신을 무시하는 모든 행위를 금하는 것이 제7계명을 실천하는 일이다.

(1) 음욕(淫慾)

십계명이 외적 행위만 금하는 것이 아니라 태도, 경향, 마음 깊은 곳에서 우러나오는 욕망에 관해서까지 가르치고 있다는 점을 생각해 보면, 음욕도 간음이다.

---

322) 이광호, 『에세이 산상수훈』, 95.

마태복음 5:27-28에서 예수님은 "²⁷또 간음하지 말라 하였다는 것을 너희가 들었으나 ²⁸나는 너희에게 이르노니 음욕을 품고 여자를 보는 자마다 마음에 이미 간음하였느니라"라고 말씀하셨는데, 얼핏 보면 원래의 제7계명에 의미를 더 보충하시는 것 같지만 그렇지 않다. 이 사실은 출애굽기 20장에 기록된 십계명의 뒤에 따라 나오는 출애굽기와 레위기와 민수기의 여러 율법 속에서 설명된 제7계명의 풍성한 의미를 통해서 알 수 있다.

제7계명은 성적인 욕망과 관련된 모든 문제를 포함한다. 예컨대 포르노그래피를 보는 것,[323] 음란한 상상을 하는 것은 제7계명을 어기는 일이다. 자기 배우자 외의 다른 사람을 보면서 야한 생각을 한다거나 사소하게나마 음란한 생각을 품는다면 제7계명을 어기는 일이다. 음란한 말을 하는 것도 제7계명을 어기는 일이다. 간음은 행위로 이어지게 만드는 '음욕'을 포함하며, 성적 욕구를 만족시키기 위해 추구하는 모든 행위를 포함한다.

제7계명은 간음뿐 아니라 마음에 품는 음욕까지도 금한다. 그렇다면 왜 하나님은 이렇게 강한 명령을 주셨을까? 그 이유는 제6계명과 마찬가지로 행위가 마음에서 비롯되기 때문이다. 간음이라는 외적 행위는 바로 나타나는 것이 아니다. 먼저 마음으로 어떤 생각을 할 때부터 시작된다. 어떤 사람과 간음하려고 할 때에 가장 기본은 마음에서 비롯된다. 마음에서 "아! 저 여자(혹은 남자) 참 괜찮다. 저 사람이 내 여자(남자)였으면 좋겠다. 저 여자(남자)를 어떻게 하면 안 될까?"라는 마음속 '생각'에서 시작한다. 그리고 그다음 간음이라는 '행동'으로 이어진다. 그래서 하이델베르크 요리문답 제108문답은 모든 부정을 마음으로부터 미워하라고 가르친다.

---

323) '음행'은 헬라어로 '포르네이아'인데(마 5:32; 19:9; 막 7:21; 요 8:41; 행 15:20; 고전 5:1; 6:13,18; 7:21; 고후 12:21; 갈 5:19; 골 3:5), 이 말에서 '포르노그래피'(pornography)라는 단어가 나왔다. 포르노그래피에 대해서는 다음을 참조하라. 신원하, 『교회가 꼭 대답해야 할 윤리 문제들』, 27-35.

> **하이델베르크 요리문답**
>
> 108문 : 제7계명에서 하나님께서 원하시는 것은 무엇입니까?
>
> 　답 : 모든 부정(不貞)unchastity은 하나님의 저주 아래 있습니다.[1] 따라서 거룩한 혼인의 관계에 있든지 독신으로 있든지,[2] **우리는 어떤 부정이라도 마음으로부터 미워하고**detest, **순결하고**decent **단정한**chaste 생활을 해야 합니다.[3]
>
> ―――――――
>
> 1) 레 18:27-29; 엡5:5　　2) 말 2:16; 마 19:9; 고전 7:10-11; 히 13:4　　3) 살전 4:3-5; 유 23

제7계명이 음욕을 금하고 있음은 하이델베르크 요리문답 제109문답, 웨스트민스터 소요리문답 제72문답, 웨스트민스터 대요리문답 제139문답에서 잘 설명하고 있다. 그리고 모두 다 마태복음 5:27-28을 근거구절로 제시하고 있다.

> **하이델베르크 요리문답**
>
> 109문 : 하나님께서는 이 계명에서 간음adultery, 또는 그와 같은 부끄러운 죄scandalous sins만을 금하십니까?
>
> 　답 : 우리의 몸과 영혼이 모두 성령의 전(殿)이기 때문에 우리가 몸과 영혼을 **순결하고**clean **거룩하게**holy 지키기를 원하십니다.[4] 그렇기에 하나님께서는 모든 부정한 행동actions이나 몸짓looks, 말talk이나 생각thoughts이나 욕망desires,[5] 또한 그리로 유혹하는 모든 것을 금하십니다.[6]
>
> ―――――――
>
> 4) 고전 6:18-20　　5) 신 22:20-29; **마 5:27-28**; 엡 5:3-4　　6) 고전 15:33; 엡 5:18

웨스트민스터 소요리문답

72문 : 제7계명에서 금지된 것은 무엇입니까?

  답 : 제7계명이 금하는 것은 모든 부정(不貞)한unchaste 생각thoughts과 말words과 행동actions입니다.[1)

---

1) 마 15:19; 5:28; 엡 5:3-4

웨스트민스터 대요리문답

139문 : 제7계명에서 금지된 죄들은 무엇입니까?

  답 : 제7계명에서 금지된 죄들은 요구된 의무들을 등한히 하는 일neglect 외에,[1) 간음adultery, 음행fornication,[2) 강간rape, 근친상간incest,[3) 동성애sodomy, 모든 부자연스러운 정욕all unnatural lusts,[4) 모든 부정한 상상과 생각, 목적, 애정affections,[5) 모든 부패한 혹은 추잡한filthy 교제, 혹은 그것에 귀를 기울이는 것,[6) 음탕한 표정wanton looks,[7) 뻔뻔스러운 추태나 경솔한 행동impudent or light behaviour, 단정치 못한 옷차림immodest apparel,[8) 합법적인 결혼을 금하는 것[9)과 불법적인 결혼의 시행,[10) 매음stews을 허락allowing, 관용tolerating, 보존하며keeping, 음녀들에게 가는 것resorting,[11) 독신 생활에 얽매이는 서약entangling vows of single life,[12) 결혼의 부당한 지연,[13) 일시에 두 사람 이상의 아내나 남편을 가지는 것,[14) 부당한 이혼[15) 혹은 버림desertion,[16) 게으름idleness, 지칠 줄 모르는 정욕gluttony, 술취함,[17) 순결치 않은 교제unchaste company,[18) 음탕한lascivious 노래, 서적, 그림, 춤, 연극과[19) 우리 자신이나 다른 사람에게 음란을 자극시키는 것provocations이나 음란의 행위를 하는 모든 것들입니다.[20)

---

1) 잠 5:7   2) 히 13:4; 갈 5:19   3) 삼하 13:14; 고전 5:1   4) 롬 1:24,27; 레 20:15,16   5) 마 5:28; 마 15:19; 골 3:5   6) 엡 5:3-4; 잠 7:5,21,22   7) 사 3:16; 벧후 2:14   8) 잠 7:10,13   9) 딤전 4:3   10) 레 18:1-21; 말 2:11-12   11) 왕상 15:12; 왕하 23:7; 신 23:17-18; 레 19:29; 렘 5:7; 잠 7:24-27   12) 마 19:10-11   13) 고전 7:7-9; 창 38:26   14) 말 2:14-15; 마 19:5   15) 말 2:16; 마 5:32   16) 고전 7:12-13   17) 겔 16:49; 잠 23:30-33   18) 창 39:10   19) 엡 5:4; 겔 23:14-16; 사 23:15-17; 사 3:16; 막 6:22; 롬 13:13; 벧전 4:3   20) 왕하 9:30; 렘 4:30; 겔 23:40

위 내용 중 주목해야 할 것 하나는, 자신이 음욕을 품는 것만 아니라 다른 사람으로 하여금 음욕을 품게 만드는 일도 제7계명을 어기는 일이라는 사실이다. 하이델베르크 요리문답 제109문답은 "또한 그리로 유혹하는 모든 것을 금하십니다"라고 가르치며, 웨스트민스터 대요리문답 제139문답은 "단정치 못한 옷차림"과 "우리 자신이나 다른 사람에게 음란을 자극시키는 것"을 금하고 있다.

사람들은 흔히 "내가 음욕을 품지 않으면 그만"이라고 생각한다. 그리고 음욕을 품은 사람은 비난하지만, 어떤 사람으로 하여금 음욕을 품게 만든 사람은 크게 비난하지 않는다. 심지어 "음욕을 품게 만든 사람도 잘못"이라고 말하면 그 말에 대한 비난이 쏟아진다. 하지만 제7계명은 다른 사람으로 하여금 음욕을 품게 만드는 것도 금하고 있다.

이와 관련하여 디모데전서 2:9 "또 이와 같이 여자들도 단정하게 옷을 입으며 소박함과 정절로써 자기를 단장하고…"라는 말씀은 여성들이 노출이 심한 옷을 입는 것을 아무렇지 않게 생각하는 이 시대에 그리스도인 자매들이 어떻게 해야 하는지를 잘 가르쳐 준다. 그리스도인 자매들은 옷차림이 자기의 외모와 몸매를 뽐내기 위한 수단만이 되어서는 안 된다. 아름다움을 드러내되, 적절한 수준을 넘지 말아야 한다. 무엇보다도 다른 사람으로 하여금 범죄케 해서는 안 된다.

웨스트민스터 소요리문답 제71문답은 자신의 순결뿐만 아니라 이웃의 순결도 보존하라고 가르친다.

웨스트민스터 소요리문답

71문 : 제7계명에서 요구된 것은 무엇입니까?

　답 : 제7계명이 요구하는 것은 마음heart과 말speech과 행동behaviour에서 자기 자신과 이웃의 순결chastity을 보존하라는 것preservation입니다.[1]

1) 고전 7:2-3,5,34,36; 골 4:6; 벧전 3:2

(2) 불법적인 결혼(일부다처, 동성결혼, 근친혼)

성경이 가르치는 결혼은 한 남자와 한 여자가 한 몸을 이루는 것이다. 성경은 1남 1녀의 결혼을 가르친다(창 2:24). 그렇기에 한 남자와 여러 여자 혹은 한 여자와 여러 남자가 결혼할 수 없고, 한 남자와 한 남자 혹은 한 여자와 한 여자가 결혼할 수 없다. 1남 1녀의 원리에서 벗어난 모든 결혼은 제7계명을 어긴 것이다.

이런 점에서 일부다처(一夫多妻)나 일처다부(一妻多夫)와 같은 복혼제(複婚制, Polygamy)는 제7계명을 어기는 것이다. 그리고 남자와 남자, 여자와 여자가 결혼하는 동성결혼(同性結婚, Same-Sex Marriage)과 동성결혼의 바탕이 되는 동성애(同性愛, Homosexuality)는 제7계명을 어기는 것이다. 이 외에도 근친상간(近親相姦, Incest)이나 근친혼(近親婚, Incestuous Marriages) 등은 제7계명을 어기는 것이다.

이에 대해서는 웨스트민스터 신앙고백서 제24장 제1,4절과 웨스트민스터 대요리문답 제139문답에서 언급하고 있다.

웨스트민스터 신앙고백서

제24장   결혼과 이혼에 관하여
Of Marriage and Divorce

1. 결혼은 한 남자와 한 여자 사이에 이루어지는 것이다is to be. 그래서 남자가 동시에at the same time 두 사람 이상의 아내를 두는 것이나, 여자가 동시에 두 사람 이상의 남편을 두는 것은 합법적이지 않다.[1]

---

1) 창 2:24; 마 19:5,6; 잠 2:17 (고전 7:2; 마 10:6-9)

4. 말씀에 금지된 가까운 친척degrees of consanguinity이나 인척관계affinity 안에서는 결혼할 수 없다ought not to be.[8] 그러한 근친혼incestuous marriages은 어떠한 사람의 법이나 당사자들의 동의consent of parties로도 합법화될

수 없으므로 그들이 남편과 아내로서 함께 살 수 없다may not.[9] 남자는
자신의 가까운 혈족kindred nearer in blood과 결혼할 수 없는 만큼 자기 아
내의 가까운 혈족과 결혼할 수 없고may not, 여자는 자신의 가까운 혈족
과 결혼할 수 없는 만큼 자기 남편의 가까운 혈족과 결혼할 수 없다.[10]

---

8) 레 18장; 고전 5:1; 암 2:7   9) 막 6:18; 레 18:24-28   10) 레 20:19-21

웨스트민스터 대요리문답

139문 : 제7계명에서 금지된 죄들은 무엇입니까?

답 : 제7계명에서 금지된 죄들은 요구된 의무들을 등한히 하는 일neglect
외에,[1] 간음adultery, 음행fornication,[2] 강간rape, **근친상간**incest,[3] **동성
애**sodomy, 모든 부자연스러운 정욕all unnatural lusts,[4] 모든 부정한
상상과 생각, 목적, 애정affections,[5] 모든 부패한 혹은 추잡한filthy 교
제, 혹은 그것에 귀를 기울이는 것,[6] 음탕한 표정wanton looks,[7] 뻔뻔
스러운 추태나 경솔한 행동impudent or light behaviour, 단정치 못한
옷차림immodest apparel,[8] 합법적인 결혼을 금하는 것[9]과 **불법적인
결혼의 시행,**[10] 매음stews을 허락allowing, 관용tolerating, 보존하며
keeping, 음녀들에게 가는 것resorting,[11] 독신 생활에 얽매이는 서약
entangling vows of single life,[12] 결혼의 부당한 지연,[13] **일시에 두 사람
이상의 아내나 남편을 가지는 것,**[14] 부당한 이혼[15] 혹은 버림
desertion,[16] 게으름idleness, 지칠 줄 모르는 정욕gluttony, 술 취함,[17]
순결치 않은 교제unchaste company,[18] 음탕한lascivious 노래, 서적, 그
림, 춤, 연극과[19] 우리 자신이나 다른 사람에게 음란을 자극시키는
것provocations이나 음란의 행위를 하는 모든 것들입니다.[20]

---

1) 잠 5:7   2) 히 13:4; 갈 5:19   3) 삼하 13:14; 고전 5:1   4) 롬 1:24,27; 레 20:15,16   5) 마 5:28; 마 15:19; 골 3:5
6) 엡 5:3-4; 잠 7:5,21,22   7) 사 3:16; 벧후 2:14   8) 잠 7:10,13   9) 딤전 4:3   10) 레 18:1-21; 말 2:11-12   11) 왕
상 15:12; 왕하 23:7; 신 23:17-18; 레 19:29; 렘 5:7; 잠 7:24-27   12) 마 19:10-11   13) 고전 7:7-9; 창 38:26   14) 말
2:14-15; 마 19:5   15) 말 2:16; 마 5:32   16) 고전 7:12-13   17) 겔 16:49; 잠 23:30-33   18) 창 39:10   19) 엡 5:4;
겔 23:14-16; 사 23:15-17; 사 3:16; 막 6:22; 롬 13:13; 벧전 4:3   20) 왕하 9:30; 렘 4:30; 겔 23:40

특히 동성결혼이 죄라는 사실은 하나님의 창조 원리를 통해서도 생각할 수 있다. 창세기 1:24,27에 따르면 하나님은 짐승을 만드실 때도 분명 암컷과 수컷으로 창조하셨으나 오직 사람에 대해서만 남자와 여자를 창조하셨다는 사실을 언급하고 있다(WSC 제10문답; WLC 제17문답; 제6계명 해설 참고). 그리고 그 남자와 여자를 결혼시키셨다(창 2:24). 이런 점에서 동성결혼은 창조 원리에서 벗어난다.[324]

제6계명을 처음으로 어긴 최초의 살인자 가인의 자손인 라멕은 두 아내를 취함으로 제7계명을 어겼다(창 4:17). 죄악이 가득한 소돔성에는 동성애가 있었으니 동성애를 가리켜 영어로 '소도미'(sodomy)라고도 한다(WLC 제139문답).[325]

동성결혼과 동성애는 제7계명을 어긴 것이다. 그런데 제6계명은 차별과 인권의 문제를 다룬다. 그렇다면 동성애자의 인권 문제는 어떻게 바라보아야 하는가?

동성애는 분명 죄다. 교회와 그리스도인은 동성애를 죄로 여겨야 한다.[326] 동성결혼과 동성애가 하나님 앞에서 범죄임을 가르쳐야 한다. 하나님은 동성결혼과 동성애를 용납하지 않으신다. 동성애자를 성찬에 참여시킬 수 없으며, 직분

---

324) 그 외에도 동성결혼이나 동성애를 반대하는 성경본문은 많이 찾아볼 수 있으니, 레위기 18:22 "너는 여자와 동침함 같이 남자와 동침하지 말라. 이는 가증한 일이니라", 레위기 20:13 "누구든지 여인과 동침하듯 남자와 동침하면 둘 다 가증한 일을 행함인즉 반드시 죽일지니 자기의 피가 자기에게로 돌아가리라", 로마서 1:27 "그와 같이 남자들도 순리대로 여자 쓰기를 버리고 서로 향하여 음욕이 불일 듯하매 남자가 남자와 더불어 부끄러운 일을 행하여 그들의 그릇됨에 상당한 보응을 그들 자신이 받았느니라" 등이 있다. 동성애에 대한 성경적 입장을 잘 제시한 책으로 다음을 참고하라. Kevin DeYoung, *What Does the Bible Really Teach about Homosexuality?*(Wheaton: Crossway, 2015), 조계광 역, 『성경이 동성애에 답하다』(서울: 지평서원, 2016). 동성애가 타고난 성향이라고 주장하는 자들에 대한 반론으로 다음을 참고하라. 길원평 외, 『동성애 과연 타고나는 것일까?: 동성애 유발 요인에 대한 과학적 탐구』(서울: 라온누리, 2014).

325) 20세기 중반에 들어와 창세기 19:5의 '상관하리라' 라는 말의 히브리어 '야다' 를 '알다' 라는 뜻으로 해석하려 함으로써 이 부분이 단순히 소돔 사람들이 롯의 집에 찾아 온 두 사람을 알고자 무례하게 끄집어내려고 한 불친절의 잘못을 범한 것을 보여주고 있을 뿐이라는 주장이 나타났다. John R. W. Stott, *Issues Facing Christians Today*, 박영호 역, 『현대사회문제와 기독교적 답변』(서울: CLC, 1997), 415-417. 그러나 이 주장은 바람직하지 않다.

326) 그러나 안타깝게도 오늘날 교회에서조차 동성애를 아무렇지 않게 생각하는 심각한 경우가 발생하고 있다. 그 예로, 1988년 캐나다 연합교회는 동성애자 목사 안수를 결정했다. 미국에서 가장 오래된 장로교단이며, 장로교단 중에 가장 많은 성도가 있는 미국장로교회(PCUSA)는

자로 세울 수 없다.

그렇다고 동성애자를 차별해서는 안 된다. 동성애자도 동일한 시민이요 국민
이다. 동성애자는 취업에 차별을 받아야 한다고 주장하거나, 동성애자를 고립시
키거나 격리시켜야 한다고 주장해서는 안 된다. 만약 동성애자를 차별해야 한다
고 주장한다면 제1계명을 어기는 사람, 제2계명을 어기는 사람, 주일을 지키지
않는 사람, 부모에게 순종하지 않는 사람도 차별해야 한다는 논리로 이어질 수
있다. 동성애자는 죄인으로서 복음을 들어야 할 대상이다.[327]

(3) 이혼

사람들은 '간음'이라고 하면 배우자가 있는 사람이 다른 이성과 성적인 관계
를 가지는 것에 한정지어서 생각한다. 아니면 좀 더 나아가 '음욕을 품는 것' 정
도로 생각한다. 그러나 성경이 가르치는 간음은 하나님께서 정해 놓으신 결혼의
원리에서 벗어난 모든 것을 말한다. 성경이 가르치는 결혼을 허무는 모든 행위
가 곧 간음이다. 이런 점에서 이혼은 제7계명을 어기는 일이다.[328]

이혼이 제7계명에 해당한다는 사실은 십계명을 다루고 있는 산상수훈 중 일부
인 마태복음 5:31-32를 통해 알 수 있다. 마태복음 5:27에서부터 제7계명을 다
루는데, 32절에서 예수님은 "누구든지 음행한 이유 없이 아내를 버리면 이는 그
로 간음하게 함이요…"라고 말씀하신다. 또한 마태복음 19:3-6에 의하면 이혼
은 '하나님'이 짝지어 주신 것을 '사람'이 나누려고 하는 시도다. 그러므로 이혼
은 제7계명을 어기는 일이다.

이혼이 간음에 해당한다는 사실은 웨스트민스터 대요리문답 제139문답을 통
해서도 확인할 수 있다. 제139문답은 제7계명을 다루면서 '이혼과 버림'을 언급
하고 있다.

2001년 총회에서 동성애자 안수금지조항을 삭제하기로 결의했다. 미국 그리스도연합감리교회
(UCC)는 2004년에 동성애자 목사 안수를 허용하기로 했다. 호주연합교회(UCA)는 2006년에
동성애 목사 안수를 결정했다.

327) 그렇다고 해서 동성애라는 '죄'와 동성애자라는 '사람'을 분리시켜서는 안 된다. 성경은 죄와
사람을 분리시키지 않는다.

328) 가톨릭교회교리서도 제7계명(그들에게는 제6계명)에서 이혼을 다룬다. *Catechism of the
Catholic Church*, para. 2382-2386.

139문 : 제7계명에서 금지된 죄들은 무엇입니까?

답 : 제7계명에서 금지된 죄들은 요구된 의무들을 등한히 하는 일neglect 외에,[1] 간음adultery, 음행fornication,[2] 강간rape, 근친상간incest,[3] 동성애sodomy, 모든 부자연스러운 정욕all unnatural lusts,[4] 모든 부정한 상상과 생각, 목적, 애정affections,[5] 모든 부패한 혹은 추잡한filthy 교제, 혹은 그것에 귀를 기울이는 것,[6] 음탕한 표정wanton looks,[7] 뻔뻔스러운 추태나 경솔한 행동impudent or light behaviour, 단정치 못한 옷차림immodest apparel,[8] 합법적인 결혼을 금하는 것[9]과 불법적인 결혼의 시행,[10] 매음stews을 허락allowing, 관용tolerating, 보존하며keeping, 음녀들에게 가는 것resorting,[11] 독신 생활에 얽매이는 서약entangling vows of single life,[12] 결혼의 부당한 지연,[13] 일시에 두 사람 이상의 아내나 남편을 가지는 것,[14] **부당한 이혼**[15] **혹은 버림**desertion,[16] 게으름idleness, 지칠 줄 모르는 정욕gluttony, 술 취함,[17] 순결치 않은 교제unchaste company,[18] 음탕한lascivious 노래, 서적, 그림, 춤, 연극과[19] 우리 자신이나 다른 사람에게 음란을 자극시키는 것provocations이나 음란의 행위를 하는 모든 것들입니다.[20]

---

1) 잠 5:7 2) 히 13:4; 갈 5:19 3) 삼하 13:14; 고전 5:1 4) 롬 1:24,27; 레 20:15,16 5) 마 5:28; 마 15:19; 골 3:5 6) 엡 5:3-4; 잠 7:5,21,22 7) 사 3:16; 벧후 2:14 8) 잠 7:10,13 9) 딤전 4:3 10) 레 18:1-21; 말 2:11-12 11) 왕상 15:12; 왕하 23:7; 신 23:17-18; 레 19:29; 렘 5:7; 잠 7:24-27 12) 마 19:10-11 13) 고전 7:7-9; 창 38:26 14) 말 2:14-15; 마 19:5 15) 말 2:16; **마 5:32** 16) 고전 7:12-13 17) 겔 16:49; 잠 23:30-33 18) 창 39:10 19) 엡 5:4; 겔 23:14-16; 사 23:15-17; 사 3:16; 막 6:22; 롬 13:13; 벧전 4:3 20) 왕하 9:30; 렘 4:30; 겔 23:40

이혼은 간음이면서 동시에 살인이다. 왜냐하면 이혼은 당사자인 부부와 그들을 둘러싼 가족(자녀와 부모), 그들이 속한 교회의 성도들을 비롯한 이웃에게 큰 상처를 남기는 것이기 때문이다.

오늘날의 풍조는 이혼을 가볍게 여긴다. 이혼을 죄로 여기지 않는다. 이혼을 너무나 당연히 여기고 정죄하지 않는다. "안 맞으면 빨리 이혼하는 게 서로에게 좋다"라고 말하기도 하고, "이혼이 뭐 어때서? 부끄러워할 필요 없어"라고 말하기도 한다. 반면 부모를 공경하지 않는 사람은 나쁘게 바라본다. 간음이나 살인도 매우 큰 죄로 여긴다. 하지만 성경은 그렇게 가르치지 않는다. 이혼은 제7계명을 어기는 범죄다.

사람은 누구나 하나님께서 정하신 원리에서 벗어나려는 죄의 본성을 갖고 있다. 결혼에 대해서도 마찬가지다. 하나님께서 짝지어 주신 것을 사람이 나누려고 하는 죄성을 갖고 있다. 그리고 이혼을 정당화하려고 한다. 나름의 합당한 이유를 제시하려고 한다. 이에 대해서는 웨스트민스터 신앙고백서 제24장 제6절에서 잘 보여주고 있다.[329]

웨스트민스터 신앙고백서

제24장　결혼과 이혼에 관하여
Of Marriage and Divorce

6. 인간의 부패성corruption은 하나님께서 결혼으로 짝지어 주신 사람들을those whom God hath joined together in marriage 부당하게unduly 나누려는to put asunder 논거들을 연구하려는study arguments 경향이 있다apt to. 그러나 간음adultery 혹은 교회나 국가의 법정civil magistrate도 구제할 수 없는 고의적인 유기willful desertion 외에는 결혼의 결합bond을 파기할 수 있는 충분한 이유cause sufficient of dissolving가 없다.[14] 이혼할 때에는 공적이고 질서 있는 절차를 밟아야 하며, 관련된 당사자들의 의지will와 결정discretion에만 맡겨서는 안 된다.[15]

---

14) 마 19:8,9; 고전 7:15; 마 19:6　15) 신 24:1-4 (스 10:3)

---

329) 웨스트민스터 신앙고백서 제24장 제5-6절은 이혼에 대해 기본적으로는 반대의 입장을 취하면서도 예외를 인정한다. 그러나 필자는 이혼의 예외를 인정하지 않는다. 필자는 이혼 절대불가론을 따른다. 필자는 웨스트민스터 신앙고백서가 아주 훌륭한 고백서임을 믿고, 개혁주의 신앙고백서들 가운데에 웨스트민스터 신앙고백서를 최고의 것으로 믿는다. 특히 다른 신앙고백서들이 전혀 다루지 않는 주제인 결혼과 이혼을 다룬다는 점에서 높이 평가한다. 하지만 이 부분에 대해서만큼은 동의하지 않는다. 이와 관련해서는 손재익, "이혼과 재혼에 대한 몇 가지 입장

(4) 재혼

이혼이 간음이듯, 사별(死別)이 아닌 배우자가 살아 있는 중에 이루어지는 재혼도 간음이다. 자신은 초혼이지만 상대방이 재혼인 경우(재혼할 당시에 이전의 배우자가 살아 있는 경우)에도 간음이다.

이에 대해서는 마태복음 5:32 "또 누구든지 버림받은 여자에게 장가드는 자도 간음함이니라"는 말씀과 마가복음 10:11-12 "¹¹이르시되 누구든지 그 아내를 버리고 다른 데에 장가드는 자는 본처에게 간음을 행함이요 ¹²또 아내가 남편을 버리고 다른 데로 시집가면 간음을 행함이니라"는 말씀이 가르치고 있다.

재혼이 간음인 이유는 성경이 가르치는 결혼의 원리인 '부부의 한 몸 됨'과 '하나님의 짝지어 주심'을 통해 더욱 분명해진다. 부부의 한 몸 됨은 사람이 나눌 수 없다. 하나님이 짝지어 주신 것은 사람이 나눌 수 없고 오직 하나님만이 나눌 수 있으며 하나님은 오직 '죽음'을 통해서만 두 사람을 나눈다. 그렇기에 법원의 허락에 따라 이혼했다 하더라도 하나님이 보시기에 두 사람은 여전히 부부다. 세상법정이 이혼을 '허락'했다고 해서 '하나님'께서도 허락하신 것은 아니다. 한 몸 됨은 분리되지 않는다. 이혼이라는 법적 상태에 있어도 여전히 부부다. 그런데 재혼을 하면 원래의 배우자를 두고 다른 사람과 성적 결합을 갖는 것이므로 간음이다. 이혼 후 재혼은 사람의 관점에서는 이혼 후 재혼이지만, 하나님의 관점에서는 결혼 후 결혼이요 일종의 복혼(複婚)이다. 그러므로 재혼은 원래의 배우자가 사망할 때까지 지속적인 간음이다.³³⁰⁾

과 그에 대한 분석," 『개혁정론』(2015년 10월 29일)(http://reformedjr.com/2993 또는 http://cafe.daum.net/hgpch/LENW/27)을 참고하라. 필자와 동일한 입장을 취하는 견해는 John Murray, *Divorce*(Phillipsburg: P&R, 1961); David Engelsma, *Marriage*(Grand Rapids: Reformed Free Publishing Association, 2000), 이성호 역, 『이혼』(서울: 낮은울타리, 2000)에서도 볼 수 있다.

330) 웨스트민스터 신앙고백서 제24장 제5절은 간음을 이유로 이혼한 경우에는 재혼을 인정한다. 그리고 그렇게 해서 이혼한 경우 범죄한 측이 죽은 것과 마찬가지라고 본다. 그러나 필자는 웨스트민스터 신앙고백서의 이러한 고백에는 동의하지 않는다. 이와 관련해서는 손재익, "이혼과 재혼에 대한 몇 가지 입장과 그에 대한 분석," 『개혁정론』(2015년 10월 29일)(http://reformedjr.com/2993 또는 http://cafe.daum.net/hgpch/LENW/27)을 참고하라. 필자와 동일한 입장을 취하는 견해는 David Engelsma, *Marriage*(Grand Rapids: Reformed Free Publishing Association, 2000), 이성호 역, 『이혼』(서울: 낮은울타리, 2000)에서도 볼 수 있다.

현대사회는 재혼을 부추긴다. 재혼을 가리켜 "새 출발"이라고 한다. 이혼 후에 원래의 배우자와 합치는 방법을 전혀 고려하지 않는다. 그렇게 하는 사람을 오히려 이상하게 바라보기도 한다. 하지만 성경은 그렇게 가르치지 않는다.

이혼이 죄지만, 이혼한 상황에서는 아직 기회가 남아 있다. 이혼 후 재혼하지 않았다면 원래의 배우자와 다시 합칠 수 있는 기회가 있다. 그러나 재혼을 하는 순간 회복의 기회마저 잃게 된다. 고린도전서 7:11은 "만일 갈라섰으면 그대로 지내든지 다시 그 남편과 화합하든지 하라"라고 해서 이혼을 하면 안 되지만 이혼을 했을 경우에는 그냥 혼자서 계속 지내든지 아니면 이혼하였던 원래의 배우자와 합칠 것을 권면한다.[331] 비록 결혼에 일시적으로 실패했다 하더라도 그 결혼은 죽음 외에 그 어느 것도 갈라놓을 수 없으므로 한 몸의 일부인 배우자와 다시 합하기 위해 최선의 노력을 다해야 한다.[332]

사별 후 재혼은 예외다. 왜냐하면 죽음이 두 사람을 갈라놓았기 때문이다(롬 7:2-3).

(5) 배우자에 대한 의무

간음하지 않는 것으로 제7계명을 다 지킨 것은 아니다. 성생활을 포함해 배우자에 대한 의무를 다해야 한다. 남편이 아내에 대해, 아내가 남편에 대해 그 의무와 도리를 다하지 않으면 넓은 의미의 간음이다.

신명기 24:5 "사람이 새로이 아내를 맞이하였으면 그를 군대로 내보내지 말 것이요 아무 직무도 그에게 맡기지 말 것이며 그는 일 년 동안 한가하게 집에 있으면서 **그가 맞이한 아내를 즐겁게 할지니라**"는 한 남자와 한 여자가 부부로 맺어진 처음 순간이 얼마나 소중한지를 말해 주고 있다. 그리고 다른 어떤 것보다 소중하게 여겨져야 한다고 가르친다.[333] 전도서 9:9 "네 헛된 평생의 모든 날 곧 하

---

331) Engelsma, 「이혼」, 127.

332) Grenz, 「성 윤리학」, 238-239.

333) 이 말씀은 출애굽한 성도가 광야를 거쳐 가나안 땅을 향하여 나아가는 시점에 주어진 것으로, 이 상황에서는 '군인'이 아주 중요하다. 한 사람의 군인이라도 아까운 때다. 그래서 민수기 1장에서는 20세 이상 남자의 숫자를 세었고, 그것은 곧 군대를 위함이었다. 가나안 정복 전쟁은 일반적 의미의 전쟁이라기보다는 약속의 땅을 얻기 위한 방편으로써 궁극적으로는 '하나님 나라를 이루어 가는 일'이다. 오늘날로 비유하자면 가나안 정복 전쟁은 교회 봉사라고 할 수도 있다. 그런데 성경은 그러한 일조차도 배우자와의 도리를 위해서 포기할 것을 말한다.

나님이 해 아래에서 네게 주신 모든 헛된 날에 **네가 사랑하는 아내와 함께 즐겁게 살지어다.** 그것이 네가 평생에 해 아래에서 수고하고 얻은 네 몫이니라"는 아내와 즐겁게 사는 것이 남편 된 도리임을 가르친다. 특히 고린도전서 7:3 "남편은 그 아내에 대한 의무를 다하고 아내도 그 남편에게 그렇게 할지라"는 제7계명과 관련이 있다. 이 말씀들이 가르치는 바처럼 배우자로서의 도리에 충실하지 않는 것도 간음이다.

왜 그럴까? 간음은 그 행위에 대한 것뿐만 아니라 그 행위가 일어나도록 하는 것도 포함하기 때문이다. 배우자로서의 도리를 다하지 않는 것은 배우자로 하여금 간음할 기회를 제공하는 것이 된다. 예컨대 아내가 남편과의 성적 관계를 아무런 이유 없이 지속적으로 거절할 경우, 남편으로 하여금 아내 이외의 사람에게 가도록 만든다. 그래서 고린도전서 7:5은 "서로 분방하지 말라.…이는 너희가 절제 못함으로 말미암아 사탄이 너희를 시험하지 못하게 하려 함이라"라고 말씀한다. 잠언 5:19-20 "¹⁹그는 사랑스러운 암사슴 같고 아름다운 암노루 같으니 너는 그의 품을 항상 족하게 여기며 그의 사랑을 항상 연모하라. ²⁰내 아들아, 어찌하여 음녀를 연모하겠으며 어찌하여 이방 계집의 가슴을 안겠느냐"도 마찬가지다. 이 말씀에 의하면 하나님께서 허락하신 자신의 배우자를 사랑하는 것은 간음을 막는 일이다. 사실 결혼 제정의 목적에는 무절제한 정욕을 막는 것도 있다(고전 7:9; WCF 제24장 제2절).

합법적인 결혼 제도로 맺어진 부부관계에서의 성(性)은 아주 아름다운 것이며 부부 간에 이루어져야 할 합당한 일이다.

이와 관련하여 웨스트민스터 대요리문답 제138문답은 부부의 사랑과 동거, 우리의 소명에 대한 부지런한 수행을 하는 것이 제7계명을 지키는 것이라고 가르친다.

웨스트민스터 대요리문답

138문 : 제7계명에서 요구된 의무들은 무엇입니까?

답 : 제7계명에서 요구된 의무들은 몸body, 마음mind, 애정affections¹⁾, 말 words²⁾과 행동behaviour³⁾에 있어서의 순결chastity, 우리 자신과 다른 사람들의 순결을 보존하는 것,⁴⁾ 눈과 모든 감각 기관에 대한 조심 watchfulness,⁵⁾ 절제temperance,⁶⁾ 순결한 교제의 유지keeping of chaste company,[7] 단정한 복장modesty in apparel,[8] 금욕의 은사the gift of continency가 없는 자들의 결혼,[9] **부부의 사랑**conjugal love[10]**과 동거**cohabitation[11], **우리의 소명에 대한 부지런한 수행**diligent labour in our callings,[12] 부정(不淨)uncleanness의 모든 경우를 피함shunning과 그 유혹들을 저항하는 것입니다.[13]

---

1) 살전 4:4; 욥 31:1; 고전 7:34 2) 골 4:6 3) 벧전 2:3 4) 고전 7:2,35,36 5) 욥 31:1 6) 행 24:24,25 7) 잠 2:16-20 8) 딤전 2:9 9) 고전 7:2,9 **10) 잠 5:19,20** 11) 벧전 3:7 12) 잠 31:11,27,28 13) 잠 5:8; 창 39:8-10

이러한 관점에서 볼 때 장기간의 주말 부부, 기러기 아빠 등은 바람직하지 않다.

(6) 이성교제와 혼전 순결

간음은 부부관계를 벗어난 성관계를 의미한다. 부부가 아닌 관계에서 이루어지는 성적인 일들은 모두 잘못된 것이다. 그러므로 이미 결혼한 부부가 자신의 배우자 외의 사람과 가지는 성관계도 간음이지만, 아직 결혼하지 않은 미혼 남녀가 가지는 성관계도 간음이다. 그러나 상당수 사람들은 20대 미혼 남녀의 성관계를 간음이라고 생각하지 않는다.

세상 사람들은 미혼 남녀의 관계를 간음이라 여기지 않는다. 최근에는 혼전동거(婚前同居)에 대해서도 관용하는 분위기다. 하지만 성경적 관점에서 혼전 순결을 어기는 것은 간음이다. 신명기 22:13-21에는 '순결에 관한 법'이 나오는데, 이 법에 의하면 결혼 첫날 신부가 처녀가 아닌 것이 드러나거든 돌로 쳐 죽일 것을 명령하고 있다(14, 21절).[334]

혼전 성관계는 하나님만이 정하실 수 있는 결혼을 사람이 스스로 정하려고 하는 행위요, 하나님께서 짝지어 주실 사람에 대한 기다림 없이 스스로 배우자를

---

334) '상황윤리'를 강조하는 '조셉 플레처'는 성경에 혼전 성관계에 대한 명시적 언급이 없다는 것을 근거로 혼전 성의 윤리성 여부를 교리적으로 규정해서는 안 된다고 주장한다. Joseph Fletcher, *Situation Ethics: The New Morality*(Philadelphia: The Westminster Press, 1966), 142.

짝지으려는 인간의 교만한 욕심에서 나오는 행위다.

성은 오직 하나님이 짝지어 주신 두 사람 안에서만 부끄럽지 않다(창 2:25). 하나님이 친히 맺어 주시는 결혼 제도 안에서만 부끄럽지 않다. 결혼을 통해 부부로 맺어진 관계가 아닌 관계에서의 성관계는 간음이다.

웨스트민스터 대요리문답 제138-139문답은 이성 간의 순결을 제7계명에서 다루고 있다.

웨스트민스터 대요리문답

138문 : 제7계명에서 요구된 의무들은 무엇입니까?

답 : 제7계명에서 요구된 의무들은 몸body, 마음mind, 애정affections[1], 말words[2]과 행동behaviour[3]에 있어서의 순결chastity, 우리 자신과 **다른 사람들의 순결을 보존하는 것**,[4] 눈과 모든 감각 기관에 대한 조심watchfulness,[5] 절제temperance,[6] **순결한 교제의 유지**keeping of chaste company,[7] 단정한 복장modesty in apparel,[8] 금욕의 은사the gift of continency가 없는 자들의 결혼,[9] 부부의 사랑conjugal love[10]과 동거cohabitation[11], 우리의 소명에 대한 부지런한 수행diligent labour in our callings,[12] 부정(不淨)uncleanness의 모든 경우를 피함shunning과 그 유혹들을 저항하는 것입니다.[13]

---

1) 살전 4:4; 욥 31:1; 고전 7:34   2) 골 4:6   3) 벧전 2:3   **4) 고전 7:2,35,36**   5) 욥 31:1   6) 행 24:24,25   7) 잠 2:16-20   8) 딤전 2:9   9) 고전 7:2,9   10) 잠 5:19,20   11) 벧전 3:7   12) 잠 31:11,27,28   13) 잠 5:8; 창 39:8-10

139문 : 제7계명에서 금지된 죄들은 무엇입니까?

답 : 제7계명에서 금지된 죄들은 요구된 의무들을 등한히 하는 일neglect 외에,[1] 간음adultery, 음행fornication,[2] 강간rape, 근친상간incest,[3] 동성애sodomy, 모든 부자연스러운 정욕all unnatural lusts,[4] 모든 부정한 상상과 생각, 목적, 애정affections,[5] 모든 부패한 혹은 추잡한filthy 교제, 혹은 그것에 귀를 기울이는 것,[6] 음탕한 표정wanton looks,[7] 뻔뻔스러운 추태나 경솔한 행동impudent or light behaviour, 단정치 못한 옷차림immodest apparel,[8] 합법적인 결혼을 금하는 것[9]과 불법적인 결혼의 시행,[10] 매음stews을 허락allowing, 관용tolerating, 보존하며

keeping, 음녀들에게 가는 것resorting,[11] 독신 생활에 얽매이는 서약 entangling vows of single life,[12] 결혼의 부당한 지연,[13] 일시에 두 사람 이상의 아내나 남편을 가지는 것,[14] 부당한 이혼[15] 혹은 버림 desertion,[16] 게으름idleness, 지칠 줄 모르는 정욕gluttony, 술 취함,[17] **순결치 않은 교제**unchaste company,[18] 음탕한lascivious 노래, 서적, 그림, 춤, 연극과[19] 우리 자신이나 다른 사람에게 음란을 자극시키는 것provocations이나 음란의 행위를 하는 모든 것들입니다.[20]

---

1) 잠 5:7   2) 히 13:4; 갈 5:19   3) 삼하 13:14; 고전 5:1   4) 롬 1:24,27; 레 20:15,16   5) 마 5:28; 마 15:19; 골 3:5
6) 엡 5:3-4; 잠 7:5,21,22   7) 사 3:16; 벧후 2:14   8) 잠 7:10,13   9) 딤전 4:3   10) 레 18:1-21; 말 2:11-12   11)
왕상 15:12; 왕하 23:7; 신 23:17-18; 레 19:29; 렘 5:7; 잠 7:24-27   12) 마 19:10-11   13) 고전 7:7-9; 창 38:26
14) 말 2:14-15; 마 19:5   15) 말 2:16; 마 5:32   16) 고전 7:12-13   17) 겔 16:49; 잠 23:30-33   **18) 창 39:10**
19) 엡 5:4; 겔 23:14-16; 사 23:15-17; 사 3:16; 막 6:22; 롬 13:13; 벧전 4:3   20) 왕하 9:30; 렘 4:30; 겔 23:40

(7) 이유 없는 독신

제7계명은 하나님께서 제정하신 결혼 제도에 대한 존중을 명령한다. 그러므로 자기의 유익을 따라 결혼하지 않는 것도 제7계명을 어기는 것이다(고전 7:2, 9).[335]

창세기 2:18에서 하나님은 "사람이 혼자 사는 것이 좋지 아니하니 내가 그를 위하여 돕는 배필을 지으리라"고 하셨다. '좋지 않다'는 히브리어로 '로 토브'인데, 좋다 나쁘다의 문제가 아니라 '옳지 않다'는 뜻을 갖고 있다. 혼자 사는 것이 하나님의 의도가 아니라는 뜻이다. 이 사실은 창세기 1장에 나오는 6일 동안의 창조의 언급에서 무려 7번이나 "좋았더라"라고 말씀하신(창 1:4,10,12,18, 21,25,31) 하나님께서 유독 창세기 2:18에서만 "좋지 아니하니"라고 말씀하신 것을 통해서도 알 수 있다. 그리고 창세기 1:31에서 하나님은 "보시기에 심히 좋았더라"라고 말씀하시는데, 이 말씀은 창세기 2:18에서 "좋지 아니하니"라고 말씀하신 뒤, 여자를 창조하시고 나서 하신 말씀이다.

---

335) 손재익, "1인 1가구 시대, 그리스도인의 결혼과 가정," 「담임목사가 되기 전에 알아야 할 7가지」, 240-247.

물론 독신이 불가능한 것은 아니다. 독신도 하나님의 뜻 가운데 있다(HC 제 108문답). 하나님께서는 어떤 사람에게는 평생 동안 독신으로 살도록 은사를 주신다. 그러한 은사를 소유한 사람들은 독신으로 살 수 있으며, 그렇게 산다고 해서 성경이 가르치는 결혼에 반하는 것은 아니다.

그러나 독신의 동기가 철저히 자기중심적이라면, 예컨대 결혼생활을 일종의 속박이나 제약으로 여긴다든지, 혼자 사는 것의 만족감과 편리함 때문에 독신을 택한다든지, 결혼하여 남편 혹은 아내로서 배우자에 대한 의무와 책임을 해야 하는 것이 싫어서 독신을 택한다든지, 자녀를 낳아서 아버지 혹은 어머니로서 자녀를 위해 희생해야 하는 것이 싫어서 독신을 택한다든지, 시대의 풍조와 주위의 추세를 따라 독신을 선택한다면,[336] 이유 없는 독신이요, 성경이 금하고 있는 독신이다.

독신의 은사가 있는 것이 아님에도 불구하고 합당한 이유 없이 결혼을 지체하는 것, 자발적 독신(celibacy),[337] 사회현상과 더불어 결혼을 아예 포기하는 것은 바람직하지 않다. 오늘날 한국사회가 독신과 만혼을 조장하고 있지만, 성도는 이런 가치관을 따라갈 수 없다. 주님께서 주신 젊음의 때에 결혼하여 정욕을 불법으로 해소하지 말고 언약의 자녀를 얻어 젊음의 힘이 있을 때에 자녀를 양육해야 한다.[338]

이유 없는 독신이 제7계명에 해당한다는 사실은 웨스트민스터 대요리문답 제 138-139문답에서도 가르치고 있다.

---

336) 오늘날의 세상은 '싱글리즘'(Singlism)이라는 고상한 표현으로 독신주의를 미화하려고 한다.
337) 이 단어는 '결혼하지 않은' '혼자'라는 뜻의 라틴어 *caelebs*에서 유래했다. 원래 이 말은 동정 또는 배우자를 잃은 남자나 여자를 가리켰으나 후대에는 신성한 서약과 자기 부인행위, 종교적 확신에 의해 결혼하지 않은 상태에 있는 사람들에게만 적용되었다.
338) 유해무, 『헌법해설: 웨스트민스터 신앙고백서/대소교리문답서』, 223.

138문 : 제7계명에서 요구된 의무들은 무엇입니까?

　답 : 제7계명에서 요구된 의무들은 몸body, 마음mind, 애정affections[1], 말 words[2]과 행동behaviour[3]에 있어서의 순결chastity, 우리 자신과 다른 사람들의 순결을 보존하는 것,[4] 눈과 모든 감각 기관에 대한 조심 watchfulness,[5] 절제temperance,[6] 순결한 교제의 유지keeping of chaste company,[7] 단정한 복장modesty in apparel,[8] **금욕의 은사the gift of continency가 없는 자들의 결혼,**[9] 부부의 사랑conjugal love[10]과 동거 cohabitation[11], 우리의 소명에 대한 부지런한 수행diligent labour in our callings,[12] 부정(不淨)uncleanness의 모든 경우를 피함shunning과 그 유혹들을 저항하는 것입니다.[13]

---

1) 살전 4:4; 욥 31:1; 고전 7:34　2) 골 4:6　3) 벧전 2:3　4) 고전 7:2,35,36　5) 욥 31:1　6) 행 24:24,25　7) 잠 2:16-20　8) 딤전 2:9　**9) 고전 7:2,9**　10) 잠 5:19,20　11) 벧전 3:7　12) 잠 31:11,27,28　13) 잠 5:8; 창 39:8-10

139문 : 제7계명에서 금지된 죄들은 무엇입니까?

　답 : 제7계명에서 금지된 죄들은 요구된 의무들을 등한히 하는 일neglect 외에,[1] 간음adultery, 음행fornication,[2] 강간rape, 근친상간incest,[3] 동성애sodomy, 모든 부자연스러운 정욕all unnatural lusts,[4] 모든 부정한 상상과 생각, 목적, 애정affections,[5] 모든 부패한 혹은 추잡한filthy 교제, 혹은 그것에 귀를 기울이는 것,[6] 음탕한 표정wanton looks,[7] 뻔뻔스러운 추태나 경솔한 행동impudent or light behaviour, 단정치 못한 옷차림immodest apparel,[8] 합법적인 결혼을 금하는 것[9]과 불법적인 결혼의 시행,[10] 매음stews을 허락allowing, 관용tolerating, 보존하며keeping, 음녀들에게 가는 것resorting,[11] **독신 생활에 얽매이는 서약 entangling vows of single life,**[12] **결혼의 부당한 지연,**[13] 일시에 두 사람 이상의 아내나 남편을 가지는 것,[14] 부당한 이혼[15] 혹은 버림 desertion,[16] 게으름idleness, 지칠 줄 모르는 정욕gluttony, 술 취함,[17] 순결치 않은 교제unchaste company,[18] 음탕한lascivious 노래, 서적, 그림, 춤, 연극과[19] 우리 자신이나 다른 사람에게 음란을 자극시키

는 것provocations이나 음란의 행위를 하는 모든 것들입니다.[20]

1) 잠 5:7　2) 히 13:4; 갈 5:19　3) 삼하 13:14; 고전 5:1　4) 롬 1:24,27; 레 20:15,16　5) 마 5:28; 마 15:19; 골 3:5
6) 엡 5:3-4; 잠 7:5,21,22　7) 사 3:16; 벧후 2:14　8) 잠 7:10,13　9) 딤전 4:3　10) 레 18:1-21; 말 2:11-12　11)
왕상 15:12; 왕하 23:7; 신 23:17-18; 레 19:29; 렘 5:7; 잠 7:24-27　12) 마 19:10-11　**13) 고전 7:7-9; 창 38:26**
14) 말 2:14-15; 마 19:5　15) 말 2:16; 마 5:32　16) 고전 7:12-13　17) 겔 16:49; 잠 23:30-33　18) 창 39:10
19) 엡 5:4; 겔 23:14-16; 사 23:15-17; 사 3:16; 막 6:22; 롬 13:13; 벧전 4:3　20) 왕하 9:30; 렘 4:30; 겔 23:40

웨스트민스터 대요리문답 제138문답은 결혼을 '소명'(召命, calling)이라고 표현한다. 이러한 표현은 종교개혁자들의 결혼에 대한 이해를 잘 보여준다. 웨스트민스터 표준문서의 작성자들인 청교도들은 결혼을 높이 세움으로써 종교개혁의 결혼 이해를 최고조에 이르게 만들었다.[339]

7. 도덕법으로서의 제7계명과 현대사회

십계명은 도덕법이다. 그렇기에 교회와 그리스도인뿐만 아니라 세속국가와 불신자들에게도 영향을 끼친다. 대한민국 헌법, 법률에는 도덕법으로서의 십계명의 영향을 받은 흔적들이 있다.

그런데 시대가 흐를수록 세상은 제7계명의 영향에서 벗어나려고 한다. 21세기 이전만 하더라도 문명사회에서는 복혼, 근친혼, 동성혼, 간음, 이혼, 재혼을 죄로 여겼다. 그런데 21세기 들어서 동성혼, 간음, 이혼, 재혼을 아무렇지 않게 여기려고 한다.

다른 계명은 그렇지 않다. 제6계명 중 낙태나 안락사의 문제에 대해서는 다양한 관점이 존재하긴 하지만, 생명 자체에 대한 이해에 있어서는 큰 변화가 없다. 제8계명도 시대가 변한다고 해서 쉽게 바뀌지 않는다. 대부분의 문명사회에서는 도둑질과 그에 준하는 모든 행위를 법률로 금하고 있다. 그런데 유독 제7계명은 현대사회에서 이상한 방향으로 흐른다.

동성결혼의 경우, 2001년 4월 1일 네덜란드가 합법화한 이후, 2003년 6월 1일 벨기에가, 최근에는 2015년 6월 26일 미국 연방대법원이 합법화하였고, 이 여파는 대한민국에도 미치고 있다.[340]

---

339) Grenz, 『성 윤리학』, 26.

　간음의 경우, 2007년 탤런트 박 모 씨와 옥 모 씨 부부의 문제 이후 죄가 아닌 개인의 성적 자기결정권이라고 여기는 풍토가 나타났다.[341] 그리고 2015년 2월 26일(목) 헌법재판소는 재판관 7명의 위헌과 2명의 합헌 판결로 「형법 241조(간통죄)에 대한 위헌판결(사건번호: 2009헌바17)」을 결정하였다. 이제 대한민국에서 간음은 처벌할 수 없게 되었다.[342]

　이혼의 경우, 대한민국 법률 「민법」(법률 제13710호) 제834조(협의상 이혼) "부부는 협의에 의하여 이혼할 수 있다"라고 되어 있긴 하지만 부정적으로 여겼다. 그러나 이러한 풍토가 점점 사라지고 있다.

　이러한 시대에 그리스도인은 더더욱 제7계명을 잘 지켜 이 세상에서 소금과 빛이 되어야 한다.

---

340) 2016년 현재까지 동성결혼을 합법화한 국가로는 네덜란드, 벨기에, 스페인, 남아프리카공화국, 노르웨이, 스웨덴, 포르투갈, 아이슬란드, 아르헨티나, 덴마크, 브라질, 프랑스, 영국, 우루과이, 뉴질랜드, 룩셈부르크, 아일랜드, 미국 등이 있다.

341) 아내인 옥 씨가 간음을 하였다는 이유로 두 사람이 이혼을 하게 되었는데, 이에 대해 남편인 박 씨가 옥 씨를 간음죄로 고소하였다. 이에 대해 피고소인이 된 아내 옥 씨는 "국가의 법률이 간음을 죄로 규정하는 것은 인간의 자유로운 성관계를 침해한다"고 주장했다. 간통죄와 성적 자기결정권이 서로 배치된다는 것이었다. 개인의 성관계를 법률이 죄로 정할 수 없다는 논리였다. 그 이후로 여성계에서는 간음죄가 여성의 성적 자유를 침해한다는 논리를 들어서 헌법에 위배된다는 '헌법소원'을 제기했다. 그리하여 옥 씨도 '위헌 심판 제청 신청서'를 제출했다(2008년 1월 30일). 이 위헌소송에 대해 헌법재판소는 재판관 5명이 합헌, 4명이 위헌이라고 판단하였는데, 6명 이상이 되어야 합헌 정족수에 되기 때문에 위헌으로 결정되었다(2008년 10월 30일, 사건번호: 2007헌가17).

342) 재판부가 밝힌 결정 이유는 "비록 비도덕적인 행위라 할지라도 본질적으로 개인의 사생활에 속하고 사회에 끼치는 해악이 그다지 크지 않거나 구체적 법익에 대한 명백한 침해가 없는 경우에는 국가권력이 개입해서는 안 되므로, 국민의 성적 자기결정권 및 사생활의 비밀과 자유를 침해하는 것으로서 헌법에 위반된다"였다. 재판부는 "혼인과 가정의 유지는 당사자의 자유로운 의지와 애정에 맡겨야 하며 형벌을 통해 타율적으로 강제될 수 없다"고 하였다. 이는 웨스트민스터 신앙고백서 제24장 제6절의 가르침에 어긋난다.

8. 제7계명과 예배

성경은 하나님과 그 백성의 관계, 그리스도와 교회의 관계를 남편과 아내의 관계로 비유한다(사 54:5-6; 62:5; 렘 3:14; 31:32; 겔 16:8; 호 2:16,19; 고후 11:2-3).[343] 이사야 54:5-6은 "⁵이는 **너를 지으신 이가 네 남편이시라.** 그의 이름은 만군의 여호와이시며 네 구속자는 이스라엘의 거룩한 이시라. 그는 온 땅의 하나님이라 일컬음을 받으실 것이라. ⁶여호와께서 너를 부르시되 **마치 버림을 받아 마음에 근심하는 아내** 곧 어릴 때에 아내가 되었다가 버림을 받은 자에게 함과 같이 하실 것임이라. 네 하나님께서 말씀하셨느니라"라고 해서 하나님과 이스라엘의 관계를 남편과 아내로 비유한다. 에베소서 5:22-25은 "²²아내들이여, 자기 남편에게 복종하기를 주께 하듯 하라. ²³이는 남편이 아내의 머리됨이 그리스도께서 교회의 머리됨과 같음이니 그가 바로 몸의 구주시니라. ²⁴그러므로 교회가 그리스도에게 하듯 아내들도 범사에 자기 남편에게 복종할지니라. ²⁵남편들아, 아내 사랑하기를 그리스도께서 교회를 사랑하시고 그 교회를 위하여 자신을 주심 같이 하라"라고 해서 그리스도와 교회를 남편과 아내의 관계로 비유하고, 에베소서 5:32에서 "이 비밀이 크도다. 나는 그리스도와 교회에 대하여 말하노라"라고 말씀한다. 요한계시록 21:2에서 요한은 교회를 가리켜 '남편을 위하여 단장한 신부'와 같다고 말씀한다. 그리고 성경은 하나님을 섬기지 않는 이스라엘 백성의 행위에 대해 '간음' 혹은 '음란'이라고 표현한다(신 31:16; 삿 2:17; 8:27,33; 호 9:1).

이러한 점을 생각해 볼 때 제7계명은 사람으로서의 한 남편과 한 아내의 관계만이 아니라 한걸음 더 나아가 남편이신 하나님과 아내인 우리의 관계도 포함하고 있다. 그래서 제7계명은 제1계명의 관점에서도 생각해야 한다.

하나님 한 분 외에 다른 신을 섬기는 것은 제7계명을 어기는 일이다. 교회는 그리스도의 순결한 신부로 살아가기 위해 애써야 한다.[344] 영적 간음을 범하지 않아야 한다. 오직 한 분 하나님을 바르게 예배함으로 제7계명을 지켜야 한다.

---

343) 손석태, 『여호와: 이스라엘의 남편』, 9-11.

344) 이 주제와 관련해서 다음을 참조하라. Raymond C. Ortlund, *God's Unfaithful Wife: A Biblical Theology of Spiritual Adultery*, NSBT 2(IVP, 2003).

9. 제7계명에 담긴 하나님의 배려와 사랑

교회와 사회를 구성하는 가장 기본적인 단위는 '가정'이다. 가정은 하나님 나라를 드러내기 위한 기초적인 단위다. 가정은 한 남자와 한 여자가 한 몸을 이루는 결혼에서부터 출발한다. 결혼을 통해 맺어진 부부가 가정을 구성한다.

제7계명은 결혼과 부부를 보호하는 계명이다. 그렇기에 제7계명에는 가정을 보호하시려는 하나님의 배려와 사랑이 담겨 있다. 부부가 순결을 지키고 서로에 대한 의무를 다할 때에 가정은 아름답게 유지되고 발전될 수 있다. 그렇지 않고 결혼 제도의 정신을 무시하고 자신의 이익을 따라 성을 도구화할 때에 가정은 파괴된다. 그래서 하나님은 간음하지 말라는 명령으로 가정과 교회와 사회를 향한 당신의 배려와 사랑을 드러내셨다. 제7계명에는 하나님의 사랑이 담겨 있다.

9장
제8계명

출애굽기 20:15

"도둑질하지 말라."

웨스트민스터 소요리문답

73문 : 제8계명은 무엇입니까?

답 : 제8계명은 "도둑질하지 말라" 하신 것입니다.[1]

---

1) 출 20:15

웨스트민스터 대요리문답

140문 : 제8계명은 무엇입니까?

답 : 제8계명은 "도둑질하지 말라" 하신 것입니다.[1]

---

1) 출 20:15

관련 성경구절

출애굽기 20:15; 21:16; 22:1-9,25; 23:8; 레위기 6:2-5; 19:11,13,35-36;

25:35-40; 신명기 5:19; 10:17; 16:19; 23:19-20; 24:7,19-21; 25:13-16; 27:25; 사무엘상 8:3; 역대상 29:14; 역대하 19:7; 에스라 4:5; 느헤미야 6:12-13; 시편 15:5; 잠언 6:6-11,30-31; 10:4; 11:1,24-25; 14:31; 15:15-16; 17:9,27-28; 19:17; 20:10,13,14,23; 21:5,6; 28:20,23,27; 30:8-9; 전도서 5:10-20; 7:7; 이사야 1:23; 5:23; 예레미야 22:13; 에스겔 22:12; 아모스 5:12; 미가 3:11; 6:10-11; 7:3; 말라기 3:8-9; 마태복음 6:1-4; 15:19-20; 21:12-13; 마가복음 7:21-22; 누가복음 3:13-14; 12:13-21; 16:13; 요한복음 10:1-2; 사도행전 2:44-45; 4:32-37; 5:4; 로마서 2:21; 13:9; 고린도전서 6:10; 고린도후서 8-9장; 에베소서 4:28; 빌립보서 4:11-13; 골로새서 3:22-25; 4:1; 데살로니가전서 4:11-12; 데살로니가후서 3:6-12; 디모데전서 1:9-10; 6:6-10,17-18; 히브리서 13:5; 야고보서 1:9-10; 2:2-6,14-17; 5:1-6; 베드로전서 1:4; 베드로후서 2:14-16; 요한일서 3:17-18

관련 신조
하이델베르크 요리문답 제110-111문답
웨스트민스터 대요리문답 제140-142문답
웨스트민스터 소요리문답 제73-75문답

1. 제8계명을 이해하기 위한 두 가지 전제

도둑질하지 말라는 명령은 다음의 두 가지를 전제로 한다. (1) 사유재산 (2) 청지기 정신. 이 두 가지가 함께 전제되지 않으면 제8계명을 제대로 이해할 수 없다.[345]

---

[345] 이 두 가지 전제는 각각 공산주의와 자본주의의 한계를 보여준다. 사유재산의 인정은 공산주의가 잘못된 경제 제도임을 가르쳐 주고, 청지기 정신은 자본주의식 사유재산 제도가 성경의 가르침과 다르다는 사실을 가르쳐 준다.

(1) 사유재산

　도둑질이란 다른 사람의 것을 훔치는 행위다. 그렇다면 '다른 사람의 것'과 '나의 것'의 구분이 있어야 한다. 만약 나의 것이 나의 것이고 너의 것도 나의 것이면, 도둑질은 성립되지 않는다. 도둑질이 성립되기 위해서는 나와 너의 소유에 대한 분명한 구분이 있어야 한다. 그러한 관계 속에서만 '도둑질'이라는 개념이 존재할 수 있다. 이런 점에서 제8계명의 전제는 '사유재산의 인정'이다.[346] 성경은 사유재산(私有財産, private property)을 인정한다.

　성경이 사유재산을 인정하고 있다는 사실은 출애굽기 20:17 "네 이웃의 집을 탐내지 말라. 네 이웃의 아내나 그의 남종이나 그의 여종이나 그의 소나 그의 나귀나 무릇 네 이웃의 소유를 탐내지 말라"에 기록된 제10계명에서도 분명히 나타난다. 제10계명에 의하면 나의 것이 있고, 이웃의 것이 있다.

　그런데 성경에 사유재산을 부인하는 것처럼 보이는 부분이 있다. 사도행전 4:32 "믿는 무리가 한마음과 한뜻이 되어 모든 물건을 서로 통용하고 자기 재물을 조금이라도 자기 것이라 하는 이가 하나도 없더라"이다. 이 말씀은 얼핏 보면 초대교회 성도들이 내 것과 네 것의 구분 없이 물건을 공유한 것처럼 보인다. 그러나 이 본문은 '사유재산'을 부정하는 것이 아니라 '사유재산'을 다른 사람을 위해 쉽게 내어 놓는 특성을 갖고 있었다는 설명이다.

　초대교회가 사유재산을 부정하고 공유재산을 주장한 것이 아니라는 사실은 아나니아와 삽비라 이야기를 통해서도 볼 수 있다.[347] 사도행전 5:1에 이 부부가 '자기의 소유'를 팔았다. 자기의 소유를 팔았다는 것은 초대교회에서 사유재산을 인정하고 있었다는 증거다. 그리고 자기의 소유를 판 아나니아 부부가 그중 일부를 감추고 나머지를 사도들의 발 앞에 두었는데(헌금했는데), 이에 대해 베드로가

---

346) 가톨릭교회교리서도 제8계명(그들에게는 제7계명)을 다루면서 사유재산을 제일 먼저 언급한다. *Catechism of the Catholic Church*, para. 2401.

347) Ronald J. Sider, *Rich Christians in an Age of Hunger: Moving from Affluence to Generosity*(Nashville: Thomas Nelson, 2005), 한화룡 역, 『가난한 시대를 사는 부유한 그리스도인』(서울: IVP, 2009), 145; Richard N. Longenecker, "The Acts of the Apostles," in *The Expositor's Bible Commentary*, vol. 9(Grand Rapids: Zondervan, 1981), 311; I. Howard Marshall, *Acts*, TNTC(Leicester: IVP, 1980), 84. 무엇보다도 웨스트민스터 신앙고백서 제26장 제3절에 잘 나타나 있다.

말하기를 "**땅이 그대로 있을 때에는 네 땅이 아니며 판 후에도 네 마음대로 할 수가 없더냐.** 어찌하여 이 일을 네 마음에 두었느냐. 사람에게 거짓말한 것이 아니요 하나님께로다"(행 5:4)라고 하였다.[348] 이 말씀에 따르면 아나니아 부부의 재산은 아나니아 부부의 것으로 자신들이 마음대로 할 수 있는 것이다. 만약 초대교회가 사유재산을 부정했다면 베드로는 4절에서 "땅이 그대로 있을 때에는 네 땅이 아니며 판 후에도 네 마음대로 할 수가 없더냐"라고 말하지 않았을 것이다. 이런 점에서 초대교회가 사유재산을 부정하지 않았다는 사실은 분명하다.

성경이 가르치는 사유재산 제도는 오늘날 많은 국가의 법에서도 규정하고 있는 것으로 17세기의 유명한 청교도 윌리엄 에임즈(William Ames)는 사유재산 제도는 인간의 법뿐만 아니라 자연법과 하나님의 법에 근거한 것이라고 했다.[349]

(2) 청지기 정신

성경이 말하는 사유재산이란 '절대적인 내 것'이 아니라 '상대적인 내 것'이다. 각 사람이 가진 모든 것은 자기 자신에게서 비롯된 것이 아니라 온 세상의 주인이신 하나님에게서 비롯된 것이다(출 19:5; 신 10:14; 욥 41:11; 시 24:1; 50:10-12; 잠 8:18; 대상 29:11-12,14,16). 하나님이 자신의 기쁘시고 선하신 뜻에 따라 각 사람에게 주신 것이다(대상 29:14,16). 그렇기에 각 사람의 소유는 '자신의 것이기 이전에 하나님의 것'이다. 그리고 하나님의 것이지만 이 세상에 사는 동안 우리에게 맡겨 주신 것이다.

그럼에도 불구하고 사람들은 자신의 힘과 노력으로 얻은 것이라고 생각한다. 물론 자신의 노력에 의한 것이지만 그렇게 사용된 힘과 노력, 지혜, 수완, 근면함, 건강, 환경 등은 모두 다 하나님이 주신 것이다. 이 사실을 신명기 8:12-18이 잘 가르쳐 주고 있다. "[12]네가 먹어서 배부르고 아름다운 집을 짓고 거주하게 되며 [13]또 네 소와 양이 번성하며 네 은금이 증식되며 네 소유가 다 풍부하게 될 때에 [14]네 마음이 교만하여 네 하나님 여호와를 잊어버릴까 염려하노라. 여호와는 너를 애굽 땅 종 되었던 집에서 이끌어 내시고 [15]너를 인도하여 그 광대하고

---

348) 사도행전 5:3에 의하면 아나니아 부부는 자기들이 땅을 팔고 받은 돈 중에 일부를 감추면서 사도들 앞에 가서는 "이것이 우리가 판 땅 값의 전부입니다"라고 말했던 것으로 보인다. 그런데 그들의 말이 사실이 아니라는 것을 베드로가 알았던 것이다.

349) 대한민국의 경우 헌법 제13조, 제22조 등에서 사유재산을 인정하고 있다.

위험한 광야 곧 불뱀과 전갈이 있고 물이 없는 간조한 땅을 지나게 하셨으며 또 너를 위하여 단단한 반석에서 물을 내셨으며 ¹⁶네 조상들도 알지 못하던 만나를 광야에서 네게 먹이셨나니 이는 다 너를 낮추시며 너를 시험하사 마침내 네게 복을 주려 하심이었느니라. ¹⁷그러나 네가 마음에 이르기를 내 능력과 내 손의 힘으로 내가 이 재물을 얻었다 말할 것이라. ¹⁸네 하나님 여호와를 기억하라. 그가 네게 재물 얻을 능력을 주셨음이라. 이같이 하심은 네 조상들에게 맹세하신 언약을 오늘과 같이 이루려 하심이니라."

'우리의 것이 사유재산이지만 동시에 하나님이 주신 것이라는 생각과 태도'를 '청지기(steward) 정신'이라고 한다. 이 표현은 누가복음 16:1-13에서 왔다.

2. 도둑질은 왜 죄인가?

위 두 가지 전제로 인해 도둑질은 죄다.

먼저 사유재산에 근거해서 생각해 보면, 도둑질은 사유재산을 함부로 침해하는 것이다. 도둑질은 각 사람의 소유를 임의로 자신의 것으로 삼으려는 죄다.

다음으로 청지기 정신에 근거해서 생각해 보면, 도둑질은 하나님께서 다른 사람에게 주신 것을 자신의 것으로 삼으려는 죄다. 도둑질은 하나님께서 자신에게 주신 것으로 만족하지 못하는 죄다.

위 두 가지에 근거하여 도둑질은 죄다. 그리고 다른 모든 죄와 마찬가지로 사람에 대한 범죄일 뿐만 아니라 하나님께 대한 범죄이기도 하다(레 6:2).³⁵⁰⁾

3. 도둑질하지 않으려면

도둑질은 하나님께서 자신에게 주신 것으로 만족하지 못하는 데서 비롯된다. 그렇기에 성경은 '지족'(知足, contentment) 혹은 '안분지족'(安分知足)의 도를 가르치고 있다. 히브리서 13:5 "돈을 사랑하지 말고 있는 바를 족한 줄로 알라", 디모데전서 6:6-9 "⁶그러나 자족하는 마음이 있으면 경건은 큰 이익이 되느니라. ⁷우리가 세상에 아무것도 가지고 온 것이 없으매 또한 아무것도 가지고 가지 못

---

350) 이런 점에 비추어 볼 때, 획일적으로 제1-4계명은 하나님 사랑, 제5-10계명은 이웃 사랑으로 구분하는 방식은 바람직하지 않다.

하리니 ⁸우리가 먹을 것과 입을 것이 있은즉 족한 줄로 알 것이니라. ⁹부하려 하
는 자들은 시험과 올무와 여러 가지 어리석고 해로운 욕심에 떨어지나니 곧 사
람으로 파멸과 멸망에 빠지게 하는 것이라" 등의 말씀에 따르면 하나님께서 자
신에게 주신 것으로 만족하면 도둑질을 하지 않을 수 있다.

도둑질하지 않는 최선의 방법은 자족(自足)이다. 자족은 탐심과 탐욕을 물리치
게 해준다. 반면 자족하지 않으면 도둑질을 하게 된다. 비록 도둑질이라는 '행
위' 로 이어지지 않더라도 다른 사람의 것을 가지고 싶은 '마음' 이 생겨나기 마
련이다. 하지만 만족하면 도둑질하지 않는다. 다른 사람의 것을 탐낼 수 없다.
자기의 것으로 충분하기 때문이다.

그러므로 자신의 형편과 처지에 대해 비관하고 불만을 가질 것이 아니라, 부
족한 중에도 우리에게 먹을 것과 입을 것을 허락하시는 하나님으로 인해 만족해
야 한다.

신자의 삶에서 나타나야 할 자족하는 태도에 대해서는 다음의 구절들이 잘 설
명해 주고 있다. 잠언 30:8-9 "⁸…나를 가난하게도 마옵시고 부하게도 마옵시고
오직 필요한 양식으로 나를 먹이시옵소서. ⁹혹 내가 배불러서 하나님을 모른다
여호와가 누구냐 할까 하오며 혹 내가 가난하여 도둑질하고 내 하나님의 이름을
욕되게 할까 두려워함이니이다", 빌립보서 4:11-13 "¹¹…어떠한 형편에든지 나
는 자족하기를 배웠나니 ¹²나는 비천에 처할 줄도 알고 풍부에 처할 줄도 알아 모
든 일 곧 배부름과 배고픔과 풍부와 궁핍에도 처할 줄 아는 일체의 비결을 배웠
노라. ¹³내게 능력 주시는 자 안에서 내가 모든 것을 할 수 있느니라."

4. 제8계명의 실천

(1) 도둑질

제8계명에 근거하여 성경에는 도둑질을 금하는 본문들이 많이 기록되어 있다.
출애굽기 22:1 "사람이 소나 양을 도둑질하여 잡거나 팔면 그는 소 한 마리에 소
다섯 마리로 갚고 양 한 마리에 양 네 마리로 갚을지니라", 레위기 6:2-5 "²누구
든지 여호와께 신실하지 못하여 범죄하되 곧 이웃이 맡긴 물건이나 전당물을 속
이거나 도둑질하거나 착취하고도 사실을 부인하거나 ³남의 잃은 물건을 줍고도
사실을 부인하여 거짓 맹세하는 등 사람이 이 모든 일 중의 하나라도 행하여 범

죄하면 [4]이는 죄를 범하였고 죄가 있는 자니 그 훔친 것이나 착취한 것이나 맡은 것이나 잃은 물건을 주운 것이나 [5]그 거짓 맹세한 모든 물건을 돌려보내되 곧 그 본래 물건에 오분의 일을 더하여 돌려보낼 것이니 그 죄가 드러나는 날에 그 임 자에게 줄 것이요", 레위기 19:11 "너희는 도둑질하지 말며 속이지 말며 서로 거 짓말하지 말며", 마가복음 7:21-22 "[21]속에서 곧 사람의 마음에서 나오는 것은 악한 생각 곧 음란과 도둑질과 살인과 [22]간음과 탐욕과 악독과 속임과 음탕과 질 투와 비방과 교만과 우매함이니."

도둑질은 눈에 보이는 물건이나 돈, 재산, 부동산뿐만 아니라 눈에 보이지 않 는 것도 포함한다. 다른 사람의 지식이나 지적 재산권을 훔치는 일에 해당하는 cheating, 표절, 불법 복제 및 복사, 불법 다운로드 등도 포함한다.[351] 또한 다른 사람과 시간 약속을 했는데 약속시간보다 늦게 나간다면 다른 사람의 시간을 도 둑질하는 것이다.

(2) 노동과 직업

제8계명을 지키기 위해서는 다른 사람의 것을 훔치지 않아야 한다. 그리고 이 를 위해서는 자신의 것으로 만족해야 한다. 자신의 것으로 만족하기 위해서는 사유재산에 대해 이해하고, 자신의 것에 대한 청지기 정신이 있어야 한다. 그런 데 이러한 것들은 소극적인 방식이고 더욱 능동적으로 자족(自足)할 수 있는 방 법이 있다. 바로 노동(勞動, work)이다.[352]

일(노동)을 하면 도둑질을 해야 할 이유가 적어진다. 도둑질을 한다는 것은 열 심히 일해서 자신의 필요와 욕구를 채우기보다는, 일하지 않고 거저 얻으려고 하는 것이다. '일'을 통해, 즉 수고하여 얻기보다는 수고하지 않고 얻으려는 것 이 도둑질이다. 그래서 도둑질하지 않는 능동적인 방법으로서의 '노동'은 제8계 명과 관련된다.

---

351) 한 회사나 개인이 수년 동안 자원과 인력을 투자해 만든 프로그램이나 컴퓨터 소프트웨어 혹은 저작물을 불법으로 복사해 사용하는 것은 그 회사나 개인이 수년 동안 수고해 맺은 결실을 땀 한 방울 흘리지 않고 가로채는 것이다.

352) 가톨릭교회교리서도 제8계명(그들에게는 제7계명)에서 노동을 다룬다. *Catechism of the Catholic Church*, para. 2426-2436.

에베소서 4:28 "도둑질하는 자는 다시 도둑질하지 말고 돌이켜 가난한 자에게 구제할 수 있도록 자기 손으로 수고하여 선한 일을 하라"는 이 사실을 잘 보여준다. 이 구절에서 "도둑질하는 자는 다시 도둑질하지 말고"라는 부분은 제8계명이다. 이어지는 "돌이켜 가난한 자에게 구제할 수 있도록 자기 손으로 수고하여 선한 일을 하라"는 부분은 제8계명의 긍정명령이다. 그러므로 '노동'은 제8계명에 해당하며, 이 성경구절에 따라 전통적으로 제8계명은 '기독교 노동관'과 연관된다고 보았다.[353]

이 외에도 성경에는 힘써 일할 것을 가르치는 본문들이 많다. 데살로니가후서 3:10-12 "[10]우리가 너희와 함께 있을 때에도 너희에게 명하기를 누구든지 일하기 싫어하거든 먹지도 말게 하라 하였더니 [11]우리가 들은즉 너희 가운데 게으르게 행하여 도무지 일하지 아니하고 일을 만들기만 하는 자들이 있다 하니 [12]이런 자들에게 우리가 명하고 주 예수 그리스도 안에서 권하기를 조용히 일하여 자기 양식을 먹으라 하노라"에서 사도는 일하지 않고 게으른 자를 지적하면서 일하여서 자기 양식을 먹으라고 말씀하고 있다. 일하지 않고 다른 사람의 양식을 먹으려고 하는 것, 즉 도둑질하려고 하는 것을 금하고 오히려 열심히 일해서 자기의 것을 먹으라고 권면하고 있다. 데살로니가전서 4:11-12 "[11]또 너희에게 명한 것 같이 조용히 자기 일을 하고 너희 손으로 일하기를 힘쓰라. [12]이는 외인에 대하여 단정히 행하고 또한 아무 궁핍함이 없게 하려 함이라"에서 사도는 노동을 강조하면서(11절), 그 이유에 대해 설명하기를 "아무 궁핍함이 없게 하려 함이라"라고 말씀한다(12절).[354]

노동의 근간은 직업(職業, job)이다. 일정한 직업을 가지는 것은 노동을 위한 최소한의 조건이다. 하나님은 사람에게 다양한 기질과 재능을 허락하셨고, 인간 생활의 필요와 편의에 이바지하는 다양한 직업에 종사하게 하셨다. 그 결과 인류 역사 속에는 여러 가지 직업들이 존재하게 되었다. 이런 점에서 노동과 함께

---

353) 기독교적 의미의 노동에 대해 잘 다룬 책으로 다음을 참고하라. 정병길, 『노동, 직업 그리고 교회』(서울: 성약, 2013); 정병길, 『노동, 직업 그리고 하나님 나라』(서울: 성약, 2015); Timothy Keller, *Every Good Endeavor: Connecting Your Work to God's Work*(Redeemer: Redeemer Presbyterian Church, 2012), 최종훈 역, 『팀 켈러의 일과 영성』(서울: 두란노, 2013).

354) "아무 궁핍함이 없게 하려 함이라"라고 번역된 부분을 NIV성경은 "so that you will not be dependent on anybody"(누구에게도 의존하지 않도록 열심히 일하라)라고 번역한다.

직업이 강조되어야 한다.[355] 종교개혁자들의 경우 노동의 기초가 되는 '직업' (vocation)을 '소명'(calling)으로 보았다.[356] 직업이란 하나님께서 사람을 불러 일하도록 둔 곳이라고 생각했다. 그래서 직업을 정할 때는 하나님의 부르심을 따라 정해야 하고, 직장생활을 할 때는 하나님의 뜻을 이루어야 한다고 보았다. 이러한 영향 때문인지, '직업'이라는 뜻의 영어단어 중에 vocation은 '부르심' (소명)을 의미하는 라틴어 *vocatio*에서 왔다.[357]

제8계명의 긍정명령인 노동을 통한 재산증식이 아닌 불로소득(不勞所得, unearned income)에 관심을 가진다면 제8계명을 어기는 것이다. 대표적인 불로소득이면서 제8계명과 관련하여 전통적으로 다뤄지는 주제로 도박(사행성 오락)[358]과 복권(福券, lottery)[359]이 있다. 도박과 복권은 하나님께서 허락하신 소명

---

355) 대한민국 헌법 제32조 제1항은 다음과 같이 명시한다. "모든 국민은 근로의 권리를 가진다. 국가는 사회적·경제적 방법으로 근로자의 고용의 증진과 적정임금의 보장에 노력하여야 하며, 법률이 정하는 바에 의하여 최저임금제를 시행하여야 한다."

356) 종교개혁자들이 '소명'(召命)이라고 생각한 것은 크게 4가지였는데, 구원에 있어서의 부르심 (롬 8:30; 고전 1:9; WLC 제67문답), 직분(WLC 제158문답), 결혼(WLC 제138문답), 직업 (WLC 제141문답)이다.

357) 상당수의 그리스도인이 직업을 선택함에 있어서 교회나 복음과 직접적으로 연관된 일만 하려는 경향이 있다. 목사나 선교사 혹은 선교단체 간사만 하려고 하는 것이다. 그리고 그러한 직업을 선택하는 것이 더 고귀하고 성결한 것처럼 생각하는 경향이 있다. 하지만 이런 생각은 중세적인 생각이다. 종교개혁자들은 모든 직업을 소명이라고 생각했다. 직업에 귀천(貴賤)은 없다. 교회와 복음과 직접적으로 연관된 일이 다른 직업보다 더 고귀하다고 말할 수 없다. 모든 직업이 다 '소명', 즉 하나님의 거룩한 부르심이다.

358) 대한민국 법률 「형법」(법률 제13719호) 제23장 도박과 복표에 관한 죄(제246-249조)에서는 도박에 대해 다루고 있다.

359) 십수 년 전만 하더라도 대부분의 그리스도인들은 복권이 옳지 않다는 사실을 많이 알았는데, 요즘에는 그것을 모르는 사람들이 점점 많아지고 있다.
　기독교 국가는 아니지만 기독교적 가치관이 상당히 영향을 미치고 있는 미국에서 복권은 모든 주에서 불법이었다. 그런데 언젠가부터 갑자기 주정부 수입의 원천으로 변모하기 시작했다. 그래서 1970년에는 2개의 주에서만 복권사업을 운영했지만, 2004년이 되어서는 40개 주와 컬럼비아 특별구에서 운영하게 되었다. Michael J. Sandel, *Public Philosophy: Essays on Morality in Politics*(Cambridge: Harvard University Press, 2005), 안진환·이수경 역, 『왜 도덕인가?』(서울: 한국경제신문: 2010), 27.
　대한민국의 경우 법률 「복권 및 복권기금법」(법률 제14097호)에서 복권을 허용하고 있으나 제한하고 있다.

인 직업을 통해서 열심히 수고하여 버는 돈으로 만족하기보다는 일확천금을 기대하는 일로서 하나님의 섭리를 생각하는 신자가 할 수 있는 일이 아니다.[360] 신자는 자신의 필요를 운에 맡겨서는 안 되고 열심히 땀 흘리며 일하고 하나님의 공급하심을 받으며 살아야 한다(살후 3:10-12).[361]

그렇기에 하이델베르크 요리문답 제111문답은 성실하게 일하는 것이 제8계명의 긍정명령임을 강조하고, 웨스트민스터 대요리문답 제141문답은 제8계명이 요구하는 것으로써 '직업과 노동'을 언급하고, '직업'을 'calling'(소명)이라고 표현한다.

하이델베르크 요리문답

111문 : 이 계명에서 하나님께서 원하시는 것은 무엇입니까?

답 : 내가 할 수 있고 해도 좋을 경우에는 나의 이웃의 유익good을 증진시키며, 내가 남에게 대접을 받고 싶은 대로 이웃에게 행하고,[8] 더 나아가 어려운 가운데 있는 가난한 사람을 도울 수 있도록 **성실하게** faithfully **일해야 합니다.**[9]

---

8) 마 7:12   9) 사 58:5-11; 갈 6:9-10; 엡 4:28

---

360) 복권광고는 엄청난 대박의 주인공이 될 수 있다는, 그러면 더 이상 열심히 일할 필요가 없다는 환상을 자극한다. Sandel, 『왜 도덕인가?』, 29. 복권의 문제는 '섭리교리'와도 관련해서 이해할 수 있다. 이승구, 『사도신경』(서울: SFC, 2004), 48.
361) 신원하, 『시대의 분별과 윤리적 선택』, 184.

청지기 정신이 가르치는 것처럼 모든 것은 하나님께로부터 온다. 그런데 하나님은 우리의 수고를 통해서 주신다. 그래서 마틴 루터는 "하나님은 소젖 짜는 일을 통해서 우유를 주신다"라고 했다. 재물을 비롯해 우리에게 필요한 모든 것들은 하나님으로부터 오는데, 하나님은 '노동'이라는 '수단'을 통해 그것들을 우리에게 허락하신다. 그러므로 노동은 제8계명을 지키는 방식이다.

노동이 제8계명이라는 사실을 생각한다면, 다른 사람의 일자리를 창출케 하는 모든 일들은 제8계명을 적극적으로 지키는 일이며, 정리해고, 부당해고 등과 같이 다른 사람의 일자리를 빼앗는 것은 제8계명을 어기는 일이다.

(3) 저축

제8계명을 지키기 위해서는 도둑질을 해서는 안 되고 노동해야 하며, 노동을 위해 적절한 직업을 가져야 한다. 그리고 노동하여서 번 돈으로 자족해야 한다. 여기에서 한걸음 나아가 더욱 적극적으로 제8계명을 지키는 방법은 '저축'이다. [362]

저축은 노동으로 얻은 재산으로 앞으로 일어날 일에 대한 대비(對備)다. 이는 도둑질을 하지 않는 능동적인 방법이다. 만일 미리 준비하지 않고 갑자기 어려움에 닥치게 되면 자신의 것으로 대처할 수 없다. 결국 다른 사람의 것을 탐내게 된다. 나아가 도둑질로 이어질 수 있다. 그러므로 미리 대비하는 저축, 연금, 보험 등은 합법적인 방식으로 부와 재산을 보존하고 증진하는 것으로 제8계명을

---

362) 프랑스 개혁교회의 신자이면서 신학자요 사회학자이며 교회개혁에 대해서 조금은 극단적인 입장을 취하는 '쟈크 엘룰'(Jacques Ellul, 1912-1994)은 "미래를 보장받으려는 의지, 즉 앞으로 닥칠지 모를 위험한 일들로부터 안전을 보장받기 위해서 혹은 노후 생활을 위해 저축이나 보험으로 대비하는 것은 하나님에 대한 불신의 결과다. 이렇게 하는 것은 하나님이 우리의 삶을 책임지실 능력이 없다거나, 우리에 대해 선의를 갖지 않으신다는 인식에서 비롯된 것이다. 만일 하나님이 우리 삶을 선하게 인도하심을 믿는다면 저축 같은 것을 할 수 없다. 미래를 대비하면서 동시에 하나님을 신뢰한다는 것은 궤변이다"라고 주장한다. 쟈크 엘룰, 『하나님이냐 돈이냐』(안양: 대장간, 1991), 133-135.
그러나 쟈크 엘룰의 이러한 주장은 썩 동의하기 어렵다. 엘룰의 주장대로라면 그리스도인에게는 기본적으로 '남는 돈'이라는 개념 자체가 없어야 한다. 그 때 그 때 벌어서 그 때 그 때 다 써버려야 한다. 한 푼이라도 남기는 것은 옳지 않게 된다. 엘룰의 주장과 달리 성경에는 저축에 관한 교훈을 여러 곳에서 언급하고 있으니 다음과 같다. 잠언 6:6-8 "[6]게으른 자여 개미에게 가서 그가 하는 것을 보고 지혜를 얻으라 [7]개미는 두령도 없고 감독자도 없고 통치자도 없으며 [8]먹을 것을 여름 동안에 예비하며 추수 때에 양식을 모으느니라", 잠언 21:20 "지혜 있는 자의 집에는 귀한 보배와 기름이 있으나 미련한 자는 이것을 다 삼켜 버리느니라", 역대상 29:16 "우리 하나님 여호와여 우리가 주의 거룩한 이름을 위하여 성전을 건축하려고 미리 저축한 이 모든 물건이 다 주의 손에서 왔사오니 다 주의 것이니이다", 창세기 47:13-14 "[13]기근이 더욱 심하여 사방에 먹을 것이 없고 애굽 땅과 가나안 땅이 기근으로 황폐하니 [14]요셉이 곡식을 팔아 애굽 땅과 가나안 땅에 있는 돈을 모두 거두어들이고 그 돈을 바로의 궁으로 가져가니."

지키는 능동적인 방법이다. 단, 저축이 하나님에 대한 불신앙이나 욕망에 기초해서는 안 된다. 철저히 청지기 정신에 근거한 저축이 되어야 한다.

웨스트민스터 소요리문답 제74문답과 웨스트민스터 대요리문답 제141문답은 제8계명이 요구하는 것으로 부와 재산을 보존하고 증진하는 것을 다루고 있다.

웨스트민스터 소요리문답

74문 : 제8계명에서 요구된 것은 무엇입니까?

답 : 제8계명이 요구하는 것은 자기 자신과 다른 사람의 부와 재산the wealth and outward estate을 합법적인 방법으로 얻고 **증진시키라는 것** the lawful procuring and furthering**입니다.**[1]

---

1) 창 30:30; 딤전 5:8; 레 25:35; 신 22:1-5; 출 23:4-5; 창 47:14,20

웨스트민스터 대요리문답

141문 : 제8계명에서 요구된 의무들은 무엇입니까?

답 : 제8계명에서 요구된 의무들은 사람과 사람 사이의 계약contracts과 거래commerce에 있어서의 진실함, 신실함, 공정함,[1] 모두에게 각자의 몫을 주는 것rendering to everyone his due,[2] 정당한 소유주로부터 불법으로 압류한 것의 배상restitution of goods unlawfully detained,[3] 우리의 능력abilities과 다른 사람들의 필요necessities에 따라 자유롭게 freely 주고 빌려주는 것,[4] 이 세상 재물worldly goods에 대한 우리의 판단judgments과 의지wills와 애정affections을 절제하는 것moderation,[5] 우리의 본성의 유지for the sustentation of our nature에 필요하고 편리하며 우리의 형편에 맞는 것suitable to our condition을 얻고get[6] 보존하며keep 사용하고use 처리하는dispose 일에 대해 신중하게 살피는 것provident care과 연구하는 것study,[7] 합법적인 직업a lawful calling과[8] 그 일에 근면하는 것,[9] 검소함frugality,[10] 불필요한 소송lawsuits을 피하는 것,[11] 보증서는 일suretyship이나 그와 같은 약속들

engagements을 피하는 것,[12] 우리들의 것뿐만 아니라 다른 사람들의 부wealth와 재산estate을 획득하고procure 보존하고preserve 증진하기 further 위하여 모든 공정하고 합법적인 방법으로by all just and lawful means 노력하는 것endeavor입니다.[13]

1) 시 15:2,4; 슥 7:4,10; 8:16-17   2) 롬 13:7   3) 레 6:2-5; 눅 19:8   4) 눅 6:30,38; 요일 3:17; 엡 4:28; 갈 6:10   5) 딤전 6:6-9; 갈 6:14   6) 딤전 5:8   7) 잠 27:23-27; 전 2:24; 3:12-13; 딤전 6:17-18; 사 38:1; 마 11:8   8) 고전 7:20; 창 2:15; 3:19   9) 엡 4:28; 잠 10:4   10) 요 6:12; 잠 21:20   11) 고전 6:1-9   12) 잠 6:1-6; 11:15   13) 레 25:35; 신 22:1-4; 출 23:4-5; 창 47:14,20; 빌 2:4; 마 22:39

(4) 일중독과 휴식

제8계명을 능동적으로 지키기 위해서 노동하는 것은 좋으나 그것이 지나칠 경우에는 오히려 죄가 된다. 전도서 5:12-13 "[12]노동자는 먹는 것이 많든지 적든지 잠을 달게 자거니와 부자는 그 부요함 때문에 자지 못하느니라. [13]내가 해 아래에서 큰 폐단 되는 일이 있는 것을 보았나니 곧 소유주가 재물을 자기에게 해가 되도록 소유하는 것이라"는 부의 증진은 끝이 없어서 결국은 잠을 자지도 못할 정도로 계속될 수밖에 없는 것이니 큰 폐단이 되며 바람직하지 않다고 한다. 그러면서 전도서 5:18에서 말씀하기를 "사람이 하나님께서 그에게 주신 바 그 일평생에 먹고 마시며 해 아래에서 하는 모든 수고 중에서 낙을 보는 것이 선하고 아름다움을 내가 보았나니 그것이 그의 몫이로다"라고 말씀한다.

성경은 일할 것과 부를 증진시킬 것을 말하지만, 그것이 지나친 것은 오히려 바람직하지 않다고 가르친다. 많은 그리스도인들이 노는 것이나 여가를 즐기는 것, 쉬는 것, 심지어 먹고 마시는 것에 대해 지나치게 죄악시하는 경우가 있다. 자기를 부인하고 금욕적으로 생활하는 것을 선이라고 생각하고, 기뻐하고 낙을 누리는 것을 죄 짓는 것이고 악한 것으로 생각하는 사람들이 많다. 하지만 그런 생각은 전도서 5:12-18에 기초해 볼 때 전혀 바람직하지 않다.

노동을 통해 재산을 얻는 것은 좋은 일이지만, 그것이 지나치면 안 된다. 특히 자본주의에 근거한 사유재산 제도가 아니라 성경이 가르치는 사유재산 제도, 모든 것이 하나님으로부터 온다는 청지기 정신에 근거한 사유재산을 믿는다면 일중독이 될 수 없다. 왜냐하면 일을 열심히 한다고 해서 노력한 만큼의 대가가 항상 주어지는 것은 아니기 때문이다. 재산의 증식은 노동에 비례하지만, 반드시 정비례하는 것은 아니다. 이에 대해 창세기 3:17-19 "[17]아담에게 이르시되 네가 네 아내의 말을 듣고 내가 네게 먹지 말라 한 나무의 열매를 먹었은즉 땅은 너로 말미암아 저주를 받고 너는 네 평생에 수고하여야 그 소산을 먹으리라. [18]땅이 네게 가시덤불과 엉겅퀴를 낼 것이라. 네가 먹을 것은 밭의 채소인즉 [19]네가 흙으로 돌아갈 때까지 얼굴에 땀을 흘려야 먹을 것을 먹으리니 네가 그것에서 취함을 입었음이라. 너는 흙이니 흙으로 돌아갈 것이니라 하시니라"에서는 우리의 노동에 정비례해서 얻는 것이 아님을 분명히 하고 있다.

그렇기에 무조건 노동하는 것은 바람직하지 않다. 오히려 적당한 쉼이 필요하다. 하나님은 우리에게 적당한 누림과 휴식을 허락하셨다. 노동의 이면에 휴식을 허락하셨다. 게으른 자가 성공하는 경우는 드물지만 그렇다고 해서 근면하다고 무조건 성공하는 것도 아니다. 하나님의 도우심이 없다면 우리의 모든 수고가 다 헛되다(시 127:1).[363]

일에 중독되는 것은 자기의 힘으로 모든 것이든 해낼 수 있다는 착각에 근거한 것으로서 그 자체로 불신앙이다. 조금만 더 일하면 완성되고 성사될 것 같은 마음을 갖는 것은 하나님을 믿기보다는 자기 자신을 믿기 때문이다. 이런 점에서 일중독은 제8계명을 어김과 동시에 제1계명을 어기는 일이다. 일중독은 제4, 6계명도 어기는 것이 된다. 왜냐하면 제4계명은 '안식'에 관한 것인데 일중독은 쉬지 않고 일하는 것이요, 제6계명은 '생명'에 관한 것인데 일중독은 자신의 몸을 지나치게 혹사하는 것이기 때문이다(WLC 제135-136문답).

쉼에 대한 태도는 신앙의 수준이라고 할 수 있다. 쉬지 못하는 것은 많은 경우 하나님에 대한 신뢰의 부족과 관련되어 있다. 하나님을 못 믿기 때문에 쉬지 못하는 것이다. 모든 것을 자기가 주도하고 마무리해야 한다는 생각 때문에 일에서 손을 놓지 못하는 것이다. 그러나 하루 덜 일한다고 해서 덜 성취되거나 뒤처지지 않는다.[364]

---

363) 양낙흥, 『깨끗한 부자 가난한 성자: 성경에서 찾은 자족, 향유, 나눔의 원리』(서울: IVP, 2012), 145.

364) 신원하, 『시대의 분별과 윤리적 선택』, 155.

일중독을 제8계명이 금하고 있다는 사실은 웨스트민스터 대요리문답 제142문답에도 잘 나타나 있다.

(5) 불법적인 재산축적

노동, 저축 등으로 재산을 축적하는 것은 제8계명을 능동적으로 지키는 방식
이다. 그런데 재산축적 과정이 불법적이라면 오히려 제8계명을 어기는 것이다.
도둑질이란 물건이나 돈을 훔치는 것을 의미하지만, 넓게 해석하면 거짓이나 과
장을 통해 부당한 이익을 취하는 것도 포함된다. 그러므로 '불법적인 재산축적'
에 해당하는 모든 것은 '또 다른 도둑질' 이다.

성경에서 직접적으로 언급하는 것으로는 저울을 속이는 일이 대표적이다(잠
11:1; 20:10; 20:23; 미 6:10-11).[365] 예컨대, 1킬로그램의 물건에 해당하는 저울
눈금은 반드시 1킬로그램이어야 한다. 그런데 눈금을 속여서 1.3킬로그램으로
조정한다면 물건을 구입하는 사람은 자신이 낸 돈에 비해서 더 작거나 적은 물
건을 사게 된다. 그리고 판매자는 구입자의 돈을 도둑질하게 된다. 부당한 방식
으로 소득을 얻게 되는 것이다.

원료의 함량과 구성 비율을 표시대로 하지 않고 적게 넣어 판매하는 것도 도
둑질이다. 과대포장도 도둑질이다.[366] 실제 내용물은 아주 자그마한 것인데 포장
을 크게 해서 마치 큰 물품이 있는 것처럼 하는 것은 도둑질이다. 과장광고 역시
마찬가지다.[367] 실제로는 그런 효력이 없으면서도 있는 것처럼 속여서 비싼 가격
에 판매하면, 그것을 구입한 사람은 그 광고에 속아서 비싼 금액을 지불하게 되
고 그렇게 함으로써 소비자의 재산을 도둑질하는 것이 된다. 잠언 21:6은 "속이
는 말로 재물을 모으는 것은 죽음을 구하는 것이라. 곧 불려다니는 안개니라"라
고 말씀한다. 원산지를 속이는 것도 한 예다. 외국에서 구입한 싼 농수산물에 한
국 상표를 붙여 국내산으로 속여 팔거나, 국산 농수산물을 조금 섞어 국내산으
로 판매하는 것은 다른 사람의 재산을 직접 훔친 것은 아니지만, 땀 흘려 일한
국내 농수산민들에게 돌아갈 판매 수익을 중간에서 가로채는 것이고, 정당한 몫

---

365) 잠언 11:1 "속이는 저울은 여호와께서 미워하시나 공평한 추는 그가 기뻐하시느니라", 잠언
　　20:10 "한결같지 않은 저울 추와 한결같지 않은 되는 다 여호와께서 미워하시느니라", 잠언
　　20:23 "한결같지 않은 저울 추는 여호와께서 미워하시는 것이요 속이는 저울은 좋지 못한 것이
　　니라", 미가 6:10-11 "¹⁰집에 아직도 불의한 재물이 있느냐 축소시킨 가증한 에바가 있느냐. ¹¹내
　　가 만일 부정한 저울을 썼거나 주머니에 거짓 저울추를 두었으면 깨끗하겠느냐."
366) 대한민국 법률 「식품위생법」(법률 제14026호) 제13조에서 다루고 있다.
367) 대한민국 법률 「약사법」(법률 제14084호) 제68조에서 다루고 있다.

보다 훨씬 많은 몫을 가져가는 도둑질이다.[368] 이 외에도 주가(株價)조작,[369] 매점 매석(買占賣惜),[370] 각종 투기 등도 도둑질이다. 서비스업도 마찬가지다. 예컨대, 머리를 자를 때 실제 가격은 10,000원이면 되는데, 이것저것 덧붙여서 15,000 원을 받는 것은 도둑질이다. 아니면 10,000원을 받아 놓고 정작 10,000원에 해 당하는 서비스를 해주지 않는 것도 도둑질이다.

주변 시세보다 지나치게 낮은 금액으로 판매하는 행위 역시 도둑질이다. 예컨 대, 주변에 위치한 커피 전문점의 커피 가격이 4,000원인데 다른 곳과 달리 1,000원에 판매한다면, 자신의 상점에 더 많은 손님이 몰려서 개인적으로는 유 익이 있을 수 있지만 다른 상점에 해를 끼치게 된다. 따라서 자신의 고객에게는 도둑질하지 않았지만 다른 동종업체들에게 돌아갈 몫을 가로챈 것이기에 도둑 질이 될 수 있다. 그렇기 때문에 너무 비싸게 파는 것도 문제지만 적절한 가격이 아닌 지나치게 낮은 가격에 파는 것도 문제가 될 수 있다. 장사를 하는 사람은 적절하고도 합리적인 이윤을 남겨야 한다.[371]

굳이 다른 장사를 하지 않아도 잘살 수 있는 사람의 경우, 그 장사로 생계를 유 지하는 다른 가정들을 생각해서 일을 벌이지 말아야 한다. 이웃의 사업을 침해하 는 일이 없도록 해야 한다.[372] 그것도 도둑질이 될 수 있기 때문이다. 대기업이 골 목상권을 침해하는 것이 대표적이다.[373] 소상인들이 순대나 떡볶이 장사를 하면 서 겨우 먹고 사는데, 대기업이 같은 곳에서 같은 장사를 벌이는 것은 다른 사람 의 생계를 도둑질하는 것이다. 담합(談合), 독과점(獨寡占)[374] 등도 도둑질이다.

---

368) 대한민국 법률 「농수산물의 원산지 표시에 관한 법률」(법률 제13383호)에서 다루고 있다.

369) 시세차익을 목적으로 주가 형성에 인위적으로 개입하는 행위다. 자금력을 이용해 주가를 인위 적으로 끌어올려 투자자들을 현혹한다거나, 거짓 정보를 흘려 타인을 속이는 등의 불공정 거래 를 의미한다. 대한민국 법률 「자본시장과 금융투자업에 관한 법률」(법률 제14130호) 제4편 불 공정거래의 규제 제2장 시세조종 등(제176-177조)에서 다루고 있다.

370) 대한민국 법률 「물가안정에 관한 법률」(법률 제10623호) 제7조에서 다루고 있다.

371) 최근 들어 중대형교회들이 카페를 운영하면서 주변 카페보다 싼 값에 커피를 판매하는 경우가 많은데, 커피 판매가 교회의 사명이 아닐 뿐 아니라 주변 상권을 침해하고 경제 질서를 해친다 는 점에서 심각하게 재고되어야 한다.

372) Richard Steele, *The Religious Tradesman*. 조계광 역, 「그리스도인의 경제윤리」(서울: 지 평서원, 2011), 183.

373) 대한민국 법률 「대·중소기업 상생협력 촉진에 관한 법률」(법률 제13839호)에서 다루고 있다.

374) 대한민국 법률 「독점규제 및 공정거래에 관한 법률」(법률 제14137호)에서 다루고 있다.

이처럼 재산을 취득하되 비합법적으로 취하거나 다른 사람에게 손해를 끼치면서 부를 축적하는 것은 모두 다 도둑질이다. 제8계명은 기독교 경제 윤리를 다루는 계명이다.

피고용인 역시 마찬가지다. 자신이 버는 임금이나 월급이 정해져 있다는 이유로 일을 게을리 하거나 소홀히 하는 것은 도둑질이 될 수 있다. 이에 대해 골로새서 3:22-25은 "²²종들아, 모든 일에 육신의 상전들에게 순종하되 사람을 기쁘게 하는 자와 같이 눈가림만 하지 말고 오직 주를 두려워하여 성실한 마음으로 하라. ²³무슨 일을 하든지 마음을 다하여 주께 하듯 하고 사람에게 하듯 하지 말라. ²⁴이는 기업의 상을 주께 받을 줄 아나니 너희는 주 그리스도를 섬기느니라. ²⁵불의를 행하는 자는 불의의 보응을 받으리니 주는 사람을 외모로 취하심이 없느니라"라고 말씀한다.

피고용인의 노동에 합당한 임금을 지불하지 않는 것도 도둑질이다.[375] 예컨대 피고용인의 노동을 통해 얻는 수입이 1,000만 원인데 그 사람에게 200만 원 정도의 월급만 준다면 그 사람의 노동적 가치에 대한 도둑질이다. 노동자에게 합당한 보수를 주지 않는 것, 노동착취, 노동자에 대한 복지(적절한 휴식시간과 휴가의 확보, 휴가비 지급, 각종 축하금 지급 등을 적절히 제공하는 것)를 하지 않는 것 등은 도둑질이다.[376] 이에 대해서는 골로새서 4:1 "상전들아, 의와 공평을 종들에게 베풀지니 너희에게도 하늘에 상전이 계심을 알지어다", 레위기 19:13 "너는 네 이웃을 억압하지 말며 착취하지 말며 품꾼의 삯을 아침까지 밤새도록 네게 두지 말며", 예레미야 22:13 "불의로 그 집을 세우며 부정하게 그 다락방을 지으며 자기의 이웃을 고용하고 그의 품삯을 주지 아니하는 자에게 화 있을진저", 야고보서 5:4 "보라, 너희 밭에서 추수한 품꾼에게 주지 아니한 삯이 소리 지르며 그 추수한 자의 우는 소리가 만군의 주의 귀에 들렸느니라" 등의 말씀에서 분명히 언급하고 있다. 이런 점에서 오늘날에 인턴이나 임시직, 비정규직이

---

375) 대한민국 헌법 제32조 제1항-제4항은 다음과 같이 명시한다. "① 모든 국민은 근로의 권리를 가진다. 국가는 사회적·경제적 방법으로 근로자의 고용의 증진과 적정임금의 보장에 노력하여야 하며, 법률이 정하는 바에 의하여 최저임금제를 시행하여야 한다. ② 모든 국민은 근로의 의무를 진다. 국가는 근로의 의무의 내용과 조건을 민주주의원칙에 따라 법률로 정한다. ③ 근로조건의 기준은 인간의 존엄성을 보장하도록 법률로 정한다. ④ 여자의 근로는 특별한 보호를 받으며, 고용·임금 및 근로조건에 있어서 부당한 차별을 받지 아니한다."

376) 황봉환, 『기독교 경제윤리』(서울: 예영커뮤니케이션, 2003), 20.

라는 제도를 통해서 마땅한 임금을 제공하지 않는 것은 도둑질이다. 다른 사람의 노동력을 사용해 놓고 그에 적합한 임금을 지급하지 않는 것은 결국 그 사람의 몫을 빼앗는 행위이기 때문이다.

이 외에도 뇌물(bribes)은 성경이 직접적으로 언급하는(출 23:8; 신 10:17; 16:19; 27:25; 삼상 8:3; 대하 19:7; 스 4:5; 느 6:12-13; 잠 17:23; 29:4; 전 7:7; 사 1:23; 5:23; 겔 22:12; 암 5:12; 미 3:11; 7:3) 대표적인 불법적인 재산축적의 수단이다.[377]

하이델베르크 요리문답 제110문답, 웨스트민스터 소요리문답 제75문답, 웨스트민스터 대요리문답 제142문답은 불법적인 재산축적에 관하여 다음과 같은 내용을 열거하고 있다.

하이델베르크 요리문답

110문 : 제8계명에서 하나님께서 금하신 것은 무엇입니까?

답 : 하나님께서는 국가가 법으로 처벌하는 도둑질theft과[1] 강도질robbery만을[2] 금하신 것이 아니고, **이웃의 소유를 자기의 것으로 삼으려고 시도하는 모든 속임수cheating와 간계swindling를 도둑질이라고 말씀하십니다.**[3] 이런 것들은 폭력으로 혹은 합법성을 가장하고서 일어날 수 있는데 곧 **거짓**inaccurate **저울**measurements of weight**이나 자**size**나 되**volume,[4] **부정품**fraudulent merchandising, **위조 화폐**counterfeit money**와 고리 대금** excessive interest**과 같은 일, 기타 하나님께서 금하신 일들입니다.**[5] 하나님께서는 또한 모든 **탐욕**greed**을 금하시고,**[6] 그의 선물들이 조금이라도 잘못 사용되거나 낭비되는 것squandering을 금하십니다.[7]

---

1) 출 22:1; 고전 6:10   2) 레 19:13   3) 눅 3:14; 고전 5:10   4) 신 25:13-15; 잠 11:1; 16:11; 겔 45:9-10 5) 시 15:5; 눅 6:35   6) 눅 12:15; 엡 5:5   7) 잠 21:20; 23:20-21; 눅 16:10-13

---

377) 『정의란 무엇인가』라는 책으로 유명한 하버드대학교 철학과 교수 마이클 샌델(Michael J. Sandel)도 뇌물을 도둑질과 유사한 것으로 본다. Sandel, 『왜 도덕인가?』, 26.
대한민국 법률 「형법」(법률 제13719호) 제129-134조는 공무원의 직무와 관련하여 뇌물죄에 관해 다루고 있다. 형법이 규정하고 있는 뇌물죄는 뇌술 수수의 방식이나 시기 등에 따라 ① 단순수뢰죄 ② 사전수뢰죄 ③ 제3자 뇌물공여죄 ④ 수뢰후부정처사죄 ⑤ 사후수뢰죄 ⑥ 알선수뢰죄 ⑦ 증뢰물전달죄 등으로 나뉜다.

웨스트민스터 소요리문답

75문 : 제8계명에서 금지된 것은 무엇입니까?

답 : 제8계명이 금하는 것은 자기 자신과 이웃의 부와 재산을 부당하게 방해하거나hinder 또는 방해될 만한 일을 하지 말라는 것입니다.[1]

---

1) 잠 21:17; 23:20-21; 28:19; 엡 4:28

웨스트민스터 대요리문답

142문 : 제8계명에서 금지된 죄들은 무엇입니까?

답 : 제8계명에서 금지된 죄들은 요구된 의무들을 등한히 하는 일 외에,[1] 도둑질theft,[2] 강도robbery,[3] 사람 납치man-stealing,[4] 장물(贓物) 취득receiving anything that is stolen,[5] **사기 거래fraudulent dealing,**[6] **무게와 수치를 속이는 것false weights and measures,**[7] **땅의 경계 표지를 옮기는 것removing land marks,**[8] **사람들 사이에 맺어진 계약[9]이나 신탁[10]에 대한 불공정과 불성실injustice and unfaithfulness in contracts between man and man, or in matters of trust,** 억압oppression,[11] 착취extortion,[12] 고리 대금usury,[13] 뇌물bribery,[14] 소송 남용vexatious lawsuits,[15] 부당하게 울타리를 치는 것과 내쫓는 것unjust enclosures and depopulations,[16] **가격 인상을 위한 매점매석(買占賣惜)engrossing commodities to enhance the price,**[17] **불법적인 직업unlawful callings,**[18] **우리의 이웃으로부터 불공정하고 죄악 된 방법으로 취하거나 억류하는 것all other unjust or sinful ways of taking or withholding from our neighbor,** **그렇게 하여 자신을 부유케 하는 것,**[19] 탐욕covetousness,[20] 세상 재물을 과도하게 소중히 여기고 좋아하는 것inordinate prizing and affecting worldly goods,[21] 세상 재물을 얻고 보존하고 사용함에 있어서 의심하고 괴롭게 하는 염려와 노력distrustful and distracting cares and studies,[22] 다른 사람의 번영에 대한 질투,[23] 마찬가지로 게으름idleness,[24] 방탕prodigality, **낭비성 게임wasteful gaming,** 다른 모든 방법으로 우리의 재산에 끼치는 부당한 손해unduly prejudice,[25] 하나님께서 우리에게 주신 재물의 바른 사용과 안위the due use and comfort를 우리 스스로 빼앗는 것입니다.[26]

1) 약 2:15-16; 요일 3:17   2) 엡 4:28   3) 시 62:10   4) 딤전 1:10   5) 잠 29:24; 시 50:18   6) 살전 4:6   7) 잠 11:1; 20:10   8) 신 19:14; 잠 23:10   9) 암 8:5; 시 37:21   10) 눅 16:10-12   11) 겔 22:29; 레 25:17   12) 마 23:25; 겔 22:12   13) 시 15:5   14) 욥 15:34   15) 고전 6:6-8; 잠 3:29-30   16) 사 5:8; 미 2:2   17) 잠 11:26   18) 행 19:19,24-25   19) 욥 20:19; 약 5:4; 잠 21:6   20) 눅 12:15   21) 딤전 6:5; 골 3:2; 잠 23:5; 시 62:10   22) 마 6:25,31,34; 전 5:12   23) 시 73:3; 37:1,7   24) 살후 3:11; 잠 18:9   25) 잠 21:17; 23:20-21; 28:19   26) 겔 4:8; 6:2; 딤전 5:8

(6) 구제

제8계명을 다루고 있는 에베소서 4:28 "도둑질하는 자는 다시 도둑질하지 말고 돌이켜 가난한 자에게 구제할 수 있도록 자기 손으로 수고하여 선한 일을 하라"에 의하면 도둑질하던 사람이 도둑질을 멈췄다고 해서 제8계명을 다 지킨 것이 아니다. 도둑질을 멈추고 자기 손으로 수고하여 먹고 살아야 한다. 자기 손으로 수고하는 노동을 통해서 자기의 필요를 채워야 한다. 그리고 더 나아가 노동의 이유가 자기 자신에서 멈추지 않고 다른 사람에게까지 미쳐야 한다. 가난한 자들을 구제하고, 선한 일을 하는 데까지 이어져야 한다. 도둑질에서 노동으로, 노동에서 구제로 나아가야 한다. 도둑질이 남의 것을 훔치는 것이라면, 노동은 자기의 것을 버는 것이고, 구제는 다른 사람에게 주는 것이다. '구제'(救濟)는 제8계명의 또 다른 긍정명령이다.

마태복음 5:21 이하에는 십계명과 관련된 내용들이 기록되어 있다. 5:21-26은 제6계명, 5:27-32은 제7계명, 5:33-37은 제3계명에 관한 내용이다. 그런데 6:3-4은 "[3]너는 구제할 때에 오른손이 하는 것을 왼손이 모르게 하여 [4]네 구제함을 은밀하게 하라. 은밀한 중에 보시는 너의 아버지께서 갚으시리라"라고 해서 구제를 언급하고 있으니 마태복음 6:1-4은 제8계명에 대한 교훈으로 볼 수 있다.

이 외에 구제에 대해 언급하고 있는 성경구절로는 레위기 25:35,39-40; 신명기 24:19-21; 잠언 14:31; 19:17; 28:27; 디모데전서 6:17-18; 야고보서 2:14-17; 요한일서 3:17-18 등이 있다.[378]

---

378) 구제에 힘쓴 사람으로 '다비다'(행 9:36), '고넬료'(행 10:1) 등이 있다.

이 세상 그 어떤 곳이든 항상 가난한 자가 있기 마련이다. 잠언 22:2은 "가난한 자와 부한 자가 함께 살거니와 그 모두를 지으신 이는 여호와시니라"라고 말씀한다. 그래서 하나님이 왕을 통해서 친히 다스리던 신정국가인 이스라엘에도 부자와 가난한 자가 있었고, 성령님의 역사하심이 가장 왕성했던 때라고 볼 수 있는 초대교회에도 부자와 가난한 자가 있었다. 사람들이 부와 가난을 없애기 위해 추구한 공산주의 사회에도 부자와 가난한 자가 있다. 그러므로 부와 가난이라는 것 자체를 아예 없애기는 어렵다. 오히려 부와 가난이 이 세상이 사라지기까지 항상 존재한다는 사실을 인정해야 한다. 그러면서 구제에 힘써야 한다.

칼뱅은 "하나님의 재산을 위탁받은 부유한 청지기가 가난한 이웃에게 물질을 순환시키지 않은 것은 도둑질이고 신성모독이다"라고 말했다. 도둑질이란 단지 다른 사람의 것을 훔치는 것만이 아니라 '사랑의 법칙'이 우리에게 명하는 바 이웃과 나누기를 거부하는 것이다. 도둑질은 사랑의 질서에 의해 다른 사람에게 마땅히 돌려주어야 할 것을 자신이 착복하는 것이다.

구제는 이웃 사랑에 기초하지만, 자신이 가진 재산이 과연 어디에서 왔는지를 알 때 비로소 가능하다. 바로 청지기 정신이 필요하다. 만약 사유재산은 인정하면서도 청지기 정신이 없다면 참된 구제가 불가능하다. 혹여나 구제한다 하더라도 자기의 것을 준다는 생각을 갖기 쉽다. 자본주의적 사유재산 제도를 이해하는 사람에게 구제는 '시혜'(施惠), 즉 은혜를 베푸는 일이 될 수 있다. 그런데 청지기 정신을 소유하고 있다면 다른 사람을 위해서 쉽게 내어놓을 수 있을 뿐만 아니라 자신의 것을 준다는 생각을 하기보다는 하나님께서 맡겨 주신 것을 하나님의 명령대로 내어놓는다고 생각하게 된다. 그래서 은혜를 베푼다는 생각을 전혀 할 수가 없다. 그저 청지기로서 주인의 명령에 따라 마땅히 의무를 다한다고 생각할 뿐이다.

구제란 자기의 것을 다른 사람에게 주는 것이 아니다. 다시 말하면 청지기 정신 없이 사유재산의 원리만으로 행하는 구제는 구제가 아니다. 청지기 정신에 근거해야만 비로소 구제다. 즉, 자기의 것을 주는 것이 아니라 하나님이 자신에게 주신 것을 다른 사람에게 주는 것이 구제다. 이런 점에서 구제는 시혜가 아니라 의무다. 윤리의 문제가 아니라 신앙의 문제다. 구제는 자랑거리가 될 수 없다.

구제가 제8계명을 지키는 것이라는 점은 하이델베르크 요리문답 제111문답과 웨스트민스터 대요리문답 제141문답에서 언급하고 있다.

하이델베르크 요리문답

111문 : 이 계명에서 하나님께서 원하시는 것은 무엇입니까?

　답 : 내가 할 수 있고 해도 좋을 경우에는 나의 이웃의 유익good을 증진
시키며, 내가 남에게 대접을 받고 싶은 대로 이웃에게 행하고,[8] 더
나아가 어려운 가운데 있는 가난한 사람을 도울 수 있도록 성실하게
faithfully 일해야 합니다.[9]

---

8) 마 7:12　9) 사 58:5-11; 갈 6:9-10; 엡 4:28

웨스트민스터 대요리문답

141문 : 제8계명에서 요구된 의무들은 무엇입니까?

　답 : 제8계명에서 요구된 의무들은 사람과 사람 사이의 계약contracts과
거래commerce에 있어서의 진실함, 신실함, 공정함,[1] 모두에게 각자
의 몫을 주는 것rendering to everyone his due,[2] 정당한 소유주로부터
불법으로 압류한 것의 배상restitution of goods unlawfully detained,[3] **우
리의 능력abilities과 다른 사람들의 필요necessities에 따라 자유롭게
freely 주고 빌려주는 것,**[4] 이 세상 재물worldly goods에 대한 우리의
판단judgments과 의지wills와 애정affections을 절제하는 것moderation,[5]
우리의 본성의 유지for the sustentation of our nature에 필요하고 편리
하며 우리의 형편에 맞는 것suitable to our condition을 얻고get[6] 보존
하며keep 사용하고use 처리하는dispose 일에 대해 신중하게 살피는
것provident care과 연구하는 것study,[7] 합법적인 직업a lawful calling과
[8] 그 일에 근면하는 것,[9] 검소함frugality,[10] 불필요한 소송lawsuits을
피하는 것,[11] 보증서는 일suretyship이나 그와 같은 약속들
engagements을 피하는 것,[12] 우리들의 것뿐만 아니라 다른 사람들의
부wealth와 재산estate을 획득하고procure 보존하고preserve 증진하기
further 위하여 모든 공정하고 합법적인 방법으로by all just and lawful
means 노력하는 것endeavor입니다.[13]

1) 시 15:2,4; 슥 7:4,10; 8:16-17   2) 롬 13:7   3) 레 6:2-5; 눅 19:8   4) 눅 6:30,38; 요일 3:17; 엡 4:28; 갈 6:10   5) 딤전 6:6-9; 갈 6:14   6) 딤전 5:8   7) 잠 27:23-27; 전 2:24; 3:12-13; 딤전 6:17-18; 사 38:1; 마 11:8   8) 고전 7:20; 창 2:15; 3:19   9) 엡 4:28; 잠 10:4   10) 요 6:12; 잠 21:20   11) 고전 6:1-9   12) 잠 6:1-6; 11:15   13) 레 25:35; 신 22:1-4; 출 23:4-5; 창 47:14,20; 빌 2:4; 마 22:39

모든 사람이 구제의 주체가 될 수 있는 것은 아니다. 어떤 사람은 구제를 하지만 어떤 사람은 구제를 받는다. 이런 점에서 구제를 당당히 받는 것도 중요하다.[379]

구제받는 것을 부끄러워할 필요가 없다. 어떤 사람들은 구제를 요청하는 것을 부담스러워하거나, 구제를 요청하는 사람을 불편한 시각으로 바라보는 경우가 있다. 또한 구제 대상자는 말 없이 주는 대로 감사히 받아야 한다고 생각하는 경우가 있다. 하지만 매우 잘못된 생각이다.[380] 구제를 받는 사람이 있기에 구제하는 사람도 있다.

제8계명에 있어서 중요한 삶의 태도인 자족(自足), 즉 자기가 가진 것에 만족하는 태도도 중요하지만, 그렇다고 해서 가난한 상태에 있는 사람에게 "당신은 그냥 가난한 상태로 자족하세요"라고 해서도 안 되고, "나는 가난하지만, 이것이 나의 몫이니 그냥 이 상태로 자족하겠습니다" 하는 것도 바람직하지 않다.

노동은 재물을 얻는 가장 기본적인 방식이다. 하나님은 우리가 자기의 손으로 열심히 일하여 자기의 필요를 채우기를 원하신다. 그런데 그와 동시에 좀 더 많이 가진 이웃의 손을 통해서도 필요를 채워 주신다. 하나님께서 노동뿐만 아니라 구제를 통해서도 필요를 채워 주신다는 사실은 아이러니하지만 분명한 사실이다. 왜냐하면 하나님은 직접 가난의 문제를 해결해 주실 수 있으심에도 불구하고 그렇게 하지 않으시기 때문이다. 하나님은 오히려 가난한 사람의 문제를 부유한 사람의 손을 통해 해결하기를 원하신다.

---

379) 안타깝게도 오늘날 교회에서 이웃에게 베풀라는 설교나 강의는 많이 듣지만, 가난한 자로서 구제를 당당하게 받으라고 가르치는 경우는 매우 드물다. 청중 가운데 구제를 해야 하는 사람만 있는 게 아니라 구제를 받아야 하는 사람도 있는데 받는 일과 관련해서는 전혀 다루지 않고 있음은 이상한 일이다.
380) 구제뿐만 아니라 노동자가 임금인상을 요구하거나, 목회자가 교회에서 받는 생활비가 부족하여 좀 더 올려 달라고 요구하는 것을 이상하게 여기는 풍조는 잘못되었다.

가난하다고 해서 부끄러워할 필요가 없다. 구제를 받는 것은 마땅한 일이다. 구걸이 아니라 당연한 권리다. 구제를 받는 일에 절대로 부끄러워할 필요가 없다. 그리고 구제를 요청하는 사람에 대해 나쁜 생각을 가져서는 안 된다.

교회 안에서는 더욱 그러해야 한다. 성도에게 생긴 경제적 어려움은 개인의 일이면서 동시에 교회의 일이므로, 교회 공동체에 속한 지체의 도움을 받는 것은 당연한 일이다(행 2:45; 4:32-37; WCF 제26장 제2-3절). 교회에 '핍절(乏絶)한' 성도가 없도록 해야 할 책임은 교회에 속한 모든 성도에게 있다(행 4:34).[381]

(7) 바른 소비

제8계명은 물질에 대한 바른 관념을 가지라는 명령이다. 그러므로 재산취득에 관한 명령이면서 동시에 소비에 관한 명령이기도 하다. 하나님께서 주신 재산을 청지기 정신을 가지고 어떻게 사용하느냐 하는 것이 중요하다. 그러므로 '바른 소비'는 제8계명을 지키는 적극적인 방식이다.

그렇다면 어떻게 소비하는 것이 바른 소비인가? 꼭 필요한 곳에 지출하도록 애써야 한다. 특히 오늘날과 같은 소비의 시대에는 더욱 그러하다.[382] 이 시대는 인간의 욕망에 편승하여 "더 많이 소비하라. 그러면 행복해질 것이다"라는 메시지를 강요한다. 기업들은 소비욕구를 부추기고 사람들은 '필요'보다는 '조장된 욕망'에 따라 소비한다. 이러한 시대에 그리스도인은 바른 소비를 해야 한다.[383]

소비의 기본은 의식주(衣食住)에 대한 지출이다. 나아가 가족을 부양하기 위해 소비한다(딤전 5:8). 그 외에 인간다운 삶을 위한 적절한 문화활동과 여가활동을 위해 소비할 수 있다. 그리고 남는 돈은 불확실한 미래에 대한 대비 차원에서 저축을 할 수 있고, 어려운 이웃을 돕는 일에 사용할 수 있다. 이 외에 지나친 낭비

---

381) 사도행전 4:34을 개역개정은 "그중에 가난한 사람이 없으니"라고 번역하였으나, 개역한글의 번역 "그중에 핍절(乏絶)한 사람이 없으니"가 좀 더 그 의미를 잘 드러낸다.

382) 1970년에 프랑스의 사회학자 쟝 보드리야르(Jean Baudrillard, 1929-2007)가 『소비의 사회』 (*La Société de consommation*)라는 책을 통해서 이런 표현을 사용했다.

383) 이와 관련하여 John F. Kavanaugh, *Following Christ in a Consumer Society*(New York: IVP, 1981, 2006), 박세혁 역, 『소비사회를 사는 그리스도인』(서울: IVP, 2011)을 참고하라.

나 탐욕, 불필요한 소비는 제8계명을 어기는 것이다. 자신의 형편에 따라 소비하되 어려운 이웃을 생각하면서 소비해야 한다. 그렇다고 해서 적절히 먹고 마시면서 즐기는 것이 무조건 나쁜 것은 아니다.

소비에 대해서는 다음의 성경구절을 참고할 수 있다. 전도서 5:10-20 "**10은을 사랑하는 자는 은으로 만족하지 못하고 풍요를 사랑하는 자는 소득으로 만족하지 아니하나니 이것도 헛되도다. 11재산이 많아지면 먹는 자들도 많아지나니 그 소유주들은 눈으로 보는 것 외에 무엇이 유익하랴. 12노동자는 먹는 것이 많든지 적든지 잠을 달게 자거니와 부자는 그 부요함 때문에 자지 못하느니라. 13내가 해 아래에서 큰 폐단 되는 일이 있는 것을 보았나니 곧 소유주가 재물을 자기에게 해가 되도록 소유하는 것이라. 14그 재물이 재난을 당할 때 없어지나니 비록 아들은 낳았으나 그 손에 아무것도 없느니라. 15그가 모태에서 벌거벗고 나왔은즉 그가 나온 대로 돌아가고 수고하여 얻은 것을 아무것도 자기 손에 가지고 가지 못하리니 16이것도 큰 불행이라. 어떻게 왔든지 그대로 가리니 바람을 잡는 수고가 그에게 무엇이 유익하랴. 17일평생을 어두운 데에서 먹으며 많은 근심과 질병과 분노가 그에게 있느니라. 18사람이 하나님께서 그에게 주신 바 그 일평생에 먹고 마시며 해 아래에서 하는 모든 수고 중에서 낙을 보는 것이 선하고 아름다움을 내가 보았나니 그것이 그의 몫이로다. 19또한 어떤 사람에게든지 하나님이 재물과 부요를 그에게 주사 능히 누리게 하시며 제 몫을 받아 수고함으로 즐거워하게 하신 것은 하나님의 선물이라. 20그는 자기의 생명의 날을 깊이 생각하지 아니하리니 이는 하나님이 그의 마음에 기뻐하는 것으로 응답하심이니라**", 야고보서 5:1-5 "**1들으라, 부한 자들아, 너희에게 임할 고생으로 말미암아 울고 통곡하라. 2너희 재물은 썩었고 너희 옷은 좀먹었으며 3너희 금과 은은 녹이 슬었으니 이 녹이 너희에게 증거가 되며 불같이 너희 살을 먹으리라. 너희가 말세에 재물을 쌓았도다. 4보라, 너희 밭에서 추수한 품꾼에게 주지 아니한 삯이 소리 지르며 그 추수한 자의 우는 소리가 만군의 주의 귀에 들렸느니라. 5너희가 땅에서 사치하고 방종하여 살륙의 날에 너희 마음을 살찌게 하였도다.**"

하이델베르크 요리문답 제110문답과 웨스트민스터 대요리문답 제141-142문답에서도 교훈을 얻을 수 있다.

하이델베르크 요리문답

110문 : 제8계명에서 하나님께서 금하신 것은 무엇입니까?

답 : 하나님께서는 국가가 법으로 처벌하는 도둑질theft과[1] 강도질robbery만을[2] 금하신 것이 아니고, 이웃의 소유를 자기의 것으로 삼으려고 시도하는 모든 속임수cheating와 간계swindling를 도둑질이라고 말씀하십니다.[3] 이런 것들은 폭력으로 혹은 합법성을 가장하고서 일어날 수 있는데 곧 거짓inaccurate 저울measurements of weight이나 자size나 되volume,[4] 부정품fraudulent merchandising, 위조 화폐counterfeit money와 고리 대금excessive interest과 같은 일, 기타 하나님께서 금하신 일들입니다.[5] 하나님께서는 또한 모든 탐욕greed을 금하시고,[6] 그의 선물들이 조금이라도 잘못 사용되거나 낭비되는 것squandering을 금하십니다.[7]

---

1) 출 22:1; 고전 6:10   2) 레 19:13   3) 눅 3:14; 고전 5:10   4) 신 25:13-15; 잠 11:1; 16:11; 겔 45:9-10 5) 시 15:5; 눅 6:35   6) 눅 12:15; 엡 5:5   7) 잠 21:20; 23:20-21; 눅 16:10-13

웨스트민스터 대요리문답

141문 : 제8계명에서 요구된 의무들은 무엇입니까?

답 : 제8계명에서 요구된 의무들은 사람과 사람 사이의 계약contracts과 거래commerce에 있어서의 진실함, 신실함, 공정함,[1] 모두에게 각자의 몫을 주는 것rendering to everyone his due,[2] 정당한 소유주로부터 불법으로 압류한 것의 배상restitution of goods unlawfully detained,[3] 우리의 능력abilities과 다른 사람들의 필요necessities에 따라 자유롭게 freely 주고 빌려주는 것,[4] 이 세상 재물worldly goods에 대한 우리의 판단judgments과 의지wills와 애정affections을 절제하는 것moderation,[5] 우리의 본성의 유지for the sustentation of our nature에 필요하고 편리하며 **우리의 형편에 맞는 것**suitable to our condition**을 얻고**get[6] **보존하며**keep **사용하고**use **처리하는**dispose **일에 대해 신중하게 살피는 것** provident care**과 연구하는 것**study,[7] 합법적인 직업a lawful calling과[8] 그 일에 근면하는 것,[9] **검소함**frugality,[10] 불필요한 소송lawsuits을 피

하는 것,[11] 보증서는 일suretyship이나 그와 같은 약속들engagements을 피하는 것,[12] 우리들의 것뿐만 아니라 다른 사람들의 부wealth와 재산estate을 획득하고procure 보존하고preserve 증진하기further 위하여 모든 공정하고 합법적인 방법으로by all just and lawful means 노력하는 것endeavor입니다.[13]

---

1) 시 15:2,4; 슥 7:4,10; 8:16-17　2) 롬 13:7　3) 레 6:2-5; 눅 19:8　4) 눅 6:30,38; 요일 3:17; 엡 4:28; 갈 6:10　5) 딤전 6:6-9; 갈 6:14　6) 딤전 5:8　7) 잠 27:23-27; 전 2:24; 3:12-13; 딤전 6:17-18; 사 38:1; 마 11:8　8) 고전 7:20; 창 2:15; 3:19　9) 엡 4:28; 잠 10:4　10) 요 6:12; 잠 21:20　11) 고전 6:1-9　12) 잠 6:1-6; 11:15　13) 레 25:35; 신 22:1-4; 출 23:4-5; 창 47:14,20; 빌 2:4; 마 22:39

142문 : 제8계명에서 금지된 죄들은 무엇입니까?

답 : 제8계명에서 금지된 죄들은 요구된 의무들을 등한히 하는 일 외에,[1] 도둑질theft,[2] 강도robbery,[3] 사람 납치man-stealing,[4] 장물(臟物) 취득receiving anything that is stolen,[5] 사기 거래fraudulent dealing,[6] 무게와 수치를 속이는 것false weights and measures,[7] 땅의 경계 표지를 옮기는 것removing land marks,[8] 사람들 사이에 맺어진 계약[9]이나 신탁[10]에 대한 불공정과 불성실injustice and unfaithfulness in contracts between man and man, or in matters of trust, 억압oppression,[11] 착취extortion,[12] 고리대금usury,[13] 뇌물bribery,[14] 소송 남용vexatious lawsuits,[15] 부당하게 울타리를 치는 것과 내쫓는 것unjust enclosures and depopulations,[16] 가격 인상을 위한 매점매석(買占賣惜)engrossing commodities to enhance the price,[17] 불법적인 직업unlawful callings,[18] 우리의 이웃으로부터 불공정하고 죄악 된 방법으로 취하거나 억류하는 것all other unjust or sinful ways of taking or withholding from our neighbor, 그렇게 하여 자신을 부유케 하는 것,[19] **탐욕covetousness,[20] 세상 재물을 과도하게 소중히 여기고 좋아하는 것inordinate prizing and affecting worldly goods,[21]** 세상 재물을 얻고 보존하고 사용함에 있어서 의심하고 괴롭게 하는 염려와 노력distrustful and distracting cares and studies,[22] 다른 사람의 번영에 대한 질투,[23] 마찬가지로 게으름idleness,[24] 방탕prodigality, 낭비성 게임wasteful gaming, 다른 모든 방법으로 우리의 재산에 끼치는 부당한 손해unduly prejudice,[25] **하나님께서 우리에게 주신 재물의 바른 사용과 안위the due use and comfort를 우리 스스로 빼앗는 것입니다.[26]**

1) 약 2:15–16; 요일 3:17   2) 엡 4:28   3) 시 62:10   4) 딤전 1:10   5) 잠 29:24; 시 50:18   6) 살전 4:6   7) 잠 11:1; 20:10   8) 신 19:14; 잠 23:10   9) 암 8:5; 시 37:21   10) 눅 16:10–12   11) 겔 22:29; 레 25:17   12) 마 23:25; 겔 22:12   13) 시 15:5   14) 욥 15:34   15) 고전 6:6–8; 잠 3:29–30   16) 사 5:8; 미 2:2   17) 잠 11:26   18) 행 19:19,24–25   19) 욥 20:19; 약 5:4; 잠 21:6   20) 눅 12:15   21) 딤전 6:5; 골 3:2; 잠 23:5; 시 62:10   22) 마 6:25,31,34; 전 5:12   23) 시 73:3; 37:1,7   24) 살후 3:11; 잠 18:9   25) 잠 21:17; 23:20–21; 28:19   26) 겔 4:8; 6:2; 딤전 5:8

웨스트민스터 대요리문답 제141문답에는 "검소함"(frugality)이 언급되는데, 이 부분을 문자적으로 이해하여 검소만을 추구해서는 안 된다. 무조건적인 검소함이 꼭 좋은 것만은 아니다. 적절한 소비가 있어야 한다. 이 세상의 모든 사람들이 소비하지 않고 아끼기만 한다면 경제는 돌아가지 않는다. 누군가의 소비가 누군가의 소득임을 생각한다면 적절한 소비는 반드시 필요하다.

물질주의에 대한 극단적 반응은 꼭 필요한 것 외의 모든 것을 버리는 금욕주의적 삶이다. 그러나 성경은 그러한 극단적 삶을 가르치지 않는다. 그리스도인은 돈과 재물을 부정할 필요가 없다. 성경은 물질 사용에 대해 한쪽으로 치우치지 않는 관점을 요구한다.[384]

(8) 빚(부채)과 이자

제8계명과 관하여 교회 역사에 있었던 두 가지 오해가 있다. 하나는 "빚을 지면 절대로 안 된다"는 것이고, 또 하나는 "이자를 받으면 절대로 안 된다"는 것이다.

① 빚(debt)

빚을 지면 절대로 안 된다는 오해는 로마서 13:8 "피차 사랑의 빚 외에는 아무에게든지 아무 빚도 지지 말라. 남을 사랑하는 자는 율법을 다 이루었느니라"는 말씀을 문자적으로 이해했기 때문이다.[385] 그런데 해당 본문은 흔히 생각하는 빚(부채)에 관한 내용이라기보다는 모든 그리스도인이 하나님의 사랑을 받고 있기

---

384) Wesley K. Willmer, *God and Your Stuff*(Colorado Springs: NavPress, 2002). 정성묵 역, 『하나님과 재물』(서울: SFC, 2003), 36.

385) 문자적인 번역의 원칙을 따르는 NASB는 "Owe nothing to anyone except to love one

때문에 그 사랑에 빚진 자들이고, 이웃을 내 몸같이 사랑하라는 명령을 받았으니 사랑을 실천해야 하는 빚을 지고 있다는 것을 알려주는 말씀이라고 보아야 한다.[386] 이런 점에서 로마서 13:8을 근거로 빚을 금하는 것은 바람직하지 않다.

빚을 지면 절대로 안 된다는 것은 지나친 생각이다. 성경에는 돈을 빌려주라는 말씀이 많이 나온다. 출애굽기 22:25 "네가 만일 너와 함께 한 내 백성 중에서 가난한 자에게 돈을 꾸어 주면 너는 그에게 채권자같이 하지 말며 이자를 받지 말 것이며", 신명기 24:10 "네 이웃에게 무엇을 꾸어 줄 때에 너는 그의 집에 들어가서 전당물을 취하지 말고", 마태복음 5:42 "네게 구하는 자에게 주며 네게 꾸고자 하는 자에게 거절하지 말라" 등의 구절들은 돈을 빌려주는 것에 대해 말씀하고 있다. 만약 빚을 지는 것이 금지된 것이라면 빌려주라는 말씀이 성경에 없어야 한다. 이런 점에서 빚을 지면 안 된다는 생각은 비성경적이다.

우리가 처한 현실을 상식적으로 생각해 보아도 그러하다.[387] 어떤 특정한 일이 발생했을 경우 빚 없이 살기가 쉽지 않다. 갑작스런 사고가 발생했을 때 빚을 질 수밖에 없다. 대학 등록금, 자동차 구입, 주택 마련 등은 목돈이 요구되는 것으로 빚 없이 감당하기가 쉽지 않다. 게다가 이미 일반화된 신용카드나 후불 교통카드는 빚을 기반으로 한다.

단, "성경에서 빚을 지는 것을 금하지 않았다"라는 사실을 악용해서 "빚을 얼마나 지든지 상관없다"고 생각하는 것은 조심해야 한다. 빚을 지는 것이 잘못은 아니지만 지나치게 많은 금액의 빚을 지거나, 자신이 감당할 수 없을 정도의 빚을 지는 것은 바람직하지 않다. 과도한 빚은 개인과 가정에 큰 부담을 가져다주므로, 신중해야 하고 최소화해야 하며 반드시 상환(償還)해야 한다. 특히 갚기로 약속한 날에 갚지 않는 것은 다른 사람의 재산을 임의로 도둑질하는 것이 될 수 있다. 시편 37:21은 "악인은 꾸고 갚지 아니하나 의인은 은혜를 베풀고 주는도다"라고 말씀한다.

---

another; for he who loves his neighbor has fulfilled the law"라고 해서 "아무에게도 아무 빚을 지지 말라"고 되어 있다.

386) 황봉환, 『돈으로 이웃을 행복하게 하는 그리스도인』(용인: 킹덤북스, 2011), 238.

387) 개혁주의 신학은 오직 성경을 말한다. 그런데 오직 성경이란 이성과 상식을 무시하지 않는다 (WCF 제1장 제6절; 제29장 제6절).

돈을 빌려주는 주체(債權者)도 마찬가지다. 이웃에게 돈을 빌려주는 것 자체가 선한 일일 수 있으나, 그 사람이 과연 지불할 능력이 있는지를 살피고 빌려주는 것도 중요하다. 그렇지 않을 경우 오히려 도둑질이 될 수 있다. 상환 능력이 없거나 부족한데도 큰돈을 빌려주고 계속해서 이자를 내도록 한다면 그것은 결국 도둑질이다. 돈을 빌린 사람(債務者)만 비난하고 돈을 빌려준 사람이나 기관에 대해서는 관대한 경우가 있는데 이는 바람직하지 않다. 빌려주는 사람은 빌리는 사람의 지불 능력을 충분히 살핀 뒤에 빌려주어야 한다. 오늘날 정부와 금융기관, 대부업체들이 빚 권하는 사회로 만들어 가는 것은 이웃에 대한 부도덕함이다.[388]

② 이자

이자에 대한 오해는 출애굽기 22:25 "네가 만일 너와 함께 한 내 백성 중에서 가난한 자에게 돈을 꾸어 주면 너는 그에게 채권자같이 하지 말며 **이자를 받지 말 것이며**", 레위기 25:35-38 "[35]네 형제가 가난하게 되어 빈손으로 네 곁에 있거든 너는 그를 도와 거류민이나 동거인처럼 너와 함께 생활하게 하되 [36]**너는 그에게 이자를 받지 말고** 네 하나님을 경외하여 네 형제로 너와 함께 생활하게 할 것인즉 [37]**너는 그에게 이자를 위하여 돈을 꾸어 주지 말고** 이익을 위하여 네 양식을 꾸어 주지 말라. [38]나는 너희의 하나님이 되며 또 가나안 땅을 너희에게 주려고 애굽 땅에서 너희를 인도하여 낸 너희의 하나님 여호와이니라", 신명기 23:19-20 "[19]**네가 형제에게 꾸어 주거든 이자를 받지 말지니 곧 돈의 이자, 식물의 이자, 이자를 낼 만한 모든 것의 이자를 받지 말 것이라.** [20]타국인에게 네가 꾸어 주면 이자를 받아도 되거니와 **네 형제에게 꾸어 주거든 이자를 받지 말라.** 그리하면 네 하나님 여호와께서 네가 들어가서 차지할 땅에서 네 손으로 하는 범사에 복을 내리시리라", 느헤미야 5:7-10 "[7]깊이 생각하고 귀족들과 민장들을 꾸짖어 그들에게 이르기를 너희가 각기 형제에게 높은 이자를 취하는도다 하고 대회를 열고 그들을 쳐서 [8]그들에게 이르기를 우리는 이방인의 손에 팔린 우리 형제 유다 사람들을 우리의 힘을 다하여 도로 찾았거늘 너희는 너희 형제를 팔고자 하느냐. 더구나 우

---

388) 총부채상환비율(Debt-to-Income Ratio, 간단히 DTI)에 관한 규제를 지나치게 완화해서 대출을 쉽게 하는 정책이나 은행의 대출 권장은 바람직하지 않다. 제윤경, 『빚 권하는 사회, 빚 못 갚을 권리: 왜 빌린 자의 의무만 있고 빌려준 자의 책임은 없는가』(서울: 책담, 2015)를 참고하라.

리의 손에 팔리게 하겠느냐 하매 그들이 잠잠하여 말이 없기로 [9]내가 또 이르기를 너희의 소행이 좋지 못하도다. 우리의 대적 이방 사람의 비방을 생각하고 우리 하나님을 경외하는 가운데 행할 것이 아니냐. [10]나와 내 형제와 종자들도 역시 돈과 양식을 백성에게 꾸어 주었거니와 **우리가 그 이자 받기를 그치자**", 시편 15:5 **"이자를 받으려고 돈을 꾸어 주지 아니하며** 뇌물을 받고 무죄한 자를 해하지 아니하는 자이니 이런 일을 행하는 자는 영원히 흔들리지 아니하리이다" 등의 언급 때문이다.

이 말씀들에 근거하여 775년에 열린 니케아 종교회의(Nicene Council)에서는 이자놀이 금지법안이 통과되었고, 남에게 빌려준 돈에 대해 이자를 요구하는 것은 불법으로 간주되었다. 1179년 제3차 라테란 회의에서는 대여에 대한 모든 이자를 금지하였다. 그래서 신자가 은행과 같은 금융업에 종사하는 것을 금하였던 적도 있다.

그러나 성경이 이자 자체를 금하고 있다는 것은 오해다. 위 말씀들에서 이자를 금하고 있는 상황을 자세히 생각해 보아야 한다. 위 본문들에서 금하는 '이자'는 단순한 이자가 아니라 '가난한 사람들에 대한 과도한 이자'다. 가난하여서 원금도 갚기 어려운 사람에게 과도한 이자를 부과하는 것은 바람직하지 않기에 이자를 받지 말라고 하는 것이다. 가난한 사람의 필요를 위해 돈을 빌려주면서 그에 대한 대가(代價)로 과도한 이자를 부과하게 될 때 그것은 결국 가난한 사람에게 더 큰 부담이 될 수 있으니 그것을 금하고 있는 것이다. 이해하기 쉽게 표현하면 '고리대금업'(高利貸金業)과 같은 것을 금하는 것이다.

성경은 상식적인 이자를 금하지 않는다. 칼뱅을 비롯한 종교개혁자들도 돈을 빌려주고 이자를 요구하는 것을 전적으로 반대하지 않았다(마 25:26; 눅 19:23). 투자를 목적으로 돈을 빌릴 경우, 대출자가 그 돈으로 얻을 수익을 예상해 그 수익보다 낮은 이자를 대출자에게 받는 것은 합리적으로 보았다. 그러나 너무 가난해서 생활비를 명목으로 돈을 빌릴 수밖에 없는 자들에 대해서는 이자를 받아서는 안 된다고 가르쳤다.[389] 종교개혁자들은 정당한 대금(貸金)의 관행이 있어야 그 사회가 더욱 발전하고 부강하게 된다고 인정했다. 종교개혁자들의 이러한 가르침에 따라 당시 은행업이 건전하게 육성되었고 상업과 수공업이 번창하였다. 그러나 고리대금업에 대해서는 강하게 금지할 것으로 가르쳤다.[390]

---

389) 황봉환, 『기독교 경제윤리』, 127-128.
390) 정병길, 『노동, 직업 그리고 교회』, 274.

이러한 가르침은 종교개혁의 신학이 잘 반영된 웨스트민스터 대요리문답 제 142문답에 고스란히 반영되어 있다.

웨스트민스터 대요리문답

142문 : 제8계명에서 금지된 죄들은 무엇입니까?

답 : 제8계명에서 금지된 죄들은 요구된 의무들을 등한히 하는 일 외에,[1] 도둑질theft,[2] 강도robbery,[3] 사람 납치man-stealing,[4] 장물(贓物) 취득receiving anything that is stolen,[5] 사기 거래fraudulent dealing,[6] 무게와 수치를 속이는 것false weights and measures,[7] 땅의 경계 표지를 옮기는 것removing land marks,[8] 사람들 사이에 맺어진 계약[9]이나 신탁[10]에 대한 불공정과 불성실injustice and unfaithfulness in contracts between man and man, or in matters of trust, 억압oppression,[11] 착취extortion,[12] **고리대금** usury,[13] 뇌물bribery,[14] 소송 남용vexatious lawsuits,[15] 부당하게 울타리를 치는 것과 내쫓는 것unjust enclosures and depopulations,[16] 가격 인상을 위한 매점매석(買占賣惜)engrossing commodities to enhance the price,[17] 불법적인 직업unlawful callings,[18] **우리의 이웃으로부터 불공정하고 죄악된 방법으로 취하거나 억류하는 것**all other unjust or sinful ways of taking or withholding from our neighbor, **그렇게 하여 자신을 부유케 하는 것,**[19] 탐욕covetousness,[20] 세상 재물을 과도하게 소중히 여기고 좋아하는 것inordinate prizing and affecting worldly goods,[21] 세상 재물을 얻고 보존하고 사용함에 있어서 의심하고 괴롭게 하는 염려와 노력distrustful and distracting cares and studies,[22] 다른 사람의 번영에 대한 질투,[23] 마찬가지로 게으름idleness,[24] 방탕prodigality, 낭비성 게임wasteful gaming, 다른 모든 방법으로 우리의 재산에 끼치는 부당한 손해unduly prejudice,[25] 하나님께서 우리에게 주신 재물의 바른 사용과 안위the due use and comfort를 우리 스스로 빼앗는 것입니다.[26]

---

1) 약 2:15–16; 요일 3:17   2) 엡 4:28   3) 시 62:10   4) 딤전 1:10   5) 잠 29:24; 시 50:18   6) 살전 4:6   7) 잠 11:1; 20:10   8) 신 19:14; 잠 23:10   9) 암 8:5; 시 37:21   10) 눅 16:10–12   11) 겔 22:29; 레 25:17   12) 마 23:25; 겔 22:12 13) 시 15:5   14) 욥 15:34   15) 고전 6:6–8; 잠 3:29–30   16) 사 5:8; 미 2:2   17) 잠 11:26   18) 행 19:19,24–25   19) 욥 20:19; 약 5:4; 잠 21:6   20) 눅 12:15   21) 딤전 6:5; 골 3:2; 잠 23:5; 시 62:10   22) 마 6:25,31,34; 전 5:12   23) 시 73:3; 37:1,7   24) 살후 3:11; 잠 18:9   25) 잠 21:17; 23:20–21; 28:19   26) 겔 4:8; 6:2; 딤전 5:8

이 문답은 고리대금을 금하고 있고, 이웃으로부터 불공정하고 죄악 된 방법으로 취하거나 억류하는 것, 그렇게 하여 자신을 부유케 하는 것을 금하고 있다. 그리고 "고리대금"을 언급하는 부분의 근거구절이 시편 15:5인데 그 말씀은 "이자를 받으려고 돈을 꾸어 주지 아니하며 뇌물을 받고 무죄한 자를 해하지 아니하는 자이니 이런 일을 행하는 자는 영원히 흔들리지 아니하리이다"라는 말씀이지만 '이자'를 금하는 것이 아니라 '고리대금'을 금하고 있으니, 이 본문의 의미를 바르게 이해하고 있다.

오늘날 대부분의 국가가 취하고 있는 자본주의 체제 하에서는 돈을 빌리고 빌려주고 이자를 받는 것이 기업 성장을 촉진하는 데 도움이 된다. 기업이 은행에서 목돈을 빌리고, 그 돈으로 이윤을 창출할 수 있다. 그리고 그렇게 창출된 이윤의 일부에 대해 이자를 내는 것은 당연하다. 또한 각 시민들이 은행에 저금한 돈에 이자를 주는 것은 당연하다.[391] 이러한 현실을 생각해 볼 때 성경이 이자를 무조건 금한다고 생각하는 것은 성경적이지 않다.

반면, 고리대금업이나 '사채'라고 부르는 대부업(貸付業)은 바람직하지 않다. 30퍼센트가 넘는 고금리로 가난한 사람들의 피땀 같은 돈을 착취하는 일은 바람직하지 않다. 가난한 자는 구제의 대상이지 이자를 받아야 할 대상이 아니다.

5. 제8계명과 예배

십계명을 지키는 일차적인 곳은 예배가 행해지는 곳이다. 예배를 통해 제1계명부터 제10계명까지를 지켜야 한다. 예배에서 시작된 십계명 준수는 예배당을 넘어 각자의 삶의 영역에서 계속되어야 한다. 제8계명 역시 마찬가지다.

예배 중에 행해지는 제8계명은 헌금을 통해서다. 왜냐하면 제8계명의 실천 중 하나인 구제는 무엇보다도 헌금을 통해 시행되기 때문이다. 그리고 헌금은 예배의 한 부분이기 때문이다. 헌금은 제8계명의 한 실천이라고 할 수 있는 구제를 하는 중요한 방편이다. 예배 중에 드려진 헌금은 집사회를 통해 구제에 사용된다(행 2:43-47; 4:32-35; BC 제30조; 웨스트민스터 정치모범 중 집사).

또한 헌금은 제8계명의 정신이라고 할 수 있는 청지기 정신을 표현하는 중요한 방편이다. 헌금은 나의 모든 것이 하나님께로부터 온 것임을 고백하는 행위

---

391) 황봉환, 『기독교 경제윤리』, 168.

다. 헌금 송으로 자주 사용되는 찬송가 634장(통합찬송가 70장)은 역대상 29:14
에 근거해서 "모든 것이 주께로부터 왔으니 이 예물을 주께 드리나이다"라고 찬
송한다.

이처럼 제8계명은 예배의 현장에서 잘 나타난다. 예배 중에 제8계명을 지키는
사람이야말로 예배당을 나와 세상에서도 제8계명을 지킬 수 있다.

6. 제8계명에 담긴 하나님의 배려와 사랑

제8계명을 통해 하나님은 각 사람의 사유재산을 보호하신다. 제8계명을 통해 하
나님은 우리의 소유가 우리의 것이 아니라 하나님의 것임을 가르쳐 주신다.

제8계명을 통해 하나님은 우리의 것을 다른 사람이 빼앗아 가는 것으로부터
보호하신다. 우리로 하여금 다른 사람의 것을 함부로 빼앗지 못하게 하시며, 다
른 사람의 것을 탐내기보다는 자신의 것으로 만족하게 하신다.

제8계명은 우리로 하여금 어떤 상황에 처하든지 그 상황을 하나님께서 주신
것으로 알고 만족하게 한다. 다른 사람의 것을 탐내기보다는 오히려 성실히 일
하도록 만든다. 내가 얻게 된 것이 나의 노력에 의한 것이 아니라 하나님께서 맡
겨 주신 것임을 알게 한다. 나아가 가난한 자를 돕게 하며 이로 말미암아 세상을
유지케 하신다.

이렇게 함으로써 하나님은 각 사람의 재산을 보호하시고 이 사회를 유지하신
다. 이처럼 제8계명에는 하나님의 배려와 사랑이 담겨 있다.

10장
제9계명

출애굽기 20:16
"네 이웃에 대하여 거짓 증거하지 말라."

웨스트민스터 소요리문답

76문 : 제9계명은 무엇입니까?

답 : 제9계명은 "네 이웃에 대하여 거짓 증거하지 말라" 하신 것입니다.[1]

1) 출 20:16

웨스트민스터 대요리문답

143문 : 제9계명은 무엇입니까?

답 : 제9계명은 "네 이웃에 대하여 거짓 증거하지 말라" 하신 것입니다.[1]

1) 출 20:16

관련 성경구절

출애굽기 20:16; 23:1-3,6; 레위기 5:1; 19:11,16; 민수기 35:30; 신명기 1:16-17; 5:20; 16:18-20; 17:6-7; 19:15-21; 32:4; 사무엘상 15:29; 열왕기상

21:24; 잠언 6:16-19; 12:17; 14:5,25; 17:23; 18:8; 19:5,9; 21:28; 25:18; 26:18-19,22,28; 29:5; 이사야 30:9; 59:3-4; 예레미야 7:8-9; 호세아 4:2; 미가 6:14; 마태복음 5:33-37; 15:11,17-20; 마가복음 14:53-65; 요한복음 8:44; 18:33-38; 사도행전 1:8; 3:15; 5:32; 6:8-7:53; 25:10-11; 로마서 13:9; 에베소서 4:15,25,29; 골로새서 3:9; 데살로니가후서 2:9-12; 디모데전서 1:10; 5:19; 6:12-14; 디도서 1:2; 야고보서 3:5-10; 요한계시록 21:8

관련 신조

하이델베르크 요리문답 제112문답

웨스트민스터 대요리문답 제143-145문답

웨스트민스터 소요리문답 제76-78문답

1. 제9계명의 기본적인 의미

제9계명은 '거짓 증거를 금하는' 것으로, 곧 증인과 관련된다. 증인(證人, witness)은 재판 혹은 송사(訟事)[392]라는 특정 정황과 관련된다. 이 사실은 제9계명을 구체적으로 언급하고 있는 다른 본문들을 통해서도 알 수 있다.

출애굽기 23:1-3 "너는 거짓된 풍설을 퍼뜨리지 말며 악인과 연합하여 **위증하는 증인**이 되지 말며 ²다수를 따라 악을 행하지 말며 **송사**에 다수를 따라 부당한 **증언**을 하지 말며 ³가난한 자의 **송사**라고 해서 편벽되이 두둔하지 말지어다", 민수기 35:30 "사람을 죽인 모든 자 곧 살인한 자는 **증인들의 말**을 따라서 죽일 것이나 **한 증인의 증거**만 따라서 죽이지 말 것이요", 신명기 19:15-20 "¹⁵사람의 모든 악에 관하여 또한 모든 죄에 관하여는 **한 증인으로만 정할 것이 아니요 두 증인의 입으로나 또는 세 증인의 입으로 그 사건을 확정할 것이며** ¹⁶만일 **위증하는 자**가 있어 어떤 사람이 악을 행하였다고 말하면 ¹⁷그 논쟁하는 쌍방이 같이 하나님 앞에 나아가 그 당시의 제사장과 **재판장** 앞에 설 것이요 ¹⁸**재판장**은 자세히 조사하여 **그 증인이 거짓 증거하여 그 형제를 거짓으로 모함한 것**이 판명되면 ¹⁹그가 그의 형제에게 행하려고 꾀한 그대로 그에게 행하여 너희 중에서 악을 제하라. ²⁰그리하면 그 남은 자들이 듣고 두려워하여 다시는 그런 악을 너희 중에서 행하지 아니하리라."

제9계명은 기본적으로 '재판'이라고 하는 특수한 정황과 관련된 계명이다. 재판에서 증인은 거짓 증거를 말해서는 안 된다.[393] 왜냐하면 증인의 말 한마디로 죄 없는 사람을 죄가 있다고 판결할 수 있고, 죄 있는 사람을 죄가 없다고 판결할 수 있기 때문이다. 심지어 증인의 말 한마디가 인격을 파괴하고 경제적 타격을 줄 수도 있으며 죽이거나 살릴 수도 있다.[394] 그렇기에 그러했을 것이라는 추측을 말해서도 안 되고, 상상을 동원해서 말해도 안 된다. 또한 일의 전부를 말하지 않고 일부만 말하여서 왜곡될 여지를 두는 것도 조심해야 한다.

제9계명은 증인뿐만 아니라 증인의 말을 참고하는 재판장(裁判長)도 지켜야 할 계명이다. 신명기 19:15 "사람의 모든 악에 관하여 또한 모든 죄에 관하여는 한 증인으로만 정할 것이 아니요 두 증인의 입으로나 또는 세 증인의 입으로 그 사건을 확정할 것이며"는 증인의 말을 참고하는 재판장이 어떤 사건을 재판할 때 한 사람의 증인만으로 확증하기보다는 두세 사람의 증인을 통해 분명히 확인해 볼 것을 가르치고 있다. 왜냐하면 항상 위증의 가능성이 있기 때문이다. 디모데전서 5:19 "장로에 대한 고발은 두세 증인이 없으면 받지 말 것이요"는 교회의 직분자인 목사와 장로에 대한 고발을 다룰 때 신중할 것을 가르친다.

2. 제9계명의 실천영역

제9계명이 '재판'이라는 특수한 정황과 관련되어 있으니, 그렇다면 이 계명은 아주 특수한 경우에만 적용되는 것일까? 그렇지 않다.

에베소서 4:25 "그런즉 **거짓을 버리고** 각각 그 이웃과 더불어 **참된 것을 말하라.** 이는 우리가 서로 지체가 됨이라"는 제9계명에 관한 것인데 그 이유는 에베소서 4:28이 제8계명, 5:22-33이 제7계명, 6:1-9이 제5계명에 관해 다루고 있기 때문이다. 그런데 에베소서 4:25에 의하면 제9계명은 단순히 법정에서뿐 아니라 모든 종류의 거짓말과 관련됨을 보여준다.

---

392) 송사(訟事), 소송(訴訟): [법률] 법률상의 판결을 법원에 요구함. 또는 그런 절차.

393) 대한민국 법률 「형법」(법률 제13719호) 제10장(제152조-제155조), 대한민국 법률 「형사소송법」(법률 제13722호) 제157조 제2항, 대한민국 법률 「국회에서의 증언, 감정 등에 관한 법률」(법률 제12503호) 제8조는 위증(僞證)에 관해 다루고 있다.

394) 이런 점에서 제6, 8계명과도 연관된다.

이 외에도 잠언 14:5 "신실한 증인은 거짓말을 아니하여도 거짓 증인은 거짓말을 뱉느니라", 잠언 19:9 "거짓 증인은 벌을 면하지 못할 것이요 거짓말을 뱉는 자는 망할 것이니라"도 제9계명이 거짓말에 관한 것임을 보여준다. 또한 레위기 19:11 "너희는 **도둑질**하지 말며 **속이지 말며** 서로 **거짓말하지 말며**"는 제8계명인 도둑질을 다룬 뒤에 속이는 것과 거짓말에 대해 말하고 있으니 거짓말은 제9계명임을 알 수 있다. 호세아 4:2 "오직 저주와 속임과 **살인과 도둑질과 간음**뿐이요 포악하여 피가 피를 뒤이음이라"는 제6, 8, 7계명을 다루면서 '속임'을 언급하고 있으니 '속임'이 제9계명임을 암시한다. 요한계시록 21:8 "그러나 두려워하는 자들과 믿지 아니하는 자들과 흉악한 자들과 **살인자들과 음행하는 자들**과 점술가들과 **우상 숭배자들과 거짓말하는 모든 자들**은 불과 유황으로 타는 못에 던져지리니 이것이 둘째 사망이라"는 살인(제6계명), 음행(제7계명), 우상 숭배(제1계명)와 함께 '거짓말'을 다루고 있으니 거짓말이 제9계명임을 암시하고 있다.[395]

그렇기에 제9계명은 재판이라는 특수한 정황뿐만 아니라 삶의 모든 영역에서의 거짓말을 금하는 계명이라고 볼 수 있다. 그러므로 우리는 재판정(裁判廷)에서는 물론이거니와 일상적이고 개인적인 대화, 그 외에 삶의 모든 정황에서도 거짓말하는 것을 삼가야 한다.

제9계명이 더 넓은 영역에 대한 것이라는 점은 웨스트민스터 소요리문답 제77, 78문답에 잘 나타나 있다.

웨스트민스터 소요리문답

77문 : 제9계명에서 요구된 것은 무엇입니까?

답 : 제9계명이 요구하는 것은 사람과 사람 사이의 진실함truth[1)]과 또 자기 자신과 이웃의 명예[2)]를 유지하고maintaining 증진시키라는 것promoting이요, 특별히 증언할 때에in witness-bearing[3)] 그리하라는 것입니다.

----

1) 슥 8:16 2) 요삼 12 3) 잠 14:5,25

----

395) Douma, *The Ten Commandments*, 316; 강영안, 「강영안 교수의 십계명 강의」, 322.

3. 제9계명의 긍정명령

십계명의 부정명령들은 반드시 긍정명령을 포함한다. 그러므로 "네 이웃에 대하여 거짓 증거하지 말라"는 명령은 "네 이웃에 대하여 참된 증언을 하라"로 바꿀 수 있고, 더 나아가 "너의 모든 말에서 항상 참된 것을 말하라"로 바꿀 수 있다.

이 사실을 에베소서 4:25 "그런즉 **거짓을 버리고** 각각 그 이웃과 더불어 **참된 것을 말하라.** 이는 우리가 서로 지체가 됨이라"가 잘 보여주고 있으니 거짓말하지 않는 것으로 제9계명을 다 지킨 것이 아니라 "진실을 말하는 것"으로까지 이어져야 한다.

제9계명은 법정에서만 지키는 명령이 아니다. 이 세상 살아가는 모든 영역 가운데 항상 참된 것을 말하는 것이 제9계명이다.

제9계명이 곧 모든 영역에서 진실을 말하는 것이라는 사실은 하이델베르크 요리문답 제112문답과 웨스트민스터 대요리문답 제144문답에도 잘 나타나 있다.

모든 거짓lying과 속이는 일deceit을 피해야 합니다.[6] 법정에서나 기타 다른 경우에도 나는 진리truth를 사랑하고 정직하게candidly 진실truth을 말하고speak 고백해야openly 하며,[7] 할 수 있는 대로 이웃의 명예와 평판(評判)을 보호하고guard 높여야advance 합니다.[8]

---

1) 잠 19:5,9; 21:28   2) 시 50:19–20   3) 시 15:3; 롬 1:30   4) 마 7:1–2; 눅 6:37   5) 레 19:12; 잠 12:22; 계 21:8
6) 요 8:44   7) 고전 13:6; 엡 4:25   8) 삼상 19:4–5; 벧전 4:8

웨스트민스터 대요리문답

144문 : 제9계명에서 요구된 의무들은 무엇입니까?

답 : 제9계명에서 요구된 의무들은 사람과 사람 사이의 진실함과[1] 우리 자신 뿐만 아니라 우리 이웃의 명예good name를 보존하고 증진하는 것preserving and promoting,[2] **진실을 위해 나서서appearing 옹호하며 standing,**[3] 재판과 정의의 문제와[4] **다른 무슨 일이든지** 진심으로from the heart,[5] 성실하게,[6] 자유롭게,[7] 명백하게,[8] 온전하게[9] **오직 진실만을 말하는 것,**[10] 우리의 이웃에 대한 관대한 평가,[11] 그들의 명예good name를 사랑하며 바라고 기뻐하며loving, desiring, and rejoicing,[12] 그들의 연약한 점infirmities을 슬퍼하고[13] 덮어 주며,[14] 그들의 재능과 장점gifts and graces을 기꺼이 인정하고,[15] 그들의 결백innocency을 변호하고,[16] 그들에 관한 좋은 소문report은 기꺼이 받아들이되,[17] 나쁜 소문은 받아들이기를 원하지 않으며unwillingness to admit of,[18] 고자질하는 자들tale-bearers과[19] 아첨하는 자들flatterers과[20] 비방하는 자들slanderers을 저지시키는 것discouraging,[21] 우리 자신의 명예를 사랑하고 보호하고 필요할 때는 이를 변호하며,[22] 합법적인 약속을 지키고,[23] 무엇이든지 참되고 정직하며 사랑스럽고 좋은 평판이 있는 것들을 배우고 실천하는 것입니다.[24]

---

1) 슥 8:16   2) 요삼 12   3) 잠 31:8–9   4) 시 15:2   5) 대상 19:9   6) 삼상 19:4–5   7) 수 7:19   8) 삼하 14:18–20   9) 레 19:15; 잠 14:5,25   10) 고후 1:17–18; 엡 4:25   11) 히 6:9; 고전 13:7   12) 롬 1:8; 요이 4; 요삼 3–4   13) 고후 2:4; 12:21   14) 잠 17:9; 벧전 4:8   15) 고전 1:4–5,7; 딤후 1:4–5   16) 삼상 22:14   17) 고전 13:6–7   18) 시 15:3   19) 잠 25:23   20) 잠 26:24–25   21) 시 101:5   22) 잠 22:1; 요 8:49   23) 시 15:4   24) 빌 4:8

4. 제9계명에 나타난 하나님의 속성

십계명은 하나님의 본성과 속성을 반영한다. 제9계명은 거짓이 없으신 하나님의 속성을 반영한다. 하나님께서 거짓말을 금하시는 이유는 진실하신 하나님의 속성 때문이다.

하나님은 진리이시며 거짓이 없으시다. 신명기 32:4 "그는 반석이시니 그가 하신 일이 완전하고 그의 모든 길이 정의롭고 진실하고 **거짓이 없으신 하나님이시니** 공의로우시고 바르시도다", 사무엘상 15:29 "이스라엘의 지존자는 **거짓이나 변개함이 없으시니** 그는 사람이 아니시므로 결코 변개하지 않으심이니이다 하니", 디도서 1:2 "영생의 소망을 위함이라. 이 영생은 **거짓이 없으신 하나님**이 영원 전부터 약속하신 것인데"는 하나님께 거짓이 없음을 말씀한다. 하나님이신 예수님에 대해 베드로는 "그는 죄를 범하지 아니하시고 그 입에 **거짓**도 없으시며"(벧전 2:22)라고 했으며, 예수님께서는 "내가 곧 길이요 **진리요** 생명이니"(요 14:6)라고 선포하셨다. 이처럼 하나님께는 거짓이 없다. 하나님께는 오직 진리만이 있을 뿐이다. 하나님은 진리 그 자체시다.

반면 거짓은 마귀의 것이다. 요한복음 8:44은 "너희는 **너희 아비 마귀**에게서 났으니 너희 아비의 욕심대로 너희도 행하고자 하느니라. **그는 처음부터 살인한 자요 진리가 그 속에 없으므로 진리에 서지 못하고 거짓을 말할 때마다 제 것으로 말하나니 이는 그가 거짓말쟁이요 거짓의 아비가 되었음이라**"라고 말씀하고 있고, 이 말씀에서 '마귀'로 번역된 헬라어 디아볼로스는 중상 모략하는 자, 비방하는 자(slanderer; 이 단어는 웨스트민스터 대요리문답 제144-145문답에 사용되고 있다)라는 뜻이다. 마귀가 거짓의 아비라는 사실은 그의 첫 행위가 기록된 창세기 3:1-5을 보면 알 수 있다. 마귀는 여자(하와)에게 거짓말을 하여 죄를 범하게 만들었다.

거짓이 마귀에게 속한 것이라는 점은 하이델베르크 요리문답 제112문답에도 잘 나타나 있다.

마귀는 거짓의 아비, 거짓의 근원, 거짓의 시작이다. 거짓은 마귀의 영역이다. 그래서 하나님은 제9계명을 통해서 거짓 증거와 거짓말을 금하셨다.

신자는 거짓의 아비인 마귀가 아니라 진리 그 자체이신 하나님께 속한 자다. 그러므로 제9계명을 지켜야 한다. 만약 제9계명을 어기면 그것은 이웃에 대한 범죄일 뿐만 아니라 동시에 신자가 속한 하나님을 향한 범죄다.

5. 제9계명의 의도

제9계명은 왜 거짓을 금하고 참된 것을 말하라고 할까? 그 이유는 신자의 정체성 및 사명과 관련된다.

요한일서 2:3-5 "³우리가 그의 계명을 지키면 이로써 우리가 그를 아는 줄로 알 것이요 ⁴그를 아노라 하고 그의 계명을 지키지 아니하는 자는 거짓말하는 자요 진리가 그 속에 있지 아니하되 ⁵누구든지 그의 말씀을 지키는 자는 하나님의 사랑이 참으로 그 속에서 온전하게 되었나니 이로써 우리가 그의 안에 있는 줄을 아노라"에 따르면 하나님의 계명을 지키는 것은 우리가 누구에게 속한 것인지를 드러내는 것과 연관된다. 그러므로 제9계명을 지키는 것은 신자의 정체성과 관련된다. 신자가 거짓 증거와 거짓말을 일삼는다면 그것은 곧 마귀에게 속했다는 것이 되고, 반대로 진리를 사랑하고 정직하게 진실을 말하고 고백한다면 그것은 곧 하나님께 속했다는 것이 된다. 이처럼 제9계명을 지키는 것은 신자의 정체성을 드러내는 일이다. 신자가 거짓의 아비인 마귀가 아닌 거짓이 전혀 없으시고 참 진리이신 하나님께 속했음을 드러내는 방식이 바로 제9계명을 지키는 일이다.

사도행전 1:8 "오직 성령이 너희에게 임하시면 너희가 권능을 받고 예루살렘과 온 유대와 사마리아와 땅 끝까지 이르러 내 **증인**이 되리라 하시니라", 사도행전 3:15 "생명의 주를 죽였도다. 그러나 하나님이 죽은 자 가운데서 그를 살리셨으니 우리가 이 일에 **증인**이라", 사도행전 5:32 "우리는 이 일에 **증인**이요 하나님이 자기에게 순종하는 사람들에게 주신 성령도 그러하니라 하더라"에 의하면 신자는 예수 그리스도의 증인이다. 하나님의 진리인 복음을 증거하는 자다. 그러므로 제9계명을 지키는 것은 신자의 사명과 관련된다.[396] 복음과 진리의 증인 된 신자는 이 세상에 살면서 항상 사실(진리)을 말해야 한다. 그래야 동시에 참된 진리인 복음을 말할 수 있다. 게다가 듣는 이들도 신자의 입에서 나오는 복음의 진리를 믿을 수 있다. 신자가 제9계명을 자주 어긴다면, 그의 입에서 나오는 복음도 신뢰할 수 없다. 이처럼 제9계명을 지키는 것은 신자의 사명과 관련된다.

6. 말과 혀의 중요성

증거에는 여러 가지가 있다. 지문(指紋), 혈흔(血痕), 문서, CCTV 등이 있다. 그런데 제9계명이 말하는 증거(證據)는 그 무엇보다도 증언(證言)이다. 즉 말과 혀에 의한 것이다. 에베소서 4:25과 함께 제9계명을 다루는 에베소서 4:29 "무릇 **더러운 말**은 너희 입 밖에도 내지 말고 오직 덕을 세우는 데 소용되는 대로 **선한 말**을 하여 듣는 자들에게 은혜를 끼치게 하라"에 의하면 제9계명을 지키고 어기

---

396) 가톨릭교회교리서도 동일한 입장에서 제9계명(그들에게는 제8계명)을 다룬다. *Catechism of the Catholic Church*, para. 2464, 2472.

는 가장 중요한 도구는 '말'이다. 야고보서 3:2-12 "²우리가 다 실수가 많으니 만일 말에 실수가 없는 자라면 곧 온전한 사람이라. 능히 온 몸도 굴레 씌우리라. ³우리가 말들의 입에 재갈 물리는 것은 우리에게 순종하게 하려고 그 온 몸을 제어하는 것이라. ⁴또 배를 보라. 그렇게 크고 광풍에 밀려가는 것들을 지극히 작은 키로써 사공의 뜻대로 운행하나니 ⁵이와 같이 혀도 작은 지체로되 큰 것을 자랑하도다. 보라 얼마나 작은 불이 얼마나 많은 나무를 태우는가. ⁶혀는 곧 불이요 불의의 세계라. 혀는 우리 지체 중에서 온 몸을 더럽히고 삶의 수레바퀴를 불사르나니 그 사르는 것이 지옥 불에서 나느니라. ⁷여러 종류의 짐승과 새와 벌레와 바다의 생물은 다 사람이 길들일 수 있고 길들여 왔거니와 ⁸혀는 능히 길들일 사람이 없나니 쉬지 아니하는 악이요 죽이는 독이 가득한 것이라. ⁹이것으로 우리가 주 아버지를 찬송하고 또 이것으로 하나님의 형상대로 지음을 받은 사람을 저주하나니 ¹⁰한 입에서 찬송과 저주가 나오는도다. 내 형제들아, 이것이 마땅하지 아니하니라. ¹¹샘이 한 구멍으로 어찌 단 물과 쓴 물을 내겠느냐. ¹²내 형제들아, 어찌 무화과나무가 감람 열매를, 포도나무가 무화과를 맺겠느냐. 이와 같이 짠 물이 단 물을 내지 못하느니라"는 제9계명의 도구가 되는 혀의 중요성을 가르친다. 증거를 위한 '말'을 발화(發話)케 하는 혀는 몸 전체에 비해 아주 작지만 강력한 힘을 가지고 있다.

그러므로 제9계명을 잘 지키기 위해서는 평소에 항상 말과 혀를 조심해야 한다. 평소의 언어습관에 유의해야 한다. 항상 진실을 말하기 위해 힘써야 한다. 제9계명을 지키지 못하는 이유는 '말과 혀'를 제대로 다스리지 못하기 때문이다.

동물은 제9계명을 어길 수도 없고 지킬 수도 없다. 왜냐하면 제9계명을 지키는 도구가 되는 언어(言語)는 오직 사람만 갖고 있기 때문이다. 이 사실은 사람에게 말과 혀를 주신 이유와 목적을 생각하게 한다. 야고보서 3:9-10에서 말씀하듯 사람의 입(말과 혀)의 본연의 기능은 하나님을 찬송하는 것이다. 말과 혀는 하나님을 찬송하고 복음을 전파하기 위해 주어진 것이다. 그러므로 이웃에 대해 거짓 증거하지 말고 복음을 증거하며 하나님을 찬송하는 것이 제9계명을 적극적으로 지키는 방법이다.

7. 제9계명의 실천

(1) 세상 법정에서

세상의 법관인 그리스도인이나 그렇게 되기를 원하는 그리스도인은 이웃에 대한 거짓 증거가 얼마나 중요한지를 바르게 인식해야 한다.[397] 판사, 검사, 변호사 등의 직업은 단순히 출세와 돈벌이를 위한 직업이 되어서는 안 된다. 재판이나 법률적 도움을 주면서 공평을 추구해야 하며 억울한 자가 없도록 해야 한다. 특히 수임료가 얼마냐에 따라 판결에 유리하게 하거나 불리하게 하는 것은 거짓 증거(변호)다.

이와 관련해서는 성경에서 여러 구절을 찾을 수 있다. 출애굽기 23:6 "너는 가난한 자의 송사라고 정의를 굽게 하지 말며", 신명기 1:16-17 "16내가 그때에 너희의 재판장들에게 명하여 이르기를 너희가 너희의 형제 중에서 송사를 들을 때에 쌍방 간에 공정히 판결할 것이며 그들 중에 있는 타국인에게도 그리할 것이라. 17재판은 하나님께 속한 것인즉 너희는 재판할 때에 외모를 보지 말고 귀천을 차별 없이 듣고 사람의 낯을 두려워하지 말 것이며 스스로 결단하기 어려운 일이 있거든 내게로 돌리라. 내가 들으리라 하였고", 신명기 16:19 "너는 재판을 굽게 하지 말며 사람을 외모로 보지 말며 또 뇌물을 받지 말라. 뇌물은 지혜자의 눈을 어둡게 하고 의인의 말을 굽게 하느니라", 잠언 17:23 "악인은 사람의 품에서 뇌물을 받고 재판을 굽게 하느니라."

(2) 교회의 치리회에서

세상에도 법정이 있지만, 교회에도 법정이 있다. 치리회(治理會)다. 치리회(당회, 노회, 총회)는 교회 안에서 일어난 문제를 다루는 재판정(Church Courts)이다(참조. 고전 6:1-11).[398] 치리회는 가르치는 장로인 목사와 다스리는 장로인 치리장로로 구성된 기관인데, 이 기관은 하나님의 말씀과 신앙고백과 교회법에 따라 교회의 입법, 행정, 사법을 다룬다. 특히 사법의 기능과 관련해 범죄자와 증

---

397) 한국의 유명한 법무법인 중에서 율촌, 신우 등은 교회의 장로가 대표로 있는 법무법인이다.
398) 웨스트민스터 신앙고백서 제30장 제1,2절; 장로교 정치원리 제7조 치리권; *institutes*, Ⅳ. xii. 2.

인을 소환하여 심문하고, 범죄의 증거가 명확할 때 시벌하고, 회개하는 자를 해 벌하는 일을 한다.[399] 이런 점에서 치리회의 회원이 되는 목사와 장로는 그 직분이 갖고 있는 특성이 교회의 치리(治理)를 맡은 사람이라는 사실을 기억하고, 교회 안에서 일어난 일에 대해 최대한 객관적 위치에서 판결을 내릴 수 있는 지혜를 갖추어야 한다.[400]

(3) 명예훼손

오늘날 특히 중요하게 생각할 것은 명예훼손(libel)이다. 현대사회는 경쟁사회로 남을 깎아내려야 자신이 높아지다 보니, 명예훼손을 아무렇지 않게 하는 경우가 많다. 인터넷의 발달은 이를 더욱 용이하게 만들었다. 심지어 방송과 언론 등도 가십성 기사를 제대로 확인하지 않고 내보내는 경우가 많고, 거짓을 유포해 놓고 "아니면 그만"이라는 식으로 대응하는 경우도 있다. 또한 함부로 '종북' (從北) 또는 '보수꼴통'이라고 낙인찍는 경우가 많은데, 이렇게 하는 것은 제9계명을 어기는 일이다.[401]

---

399) 1992년판 고신헌법 교회정치 제85조 당회의 직무 제9항에 있었던 "당회는 범죄자와 증인을 소환하여 심문하고, 필요한 경우에는 본 교회 교인이 아니라도 증인으로 소환 심문할 수 있고, 범죄한 증거가 명확할 때 시벌하고, 회개하는 자를 해벌한다"의 내용이 2011년 개정헌법에서 삭제되었다. 이 직무를 생략한 것은 개정판의 결정적 오류다. 왜냐하면 당회는 본래 '교회법정' (Church Courts)이기 때문이다. 종교개혁 직후 당회를 지칭하는 여러 용어 중에 하나가 바로 '교회법정'이었다. 고신총회 헌법해설발간위원회, 『헌법해설: 예배지침/교회정치/권징조례』 (서울: 총회출판국, 2014), 교회정치 제347문답.
400) '장로'(長老)를 단순히 그 단어에 나타난 대로 '나이 많은' 혹은 '연륜이 있는'으로 이해하는 경우가 있으나 잘못된 이해다. Murray, 『조직신학 Ⅱ』, 351; Herman Bouwman, *Gereformeerde Kerkrecht*, Ⅰ (1928), 523; Van Dam, *The Elder*, 41-59. 특별히 Van Dam은 구약의 재판에 관한 본문들(출 18:21-27; 신 1:15-17; 16:18-21; 21:18-21; 룻 4:1-12; 대하 19:6)과 관련하여서 장로의 치리권과 잘 연관시키고 있다. Van Dam, *The Elder*, 61-95.
401) 대한민국 법률 「형법」(법률 제13719호)은 제33장(제307조-제312조)에서 '명예에 관한 죄'를 다룬다.

(4) 이웃에 대한 소문

이웃에 대하여 거짓 소문을 퍼트리지 않아야 한다. 악한 의도로 이웃에 대한 헛소문을 퍼트리지 않아야 한다. 뒤에서 헐뜯거나 중상(中傷)과 모략(謀略)을 하지 않아야 한다.

또한 이웃에 대한 소문을 듣고 쉽게 판단하거나 성급하게 정죄해서는 안 된다. 자신이 직접 경험하고 확인한 바가 아니면 다른 사람에 대한 판단은 조심하는 것이 바람직하다. 다른 사람의 말을 듣고 판단하기보다는 직접 경험해 보고 판단하는 것이 중요하다. 그리고 직접 경험했다 하더라도 신중하게 판단해야 한다.

이에 대해서는 하이델베르크 요리문답 제112문답에서도 잘 설명하고 있다.

하이델베르크 요리문답

112문 : 제9계명에서 하나님께서 원하시는 것은 무엇입니까?

　답 : 내가 어느 누구에게도 거짓 증언testimony을 하지 않고,¹⁾ 다른 사람의 말을 왜곡하지twist 않고,²⁾ 뒤에서 헐뜯거나gossip 중상(中傷)하지slander 않으며,³⁾ 어떤 사람의 말을 들어 보지 않고without a hearing or without a just cause 성급히 정죄하지 않으며, 다른 사람이 성급히 정죄하는 데에도 참여하지 않기를 원하십니다.⁴⁾ 오히려 하나님의 무서운 진노intense anger를 당하지 않기 위해⁵⁾ 본질적으로 마귀의 일인 모든 거짓lying과 속이는 일deceit을 피해야 합니다.⁶⁾ 법정에서나 기타 다른 경우에도 나는 진리truth를 사랑하고 정직하게candidly 진실truth을 말하고speak 고백해야openly 하며,⁷⁾ 할 수 있는 대로 이웃의 명예와 평판(評判)을 보호하고guard 높여야advance 합니다.⁸⁾

---

1) 잠 19:5,9; 21:28　2) 시 50:19-20　3) 시 15:3; 롬 1:30　4) 마 7:1-2; 눅 6:37　5) 레 19:12; 잠 12:22; 계 21:8
6) 요 8:44　7) 고전 13:6; 엡 4:25　8) 삼상 19:4-5; 벧전 4:8

(5) 자신의 명예와 관련하여

사람들은 대개 자신의 명예에 대해 말하는 것을 불편해하거나 그렇게 하는 사람에 대해 '변명' 혹은 '자랑' 으로 치부해 버린다. 하지만 자신의 명예를 보존하고 변호하며 증진하는 것은 제9계명을 지키는 일이다. 자기의 명예를 공연히 더럽힐 필요가 없고 정당하게 자기 명예를 지킬 수 있다.

스데반은 사도행전 6:8-15에서 재판정에 섰을 때 거짓 증인들이 자신을 모함하자(6:13), 7:2-53을 통해 진실을 말한다.[402] 바울은 사도행전 25:10-11에서 자신이 유대인들에게 불의를 행한 적이 없음에도 불구하고 모함 받는 것에 대해 자신을 변호하였다.

웨스트민스터 대요리문답 제144문답도 자신의 명예를 보존하고 변호하며 증진하는 것을 제9계명에서 요구된 의무라고 가르친다.

웨스트민스터 대요리문답

144문 : 제9계명에서 요구된 의무들은 무엇입니까?

답 : 제9계명에서 요구된 의무들은 사람과 사람 사이의 진실함과[1] **우리 자신 뿐만 아니라 우리 이웃의 명예**good name**를 보존하고 증진하는 것** preserving and promoting,[2] 진실을 위해 나서서appearing 옹호하며 standing,[3] 재판과 정의의 문제와[4] 다른 무슨 일이든지 진심으로from the heart,[5] 성실하게,[6] 자유롭게,[7] 명백하게,[8] 온전하게[9] 오직 진실만을 말하는 것,[10] 우리의 이웃에 대한 관대한 평가,[11] 그들의 명예good name를 사랑하며 바라고 기뻐하며loving, desiring, and rejoicing,[12] 그들의 연약한 점infirmities을 슬퍼하고[13] 덮어 주며,[14] 그들의 재능과 장점gifts and graces을 기꺼이 인정하고,[15] 그들의 결백innocency을 변호하고,[16] 그들에 관한 좋은 소문report은 기꺼이 받아들이되,[17] 나쁜 소문은 받아들이기를 원하지 않으며unwillingness to admit of,[18] 고자질하는 자들tale-bearers과[19] 아첨

---

402) 흔히 '스데반의 설교' 라고 말하지만, 문맥을 보면 '설교' 라기보다 '증언' '자백' '고백' (confession)에 가깝다. 스데반 사건은 제9계명의 모든 면들을 잘 보여준다. 제9계명은 거짓 증언을 하지 않는 것, 거짓 증언에 맞서 참된 증언을 하는 것, 진리를 말하는 것, 참된 복음을 증거하는 것 등이다.

하는 자들flatterers과[20] 비방하는 자들slanderers을 저지시키는 것 discouraging,[21] **우리 자신의 명예를 사랑하고 보호하고 필요할 때는 이를 변호하며,**[22] 합법적인 약속을 지키고,[23] 무엇이든지 참되고 정직하며 사랑스럽고 좋은 평판이 있는 것들을 배우고 실천하는 것입니다.[24]

1) 슥 8:16   2) 요삼 12   3) 잠 31:8-9   4) 시 15:2   5) 대상 19:9   6) 삼상 19:4-5   7) 수 7:19   8) 삼하 14:18-20   9) 레 19:15; 잠 14:5,25   10) 고후 1:17-18; 엡 4:25   11) 히 6:9; 고전 13:7   12) 롬 1:8; 요이 4; 요삼 3-4   13) 고후 2:4; 12:21   14) 잠 17:9; 벧전 4:8   15) 고전 1:4-5,7; 딤후 1:4-5   16) 삼상 22:14   17) 고전 13:6-7   18) 시 15:3   19) 잠 25:23   20) 잠 26:24-25   21) 시 101:5   22) 잠 22:1; 요 8:49   23) 시 15:4   24) 빌 4:8

(6) 선한 거짓말?

성경에는 거짓말을 하고도 오히려 하나님의 은혜를 받은 경우가 있다. 출애굽기 1:15-21에 나오는 히브리 산파와 여호수아 2:1-7에 나오는 라합이다. 히브리 산파는 제9계명을 어겼음에도(출 1:19) 하나님에게 은혜를 받았다(출 1:20). 라합은 제9계명을 어겼음에도(수 2:4-5) 성령님에게 칭찬을 받았다(히 12:31; 약 2:25). 왜냐하면 그들이 비록 거짓말을 했지만, 하나님을 두려워해서 한 것이요, 하나님의 백성을 보호하기 위해 한 일이기 때문이다.

이 두 본문을 통해 제9계명을 획일적으로 적용해서는 안 된다는 사실을 알 수 있다. 기본적으로 제9계명은 이웃에 대한 거짓 증거를 금하고 있고, 거짓말을 하는 것을 금하고 있지만, 때로는 상황과 형편에 맞게 적용해야 한다.[403]

예컨대 의사가 생존 가능성이 거의 없는 환자에게 사실대로 말할 것인가 아니면 그의 정신 건강을 위해 거짓말을 할 것인가 하는 경우, 또 선교사들이 공산국가나 이슬람국가에 성경을 가지고 들어갈 때 성경이 없다고 거짓말할 것인가 고민하는 경우, 또 여호수아 2장에 나오는 말씀처럼 망명자를 숨겨 주어야 하는 경우, 이 외에도 악의는 없지만 필요에 따라 거짓말을 해야 하는 경우가 있다. 사람의 생명을 위하여, 하나님 나라를 위하여, 하나님의 영광을 위하여 할 수밖에 없는 거짓말은 제9계명을 어겼다고 보기 어렵다.[404]

---

403) "거짓말하는 것이 모든 경우에 있어서 다 죄가 될 수 있느냐?" 하는 문제는 교회역사에서 오랫동안 논의되어 온 문제다.

이러한 거짓말에 대해서 전통적으로 '선한 거짓말' 혹은 '선의의 거짓말' (*mendacium officiosum*),[405] 혹은 '하얀 거짓말'(White Lie)이라고 부른다.

그러나 이러한 예외를 일반화하는 것을 조심해야 한다. '선한 거짓말'이 필요한 상황은 극히 예외적으로 발생하는 일인데 지나치게 일반화해서 변명과 핑계거리로 삼아서는 절대로 안 된다.

이와 관련해서 웨스트민스터 대요리문답 제144-145문답을 살펴볼 필요가 있다.

웨스트민스터 대요리문답

144문 : 제9계명에서 요구된 의무들은 무엇입니까?

답 : 제9계명에서 요구된 의무들은 사람과 사람 사이의 진실함과[1] 우리 자신뿐만 아니라 우리 이웃의 명예good name를 보존하고 증진하는 것preserving and promoting,[2] 진실을 위해 나서서appearing 옹호하며 standing,[3] 재판과 정의의 문제와[4] 다른 무슨 일이든지 진심으로from the heart,[5] 성실하게,[6] 자유롭게,[7] 명백하게,[8] 온전하게[9] 오직 진실만을 말하는 것,[10] 우리의 이웃에 대한 관대한 평가,[11] 그들의 명예 good name를 사랑하며 바라고 기뻐하며loving, desiring, and rejoicing,[12] **그들의 연약한 점**infirmities을 슬퍼하고[13] **덮어 주며**,[14] 그들의 재능과 장점gifts and graces을 기꺼이 인정하고,[15] 그들의 결백 innocency을 변호하고,[16] 그들에 관한 좋은 소문report은 기꺼이 받아들이되,[17] **나쁜 소문은 받아들이기를 원하지 않으며**unwillingness to admit of,[18] 고자질하는 자들tale-bearers과[19] 아첨하는 자들flatterers과[20] 비방하는 자들slanderers을 저지시키는 것discouraging,[21] 우리 자신의 명예를 사랑하고 보호하고 필요할 때는 이를 변호하며,[22] 합법적인 약속을 지키고,[23] 무엇이든지 참되고 정직하며 사랑스럽고 좋은

---

404) 강영안, 『강영안 교수의 십계명 강의』, 336-340. 더 자세한 논의로 다음을 참조하라. Frame, *The Doctrine of the Christian Life*, 836-837; Douma, *The Ten Commandments*, 326-334.

405) 고려신학대학원에서 윤리학을 가르친 바 있는 이보민 교수의 박사학위 논문이 이 주제를 다루고 있다. Bo Min Lee, *Mendacium officiosum*(Groningen: De Vuurbak, 1979).

평판이 있는 것들을 배우고 실천하는 것입니다.[24]

1) 슥 8:16   2) 요삼 12   3) 잠 31:8-9   4) 시 15:2   5) 대상 19:9   6) 삼상 19:4-5   7) 수 7:19   8) 삼하 14:18-20   9) 레 19:15; 잠 14:5,25   10) 고후 1:17-18; 엡 4:25   11) 히 6:9; 고전 13:7   12) 롬 1:8; 요이 4; 요삼 3-4   13) 고후 2:4; 12:21   14) 잠 17:9; 벧전 4:8   15) 고전 1:4-5,7; 딤후 1:4-5   16) 삼상 22:14   17) 고전 13:6-7   18) 시 15:3   19) 잠 25:23   20) 잠 26:24-25   21) 시 101:5   22) 잠 22:1; 요 8:49   23) 시 15:4   24) 빌 4:8

145문 : 제9계명에서 금지된 죄들은 무엇입니까?

답 : 제9계명에서 금지된 죄들은 우리 자신뿐만 아니라 우리의 이웃의 진실과 명예에 손상을 주는 모든 것으로[1] 특별히 공적 재판에서in public judicature 그러는 것,[2] 거짓 증거false evidence를 제공하며[3] 위증false witnesses을 시키며,[4] 고의적으로 나서서 악한 소송에 대해 변호하며pleading for an evil cause, 진실을 대적하고 억압하는 것outfacing and overbearing,[5] 불의한 판결을 내리고,[6] 악을 선하다 하며 선을 악하다 하고, 옳은 이가 한 일에 대하여 악한 자에게 보상하며, 악한 자가 한 일에 대하여 옳은 이를 벌하는 것,[7] 위조forgery,[8] 진실을 은폐하는 것concealing the truth과 정당한 소송에서의 부당한 침묵undue silence in a just cause,[9] 불법iniquity이 우리의 질책reproof과[10] 다른 사람들의 항고complaint를 요구할 때 우리의 평화를 지키는 것,[11] **때에 맞지 않게unseasonably 진실을 말하거나**[12] 그릇된 목적으로 악의적으로maliciously 말하거나,[13] 진실을 왜곡하여perverting 그릇된 의미로 만들거나,[14] 의심스럽고 애매한 표현으로 진실과 공의를 손상prejudice시키는 것,[15] 비진리를 말하며,[16] 거짓말하며,[17] 비방하며slandering,[18] 험담하며backbiting,[19] 훼방하며detracting,[20] 고자질하며tale bearing,[21] 수군거리며whispering,[22] 비웃으며scoffing,[23] 욕하며reviling,[24] 경솔하며rash,[25] 가혹하며harsh,[26] 편파적으로 비난하는 것partial censuring,[27] 의도와 말과 행동을 오해하는 것misconstructing,[28] 아첨과[29] 헛된 영광의 자랑vain-glorious boasting,[30] 우리 자신이나 다른 사람을 지나치게 높게 혹은 낮게 생각하거나 말하는 것,[31] 하나님의 은사와 은혜를 부인하는 것,[32] 작은 실수들을 더욱 악화시키는 것aggravating,[33] 자유롭게 고백하도록 요청받았을 때 죄를 숨기고 변명하거나 경감시키는 것extenuating,[34] **약점infirmities을 쓸데없이 찾아내는 것,**[35] 거짓 소문false rumors을 퍼뜨리며raising,[36] 악한 소문evil reports을 받아들이고 지지하며countenancing,[37] 공정한 변호에는 귀를 막는 것,[38] 악한 의심evil suspicion,[39] 칭찬받을 자격이 있는 자 deserved credit of any에 대해 시기하거나 슬퍼하며envying or grieving,[40] 그것을 손상시키려고 노력하거나 바라고,[41] 그들의 불명예disgrace와 오명infamy을 기뻐하는 것,[42] 조소하는 멸시scornful contempt,[43] 지나친 칭찬fond admiration,[44] 합법적인 약속의 파기 breach of lawful promises,[45] 좋은 소문에 속한 것을 등한히 하는 것,[46] 불명예ill name를 초래하는 일들을 할 수 있음에도 불구하고 스스로 피하지 않고 다른 사람들이 못하도록 막지 않으며 그냥 실행하는 것입니다.[47]

---

1) 삼상 17:28; 삼하 16:3; 1:9-10,15-16   2) 레 19:15; 합 1:4   3) 잠 19:5; 6:16,19   4) 행 6:13   5) 렘 9:3,5; 행 24:2,5; 시 12:3-4; 52:1-4   6) 잠 17:15; 왕상 21:9-14   7) 사 5:23   8) 시 119:69; 눅 19:8; 16:5-7   9) 레 5:1; 신 13:8; 행 5:3,8-9; 딤후 4:6   10) 왕상 1:6; 레 19:17   11) 사 59:4   12) 잠 29:11   13) 삼상 22:9-10; 시 52:1-5   14) 시 56:5; 요 2:19; 마 26:60-61   15) 창 3:5; 26:7,9   16) 사 59:13   17) 레 19:11; 골 3:9   18) 시 50:20   19) 시 15:3   20) 약 4:11; 렘 38:4   21) 레 19:16   22) 롬 1:29-30   23) 창 21:9; 갈 4:29   24) 고전 6:10   25) 마 7:1   26) 행 28:4   27) 창 38:24; 롬 2:1   28) 느 6:6-8; 롬 3:8; 시 69:10; 삼상 1:13-15; 삼하 10:3   29) 시 12:2-3   30) 딤후 3:2   31) 눅 18:9,11; 롬 12:16; 고전 4:6; 행 12:22; 출 4:10-14   32) 욥 27:5-6; 4:6   33) 마 7:3-5   34) 잠 28:13; 30:20; 창 3:12-13; 렘 2:35; 왕하 5:25; 창 4:9   35) 창 9:22; 잠 25:9-10   36) 출 23:1   38) 잠 29:12   39) 행 7:56-57; 욥 31:13-14   40) 민 11:29; 마 21:15   41) 스 4:12-13   42) 렘 48:27   43) 시 35:15-16,21; 마 27:28-29   44) 유 16; 행 12:22   45) 롬 1:31; 딤후 3:3   46) 삼상 2:24   47) 삼하 13:12-13; 잠 5:8-9; 6:33

웨스트민스터 대요리문답 제144문답에 언급된 "그들의 연약한 점을 슬퍼하고 덮어 주며, 나쁜 소문은 받아들이기를 원하지 않으며"라는 부분과 제145문답에 언급된 "때에 맞지 않게 진실을 말하거나, 약점을 쓸데없이 찾아내는 것" 등은 제9계명이 획일적으로 적용될 수 없음을 잘 보여준다. 어떤 말을 할 때 그 의도와 동기가 중요하다.

특별히 "약점을 쓸데없이 찾아내는 것"을 제9계명이 금지하는 것은 인간의 연약함을 너무나 잘 이해하고 있는 지적이다. 죄성을 가진 사람들은 때로는 제9계명을 지키겠다는 이유로 이웃의 약점을 들추어내는 데 혈안(血眼)이 되는 경우가 있다. 이웃에게 해를 입히기 위한 의도적인 목적을 가지고 이웃의 약점을 찾아내어 말해 놓고는 "나는 제9계명을 지켰을 뿐이다"라고 변명하는 경우가 있다. 이러한 사람의 죄성을 잘 이해하는 웨스트민스터 대요리문답은 그렇게 하는 것이 오히려 제9계명을 어기는 것이라고 지적하고 있다. 물론 이웃의 명백한 죄가 있는데도 불구하고 그 사람의 죄를 덮어 주라는 의미는 아니라는 사실을 기억해야 한다. 약점을 쓸데없이 찾아내지 말라고 한 것이지 분명히 드러난 죄악을 그냥 덮어 주라는 것은 아니다.

(7) 복음 전파

제9계명은 하나님의 진리를 증거하는 증인으로서의 신자의 사명과 관련된다. 그러므로 신자는 이 세상에서 복음의 증거자로 사는 것으로 제9계명을 지켜야 한다. 복음 전파야말로 제9계명을 실천하는 최상의 방식이다.

증인은 헬라어로 '마르투스'인데, 순교자라는 의미가 있다(행 20:22; 계 1:5). 그래서 헬라어 '마르투스'에서 순교자를 뜻하는 영어 '마터'(martyr)가 나왔다.

어떤 면에서 증인은 순교자다. 그러므로 신자는 생명과 목숨을 다해 진리를 증거하는 자로 살아야 한다.[406] 목숨을 다해 제9계명을 지켜야 한다.

그 외에 "제9계명을 어떻게 실천할까?"에 대해서는 웨스트민스터 대요리문답 제143-145문답을 자세히 살펴보는 것이 도움이 된다. 웨스트민스터 대요리문답에 나오는 제9계명에 관한 해설은 다른 계명들에 비해 가장 길고 구체적이며 상세하며 제9계명을 다루고 있는 그 어떤 설명보다도 자세하다.[407]

8. 제9계명과 예배

제9계명은 하나님과 사람 앞에서 참된 것을 말하라는 계명이다. 하나님과 사람 앞에서 참된 것을 말하는 대표적인 장소는 예배의 현장이다.

제9계명은 예배에서 출발한다. 디모데전서 6:12-14 "¹²믿음의 선한 싸움을 싸우라. 영생을 취하라. 이를 위하여 네가 부르심을 받았고 많은 증인 앞에서 선한 증언(헬. 호모로기안)을 하였도다. ¹³만물을 살게 하신 하나님 앞과 본디오 빌라도를 향하여 선한 증언(헬. 호모로기안)을 하신 그리스도 예수 앞에서 내가 너를 명하노니 ¹⁴우리 주 예수 그리스도께서 나타나실 때까지 흠도 없고 책망 받을 것

---

406) 가톨릭교회교리서도 제9계명(그들에게는 제8계명)에서 순교를 다룬다. *Catechism of the Catholic Church*, para. 2473.

407) 유해무, 『헌법해설: 웨스트민스터 신앙고백서/대소교리문답서』, 226.

도 없이 이 명령을 지키라"에서 '증언'(12, 13절)이 헬라어로 '호모로기안' 인데, 다른 말로 하면 '신앙고백'(*confessio*)이다.[408] 그래서 NIV성경은 '증언' 을 confession(고백)으로 번역하였다. 이 본문은 디모데가 예배 중에 공적 신앙고 백(증언)한 것을 다루고 있다.

그리스도인에게 증언은 법정이라는 특정한 상황에서 이루어지기도 하지만, 자기 자신의 신앙을 말한다는 점에서 동시에 예배와 세상을 향해 이루어지는 신 앙고백이다.[409] 신자는 본디오 빌라도를 향하여[410] 선한 증언(confession)을 하신 예수님을 본받아 세상 앞에서 신앙고백을 해야 한다(13절). 디모데를 본받아 교 회 앞에서 신앙고백을 해야 한다(12절).[411]

그러므로 제9계명은 예배에서 출발한다. 온 회중은 사도신경을 고백할 때 제9 계명을 지켜야 한다. 세례 시 서약할 때 제9계명을 지켜야 한다. 찬송을 부를 때 제9계명을 지켜야 한다. 우리의 참 이웃이신 예수 그리스도에 대해 바르게 고백 해야 한다. 목사는 강단에서 진리를 말해야 한다. 혹 거짓을 말할 경우 제9계명 을 어기는 것이다. 회중은 강단에서 선포된 진리를 그대로 받아야 한다. 그렇지 않고 거절하는 제9계명을 어기는 것이다.

예배의 현장에서 지켜진 제9계명을 통해 세상으로 나가야 한다. 예배 중에 말 씀봉사자의 입술에서 증거 된 진리를 온전히 받아, 진리인 복음을 세상 앞에 증 거해야 한다. 제9계명은 성도가 진리의 증거자로 살 것을 요구한다. 신자는 생명 의 말씀에 관하여 귀로 듣고 눈으로 보고 손으로 만진 자들이다(요일 1:1). 그리 고 그것을 증언하는 자들이다(요일 1:2). 이웃에 대해 진실을 말하되 이웃에게 진실을 말하며, 이웃에게 말해야 할 진실은 바로 '진리' 되신 예수 그리스도다.

---

408) 라틴어 *confessio*는 헬라어 호모로기아의 벌게이트 라틴역을 통해 번역되었고, 거기에서 confession이라는 말이 나왔다.

409) 디모데전서 6:12-13에서 사용한 바울의 언어가 신조적인 언어라는 점에는 대부분의 사람들이 동의한다. William D. Bounce, *Pastoral Epistles*, WBC 46(Nashville: Thomas Nelson, 2000). 채천석·이덕신 공역, 『목회서신』(서울: 솔로몬, 2009), 742.

410) '향하여' 라는 말에 사용된 헬라어 '에피' 는 소송 용어다. Bounce, 『목회서신』, 741.

411) 디모데전서 6:12이 말하는 "많은 증인 앞에서 선한 증언을 하였도다" 라는 뜻은 어릴 때부터 외조 모 로이스와 어머니 유니게를 통하여 믿음(딤후 1:5)을 배운 디모데가 장성하여 고백하게 된 것, 즉 '입교'(공적 신앙고백) 시에 많은 성도들 앞에서 자신의 신앙을 고백하였던 것을 의미한다.

제9계명은 장소적인 면에 있어서 기본적으로 재판의 현장을 배경으로 한다. 그런데 그 현장에만 제한되지 않는다. 교회로, 공공의 현장으로, 세상으로 확대되어야 한다. 제9계명은 내용적인 면에 있어서 기본적으로 이웃에 대한 '증언'과 관련된다. 그러나 그것에만 제한되지 않는다. 진리를 말하며 복음을 말하며 신앙을 고백하는 데까지 확대되어야 한다.

반대로 생각해 보면, 공공의 현장에서 그리고 세상에서 담대히 말할 수 있는 사람이 재판정에서도 담대히 말할 수 있다. 자신의 목숨이 위협을 당한다 하더라도 신앙을 담대하게 고백하고 진리를 말하며 복음을 전하는 사람이 재판정에서도 이웃에 대해 참된 증언을 담대하게 할 수 있다.

9. 제9계명과 예수 그리스도

예수님은 거짓 증거에 의해 죽임 당하셨다. 그리고 거짓 증거로 인해 재판정에 서셨을 때 '참된 증언'을 하셨다. 마가복음 14:53-65에 이 모습이 잘 드러난다.

마가복음 14:55-57에서 사람들이 예수님을 죽이려고 거짓 증언을 한다. 예수님은 죽어야 할 이유가 없는데도 불구하고 예수님을 사형에 처할 만한 죄의 증거를 찾기 위해 온갖 노력을 아끼지 않는다. 14:58에는 거짓 증언 중 하나가 소개된다. "우리가 그의 말을 들으니 손으로 지은 이 성전을 내가 헐고 손으로 짓지 아니한 다른 성전을 사흘 동안에 지으리라 하더라." 그러나 예수님은 "너희가 이 성전을 헐라. 내가 성전을 다시 일으키리라"라고 하신 적은 있지만, 자신이 성전을 헐겠다고 하신 적은 없다. 그러므로 거짓 증거다. 이러한 거짓 증거 때문에 예수님은 죽임을 당하셔야 했다. 신명기 19:16-19에 의하면 위증한 사람에 대해서는 그의 위증을 통해서 행한 그대로 그 증인에게 행해야 한다. 그러므로 재판을 주관하는 대제사장들은 14:56과 14:57에 나오는 수많은 거짓 증인들을 처벌해야 한다. 예수님을 죽이려고 거짓으로 증언했던 자들에게 사형을 선고해야 한다. 그러나 대제사장을 비롯한 산헤드린 공회원들은 이 일에 침묵한다. 이처럼 예수님은 제9계명을 지키지 않는 자들에 의해 죽임을 당하셨다.

제9계명을 어기는 자들 가운데서도 예수님은 제9계명을 지키셨다. 마가복음 14:61에서 대제사장이 "네가 찬송 받을 이의 아들 그리스도냐?"라고 물으니 "내가 그니라. 인자가 권능자의 우편에 앉은 것과 하늘 구름을 타고 오는 것을 너희가 보리라 하시니"(14:62)라고 대답하신다. 예수님께서는 자기 자신에 대해 바른 입장을 표명하심으로 제9계명을 지키셨다. 제9계명을 어기는 증인들과 재판장들 앞에서 제9계명을 지키셨다.

예수님은 요한복음 18:33-38에서도 제9계명을 지키셨다. 이 말씀은 빌라도의 재판정 앞에 서신 예수님에 관해 기록하고 있다. 빌라도가 예수님께 "네가 유대인의 왕이냐?"라고 묻자 "네 말과 같이 내가 왕이니라. 내가 이를 위하여 태어났으며 이를 위하여 세상에 왔나니 **곧 진리에 대하여 증언하려 함이로라**. 무릇 진리에 속한 자는 내 음성을 듣느니라"(37절)라고 증언하셨다. 자신의 목숨이 달린 문제 앞에서 자신이 왕이라는 진리를 말하는 일에 주저하지 않으셨다. 예수님은 이방인 빌라도 앞에서 제9계명을 지키셨다. 그 결과 십자가에 달려 돌아가셨다. 죽음을 바쳐 제9계명을 지키셨다. 이에 대해 디모데전서 6:13은 "만물을 살게 하신 하나님 앞과 본디오 빌라도를 향하여 선한 증언을 하신 그리스도 예수 앞에서 내가 너를 명하노니"라고 말씀한다.

예수님은 제9계명에 있어서 모범이 되신다. 그래서 요한계시록 1:5은 예수님을 가리켜서 '충성된 증인'이라고 표현한다. 이 예수님을 본받아 사는 것이 제9계명을 지키는 일이다. 때로는 예수님처럼 핍박을 당할 수 있다. 위증한 사람들 대신 참된 증거자 예수님이 죽임 당한 것처럼. 그러나 염려할 필요 없다. 우리 주 예수 그리스도께서 우리 대신 죽임 당하셨다. 이제 우리는 위협은 받으나 죽임 당하지는 않을 것이다. 혹 죽는다 하더라도 우리를 위해 죽으실 뿐만 아니라 우리를 위해 살아나신 예수 그리스도께서 구주가 되신다.

10. 제9계명의 엄중함

제6, 7, 8계명에 비해 제9계명을 대수롭지 않게 생각하는 경우가 많다. 하지만 성경은 이 계명을 어긴 것에 대해서 아주 강한 처벌을 말씀한다.

신명기 19:15-20은 "[15]사람의 모든 악에 관하여 또한 모든 죄에 관하여는 한 증인으로만 정할 것이 아니요 두 증인의 입으로나 또는 세 증인의 입으로 그 사건을 확정할 것이며 [16]만일 위증하는 자가 있어 어떤 사람이 악을 행하였다고 말하면 [17]그 논쟁하는 쌍방이 같이 하나님 앞에 나아가 그 당시의 제사장과 재판장 앞에 설 것이요 [18]재판장은 자세히 조사하여 그 증인이 거짓 증거하여 그 형제를 거짓으로 모함한 것이 판명되면 [19]그가 그의 형제에게 행하려고 꾀한 그대로 그에게 행하여 너희 중에서 악을 제하라. [20]그리하면 그 남은 자들이 듣고 두려워하여 다시는 그런 악을 너희 중에서 행하지 아니하리라"라고 말씀한다. 열왕기상 21장에 나오는 아합과 이세벨은 제9계명을 어겼는데, 하나님은 이세벨에 대해 "개들이 그를 먹을 것이다"라고 하셨다(왕상 21:24). 이처럼 하나님은 제9계명을 어기는 것에 대해 심각하게 여기신다.[412]

11. 제9계명에 담긴 하나님의 배려와 사랑

하나님은 제9계명을 통해 이웃 간에 일어날 제5, 6, 7, 8계명에 관한 분쟁이 일어나지 않게 막으신다. 제9계명을 통해 우리 모두의 명예를 보존하신다. 제9계명을 통해 그 누구도 억울한 일을 당하지 않도록 최대한 보호하신다. 하나님은 제9계명을 통해 사람과 사람 사이가 항상 진실하기를 원하신다. 제9계명을 통해 하나님의 진리가 보존되고 전파되기를 원하신다.

---

412) 세상법도 마찬가지다. 대한민국 법률 「형법」(법률 제13719호) 제152조에는 위증하였을 경우 5년 이하의 징역 또는 1천만 원 이하의 벌금에 처한다고 규정한다.

11장
제10계명

출애굽기 20:17
"네 이웃의 집을 탐내지 말라. 네 이웃의 아내나 그의 남종이나 그의 여종이나
그의 소나 그의 나귀나 무릇 네 이웃의 소유를 탐내지 말라."

웨스트민스터 소요리문답

79문 : 제10계명은 무엇입니까?

답 : 제10계명은 "네 이웃의 집을 탐내지 말라. 네 이웃의 아내나 그의 남
종이나 그의 여종이나 그의 소나 그의 나귀나 무릇 네 이웃의 소유
를 탐내지 말라" 하신 것입니다.[1]

---

1) 출 20:17

웨스트민스터 대요리문답

146문 : 제10계명은 무엇입니까?

답 : 제10계명은 "네 이웃의 집을 탐내지 말라. 네 이웃의 아내나 그의
남종이나 그의 여종이나 그의 소나 그의 나귀나 무릇 네 이웃의 소
유를 탐내지 말라" 하신 것입니다.[1]

---

1) 출 20:17

1. 제10계명의 기본적인 의미

제10계명 "네 이웃의 집을 탐내지 말라. 네 이웃의 아내나 그의 남종이나 그의 여종이나 그의 소나 그의 나귀나 무릇 네 이웃의 소유를 탐내지 말라"(출 20:17)는 '네 이웃의 소유'가 무엇인지를 '집, 아내, 남종, 여종, 소, 나귀' 등으로 구체적으로 언급하고 있다.[413]

그렇다면 그 외의 것은 상관없는가? 그렇지 않다. "무릇"이라고 번역된 말 속에는 "여기에 언급된 것들 외에도 이웃의 소유라면 어떤 것이든"이라는 의미가 있다. 그렇기에 NIV는 "무릇"을 "anything that belongs to your neighbor"라고 번역함으로써 "이웃에게 속한 것이라면 그 어떤 것이라도"라는 의미를 담고 있다.[414] 그러므로 집, 아내, 남종, 여종, 소, 나귀만 아니라 이웃의 모든 소유를 탐내서는 안 된다.

---

413) 출애굽기 20:17은 "네 이웃의 집을 탐내지 말라"는 말이 먼저 나오고, 신명기 5:21은 "네 이웃의 아내를 탐내지 말지니라"는 말이 먼저 나오는데, 이것은 그리 큰 문제가 되지 않는다. Frame, *The Doctrine of the Christian Life*, 844.

414) Exodus 20:17 NIV "You shall not covet your neighbor's house. You shall not covet your neighbor's wife, or his manservant or maidservant, his ox or donkey, or **anything that belongs to your neighbor.**"

우리는 우리의 이웃의 모든 소유를 탐내지 않는 것으로 이 계명을 지켜야 한다. 누가복음 12:15은 "삼가 모든 탐심을 물리치라. 사람의 생명이 그 소유의 넉넉한 데 있지 아니하니라"라고 말씀한다. 탐심은 우리의 생명에 조금도 유익이 없다.

'이웃의 것을 탐내는 것'은 다르게 말하면 이웃의 것에 대해 질투를 하거나 이웃의 것에 대해 지나친 애정을 갖는 것을 말한다. 그러므로 이웃의 것을 자기의 것으로 만들려는 모든 욕망을 금하고 있음을 알 수 있다. 나아가 이웃의 성공을 함께 기뻐하지 못하거나 이웃의 재산과 성공과 지위를 시기(시샘)하는 것도 제10계명을 어기는 것이다.

이에 대해 웨스트민스터 소요리문답 제81문답과 웨스트민스터 대요리문답 제148문답이 잘 말해 주고 있다.

웨스트민스터 소요리문답

81문 : 제10계명에서 금지된 것은 무엇입니까?

답 : 제10계명이 금하는 것은 자기 자신의 상태estate에 대한 모든 불만 discontentment[1]과 이웃의 잘됨을 시기하거나envying 원통하게 여기는 것grieving[2]과 이웃에게 속한 것에 대한 모든 부당한 행동과 감정all inordinate motions and affections입니다.[3]

1) 왕상 21:4; 에 5:13; 고전 10:10   2) 갈 5:26; 약 3:14,16   3) 롬 7:7-8; 13:9; 신 5:21

웨스트민스터 대요리문답

148문 : 제10계명에서 금지된 죄들은 무엇입니까?

답 : 제10계명에서 금지된 죄들은 우리 자신의 재산에 만족하지 못하는 것discontentment with our own estate,[1] 우리 이웃의 소유를 질투하고 envying[2] 슬퍼하며grieving,[3] 동시에 이웃의 소유에 대하여 지나친 행동과 감정을 갖는 모든 것all inordinate motions and affections입니다.[4]

1) 왕상 21:4; 에 5:13; 고전 10:10   2) 갈 5:26; 약 3:14,16   3) 시 112:9-10; 느 2:10   4) 롬 7:7-8; 13:9; 골 3:5; 신 5:21

제10계명이 "탐내지 말라"고 했다 해서 아무런 욕망도 가지면 안 된다는 의미로 오해해서는 안 된다. 제10계명은 탐욕을 금하는 것이지 욕망 자체를 금하지 않는다. 사람이 무언가를 이루고 싶어 하고 얻기를 원하는 것은 하나님이 주신 자연스러운 마음이다. 그러므로 제10계명이 욕망 그 자체를 정죄하는 것은 아니다.[415] 제10계명은 무소유를 말하지 않는다(참조. 행 5:4). 불교와 같은 금욕(禁慾)을 추구하지는 않는다. 그렇게 하는 것을 더 귀한 가치로 여기거나 더 도덕적인 것으로 생각하는 것은 바람직하지 않다. 우리의 자연스러운 욕구는 죄가 아니다.[416] 행복을 추구하고 기본적인 욕망을 가지는 것은 잘못이 아니다. 하나님은 우리에게 무소유를 요구하지 않으시며, 무욕(無慾)을 원하지 않으신다. 다만 탐욕을 금하셨다.

2. 제10계명의 긍정명령

제10계명을 지키기 위해서는 탐내지 않는 것도 중요하지만, 최고의 방법은 탐내지 말라는 명령 속에 담긴 긍정명령을 지키는 것이다. 바로 자족(自足)하는 것이다. 제10계명은 자족하라고 명령한다.

디모데전서 6:6-8은 "[6]그러나 자족하는 마음이 있으면 경건은 큰 이익이 되느니라. [7]우리가 세상에 아무것도 가지고 온 것이 없으매 또한 아무것도 가지고 가지 못하리니 [8]우리가 먹을 것과 입을 것이 있은즉 족한 줄로 알 것이니라"라고 말씀한다. 이 말씀에 의하면 자족하는 마음이 있으면 자신의 것으로 족한 줄 알게 된다.

탐내는 마음인 '탐심'(貪心)이란, 자신이 가진 것에 만족하지 못하고 필요한 것보다 더 많이 가지고 싶어 하는 욕구다. 만족하지 않으면 탐내게 되어 있다. 그런 의미에서 만족은 탐심과 탐욕을 물리치게 해준다. 자족하면 자기의 것으로 충분하기에 다른 사람의 것을 바라보지 않는다.

---

415) Clowney, 『예수님은 십계명을 어떻게 해석하셨는가?』, 204; Frame, *The Doctrine of the Christian Life*, 846.

416) Douma, *The Ten Commandments*, 348-350. 갈라디아서 5:24 "그리스도 예수의 사람들은 육체와 함께 그 정욕과 탐심을 십자가에 못 박았느니라"는 말씀에 대한 오해와 그에 대한 바른 접근으로 다음을 참고하라. 이승구, 『위로 받은 성도의 삶』, 251-252.

자족이 곧 제10계명을 지키는 길이라는 사실은 웨스트민스터 소요리문답 제80문답과 웨스트민스터 대요리문답 제147문답이 디모데전서 6:6에 근거해서 잘 말해 주고 있다.

웨스트민스터 소요리문답

80문 : 제10계명에서 요구된 것은 무엇입니까?

　답 : 제10계명이 요구하는 것은 **자기 자신의 처지**condition**에 완전히 만족하며**full contentment,[1] 이웃과 그의 모든 것에 대하여 의롭고 사랑하는 마음a right and charitable frame of spirit을 품으라는 것입니다.[2]

———
1) 히 13:5; 딤전 6:6　2) 욥 31:29; 롬 12:15; 딤전 1:5; 고전 13:4–7

웨스트민스터 대요리문답

147문 : 제10계명에서 요구된 의무들은 무엇입니까?

　답 : 제10계명에서 요구된 의무들은 **자기 자신의 처지**condition**에 완전히 만족하며**full contentment,[1] 우리의 이웃에 대하여 온 영혼을 다하여 사랑하며such a charitable frame of the whole soul, 우리의 모든 내적인 행동motions과 감정affections으로 그들을 만지며, 이웃의 소유 전체를 더욱더 잘 돌보는 것입니다tend unto, and further.[2]

———
1) 히 13:5; 딤전 6:6　2) 욥 31:29; 롬 12:15; 시 122:7–9; 딤전 1:5; 에 10:3; 고전 13:4–7

제10계명을 지키기 위해서는 자족하는 것도 중요한데, 또 하나 필요한 것이 있다. 바로 하나님에 대한 믿음과 신뢰다. 탐욕은 하나님의 다스리심에 대한 불신에서 비롯된다(히 13:5–6; 딤전 6:6). 하나님을 믿지 못하니 다른 사람의 것을 탐내게 된다. 하늘을 바라보아야 하는데 옆 사람의 것을 탐내는 것이다. 그러므로 탐욕은 믿음의 문제다. 하나님께서 우리에게 필요한 모든 것을 공급해 주신다는 믿음이 있다면 탐심을 품을 이유가 없다.

또한 우리의 욕심을 성령님께로 향하는 것도 좋은 방법이다. 성령 하나님의 생각으로 우리의 생각을 가득 채우고, 성령님이 원하시는 바를 우리가 원하는 것이야말로 탐욕을 피하는 좋은 방법이다.[417]

3. 제10계명의 의도

제10계명은 제8계명과 중복되는 것처럼 보인다. 왜냐하면 제8계명은 도둑질의 뿌리가 되는 탐심을 금하고 자족을 강조하는데, 제10계명도 탐심을 금하고 자족을 강조하기 때문이다. 하지만 제10계명은 제8계명과 구분된다.

제10계명은 크게 2가지 기능이 있다. 첫째, 제10계명의 기본적인 내용 그대로다. 탐심을 금하고 자족을 강조한다. 둘째, 자신이 제1계명에서부터 제9계명까지 해당사항이 없다고 생각하는 사람에게 마지막 일격을 가하는 의미가 있다.[418] 이 두 번째 기능 때문에 제10계명은 제8계명과 구분된다.

제10계명의 두 번째 기능은 "탐내지 말라"는 말의 구체적인 의미를 통해서 생각해 볼 수 있다. '탐내지 말라'는 히브리어로 '하마드'인데, 이 단어는 '자기의 유익을 위하여 어떤 사람이나 어떤 물건을 원하다, 갖기를 열망하다, 탐내다, 탐심을 가지다'라는 의미를 갖고 있다. 그런데 이 단어는 특별히 인간의 내면에 자리 잡고 있는 정신적이고 감정적인 과정을 묘사하는 단어다. '행동하기 이전의 모든 것'을 포함한다. 즉, 죄를 실제로 범하는 것뿐 아니라 죄를 범할 생각, 죄를 범하기 이전의 '마음'까지를 의미한다(제네바교회 요리문답 제215문답; 참조. 출 34:24; 시 68:16). 실제로, '탐욕'(혹은 '탐심')은 마음 깊은 내면에서부터 비롯되는 것으로 모든 죄의 근원이다(mother sin).[419] 탐욕에서 모든 죄악이 나온다. 야고보서 1:14-15은 "[14]오직 각 사람이 시험을 받는 것은 자기 욕심에 끌려 미혹됨이니 [15]욕심이 잉태한즉 죄를 낳고 죄가 장성한즉 사망을 낳느니라"라고 말씀하는데, 여기에 나오는 '욕심'이 바로 '탐심'이다. 탐욕이 죄의 근본이다.

---

417) 이승구, 『위로 받은 성도의 삶』, 253.
418) Horton, 『십계명의 렌즈를 통해서 보는 삶의 목적과 의미』, 281.
419) Watson, 『십계명 해설』, 302.

또한 로마서 7:7 "율법으로 말미암지 않고는 내가 죄를 알지 못하였으니 곧 율법이 탐내지 말라 하지 아니하였더라면 내가 탐심을 알지 못하였으리라"는 율법의 기능을 언급하면서 제10계명을 언급하고 있다. 그 이유는 제10계명은 다른 모든 계명을 포괄하는 계명이기 때문이다.

따라서 제10계명은 모든 계명들을 요약한 것이며, 모든 계명들을 포괄하는 것이며, 이 계명을 범하는 경우 다른 모든 계명을 범하게 된다. 탐심은 모든 죄의 뿌리다. 그래서 골로새서 3:5은 "탐심은 우상 숭배니라"라고 말씀하며, 에베소서 5:5은 "탐하는 자 곧 우상 숭배자"라고 말씀하니, 바울은 제10계명을 제1계명과 연관시키고 있다. 바울이 제10계명의 의미를 제대로 이해하고 그렇게 한 것이다.

탐욕은 모든 계명을 어기는 뿌리다. 그래서 탐욕은 하나 이상의 많은 신을 가지고 싶게 하니 제1계명과도 연관되며, 탐욕은 제2계명과 제3계명에도 영향을 끼친다. 탐욕은 하나님께서 쉬라고 하신 날에도 일하게 만들며(제4계명), 탐욕은 부모에게 마땅히 드려야 할 순종을 하지 않게 하며(제5계명), 탐욕은 다른 사람을 모욕하며(제6계명), 탐욕은 이웃의 아내를 탐하게 하며(제7계명), 탐욕은 이웃의 소유를 도둑질하게 하며(제8계명), 탐욕은 다른 사람의 명예를 부러워하여 거짓말을 하게 만든다(제9계명).

탐심이 없으면 하나님 한 분만으로 만족한다. 탐심이 없으면 하나님께서 예배하라고 하신 방식으로 예배한다. 탐심이 없으면 하나님의 이름을 함부로 부르지 않는다. 탐심이 없으면 하나님이 쉬라고 한 날에 쉬며, 하나님이 일하라고 한 날에 일한다. 탐심이 없으면 하나님이 주신 권위에 순종한다. 탐심이 없으면 살인하지 않고, 간음하지 않고, 도둑질하지 않으며, 이웃에 대하여 거짓 증거하지 않는다.

이런 점에서 "탐내지 말라"는 명령은 모든 죄의 기초를 금하는 것이다. 제1계명이 뒤에 나오는 모든 계명의 근본이 되는 것처럼, 제10계명은 앞에 나오는 모든 계명의 원인이 된다. 제1계명이 하나님과 그 백성의 언약관계의 기초를 제공해 준다면, 제10계명은 언약관계의 단절의 기초가 된다.

제10계명에 사용된 히브리어 '하마드'는 십계명을 마감하는 계명을 위해서 신중하게 선택된 것으로 보인다.[420] 하나님은 이 명령으로 십계명의 결론을 내리

---

420) Durham, 『출애굽기』, 491-492.

고 강조점으로 삼으셨다.[421]

그럴 가능성은 없지만 혹시나 앞에 나오는 아홉 개의 계명을 다 지켰다 하더라도 탐욕을 갖고 있다면 결국은 십계명을 다 지키지 못한 것이요 율법 전체를 범한 것이다. 이처럼 십계명은 상당히 의도적인 구조로 이루어져 있다.[422]

제10계명의 두 번째 기능에 대해서는 하이델베르크 요리문답 제113문답에서 잘 보여주고 있다.

하이델베르크 요리문답

113문 : 제10계명에서 하나님께서 원하시는 것은 무엇입니까?

답 : 하나님의 계명 어느 하나에라도 어긋나는 지극히 작은the slightest 욕망이나 생각을 조금도 마음에 품지 않는 것이고ever arise, 언제든지 우리 마음을 다하여with all my heart 모든 죄sin를 미워하고 모든 의right를 좋아하는 것입니다.[1]

1) 시 19:14; 139:23-24; 롬 7:7

제10계명은 제8계명과 중복되지 않는다. 한편으로 겹치는 부분이 있지만 제8계명보다 더 큰 범주에 있다.

4. 마음(heart)과 제10계명

"탐내지 말라"에 해당하는 히브리어 '하마드'는 '마음'(heart)과 관련된다.[423] 제10계명은 마음의 문제를 다룬다는 점이 특징이다.[424] 그래서 하이델베르크 요리문답 제113문답은 제10계명을 설명하면서 '마음'을 언급한다.

---

421) Martin, 『하나님의 10가지 우선순위』, 255.

422) 송영찬, 『시내산 언약과 십계명』, 318.

423) '마음'과의 관계에 대한 좋은 관심으로는 다음을 참조하라. Frame, *The Doctrine of the Christian Life*, 844-845.

424) 황원하, 『하이델베르크 요리문답 해설』, 519.

웨스트민스터 대요리문답 제147문답은 '마음'이라는 표현 대신 '모든 내적인 행동'(all our inward motions)과 '감정'(affection)이라는 표현을 사용하고 있다.

그렇다면 왜 '마음'의 문제를 다룰까? 그 이유는 마음은 사람의 중심이기 때문이다. 마음에서 모든 생각과 행동이 나온다. 사람의 마음은 악한 생각들을 만들어 내는 공장과 같다. 그래서 예레미야 17:9은 "만물보다 거짓되고 심히 부패한 것은 **마음**이라", 잠언 4:23은 "모든 지킬 만한 것 중에 더욱 네 **마음**을 지키라. 생명의 근원이 이에서 남이니라", 마태복음 15:18-20은 "[18]입에서 나오는 것들은 **마음에서 나오나니** 이것이야말로 사람을 더럽게 하느니라. [19]**마음에서 나오는 것**은 악한 생각과 살인과 간음과 음란과 도둑질과 거짓 증언과 비방이니 [20]이런 것들이 사람을 더럽게 하는 것이요 씻지 않은 손으로 먹는 것은 사람을 더럽게 하지 못하느니라", 마가복음 7:20-23은 "[20]또 이르시되 사람에게서 나오는 그것이 사람을 더럽게 하느니라. [21]속에서 곧 **사람의 마음**에서 나오는 것은 악한 생각 곧 음란과 도둑질과 살인과 [22]간음과 탐욕과 악독과 속임과 음탕과 질투와 비방과 교만과 우매함이니 [23]이 모든 악한 것이 다 속에서 나와서 사람을 더럽게 하느니라"라고 말씀한다. 마음에서 제7계명, 제8계명, 제6계명, 제9계명이 나온다.

그래서 마지막 계명은 우리의 마음의 태도에 대해 언급하면서 모든 계명을 지키는 핵심은 우리의 내적 태도에서 비롯된다고 말하고 있다. 모든 죄는 곧 '마음의 동기'(the motives of the Heart)에 의한 것임을 강조하면서 제10계명을 통해 우리로 하여금 모든 죄의 뿌리가 되는 탐심을 억제할 것을 요구한다.

세상의 법은 마음을 처벌할 수 없다.[425] 그런데 하나님은 마음까지도 다스리신다. 우리의 마음 깊은 곳까지 감찰하실 수 있는 분은 오직 하나님이시다(시 19:12; 90:8; 139:23-24; 렘 17:9-10). 제10계명은 오직 하나님만이 우리의 마음에서 비롯되는 죄악을 감찰하시는 분임을 기억케 하는 계명이다.[426]

십계명은 돌판이 아니라 마음 판에 새겨져 있다(고후 3:3; 히 8:10; 10:16). 이런 점에서 제1계명부터 제10계명까지의 모든 계명이 '마음' 판에 새겨진 것임을 제10계명이 강조하고 있다.

5. 제10계명과 성도의 삶

십계명을 지켜야 할 기본적인 대상인 신자는 구원받은 자이지만 여전히 이 세상에서 선과 악 사이에서 갈등하는 존재다(롬 7:21). 신자는 날마다 선과 악 사이에서 씨름하며 고통하며 고뇌하며 선을 행하기 위해 애쓰는 삶을 살아야 한다(롬 7:23-25).

---

425) 대한민국 법률 「형법」(법률 제13719호) 제1조 제1항 "범죄의 성립과 처벌은 행위 시의 법률에 의한다."

426) Douma, *The Ten Commandments*, 350-352를 참조하라.

III

십계명을
지킬 수 있는가?

1장

십계명을 지키는 쉬운 방법
–하나님 사랑과 이웃 사랑

십계명은 10개의 말씀으로 되어 있어서 간단해 보이지만 생각보다 간단하지 않다. 10개의 말씀 안에 엄청난 내용이 담겨 있다. 10개가 아니라 수천 개의 내용이 담겨 있다. 이 책에서 다룬 것은 일부에 지나지 않는다. 그래서 사람들은 이렇게 말할 수 있다. "십계명을 지키기 싫어서 안 지키는 것이 아니라 십계명을 잘 몰라서 못 지킨 것입니다."

하지만 그렇게 핑계할 수 없다. 몰라서 지키지 않았다고 핑계할 수 없다.[427] 구체적인 내용을 다 알고 있어야만 하나님의 법을 지킬 수 있는 건 아니다. 십계명을 지키는 원리는 단 하나 '사랑'이다. 좀 더 구체적으로는 '하나님 사랑과 이웃 사랑'이다. 십계명을 요약하면 하나님 사랑과 이웃 사랑이다. 그러므로 사랑만

---

427) 스콜라 신학자들은 "모든 죄는 무지에 기초한다"(*Omne peccatum fundatur in ignorantia*)라고 했으며, 청교도 목회자 안토니 버제스(Anthony Burgess)도 무지(無知)를 죄로 보았다. 버제스는 신자가 무지의 죄에 빠지는 원인을 다음의 8가지로 제시했다. ① 원죄로 말미암아 사람의 지성이 상처를 입었기 때문 ② 자기 사랑과 자신에 대한 아첨 때문 ③ 자기 자신과 자신의 삶의 방식을 살피고 탐구하지 않기 때문 ④ 죄 그 자체가 지니고 있는 뛰어난 속임의 능력 때문 ⑤ 죄를 죄로 여기지 않는 사회 관습과 교육 때문 ⑥ 죄와 쉽게 친해져서 연합을 이루는 마음의 경향 때문 ⑦ 사단의 시험 때문 ⑧ 탄탄한 말씀의 기초와 영혼을 탐구하는 목회 사역이 결핍하기 때문. 김남준, 『죄와 은혜의 지배』(서울: 생명의 말씀사, 2005), p.52, n.23.

있으면 십계명은 지킬 수 있다.[428]

이 사실을 예수님께서 마태복음 22:34-40에서 말씀해 주셨다. 또한 바울은 "사랑은 율법의 완성이니라"라고 했다(롬 13:8-10). 웨스트민스터 소요리문답 제42문답, 웨스트민스터 대요리문답 제98, 102, 122문답, 하이델베르크 요리문답 제4문답에서도 마태복음 22:34-40을 근거로 언급하고 있다. 특히 웨스트민스터 소요리문답 제42문답과 웨스트민스터 대요리문답 제102, 122문답은 십계명에 대한 설명 바로 앞에 위치함으로써 '사랑' 이야말로 십계명을 지키는 최고의 원리임을 분명히 제시한다.

하나님을 열렬히 사랑하면 십계명을 지킬 수밖에 없다. 이웃을 자기 몸처럼 뜨겁게 사랑하면 십계명을 지킬 수밖에 없다. 지키지 않는 것은 몰라서가 아니라 사랑이 없어서다.

하나님을 사랑하면 하나님 외에 다른 신을 두지 않는다. 하나님을 사랑하면 무신론자가 되지 않는다. 하나님을 사랑하면 하나님께서 정하신 방법대로 하나님을 예배한다. 하나님을 사랑하면 하나님의 이름을 함부로 부르지 않는다. 하나님을 사랑하면 하나님께서 거룩하게 구별하신 날을 삶으로 구별하게 된다. 하나님과 이웃을 사랑하면 하나님께서 주신 모든 권위에 순종한다. 하나님과 이웃을 사랑하면 자기 자신과 다른 사람의 생명을 함부로 하지 않는다. 하나님과 이웃을 사랑하면 하나님께서 허락하신 배우자만으로 만족한다. 하나님과 이웃을 사랑하면 다른 사람의 것을 빼앗기보다는 자기 자신의 것으로 만족한다. 하나님과 이웃을 사랑하면 이웃의 명예를 해치지 않는다.

---

[428] 대한민국 국민이 대한민국 헌법과 법률을 다 알고 지키는 것은 아니다. 법률을 몰라도 원리만 분명하다면 사법부의 처벌을 받을 일이 없다. 이와 마찬가지다.

2장

다 지킬 수 없는,
그러나 지켜야 하는 십계명

신명기 27:26은 "이 율법의 말씀을 실행하지 아니하는 자는 저주를 받을 것이라 할 것이요 모든 백성은 아멘 할지니라"라고 말씀한다. 그런데 십계명을 다 지킬 수 있는가? 없다. 이 세상에 그 누구도 십계명을 다 지킬 수 있는 사람은 없다. 로마서 3:10 "의인은 없나니 하나도 없으며", 로마서 3:23 "모든 사람이 죄를 범하였으매 하나님의 영광에 이르지 못하더니", 로마서 7:18-19, 21-23 "[18]내 속 곧 내 육신에 선한 것이 거하지 아니하는 줄을 아노니 원함은 내게 있으나 선을 행하는 것은 없노라. [19]내가 원하는 바 선은 행하지 아니하고 도리어 원하지 아니하는 바 악을 행하는도다.…[21]그러므로 내가 한 법을 깨달았노니 곧 선을 행하기 원하는 나에게 악이 함께 있는 것이로다. [22]내 속사람으로는 하나님의 법을 즐거워하되 [23]내 지체 속에서 한 다른 법이 내 마음의 법과 싸워 내 지체 속에 있는 죄의 법으로 나를 사로잡는 것을 보는도다" 등의 말씀은 그 누구도 하나님의 율법을 다 지킬 수 없다는 점을 분명하게 말씀한다.

하이델베르크 요리문답 제5, 114문답, 웨스트민스터 소요리문답 제82문답, 웨스트민스터 대요리문답 제149문답도 마찬가지다.

5문 : 당신은 이 모든 것을 온전히 지킬 수live up to all 있습니까?

답 : 아닙니다.[3] 나에게는 본성적으로natural 하나님과 이웃을 미워하는 성
향tendency이 있습니다.[4]

---

3) 롬 3:10,20,23; 요일 1:8,10   4) 창 6:5; 8:21; 렘 17:9; 롬 7:23-24; 8:7; 엡 2:3; 딛 3:3

114문 : 그런데 하나님께 돌아온 사람이 이 계명들을 완전히 지킬 수 있습니까?

답 : 아닙니다. 가장 거룩한 사람이라도 이 세상에 살 동안에는 이러한 순
종을 겨우 시작했을 뿐입니다.[2] 그러나 그들은 굳은 결심으로with all
seriousness of purpose 하나님의 일부 계명만이 아니라 모든 계명에 따
라 살기 시작합니다.[3]

---

2) 전 7:20; 롬 7:14-15; 고전 13:9; 요일 1:8,10   3) 시 1:2; 119:5-6,106; 롬 7:22; 요일 2:3

웨스트민스터 소요리문답

82문 : 사람이 하나님의 계명을 완전히 지킬 수 있습니까?

답 : 타락한 후로는 어떠한 사람도 이 세상에서 하나님의 계명을 완전히
지킬 수 없으며,[1] 오히려 생각thought과 말word과 행위deed로 날마다
계명을 어깁니다break.[2]

---

1) 전 7:20; 요일 1:8,10; 갈 5:17   2) 창 6:5; 8:21; 롬 3:9-21; 약 3:2-13

웨스트민스터 대요리문답

149문 : 사람이 하나님의 계명을 완전히 지킬 수 있습니까?

답 : 아무도 자기 스스로나[1] 이 세상에서 받은 어떤 은혜로도 하나님의
계명을 완전히 지킬 수 없고,[2] 오히려 날마다 생각[3]과 말과 행동으

로 계명을 범합니다break them.[4]

1) 약 3:2; 요 15:5; 롬 8:3   2) 겔 7:20; 요일 1:8,10; 갈 5:17; 롬 7:18-19   3) 창 6:5; 8:21   4) **롬 3:9-19**; 약 3:2-13

사람이 타락하기 전, 즉 무죄한 상태(the estate of innocence)에서는 율법을 지킬 수 있는 능력이 있었다. 타락 이전에는 "죄를 안 지을 수 있는 능력"(*posse non peccare*)과 "죄를 지을 수 있는 능력"(*posse peccare*)을 함께 갖고 있었기에 "죄를 안 지을 수 있는 능력"(*posse non peccare*)을 잘 사용하므로 말미암아 하나님의 율법을 온전히 지킬 수 있는 힘이 있었다(WCF 제4장 제2절; 제9장 제2절; WLC 제92문답). 그러나 타락을 통해 "죄를 지을 수 있는 능력"(*posse peccare*)을 잘못 사용하므로 "죄를 안 지을 수 있는 능력"(*posse non peccare*)을 상실하게 되었다.[429] 죄의 상태(state of sin)로 타락한 후에는 구원에 이르는 영적인 선을 행하고자 하는 모든 의지력을 완전히 상실했다(WCF 제9장 제3절). 그렇기에 그 이후로 모든 사람은 죄에 오염되어 있어서 사망의 몸을 입었기 때문에(롬 7:24; WCF 제6장 제2-3절), "마음을 다하고 목숨을 다하고 뜻을 다하고 힘을 다하여"(막 12:30) 하나님을 사랑할 만큼 사랑의 목표에 도달한 일이 없다(전 7:20; 시 143:2; 약 3:2). 오직 영광의 상태(state of glory)에서만, 즉 우리가 죽어서 하나님 나라의 극치에 이르게 될 때 비로소 완전한 선을 행하는 것이 가능하다.

그렇다면, 우리는 십계명을 지킬 필요가 없는가? 어차피 다 지킬 수도 없는데, 우리에게는 그런 능력도 없는데, 굳이 지켜야 하는가? 좀 더 근원적으로 질문하면 우리가 다 지키지도 못할 법을 하나님은 왜 주셨는가?

비록 인간은 복종할 능력을 상실했으나 하나님은 명령할 권리를 상실하지 않으셨다. 우리가 지키느냐 못 지키느냐와 상관없이 하나님은 십계명을 주실 수 있다. 뿐만 아니라 십계명은 지키기 위한 것이기도 하지만 십계명을 통해서 하나님의 거룩하심을 깨닫도록 하시기 위함이기도 하다. 또한 우리가 이 계명들을 도저히 지키지 못한다는 사실을 경험하면서 우리의 무능력함과 죄악 된 본성을 알게 하기 위함이기도 하다. 그리하여 궁극적으로는 그리스도를 향하도록, 그리

---

429) 펠라기우스와의 논쟁에서 아우구스티누스가 사용한 표현이다.

스도로 말미암는 죄 사함과 의로움을 더욱더 간절히 추구하도록 하기 위함이다.[430] 또한 비록 완벽하게는 다 지키지 못하지만, 사람이 도달하기 어려운 완전한 수준의 도덕성을 요구하심으로 인하여 그러한 완전함에 이르기 위한 '추구'를 지속하게 하신다. 만약 쉽게 지킬 수 있는 십계명이라면 너무 쉽게 다 지켜버려서 그 이상의 도덕적인 완벽함을 추구하지 않게 될 것이다. 또한 스스로 교만에 빠져서 "나는 하나님의 율법을 충분히 지킬 수 있는 사람이다"라고 생각하게 될 것이다. 그렇기에 하나님은 비록 완전히 다 지킬 수 없는데도 불구하고 십계명을 주셨다.

이와 관련한 내용이 하이델베르크 요리문답 제115문답에 잘 나와 있다.

하이델베르크 요리문답

115문 : 이 세상에서는 아무도 십계명을 완전히 지킬 수 없는데 하나님께서는 왜 그렇게 엄격히pointedly 십계명을 설교하게 하십니까?

답 : 첫째, 평생 동안 우리의 죄악 된 본성sinfulness을 더욱더 알게 되고,[4] 그리하여 그리스도 안에서 사죄forgiveness와 의로움righteousness을 더욱더 간절히eagerly 추구하도록look to Christ 하기 위함입니다.[5] 둘째, 이 세상의 삶을 마치고 목적지인 완전에 이를 때까지 하나님의 형상으로 더욱더 변화되기를 끊임없이 노력하고stop striving 하나님께 성령의 은혜를 구하기praying 위함입니다.[6]

4) 시 32:5; 롬 3:20; 요일 1:9　5) 마 5:6; 롬 7:24-25　6) 고전 9:24; 빌 3:12-14; 요일 3:2-3

십계명은 비록 완전히 지킬 수 없지만 지켜야 한다. 완전히 지키기 위해서 지키는 것이 아니라 하나님이 주셨기 때문에 지키는 것이다. 지킬 수 없지만, 지켜야 하는 것이 십계명이다. 비록 완수(*perficere*)할 수는 없어도 실행(*facere*)할 수는 있다. 즉 완성하지는 못해도 이를 수는 있다.[431]

---

430) Watson, 「십계명 해설」, 315-316.
431) Watson, 「십계명 해설」, 142.

사람의 힘으로는 십계명을 지킬 수 없지만, 하나님은 성령님을 주셔서 지킬 수 있게 해주셨다. 우리를 의롭다 칭해 주신 하나님은 십계명과 함께 성령님을 주셨다. 그러므로 타락한 사람은 더더욱 성령님을 의지해야 한다. 하나님을 사랑함으로 십계명을 지켜야 한다. 혼자의 힘으로가 아니라 성령님과 함께 율법을 지켜야 한다. "자유롭게 하는 온전한 율법을 들여다보고 있는 자는 듣고 잊어버리는 자가 아니요 실천하는 자니 이 사람은 그 행하는 일에 복을 받으리라."(약 1:25) 그렇게 함으로써 이 세상에서 하나님의 윤리를 드러내어야 한다. 세상의 윤리와 다른, 세상의 윤리와 비교할 수 없는 하나님의 거룩한 윤리를 드러내어야 한다.

구원받은 신자는 구원받기 위함이 아니라 이미 구원하신 하나님께 감사함으로 십계명을 지킨다(HC 제86문답; WLC 제97문답). 구원받은 신자는 "내게 주신 모든 은혜를 내가 여호와께 무엇으로 보답할까?"(시 116:12)라고 늘 스스로 물으면서 하나님의 은혜(grace)와 감사(gratitude)에 기초하여 십계명을 지켜야 한다.

3장

더 큰 죄, 그렇지 않은 죄가 있는가?

하나님 앞에서는 모든 죄가 죽음에 이르는 죄다. 마음에 품은 아주 작은 죄라도 하나님 보시기에 가증하다(WLC 제99문답 제1항). 그렇기에 동성애는 큰 죄악으로 여기면서 정작 혼전 성관계나 음욕은 가볍게 생각해서는 안 된다. 살인은 큰 죄악으로 여기면서 정작 낙태나 안락사는 가볍게 생각해서는 안 된다. 모든 죄가 중(重)하다. 웨스트민스터 소요리문답 제84문답과 웨스트민스터 대요리문답 제152문답은 다음과 같이 고백한다.

웨스트민스터 소요리문답

84문 : 범한 죄마다 마땅히 받을 보응은 무엇입니까?

　답 : 범한 죄마다 마땅히 받을 보응은 이 세상과 오는 세상에서 하나님의
　　　진노wrath와 저주curse를 받는 것입니다.[1]

---

1) 갈 3:10; 마 25:41

웨스트민스터 대요리문답

152문 : 모든 죄가 하나님의 손으로부터 마땅히 받을 보응은 무엇입니까
What does every sin deserve at the hands of God?

답 : 모든 죄가 지극히 작은 것이라도 하나님의 주권sovereignty과[1] 선 goodness과[2] 거룩과[3] 그의 의로운 율법에 대항하는 것으로[4] 이 세상 과[5] 오는 세상에서[6] 그분의 진노wrath와 저주curse를 받아 마땅하며 deserve[7] 그리스도의 피가 아니고는 속죄될 수 없습니다cannot be expiated.[8]

---

1) 약 2:10-22   2) 출 20:1-2   3) 합 1:13; 레 10:3; 11:44-45   4) 요일 3:4; 롬 7:12   5) 애 3:39; 신 28:15-68
6) 마 25:41   7) 엡 5:6; 갈 3:10   8) 히 9:22; 벧전 1:18-19

그렇다고 해서 아주 큰 죄를 지은 사람이 사소한 죄를 지은 사람과 동등하게 취급받으려 해서는 안 된다. 예컨대, 어떤 사람이 간음을 한 것과 음욕을 품은 것을 동등하게 보는 것은 바람직하지 않다. 간음한 사람이 "왜 나만 수찬정지를 하느냐? 당신도 음욕을 품지 않았는가?"라고 할 수 없다. 살인한 사람이 "왜 나만 수찬정지를 하느냐? 당신은 형제를 미워해 본 적이 없는가?"라고 항변할 수 없다. 그래서 웨스트민스터 소요리문답 제83문답과 웨스트민스터 대요리문답 제150-151문답은 다음과 같이 고백한다.

웨스트민스터 소요리문답

83문 : 법을 어기는 모든 죄가 똑같이equally 악합니까heinous?

답 : 어떤 죄는 그 자체로서와 여러 가지 악화시키는 것aggravation 때문에 하나님 앞에서 다른 죄보다 더 악합니다.[1]

---

1) 겔 8:6,13,15; 요일 5:16; 시 78:17,32,56

150문 : 하나님의 율법의 모든 범죄transgressions는 그 자체들에게와 하나님
보시기에 동등하게 가증합니까equally heinous?

　답 : 하나님의 율법의 모든 범죄는 동등하게 가증한 것은 아니며, 어떤
죄는 그 자체에 있어서와 여러 가지 악화시키는 것들aggravations이
있기 때문에 하나님 보시기에 다른 죄들보다 더 가증합니다.[1]

---

1) 요 19:11; 겔 8:6,13,15; 요일 5:16; 시 78:17,32,56

151문 : 어떤 죄들을 다른 죄들보다 더 가증하게more heinous 악화시키는 것
들aggravations은 무엇입니까?

　답 : 죄들을 악화시키는 것들은,

　　1. 범죄하는 사람들로부터 오는 것으로:[1] 그들의 연령이 높거나riper
age,[2] 보다 더 많은 경험 혹은 은혜를 가졌거나,[3] 직업profession과
[4] 은사gifts와[5] 지위place와[6] 직분office[7]에서 탁월하거나minent, 다
른 사람들을 지도하거나,[8] 다른 사람들이 따를 만한 모범example
이 있는 경우에 그렇습니다.[9]

　　2. 피해 받은 사람들로부터 오는 것으로:[10] 직접적으로 하나님과[11] 그
분의 속성과[12] 예배[13]에 대항하며, 그리스도와 그분의 은혜와[14] 성
령님과[15] 그분의 증거와[16] 사역[17]에 대항하며, 윗사람들, 저명한 사
람들men of eminency,[18] 특히 친족과 연고자들related and engaged
을 대항하며,[19] 성도들,[20] 특히 연약한 형제들과[21] 그들 혹은 다른
사람들의 영혼들,[22] 모든 사람들 혹은 많은 사람들의 공익the
common good[23]에 대항하여 범죄하는 경우에 그렇습니다.

　　3. 범죄의 본질과 성질the nature and quality of the offense로부터 오는
것으로:[24] 율법에 분명히 명시된 것the express letter of the law을 거
스르거나,[25] 많은 계명을 범했거나, 많은 죄가 포함된 범죄를 했
거나,[26] 마음heart에 품었을 뿐 아니라 말과 행동으로 표출되거
나,[27] 다른 사람들을 중상하거나,[28] 배상(賠償)reparation할 의지가
없거나,[29] 수단means,[30] 자비,[31] 심판,[32] 본성의 빛light of nature,[33]

양심의 가책conviction of conscience,[34] 공적 혹은 사적인 충고 admonition,[35] 교회의 권징censures of the church,[36] 국가의 징벌civil punishments[37]에 대항하거나, 우리들의 기도, 목적, 약속,[38] 서약 vows,[39] 언약covenants과[40] 하나님이나 사람에 대한 계약 engagements을 범하거나,[41] 일부러deliberately,[42] 고의로wilfully,[43] 뻔뻔스럽게presumptuously,[44] 경솔하게impudently,[45] 자랑삼아 boastingly,[46] 악의를 가지고maliciously,[47] 자주frequently,[48] 집요하게 obstinately,[49] 기쁨으로with delight,[50] 계속적으로continuance,[51] 회개한 후에 다시 타락함으로relapsing after repentance[52] 하는 경우에 그렇습니다.

4. 때[53]와 장소[54]의 상황circumstances으로부터 오는 것으로: 주일이나[55] 다른 예배 시,[56] 예배 직전이나[57] 직후에,[58] 또는 그런 실수를 막거나 고칠 수 있는 다른 도움이 있을 때other helps to prevent or remedy such miscarriages,[59] 공적in public이거나 또는 다른 사람들 앞에서 함으로서 그들이 자극을 받거나 더럽혀지기 쉬운likely to be provoked or defiled 경우[60]에 그렇습니다.

---

1) 렘 2:8   2) 욥 32:7,9; 겔 4:13   3) 왕상 11:4,9   4) 삼하 12:14; 고전 5:1   5) 약 4:17; 눅 12:47-48   6) 렘 5:4-5   7) 삼하 12:7-9; 겔 8:11-12   8) 롬 2:17-24   9) 갈 2:11-14   10) 마 21:38-39   11) 삼하 2:25; 행 5:4; 시 51:4   12) 롬 2:4   13) 말 1:8,14   14) 히 2:2-3; 12:25   15) 히 10:29; 마 12:31-32   16) 엡 4:30   17) 히 6:4-6   18) 유 8; 민 12:8-9; 사 3:5   19) 잠 30:17; 고후 12:15; 시 55:12-15   20) 습 2:8,10-11; 마 18:6; 고전 6:8; 계 17:6   21) 고전 8:11-12; 롬 14:13,15,21   22) 겔 13:19; 고전 8:12; 계 18:12-18; 마 23:15   23) 살전 2:15-16; 수 22:20   24) 잠 6:30-33   25) 스 9:10-12; 왕상 11:9-10   26) 골 3:5; 딤전 6:10; 잠 5:8-12; 6:32-33; 수 7:21   27) 약 1:14-15; 마 5:22; 미 2:1   28) 마 18:7; 롬 2:23-24   29) 신 22:22,28-29; 잠 6:32-35   30) 마 11:21-24; 요 15:22   31) 사 1:3; 신 32:6   32) 암 4:8-11; 렘 5:3   33) 롬 1:26-27   34) 롬 1:32; 단 5:22; 딛 3:10-11   35) 잠 29:1   36) 딛 3:10; 마 18:17   37) 잠 27:22; 23:35   38) 시 78:34-37; 렘 2:20; 42:5-6,20-21   39) 전 5:4-6; 잠 20:25   40) 레 26:25   41) 잠 2:17; 겔 17:18-19   42) 시 36:4   43) 렘 6:16   44) 민 15:30; 출 21:14   45) 렘 3:3; 잠 7:13   46) 시 52:1   47) 요삼 10   48) 민 14:22   49) 슥 7:11-12   50) 잠 2:14   51) 사 57:17   52) 렘 34:8-11; 벧후 2:20-22   53) 왕하 5:26   54) 렘 7:10; 사 26:10   55) 겔 23:37-39   56) 사 58:3-7   57) 고전 11:20-21   58) 렘 7:8-10; 잠 7:14-15; 요 13:27,30   59) 스 9:13-14   60) 삼하 16:22; 삼상 2:22-24

4장

우리를 대신하여 다 지키신 예수 그리스도

이 세상의 그 누구도 십계명을 완전히 지킬 수 없다. 이 세상에서 살 동안에는 단지 겨우 순종할 뿐이다. 그러나 단 한 사람, 이 세상에서 십계명을 완전히 지킨 유일한 사람이 있다. 예수 그리스도.

예수님은 완전한 사람이시다. 사람과 같은 모양으로 오셨기에 우리의 육신과 같다(눅 2:7,40,52; 24:39). 때로는 목이 마르기도 하셨고(요 4:6 19:28), 주리기도 하셨으며(마 4:2), 피곤하기도 하셨다. 배고프시니 식사도 하셨고, 식사를 하셨으니 대변과 소변을 보셨다. 그리고 예수님은 온갖 부류의 사람들과 이야기도 나누셨다. 사람과 똑같은 감정을 가지셨기에 불쌍히 여기시고 긍휼히 여기셨다(요 12:27; 13:21). 울기도 하셨고(요 11:35), 다양한 감정을 나타내셨다(마 8:10; 요 11:35; 히 5:7). 그런데 그분이 십계명을 완전히 지키셨다.

히브리서 4:15 "우리에게 있는 대제사장은 우리의 연약함을 동정하지 못하실 이가 아니요 모든 일에 우리와 똑같이 시험을 받으신 이로되 **죄는 없으시니라**", 히브리서 7:26 "이러한 대제사장은 우리에게 합당하니 **거룩하고 악이 없고 더러움이 없고 죄인에게서 떠나 계시고** 하늘보다 높이 되신 이라", 베드로전서 2:22-23 "²²**그는 죄를 범하지 아니하시고 그 입에 거짓도 없으시며** ²³욕을 당하시되 맞대어 욕하지 아니하시고 고난을 당하시되 위협하지 아니하시고 오직 공의로 심판하시는 이에게 부탁하시며."

예수님은 제1계명(마 4:8-10; 눅 22:42; 빌 2:6-8), 제4계명(마 12:1-8), 제5
계명(눅 20:22; 요 19:26-27), 제6계명(마 8:1-4; 9:18-26; 막 5:21-43; 요
11:38-44), 제9계명(딤전 6:13)을 지키셨다. 이 외의 다른 계명도 다 지키셨다.

예수님은 율법의 완성자이시다(마 5:17). 예수님이 우리를 대신하여 십계명을
완전히 지키셨다. 예수님은 율법의 모든 의를 이루셨다(롬 10:4). 예수 그리스께
서 십자가에서 율법의 저주를 지고 죽으심으로(갈 3:13) 율법의 요구가 다 성취
되었다(요 19:30).

그러므로 예수 그리스도를 믿는 우리들은 그분으로 말미암아 십계명을 다 지
킨 것과 같이 되었다. 우리가 할 것은 예수님을 믿는 것이다. 또한 그분께 모든
감사와 영광을 돌려드리는 것이다. 그리고 우리를 구원하신 것에 감사하면서 십
계명을 지켜야 한다. 그렇게 하는 것이 참된 신자의 믿음과 삶이다.

제25조 그리스도, 율법의 완성

Christ, the Fulfillment of the Law

우리는 율법의 의식들ceremonies과 상징들symbols이 그리스도의 오심과 함께
끝났고ceased with, 그 모든 그림자들이 성취되었으므로have been fulfilled,[1] 그
리스도인들 가운데서는 그 율법을 사용하는 것이 폐지되어야 함을ought to
be abolished 믿습니다. 그렇지만, 율법의 진리truth와 본질substance은 율법을
성취하신 그리스도 안에서 우리를 위하여 여전히 남아 있습니다.[2]

동시에 우리는 복음의 교리로 우리를 견고하게 하고, 하나님의 뜻과 영광
에 따라 모든 영예 가운데서 우리의 삶을 살아가기 위해 율법과 선지자로부
터 취해진 증거들the testimonies을 여전히 사용합니다.[3]

---

1) 마 27:51; 롬 10:4; 히 9:9-10   2) 마 5:17; 갈 3:24; 골 2:17   3) 롬 13:8-10; 15:4; 벧후 1:19; 3:2

참 고 문 헌

성경

벨기에 신앙고백서
하이델베르크 요리문답
웨스트민스터 신앙고백서
웨스트민스터 대요리문답
웨스트민스터 소요리문답

Institutes

강영안. 『강영안 교수의 십계명 강의』. 서울: IVP, 2009.
고재수. 『개혁주의 입장에서 본 십계명 해설』. 서울: 여수룬, 1992.
김남준. 『성수주일: 청교도의 주일성수, 그 평가와 계승』. 서울: 익투스, 2015.
김용규. 『데칼로그: 김용규의 십계명 강의』. 서울: 포이에마, 2015.
김영철. 『주님의 주님되심 (창세기 1-3장)』. 서울: 여수룬, 1992.
_____. 『혼인, 가정과 교회』. 서울: 성약, 1994.
김홍전. 『십계명 강해』. 서울: 성약, 1996.
노희원. 『최근의 십계명 연구』. 서울: 은성, 1995.
박희석. 『안식일과 주일: 성경신학적 이해와 그 적용』. 고양: 크리스챤다이제스트, 2002.
서철원. 『복음과 율법의 관계』. 서울: 총신대학교출판부, 2008².
성주진. 『사랑의 마그나카르타』. 수원: 합신대학원출판부, 2007².
손석태. 『여호와: 이스라엘의 남편』. 서울: 솔로몬, 1997.
손재익. "1인 1가구 시대, 그리스도인의 결혼과 가정," 『담임목사가 되기 전에 알아야 할 7가지』. 공
　　　　저; 서울: 세움북스, 2016.
_____. "개혁파 장로교 신자의 바람직한 결혼 절차," 『담임목사가 되기 전에 알아야 할 7가지』. 공
　　　　저; 서울: 세움북스, 2016.
송영찬. 『시내산 언약과 십계명』. 서울: 깔뱅, 2006.
_____. 『예수 그리스도』. 서울: 칼빈아카데미, 2005.
신원하. 『교회가 꼭 대답해야 할 윤리 문제들』. 서울: 예영커뮤니케이션, 2001.
_____. 『시대의 분별과 윤리적 선택』. 서울: SFC, 2004.
양낙흥. 『주일성수』. 서울: 생명의 말씀사, 2004.
_____. 『깨끗한 부자 가난한 성자: 성경에서 찾은 자족, 향유, 나눔의 원리』. 서울: IVP, 2012.
유해무. 『개혁교의학』. 서울: 크리스챤다이제스트, 2007.
_____. 『하이델베르크 요리문답의 역사와 신학: 개혁 신앙 강좌 6』. 서울: 성약, 2006.
_____. 『헌법해설: 웨스트민스터 신앙고백서/대소교리문답서』. 서울: 고신총회, 2015.
이광호. 『에세이 산상수훈』. 서울: 칼빈아카데미, 2005.
_____. 『로마서』. 서울: 도서출판 깔뱅, 2009.
이상원. 『기독교 윤리학: 개혁주의적 관점에서 본 이론과 실제』. 서울: 총신대학교출판부, 2010.
이승구. 『기독교 세계관이란 무엇인가?』. 서울: SFC, 2003.
_____. "서원하는 일에 대하여", 『기독교 세계관으로 바라보는 21세기 한국사회와 교회』. 서울:

SFC, 2005, 73-82.

_____. 『인간복제, 그 위험한 도전』. 서울: 예영커뮤니케이션, 2006.

_____. 『광장의 신학』. 수원: 합신대학원출판부, 2010.

_____. 『위로 받은 성도의 삶: 그러면 이제 우리는 어떻게 살 것인가? (하이델베르크 요리문답 강해 시리즈 Ⅲ)』. 서울: 나눔과 섬김, 2015.

정병길. 『노동, 직업 그리고 교회』. 서울: 성약, 2013.

_____. 『노동, 직업 그리고 하나님 나라』. 서울: 성약출판사, 2015.

최낙재. 『영원한 안식과 주일』. 고양: 크리스챤다이제스트, 1997, 2000.

최덕성. 『한국교회 친일파 전통』. 서울: 지식산업사, 2006.

황봉환. 『기독교 경제윤리』. 서울: 예영커뮤니케이션, 2003.

_____. 『돈으로 이웃을 행복하게 하는 그리스도인』. 용인: 킹덤북스, 2011.

황원하. 『하이델베르크 요리문답 해설』. 평택: 교회와 성경, 2015.

황희상. 『특강 소요리문답(하)』. 안산: 흑곰북스, 2012.

Bavinck, Herman. *Gereformeerde Dogmatiek*. II.

Berkhof, Louis. *Systematic Theology*. Grand Rapids: Eerdmans, 1941.

Catechism of the Catholic Church

Childs, Brevard S. *Exodus*. OTL. London: SCM, 1974.

Cole, Alan. *Exodus*. TOTC. Leicester: IVP, 1973.

Douma, Jochem. *De Tien Geboden: Handreiking voor het Christelijk leven*. Kampen: Van den Berg, 1992, trans by Nelson D. Kloosterman, *The Ten Commandments: Manual for the Christian Life*. Phillipsburg: P&R, 1996.

Frame, John. M. *The Doctrine of the Christian Life*. Phillipsburg: P&R, 2008.

Klooster, Fred H. *Our Only Comfort: A Comprehensive Commentary on the Heidelberg Catechism*. Grand Rapids: CRC Publications, 2001.

Hamilton, Victor P. *Exodus: An Exegetical Commentary*. Grand Rapids: Baker, 2011.

Hodge, Charles. *Systematic Theology*. vol. 3. 1871; Grand Rapids: Hendrickson, 2003.

Murray, John. *Principles of Conduct: Aspects of Biblical Ethics*. Grand Rapids: Eerdmans, 1957.

Reisinger, Ernest C. *The Law and the Gospel*. Phillipsburg: P&R, 1997.

Sarna, Nahum. *Exodus*. JPS Torah Commentary. Philadelphia: JPS, 1991.

Stuart, Douglas K. *Exodus*. NAC. Nashville: Broadman & Holman, 2006.

Ursinus, Zacharias. *The Commentary on the Heidelberg Catechism*. trans by G. W. Williard. Phillipsburg: P&R, 1852.

Van Dam, Cormelis. *The Elder: Today's Ministry Rooted in All of Scripture*. Phillipsburg: P&R, 2009.

Bounce, William D. *Pastoral Epistles*. WBC 46. Nashville: Thomas Nelson, 2000. 채천석. 이덕신 역. 『목회서신』. 서울: 솔로몬, 2009.

Clowney, Edmund P. *How Jesus Transforms the Ten Commandments*. Phillipsburg: P&R, 2007. 신호섭 역. 『예수님은 십계명을 어떻게 해석하셨는가?』. 고양: 크리스챤출판사, 2008.

Durham, John I. *Exodus*. WBC; Waco: Word, 1987. 손석태 역. 『출애굽기』. 서울: 솔로몬, 2000.

Engelsma, David. *Marriage*. Grand Rapids: Reformed Free Publishing Association, 2000. 이성호 역. 『이혼』. 서울: 낮은울타리, 2000.

Grenz, Stanley. *Sexual Ethics: A Biblical Perspective*. Louisville: Westminster John Knox Press, 1990. 남정우 역. 『성 윤리학: 기독교적 관점』. 서울: 살림, 2003.

Hauerwas, Stanley & Willimon, William. *The Truth about God*. Neshville: Abingdon Press, 1999. 강봉재 역. 『십계명』. 서울: 복있는 사람, 2007.

Horton, Michael S. *The Law of Perfect Freedom*. Illinois: Moody, 1993. 윤석인 역. 『십계명의 렌즈를 통해서 보는 삶의 목적과 의미』. 서울: 부흥과 개혁사, 2005.

Jewett, Paul K. *The Lord's Day: A Theological Guide to the Christian Day of Worship*. Grand Rapids: Eerdmans, 1971. 옥한흠 역. 『주일의 참뜻』. 서울: 개혁주의신행협회, 1976, 1992.

Kline, Meredith G. *The Structure of Biblical Authority*. Grand Rapids: Eerdmans, 1981. 김 의원 역. 『성경의 권위의 구조』. 서울: 크리스챤다이제스트, 1994.

______. *Kingdom Prologue: Genesis Foundations for a Covenantal Worldview*. Kansas: Two age Press, 2000. 김구원 역. 『하나님 나라의 서막』. 서울: P&R, 2007.

Martin, Glen S. *God's Top Ten List*. Chicago: Moody, 1999. 탁영철·윤영훈 역. 『하나님의 10 가지 우선순위』. 서울: 생명의 말씀사, 2009.

Murray, John. *Collected Writings of John Murray*, vol 1-2. Edinburgh: The Banner of Truth Trust, 1976-1982. 박문재 역. 『조직신학 Ⅰ, Ⅱ』. 서울: 크리스챤다이제스트, 1991.

Robertson, O. Palmer. *The Genesis of Sex: sexual relationships in the first book of the Bible*. Phillipsburg: P&R, 2002. 강규성 역. 『성의 시작』. 서울: CLC, 2006.

______. *Covenants: God's way with his people*. 오광만 역. 『언약이란 무엇인가?: 하나님과 하나님 백성의 관계』. 서울: 그리심, 2002.

Sandel, Michael J. *Public Philosophy: Essays on Morality in Politics*. Cambridge: Harvard University Press, 2005. 안진환·이수경 역. 『왜 도덕인가?』. 서울: 한국경제신문: 2010.

Van der Waal-Braaksma, Cornelis. *The Covenantal Gospel*. Neerlandia: Inheritance Publications, 1990. 명종남 역. 『반더발의 성경언약연구』. 서울: 나침반, 1995.

Vos, Geerhardus. *Biblical Theology: Old and New Testament*. Grand Rapids: Eerdmans, 1948. 이승구 역. 『성경신학』. 서울: CLC, 1985, 1999^2.

Watson, Thomas. *The Ten Commandments*. 이기양 역. 『십계명 해설』. 서울: CLC, 2007.

Williamson, G. I. *The Shorter Catechism*. Phillipsburg: P&R, 최덕성 역. 『소교리문답강해』. 서울: 개혁주의신행협회, 1978, 2002.

Wright, Christopher J. H. *Old Testaments Ethics for the People of God*. Nottingham: IVP, 2004. 김재영 역. 『현대를 위한 구약윤리』. 서울: IVP, 2006.

김홍만. "청교도의 주일성수," 『진리의 깃발』. vol. 78호. 서울: 한국개혁주의 설교연구원, 2006.

Grier, W. J. The Development of the Lord's Day from Jewish Sabbath, 최승락 역, "유대인 안식일로부터 주의 날로의 발전", 『진리의 깃발』. vol. 82. 서울: 한국개혁주의설교연구원, 2006.